芜申运河所经古中江流域环境考古研究

朱 诚 姚付龙 贺云翱 蒋小芳 刘万青 陈 刚 王坤华 蔡天赦 著

国家自然科学基金面上项目（41571179）
江苏省科技支撑计划项目（BE2014705） 共同资助
国家社会科学重大基金（11&ZD183）

南京大学出版社

内容简介

长江下游古中江流域出土了大量马家浜、崧泽、良渚文化时期的石器、陶器和精美的玉器等,与安徽凌家滩遗址玉器、陶器和石器等新石器文化形式类型有密切传承关系,而安徽凌家滩遗址出土的大量精美玉器等器物,又与北方红山文化有密切传承关系,因此该流域是江淮地区与宁镇山地及太湖平原区在新石器时代文化传播的重要通道,但一直未得到应有的重视和开发利用。作者通过对高淳薛城、朝墩头、下家宕村、溧阳神墩、宜兴西溪、骆驼墩等遗址地层进行环境考古研究,并对遗址地层器物与凌家滩遗址器物比较,结合遥感考古手段对古河道进行的信息提取与分析,论证了无文字记载的新石器时代文化沿古中江传播的人地关系;通过对遗址区博物馆规划建设和旅游景点开发利用的探讨,以及对新石器时代以来长三角地区海面变化特征的分析,阐明了长三角地区可持续发展值得关注的重要问题。

图书在版编目(CIP)数据

芜申运河所经古中江流域环境考古研究 / 朱诚等著
. -- 南京:南京大学出版社,2022.5
ISBN 978-7-305-24980-8

Ⅰ.①芜… Ⅱ.①朱… Ⅲ.①大运河-流域-新石器时代考古-考古学文化-文化研究-江苏 Ⅳ.
①K871.13

中国版本图书馆 CIP 数据核字(2021)第 182727 号

出版发行	南京大学出版社
社　　址	南京市汉口路22号　邮　编 210093
出 版 人	金鑫荣

书　　名 芜申运河所经古中江流域环境考古研究
著　　者 朱　诚　姚付龙　贺云翱　蒋小芳　刘万青　陈　刚　王坤华　蔡天赦
责任编辑 田　甜　　编辑热线　025-83596997

照　　排	南京新华丰制版有限公司
印　　刷	南京凯德印刷有限公司
开　　本	787×1092　1/16　印张 23.5　字数 435千
版　　次	2022年5月第1版　2022年5月第1次印刷

ISBN 978-7-305-24980-8
定　　价 158.00元

网址:http://www.njupco.com
官方微博:http://weibo.com/njupco
官方微信号:njupress
销售咨询热线:(025)83594756

---

* 版权所有,侵权必究
* 凡购买南大版图书,如有印装质量问题,请与所购图书销售部门联系调换

序　言

古中江流域环境考古的一部佳作

环境考古是近些年受到地学、古环境学和考古学界共同重视的学术领域，相关成果丰富。南京大学地理与海洋科学学院的朱诚教授是我国环境考古方面的著名领军人物，近日，他和他的科研团队又一部新著《芜申运河所经古中江流域环境考古研究》即将面世，我蒙朱诚教授之邀，也参加了芜申运河沿线的一些田野调查及古中江流域环境考古部分问题的讨论，得以先期读到书稿，在此，为朱诚教授主持的这部新著谈点读后感。

第一，这部著作重点研究了古中江的有无问题，揭示了古中江流域空间及史前文化体系。古中江在历史上是否存在过，地学界和史学界讨论过多年，说法不一。朱诚教授等研究这一问题已历多年，积累了丰富的田野资料和科学成果。他们通过在芜湖、固城湖、太湖等地收集的大量钻孔资料、网纹红土分布资料及考古资料，选择在安徽当涂县黄池镇、芜湖市内大砻坊铁路桥、南京高淳区花奔大桥等地点进行钻探取样分析，均发现地下埋藏有河流相沉积的卵砾石层及下粗上细呈二元结构的河流相沉积地层，这一沉积层深埋于现地表以下8米多深处，堆积厚度超过4米，卵石层顶部年代在距今8000年左右。根据《汉书·地理志》"中江出西南，东至阳羡入海"及《水经注》中"中江在丹阳芜湖县西南，东至会稽阳羡入于海"等记载，古中江的入海处在阳羡（今宜兴市）境内。其时，太湖还是一片海域，而这一景观存在的时间当在8000年之前，因为在距今8000~4000年间，太湖周边已经先后成为创造跨湖桥文化、马家浜文化、崧泽文化、良渚文化等史前文化的先民的生产与生活空间。朱诚教授等的研究成果对我们今天认识新石器时代中、晚期太湖流域史前人类及文化开发的地理环境背景有着重要意义。

本书成果表明，古中江流域曾经包括上游的青弋江、水阳江、古丹阳大泽水系及下游的古震泽（今太湖）水系。但是，古中江至少在大约8000年前已经断流，断流的主要地点是在茅山山脉一线，即胥河的东坝到下坝一线。此后，古中江西侧一段多成为湖泊状态，历史文献中记载的古丹阳大泽（古丹阳湖）正与此有关，它也是今天所见到的石臼湖、固城湖等湖泊的前身；古中江东侧一段应当逐渐形成太湖和太湖东部平原、湖泊、湿地交织的景观，大约在距今 7000 年前，终于先后有马家浜文化先民来到古中江下游这片土地上，由此也开启了长江三角洲核心地区的历史新篇。

根据朱诚教授等的研究，古中江的走向基本沿古胥河及现在的芜申运河一线而行。胥河，又称胥溪河，史载与春秋晚期吴国重臣伍子胥有关，是我国最早开挖的人工运河之一，也是吴国水军从太湖地区驶入长江的重要水上交通，同时还是"复兴"古中江水系即连通青弋江、水阳江水系和太湖水系的重要河流。当年伍子胥开凿的地段主要是在茅山山脉一线的东坝到下坝一段，全长大约 6 公里。这条运河在春秋时代以后应该处于时通时断的状态，史载南唐和明代以南京为都城时，胥河都是重要的水上运输线，沿线建有多处堰坝，尤其是明代洪武年间在东坝设人工控制的石坝和石闸，完全截断了胥河，对古中江及胥河水系影响极大。今天的芜申运河应是古中江继胥河之后的第三代河流，也是一条在古代运河基础上进一步开挖和完善的运输河道。我们可以预测，芜申运河将是古中江流域的第三次复兴。

通过朱诚教授等的详细研究，我们深入了解到从远古时代的古中江一直到当代芜申运河的演化过程，也能看到在这个万年演化的过程中人类不断与河流共生、共存、共荣的复杂原因与景观互构，从而为今天合理利用这一水系空间廊道提供了科学依据。

第二，这部著作揭示了古中江流域史前文化与环境的深刻关系。河流及河谷地带构成人类重要的生存空间、交通孔道和文化走廊，以特定河流流域开展以人地关系为中心的环境考古研究具有重要的方法论意义，古中江一线也不例外。在这本专著中，朱诚教授等收集了古中江一线重要的史前遗址如宜兴骆驼墩遗址、西溪遗址，溧阳神墩遗址，高淳薛城遗址等考古资料，同时收集了宁镇山脉地区和太湖地区的主要新石器时代遗址及考古学文化研究资料，对它们的时空演变与全新世以来的古中江流域气候、河流演变过程进行比较性和关联性研究，发现存在着新石器时代文化从早期到晚期顺古中江一线进行扩展和交流的趋势，如在古中江上游两岸的宣城孙埠遗址、繁昌月堰遗址、马鞍山市烟墩遗址等都发现了来自太湖流域的崧泽文化遗迹，江北区域的凌家滩文化玉器也跨江出现在古中江地区。书中对古中江下游区即今太湖流域的不同时期史前文化进行了"直接遗传率"

和"直接继承率"的研究，发现马家浜文化聚落有近一半得到延续，崧泽文化新增聚落占70%以上；崧泽文化聚落延续到良渚文化时期的仅占25.9%，约74%的崧泽文化聚落在良渚文化时被放弃。马家浜文化、崧泽文化、良渚文化三个时期共有363处聚落遗址，其中三个时期的文化重叠存在的遗址仅有4处。良渚文化聚落被后来的钱山漾文化类型及广富林文化所沿用的仅有2处，遗传率只占1.1%，即绝大多数良渚文化聚落未能延续，这种巨大的衰变表明良渚文化末期确实可能发生了重大的环境灾难事件，从而导致一度繁荣的太湖平原的"良渚文明"消亡。朱诚教授等还通过古环境演化模拟方法发现，在今太仓—昆山—苏州一线存在一条东北到西南的低洼地带，它是全新世早期高海面时海水侵入太湖平原的主要通道之一。这一通道可能就是古代著名的"娄江"所在，"娄江"也当是古中江下游的重要水道，这一点对理解《禹贡》篇中"三江既入，震泽底定"的记载有着特别的意义。朱诚教授等研究发现，本区域内年代7800年前、黄海高程低于1.08米的地层会受到全新世高海面的影响。

在阅读本书的过程中，我们能够充分感受到人的活动、文化及文明的发生、发展等无不与自然环境存在着极其深刻的互动关系。在朱诚教授等的研究视野中，古中江流域的环境考古研究具有方法论上的典型性，对人们认识环境考古的重大学术意义具有示范性作用。

第三，高度重视基础研究与应用研究的结合。在本书的后部，朱诚教授等专辟"芜申运河流域新石器时代文化遗产开发利用研究"的内容，对古中江—胥河—芜申运河一线的文化遗产的类型、分布，开发利用的原则、理念、方略，文博场馆建设，文化旅游融合发展等展开了讨论，表达了科学家们强烈的现代关怀意识和用科学造福当代人民的精神追求。特别要指出的是，朱诚教授等在本书中对环境考古进行了跨学科方法论的综合运用和多学科资料的集成分析，包括多源遥感数据融合分析和定量解释、考古遗址时空演变数据分析、考古地层学和考古文化学讨论、古气候研究、历史地理文献运用、文化遗产及文化旅游探讨等，从而实现了研究目标和研究结论的创新，使本书成为迄今古中江流域环境考古的首部著作，相信它对长江下游地区特别是芜申运河一线历史人地关系、考古学及环境考古学研究、文化遗产资源的开发利用乃至推进芜申运河一线的现代化建设事业等都会产生积极作用。

在此我还要补充的是，我虽不从事环境考古学研究，但是1978~1981年在南京大学学习考古学专业时，曾经特地去地理系选修过地貌学、第四纪地质学、城市历史等课程；20 世纪 80 年代从事田野考古时得到南京师范大学刘泽纯先生的厚爱，刘先生让我参加他主持的中国科学院课题"江苏海岸线变迁及趋势预测"，又参加他与美国匹兹堡大学合作的环境考古课题调研，在此过程中逐渐接触到环境考古的一些知识，还发表过有关论文。近些年，蒙朱诚教授邀请，多次参加他主持的环境考古课题交流。我在负责田野考古发掘项目过程中，同时有意识地注重环境考古的标本采集，并邀请朱诚教授和马春梅教授等开展合作研究。在此，对已经去世的刘泽纯先生表示我深切的怀念和敬意！也十分感谢朱诚教授对我的信任，使我有机会不断了解和学习我国环境考古的进展与成果！

是为序！

全国政协委员
南京大学考古文物系教授

2021 年 6 月 6 日于南京大学文化与自然遗产研究所

前 言

芜申运河位于长江三角洲地区，是安徽芜湖至上海的一条古运河，全长271 km，自西向东跨越青弋江、水阳江和太湖两个流域。分水岭是茅山山脉，地势高亢，东西两侧地势渐低。其主航道是江苏境内的胥溪河，位于江苏宁镇地区茅山山脉南麓南京市高淳区境内，西经固城湖、石臼湖等在安徽芜湖市通于长江，东接荆溪由江苏宜兴入太湖，长30.6 km，流域面积225 km^2，目前正在进一步疏浚拓宽之中。芜申运河的兴废直接关系着苏皖两省之间的航运和当地的农田水利，在我国水利史上有着重要的地位。调查发现该运河所经古中江流域有众多新石器时代遗址，其出土的崧泽、良渚文化时期精美的玉器、陶器和石器等，与安徽凌家滩遗址玉器、陶器和石器等新石器文化形式类型有密切传承关系，此流域是江淮地区与宁镇山地及太湖平原区在新石器时代文化传播的重要通道，但一直未得到应有的重视和开发利用。深入研究该区域内的环境变化与古人类活动特点，对研究新石器时代文化传承和当前长三角地区一体化、可持续发展有十分重要的意义。

大河流域是人类文明的发源地和文化遗产集中分布区，对大河流域文化遗产的保护和开发利用是当前各国共同关注的课题。埃及对尼罗河流域古埃及文明文物保护、文化传承的旅游开发已取得举世瞩目的成就。美国在1931至1936年针对科罗拉多大峡谷世界自然遗产资源的开发专门修建了胡佛水坝和西部公路，造就了拉斯维加斯市，带来了巨大经济效益，仅2012年，拉斯维加斯市游客量就多达3890万人。早在1977年，美国野外度假旅游的消费就突破了1600亿美元，超过了石油工业成为美国最大产业；到20世纪80年代，美国旅游业消费高达3000亿美元。

江苏省是我国文化大省，古中江流域有众多文化遗产和旅游资源，应在弄清文化遗产资源基础上及时将其作为旅游资源开发利用，达到文化传承与经济发展双赢的目的。古中江流域遗址群博物馆和旅游业开发、古河道砂砾石资源开发利用、航道运输业以及古中江河道疏浚后对太湖的排涝冲污治理具有可观的产业化前景。

本书通过钻探和搜集地质资料及野外调研探明了古中江在太湖西部的流向，依据高淳自然沉积剖面、磨盘山遗址剖面高分辨率古气候代用指标重建了古中江流域全新世以来的古气候演变过程，详细介绍了古中江流域的考古学文化及发掘出土器物的特点，结合主要遗址的时空分布特点，明确了古中江流域全新世以来的气候变化过程及古中江在新石器时代文化传承和发展中的作用，从新的角度探讨了古中江流域人类活动与气候环境演变的动态变化，为区域环境考古工作增加了新的素材。

本书以芜申运河沿线新石器时代环境考古与文化遗产保护为主线，以环境考古学理论为指导，以前期环境考古学领域公认的研究成果为基础，集成应用GIS空间分析、遥感解译、历史文献解读等方法手段，系统梳理了研究区史前考古学文化的时空演绎、人类遗址及出土器物的数目及分布，进而揭示其过去海面变化等人地关系，提出新石器时代文化遗产的保护策略，制定运河沿线博物馆和专项旅游线路规划，力争为深入挖掘运河沿线新石器时代文化遗产的社会价值，振兴区域文化旅游，促进长三角一体化、可持续发展，弘扬中华优秀传统文化奠定理论基础。

姚付龙、蒋小芳、蔡天赦、徐佳佳、王坤华、杨昊坤同志为该项目钻探取样做了大量野外现场钻探采样和博物馆调研工作，贺云翱教授、胡阿祥教授、陈刚副教授、马春梅教授为该项目的实施提供了研究方案并指导了参加该项目的博士生和硕士生毕业论文的撰写，贺云翱教授在百忙之中为此书题写了序言，我们对此表示衷心感谢！

半诚

2021-1-23

目 录

上 篇

第一章 芜申运河所经古中江流域环境考古研究的意义

1.1 研究背景、研究目标和科学意义 / 003
  1.1.1 研究背景 / 003
  1.1.2 研究目标和科学意义 / 006
1.2 研究方法和思路 / 007

第二章 古中江位置的确定与流域内新石器文化概况

2.1 古代历史文献中记载的"三江" / 008
  2.1.1 古代学者对《尚书·禹贡》中"三江"的认识 / 008
  2.1.2 古代学者对"三江"的认识 / 010
2.2 古中江的变迁 / 011
  2.2.1 近现代学者对古中江的认识 / 011
  2.2.2 研究区概况 / 014
  2.2.3 对丹阳大泽、芜湖与胥溪河的研究 / 017
  2.2.4 东坝镇地层岩性研究 / 025
2.3 古中江位置的确定 / 029
2.4 古中江流域新石器文化概况 / 042
  2.4.1 马家浜文化 / 042
  2.4.2 崧泽文化 / 045
  2.4.3 良渚文化 / 047
  2.4.4 凌家滩文化 / 049

2.4.5 北阴阳营文化　　/ 051

第三章　芜申运河流域环境代用指标指示的意义及实验方法

3.1 粒度的环境指示意义与实验方法　　/ 053
　　3.1.1 粒度的环境指示意义　　/ 053
　　3.1.2 粒度分析的实验方法　　/ 054
3.2 孢粉—炭屑的环境指示意义及实验方法　　/ 055
　　3.2.1 孢粉—炭屑的环境指示意义　　/ 055
　　3.2.2 孢粉—炭屑实验方法　　/ 056
3.3 腐殖化度的环境指示意义与实验方法　　/ 057
　　3.3.1 腐殖化度的环境指示意义　　/ 057
　　3.3.2 腐殖化度实验方法　　/ 058
3.4 烧失量的环境指示意义与实验方法　　/ 059
　　3.4.1 烧失量的环境指示意义　　/ 059
　　3.4.2 烧失量的实验方法　　/ 060
3.5 地球化学元素的环境指示意义与实验方法　　/ 060
　　3.5.1 地球化学元素的环境指示意义　　/ 060
　　3.5.2 地球化学元素的实验方法　　/ 061
3.6 光释光测年前处理方法　　/ 062

第四章　全新世以来古中江流域气候演变过程研究

4.1 全新世以来古中江流域气候演变研究　　/ 063
　　4.1.1 古中江流域典型研究剖面的选择和采样　　/ 063
　　4.1.2 高淳剖面年代测试结果　　/ 067
　　4.1.3 高淳剖面孢粉—炭屑鉴定结果　　/ 069
　　4.1.4 高淳剖面腐殖化度、烧失量结果分析　　/ 076
　　4.1.5 高淳剖面元素地球化学分析　　/ 078
　　4.1.6 高淳剖面粒度结果分析　　/ 080
　　4.1.7 磨盘山遗址孢粉—炭屑鉴定结果　　/ 081

4.1.8 磨盘山遗址烧失量结果分析 / 085
4.1.9 磨盘山遗址元素地球化学分析 / 087
4.1.10 全新世以来古中江流域气候演变过程研究 / 088

4.2 剖面多指标间的对比研究 / 090
4.2.1 高淳剖面多指标间的对比研究 / 090
4.2.2 磨盘山遗址多指标间的对比研究 / 093

4.3 古中江流域典型剖面间的对比 / 095
4.3.1 古中江流域典型自然剖面的对比 / 095
4.3.2 古中江流域典型遗址剖面的对比研究 / 098

4.4 与大尺度区域气候对比 / 099

4.5 全新世以来古中江流域气候突变事件的研究 / 102

第五章 古中江在新石器文化传承与发展中的作用研究

5.1 古中江对马家浜文化在太湖西部传播作用的研究 / 105

5.2 古中江对北阴阳营文化、崧泽文化
和凌家滩文化交流作用的研究 / 109

5.3 古中江对凌家滩文化和良渚文化传承与发展的研究 / 118

第六章 芜申运河西段概况和遥感图像处理

6.1 研究区概况 / 122
6.1.1 研究区的自然背景 / 122
6.1.2 研究区的人文特征 / 125

6.2 遥感图像预处理 / 127

6.3 1950年以来芜申运河西段水域面积提取分析
——基于多元遥感图像解译 / 131
6.3.1 Landsat 光学图像和 ALOS PALSAR 雷达图像处理 / 132
6.3.2 ALOS PALSAR 与 Landsat 遥感图像融合及分类 / 135
6.3.3 实验结果分析 / 138
6.3.4 本章小结 / 143

第七章 新石器时代以来芜申运河西段水域范围重建——以环境考古方法为主

7.1 芜申运河西段古丹阳大泽水域范围重建 / 144
  7.1.1 水域边界提取理论与方法 / 144
  7.1.2 基于遗存分布和 DEM 数字地形建模的水域范围重建 / 145
7.2 实验结果分析 / 154
  7.2.1 新石器时代以来的水体变化、围湖筑圩和水旱灾害之间的耦合性 / 154
  7.2.2 古丹阳大泽新石器时代的水域范围验证 / 155
7.3 本章小结 / 159

第八章 胥溪河下坝段 12.7 ka B.P. 以来沉积环境演变研究

8.1 研究内容和技术路线 / 161
  8.1.1 研究现状 / 163
  8.1.2 研究内容和技术路线 / 163
  8.1.3 研究过程 / 165
  8.1.4 研究完成的主要工作量 / 165
8.2 研究概况 / 166
  8.2.1 地质地貌 / 166
  8.2.2 气候 / 167
  8.2.3 土壤 / 167
  8.2.4 植被 / 168
  8.2.5 水文 / 168
8.3 研究材料与方法 / 168
  8.3.1 样品采集 / 168
  8.3.2 分析方法 / 170
8.4 高淳剖面地层环境指标结果分析 / 173
  8.4.1 高淳剖面年代测试结果分析 / 173

8.4.2 高淳剖面粒度结果分析 / 175
8.4.3 高淳剖面磁化率结果分析 / 184
8.4.4 高淳剖面沉积物重矿物结果分析 / 187

8.5 讨论与结论 / 195
8.4.1 高淳剖面沉积环境演变过程 / 195
8.5.2 高淳剖面沉积环境演变过程分析 / 197
8.5.3 胥溪河与古中江的关系 / 201
8.5.4 主要结论 / 203

下 篇

第九章 新石器时代人类遗址时空分布特征研究

9.1 马家浜文化时期（7~5.8 ka B.P.） / 208
9.1.1 马家浜文化遗址地域分布特点 / 208
9.1.2 马家浜文化遗址的地貌特征 / 210

9.2 崧泽文化时期（5.8~5 ka B.P.） / 211
9.2.1 崧泽文化遗址地域分布特点 / 211
9.2.2 崧泽文化遗址的地貌特征 / 213
9.2.3 崧泽与马家浜文化的直接传承关系 / 214

9.3 良渚文化时期（5~4 ka B.P.） / 216
9.3.1 良渚遗址地域分布特点 / 216
9.3.2 良渚文化时期遗址的地貌特征 / 219
9.3.3 良渚与崧泽文化的直接传承关系 / 219
9.3.4 马家浜、崧泽、良渚文化之间的直接传承关系 / 221

9.4 钱山漾—广富林文化时期（4.4~4 ka B.P.） / 221
9.4.1 钱山漾—广富林文化遗址地域分布特点 / 221
9.4.2 钱山漾—广富林与良渚文化的直接传承关系 / 224
9.4.3 马家浜、崧泽、良渚、钱山漾—广富林文化的直接传承关系 / 224

9.5 各期文化单向传承关系 / 225

第十章　新石器时代区域环境演变节律研究

10.1 环太湖平原的环境演变节律　/227
  10.1.1 环境演变的地质地貌基础　/227
  10.1.2 气候事件推动的环境演变节律　/228
  10.1.3 海面升降引起的环境演变　/228
  10.1.4 环境演变对人类遗址的影响　/231

10.2 水阳江下游平原的环境演变过程　/232
  10.2.1 古丹阳大泽演变过程模拟　/233
  10.2.2 古丹阳大泽消亡的环境效应　/236

10.3 与水阳江相关若干问题的探讨　/236
  10.3.1 古中江与胥溪河的关系　/236
  10.3.2 芜申运河工程的关键节点　/238

10.4 长三角新石器时代以来海面变化环境考古研究　/239
  10.4.1 长三角海面变化前人研究状况　/239
  10.4.2 本书的前期研究　/240
  10.4.3 苏州澄湖湖底古水井揭示的全新世低海面时代　/248
  10.4.4 长三角 7 ka B.P. 以前海侵成因分析　/251
  10.4.5 主要结论　/252

第十一章　芜申运河流域新石器时代文化遗产开发利用研究

11.1 文化遗产的类型与分布　/254
  11.1.1 文化遗产类型概述　/254
  11.1.2 文化遗产分布　/262

11.2 文化遗产开发利用的原则与理念　/264
  11.2.1 文化传承理念　/264
  11.2.2 经济适应性原则　/264
  11.2.3 人地和谐理念　/265
  11.2.4 可持续发展理念　/266

11.3 芜申运河沿线博物馆规划建设方略　/266

11.3.1 综合性博物馆规划建设方略　/266

11.3.2 遗址（原址）博物馆规划建设方略　/268

11.4 文化遗产开发利用方略　/271

11.4.1 文化遗产开发利用总体规划　/271

11.4.2 文化精品走廊建设规划　/276

第十二章　结论与展望

12.1 结论　/277

12.1.1 古中江流域　/277

12.1.2 芜申运河西段　/279

12.1.3 芜申运河流域新石器时代文化遗产开发利用　/280

12.2 创新点　/282

12.3 对今后的展望　/284

12.4 芜申运河流域今后可持续发展值得关注的问题　/286

12.4.1 国外相关研究进展　/286

12.4.2 全球变化背景下长三角地区城镇化发展进程中
应重点研究的几个问题　/287

12.4.3 对今后研究的设想　/296

12.4.4 研究长三角地区城镇化发展对全球变化响应的意义　/296

12.4.5 结论　/297

参考文献　/298

附录1　高淳剖面部分孢粉类型照片　/331

附录2　长江三角洲南部地区海侵、海退模拟图　/334

1. 海侵模拟组图　/334

2. 海退模拟图　/338

附录3　芜申运河沿线新石器时代遗址分布图及遗址统计表　　/ 339

　　附表3-1　马家浜文化遗址统计表　　/ 340
　　附表3-2　崧泽文化遗址统计表　　/ 343
　　附表3-3　良渚文化遗址统计表　　/ 348
　　附表3-4　钱山漾—广富林文化遗址统计表　　/ 355

后　记　　/ 358

上篇

第一章 芜申运河所经古中江流域环境考古研究的意义

1.1 研究背景、研究目标和科学意义

1.1.1 研究背景

芜申运河是安徽芜湖至上海的一条古运河,全长 271 km,其主航道位于江苏境内,目前正在疏浚拓宽之中,经前期调查发现,该运河所经古中江流域有众多新石器时代遗址。众所周知,安徽凌家滩遗址出土有大量精美玉器等器物,与北方红山文化有密切传承关系,而古中江流域亦出土有大量崧泽、良渚文化时期精美的玉器、陶器和石器等,与安徽凌家滩遗址玉器、陶器和石器等新石器文化形式类型有密切传承关系。这个流域是江淮地区与宁镇山地及太湖平原区在新石器时代文化传播的重要通道,但一直未得到应有的重视和开发利用。本书通过对高淳薛城、朝墩头、下家宕村,溧阳神墩,宜兴西溪、骆驼墩等遗址器物与凌家滩遗址器物做比较研究,结合对以上遗址地层的环境考古,分析了无文字记载的新石器时代文化沿古中江传播的人地关系,通过对遗址区博物馆规划建设和旅游景点的规划开发,促进该区文化遗产保护与文明社会建设可持续发展。

大河流域是人类文明的发源地和文化遗产集中分布区,对大河流域文化遗产的保护和开发利用是当前各国共同关注的课题,如埃及对沿尼罗河流域分布的埃及古都卢克索(卡尔纳克、卢克索神庙和帝王谷、王后谷等)、开罗(吉萨金字塔、狮身人面像)及孟菲斯(斯芬克斯雕塑、萨卡拉阶梯金字塔及神庙)等的保护和旅游开发已取得举世瞩目的成就。经前期调查,芜申运河所经古中江流域有众多新石器时代遗址(图 1-1),其中骆驼墩遗址为全国重点文物保护单位,总面积 25 万 m²,已发掘 1309 m²,出土玉器、陶器、石器、骨器 400 余件,动物骨骼标本约 2000 件;西溪遗址面积约 5 万 m²,出土石器、骨器、玉器、陶器、青铜器等 300 余件及大量水生动植物遗存;薛城遗址总面积 6.9 万 m²,已发掘 120 m²,出土玉器、陶器、石器、骨器 600 余件;神墩遗址总面积 3 万 m²,已发

● 芜申运河所经古中江流域环境考古研究

1.高淳薛城遗址；2.高淳朝墩头遗址；3.高淳下家宕村遗址；4.溧阳神墩遗址；5.宜兴西溪遗址；6.宜兴骆驼墩遗址；7.水阳江遗址；8.句容放牛山遗址；9.繁昌人字洞遗址；10.含山凌家滩遗址。

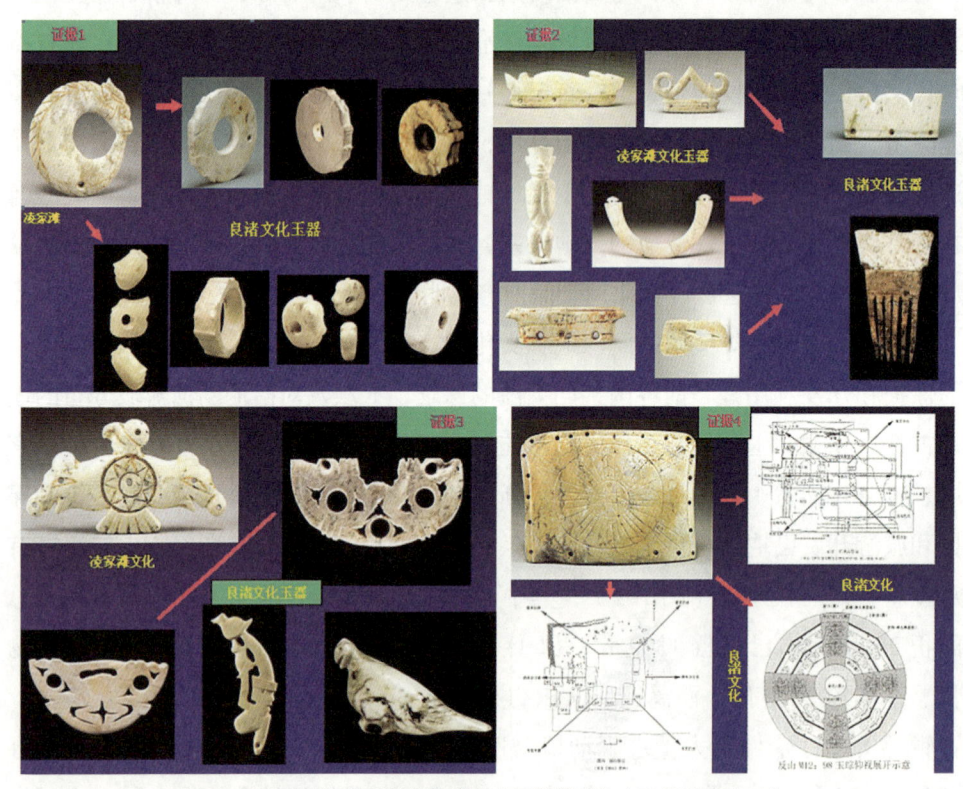

图 1-1 芜申运河及考古遗址分布图

图 1-2 沿古中江传播的新石器文化玉器等器物（田名利，2011）

第一章 芜申运河所经古中江流域环境考古研究的意义

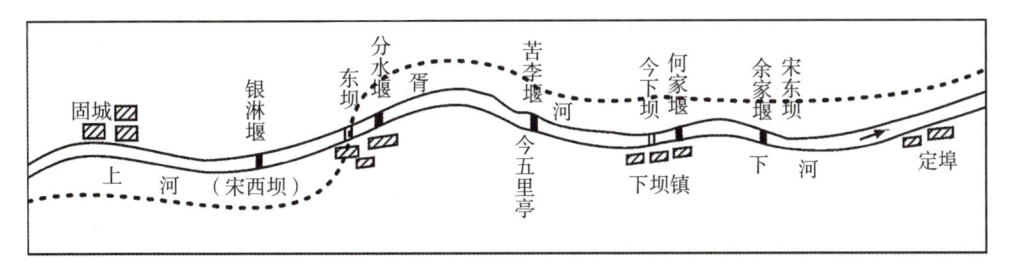

图 1-3 前期调查发现的古中江在胥溪河一带位置分布图

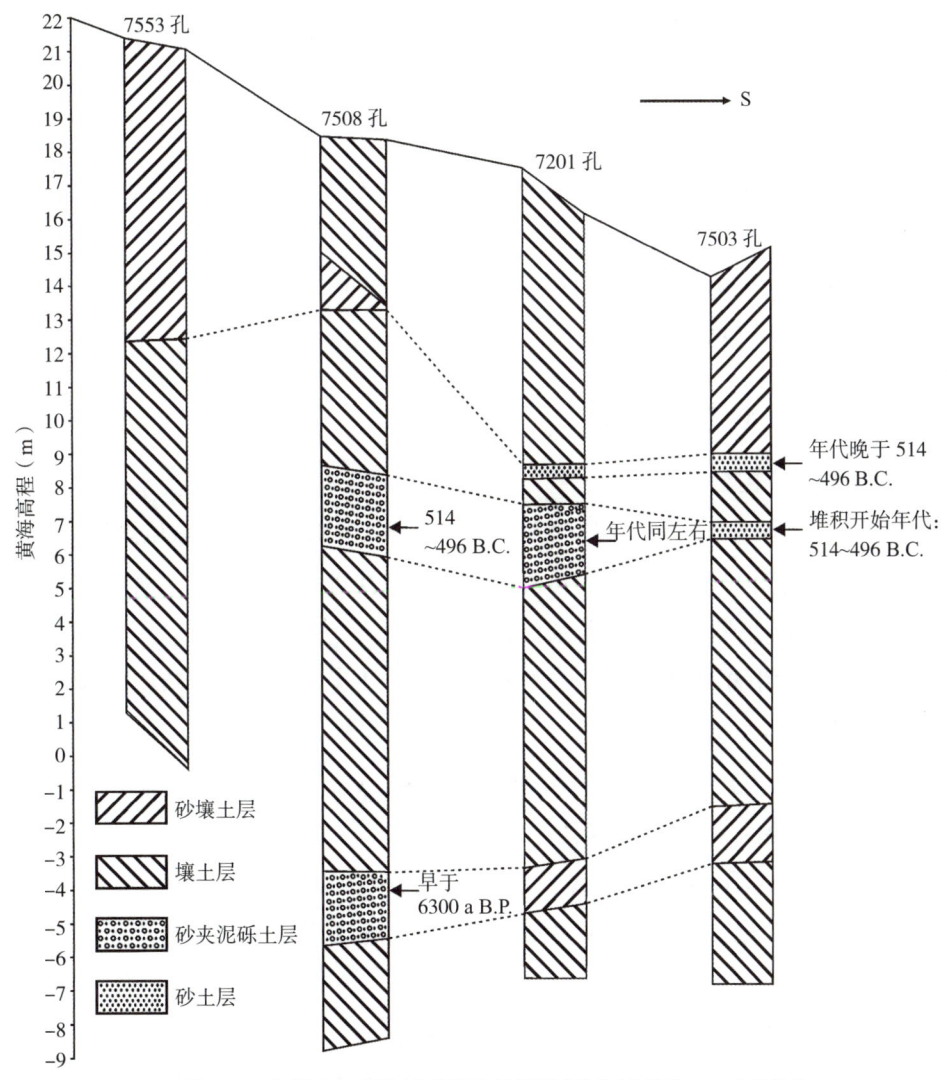

图 1-4 古中江砂砾石层分布钻孔柱状图〔据朱诚 等（2005）改绘〕

掘 1002 m²，出土大量石器、玉器、骨器、陶器、青铜器。上述遗址出土的大量崧泽、良渚文化时期精美的玉器、陶器和石器等，与安徽凌家滩遗址玉器和陶器等新石器文化形式类型有密切联系（图 1-2），但一直未得到应有的重视和开发利用，亟须对该流域文化遗产和开发利用进行研究探索。

本书作者在芜申运河疏浚拓宽过程中，已发现大量古中江河道沉积地层证据，古中江与芜申运河走向大体一致，但不完全重合（图 1-3）。古中江河道有大量砂砾石资源可以开发利用（图 1-4），且上述新石器遗址群多沿古中江两岸分布。此研究利用钻探、测年结合遥感技术首先判定了古中江走向及形成年代，在此基础上对遗址群新石器文化沿古中江传播的文化传承历史过程及博物馆建设和旅游开发利用做了深入探讨。此前，作者已发表古中江在江苏胥溪河段成因及开发利用的研究成果，见 2005 年《地理学报》60 卷 4 期《对江苏胥溪河成因及其开发利用的新探讨》；2000 年《南京师大学报（自然科学版）》23 卷 4 期《南京薛城遗址古环境重建与长江摆动问题》；2009 年 7 月 22 日《中国文物报》《实物视角下的古中江流域文化》；Evidence for marine transgression between 7500–5400BC at the Luotuodun Site in Yixing, Jiangsu Province（*Journal of Geographical Sciences*，2009 年 19 期）；等等。

1.1.2 研究目标和科学意义

本书主要研究内容及目标是：

（1）利用钻探、沉积学、年代学方法结合遥感技术对古中江流域位置的确定。

（2）对高淳薛城、朝墩头、下家宕村，溧阳神墩，宜兴西溪、骆驼墩等遗址器物与凌家滩遗址器物做文化传承比较研究。

（3）结合古中江遗址地层环境考古研究，弄清无文字记载的新石器时代文化沿古中江传播的人地关系。

（4）提出古中江流域遗址博物馆建设及旅游景点开发的规划设想。

需要重点解决的关键科学问题是：

（1）钻探、遥感、沉积学、年代学方法对古中江流域位置的确定。

（2）古中江流域新石器时代玉器、陶器和石器鉴定比对与文化传播通道和文化传承关系研究。

（3）遗址博物馆和旅游景点的开发建设策划。

本书的研究意义在于：江苏是文化大省，古中江流域有众多灿烂的新石器文化遗址遗存，古中江河道有丰富的砂砾石资源，过去均未得到应有的重视。本研究利用芜申运河疏浚拓宽之际，开展对古中江流域遗址群玉器等器物的文化传承研究，并与博物馆和旅游业开发建设紧密结合，将有力推动古中江流域文化遗产开发、航运业、太湖污染治理等行业的大发展。本研究的实施对当前落实习近平主席提出的"率先形成新发展格局，勇当我国科技和产业创新的开路先锋，加快打造改革开放新高地"的长三角一体化发展具有重要战略意义。

1.2 研究方法和思路

本书研究方法、技术路线、实验手段、关键技术等如下：

（1）根据前期预研究掌握的线索，对芜申运河江苏境内高淳胥溪河两岸疑似古中江河道（亦为新石器遗址主要分布区）采用钻探、沉积学（本区古河道沉积物与长江中游安庆、黄梅、九江砂砾石沉积物物源组分相似性追索比较研究）、年代学（$^{39}Ar/^{40}Ar$法、锆石U-Pb法）方法结合遥感技术对古中江流域位置进行确定；收集多年来每年1~2月份江苏古中江流域胥溪河至太湖以西地区沿河两岸SPOT卫星图像数据，在地形图、地质图及历史文献资料考证等的综合分析基础上，对不同类型古河道的光谱特征进行研究；主要利用其近红外波段数据，在排除其他信息干扰的掩膜图像上，建立基于光谱特征的信息提取模型，即监督分类—掩膜图像—PCA变化—埋藏古河道信息提取—数据整合与编辑—古河道提取—野外实地调查与验证—古中江河道分布制图，最终完成古中江位置及其形成和堙塞年代的确定。

（2）对高淳薛城、朝墩头、下家宕村，溧阳神墩，宜兴西溪、骆驼墩等遗址器物与凌家滩遗址器物做比较研究，重点研究5.8~4 ka B.P.期间凌家滩文化玉器等与崧泽、良渚文化玉器等器物形式类别和文化传承的关系；结合古中江遗址地层环境考古研究，弄清无文字记载的新石器时代文化沿古中江传播的人地关系。

（3）提出古中江流域遗址博物馆建设及旅游景点开发的规划。

第二章 古中江位置的确定与流域内新石器文化概况

2.1 古代历史文献中记载的"三江"

对于古中江的记载在我国古代许多著作中都可以查阅到，古中江是争议最大的河流之一，不同学者对同一段文字的理解和解释不相同，其具体的地理位置从古至今一直是学者们争论不休的一个问题。考证古中江首先要考证古代历史文献记载的"三江"，我国古代的地理著作中最早记载"三江"的是《尚书·禹贡》，有"三江既入，震泽底定"的记载，但是对于"三江"并没有指出具体的名字是什么，更没有说出具体的位置，因此引起诸多学者的讨论和考证，不论何种解释目前都没有成为学术界的共识。

2.1.1 古代学者对《尚书·禹贡》中"三江"的认识

毛晃在《禹贡指南》中是这样一种观点："《禹贡》言三江既入，然后震泽之水有所泄而底定。"三江的水注入大海后，对震泽起到了泄洪作用，所以震泽就变得安定因而不闹水灾了，因此毛晃认为是因为三江既入，所以震泽底定，这两句话是因果关系。孔安国对这句话的理解为"三条江的水注入到震泽这个地方，然后最终形成了震泽这样一个湖泊"。清代学者程瑶田也有独特的见解，并且还有较大的影响，他在《禹贡三江考》中认为："三江未必分三条水也，故凡言某江为北、某江为中、某江为南者，皆非《禹贡》经文之三江……苏氏以为三江止一江，其识卓矣。"程瑶田认为《禹贡》中记载的三江并不是指三条大河，而仅指一条河流，这条河流被命名为"三江"；程大昌和程瑶田具有相似的观点，他在《禹贡论》中解释"东拖北会于汇，东为中江入海"为"夫其同为一水，既别其北流以为北江矣，又名其中中流为中江矣"，他也认为"三江"实际上只是一条江，"北江""中江"只是对这条江上不同水段的命名。也有学者认为"三江"是三条（或三条以上）较大的河流。阮元在《揅经室集》中解释其为"《禹贡》三江有北江、中江、南江……中江者，岷江由高淳过五坝，至常州府宜兴县入海者也",三江指的是三条大的河流,这三条河流都入海,北江就是指现在的长江,中江是指现在太湖北部宜溧山地和茅山之间的荆溪(水系),南江是指现在的吴淞江。胡渭则认为"三江"中的"三"并不是一个确数,表示的是概数,是南方人对数条河流统称的一种表达,他在《禹贡锥指》中写道:"南方流水通呼为江……《禹贡》则无所假借,唯水之出自河者众不可胜名……大小相敌则亦总其数而谓之江,'三江''九江'是也"。顾炎武认为"三江既入、震泽底定"这两句话是各自独立的,不存在任何关系,"三江"是范围更广的区域河流,并在《日知录》中写道,"北江今之扬子江也……中江今之吴淞江也……南江今之钱塘江也",北江、中江、南江分别指长江、吴淞江、钱塘江。此观点最早是由晋代郭璞所提出,全祖望赞同此观点,明代的顾大韶在《炳烛斋随笔》中也认可此观点,并认为就是《禹贡》中所记载的"三江"。顾大韶其友人何季穆认为存在两个"三江",一个称之为"大三江",岷江、淞江、钱塘江是也,另一个可称为"小三江",东江、淞江、娄江是也,不过此观点存在淞江同属两个三江的矛盾。宋代的大文学家苏轼也很有见地,他认为"《禹贡》犹有三江之名,曰北曰中者以味别也……汉为北江,岷山之江为中江,则豫章之江为南江"(魏嵩山,1980;朱诚 等,2005;王建革,2007;余同元,2011;徐炜君,2012;程宇铮,2013)。诸位学者的观点可总结如下(表2-1)。

表2-1 前人对《禹贡》中三江的认识

序号	姓名	观点(对三江的认识)	出处
1	毛晃	太湖上游的三条江,曾注入太湖	《禹贡指南》
2	程瑶田	三江并不是指三条河流,而是仅指一条河	《禹贡三江考》
	程大昌		《禹贡论》
3	阮元	三条(或三条以上)河流,北江是指长江,中江指荆溪(水系),南江指吴淞江	《揅经室集》
4	胡渭	三江是指很多条水系,南方人对河流的总称,不是指某固定三条江,是个泛数	《禹贡锥指》
5	郭璞	三江中北江为长江,中江为吴淞江,南江指钱塘江	
	顾大韶		《炳烛斋随笔》
	胡渭		《日知录》
6	何季穆	存在两个三江,分别为"大三江"和"小三江","大三江"是指扬子江(长江)、吴淞江、钱塘江,"小三江"是指娄江、吴淞江、东江	
7	苏轼	三江是指长江的三条支流,北江为汉江,中江为岷江,南江为豫章江(赣江)	《书传》

2.1.2 古代学者对"三江"的认识

需要说明的是，上一小节引用的是学者明确指出对《禹贡》中"三江"的解释，本小节中各位学者的解释仅是对"三江"的解释，并没有注明出自《禹贡》。

《周礼·职方》对三江的描述更为模糊，"其川三江，其浸五湖"，既没有指明"三江"的名称，也没有指明其所在区域。庾仲方在《吴都赋》中认为，"三江"是一条河流在下游地区发育形成的三条入海河流："松江下七十里有水口分流。"蔡沈在其所著的《书经集传》中也认同庾仲方，并对苏轼的"三江说"予以否定。陆德明、顾夷也都认为，"松江东行七十里得三江口，东北入海为娄江，东南入海为东江，并松江为三江"。韦昭在《国语韦氏解》中认为三江是指"吴江、钱塘江、浦阳江"。郦道元在《水经注》中写道："中江在丹阳芜湖县西南，东至会稽阳羡入于海……北江在毗陵北界，东入于海。"阳羡指现在的宜兴，毗陵是指现在的常州，郦道元认为中江从芜湖县西南开始最后在宜兴注入太湖，北江在常州以北注入大海。班固《汉书·地理志》也有相同的记载："中江出西南，东至阳羡入海。"中江从芜湖开始分长江水经胥溪河、荆溪河从宜兴注入太湖，自太湖沿松江注入大海，自西往东经过整个太湖流域（魏嵩山，1980；朱诚 等，2005；王建革，2007；余同元，2011；徐烨君，2012；程宇铮，2013），见表2-2。

表2-2 前人对"三江"的认识

序号	姓名	观点（对"三江"的认识）	出处
1		没有具体名称也没有详细区域	《周礼·职方》
2	庾仲方	某一河流（并非指长江）在下游发育的三条入海河流	《吴都赋》
	蔡沈		《书经集传》
3	陆德明	三江是指娄江、松江、东江	《经典释文》
	顾夷		《吴地记》
4	韦昭	三江是指吴江、钱塘江、浦阳江	《国语韦氏解》
5	郦道元	三江指长江下游三条河，中江指芜湖至宜兴的一条河流	《水经注》
6	班固	仅对中江进行了指认，中江指芜湖至宜兴的一条河流	《汉书·地理志》

"三江既入，震泽底定"，古代"震泽"指现在江苏太湖，将"三江"认为是长江三角洲平原上的河流或太湖上游或下游的河流更为接近事实，发源于天目山的苕溪和发源于茅山的荆溪是目前太湖两条较大的入湖水系，高淳境内的胥溪河是荆溪水系的干流，因此，认为古中江为芜湖至太湖的河流理由更充分。

2.2 古中江的变迁

2.2.1 近现代学者对古中江的认识

古中江的走向及确切的地理位置之争同样也引起了现代中外学者们的兴趣，几位学者根据古代文献资料的记载，在最有可能为古中江流经的高淳地区多次开展实地调查工作，形成了一些认识。

德国地理学家、地质学家李希霍芬是近现代最早考证古中江问题的国外学者，19世纪60、70年代他跟随德国派出的外交使团到达中国，对中国进行地理、地质等方面的考察。他在古丹阳大泽考察时，通过测量发现地势总体向东倾斜，推测古丹阳大泽的河谷平原在过去的某段时间可能与太湖平原是一体的，古中江塑造了这一地貌形态。同为德国人的贝克也到高淳考察过，他赞同李希霍芬提出的在芜湖和太湖之间存在古中江的观点（潘凤英，1993）。

地质学家丁文江（1926）民国初年也到高淳考察过，认为古中江是一条人工开凿的河道，理由是河道窄并且平直。我国著名的地理学家任美锷、胡焕庸、李旭旦（1933）曾经陪同奥地利地质学家、地貌学家费师孟到此地考察，考察后提出三种观点：影响最大的第一种观点通过勘测证实东坝为天目山与茅山余脉的垭口，地势相对较高，自然状态下的河流很难在此穿过，从而认为东坝为太湖水系和长江水系的分水岭，此观点学术界皆认可，几乎成为定论；第二种观点是"溯源侵蚀论"和"人工运河论"的综合，他们认为东坝的两侧是山地丘陵地貌，山体为基岩组成，但东坝、下坝段地表覆盖的却是第四纪的松散堆积物，这些黄土岗丘高度不大，从地貌角度分析是河流水系的分水高地，但后期经过板桥期的地壳抬升及河流溯源侵蚀的双重作用，分水岭被切穿，后又发生差异性的地壳运动，再加上人为疏浚形成古中江；第三种观点由任美锷、胡焕庸提出，他们认为胥溪河两岸覆盖的黄土如果属于河流阶地，那么也不排除古代长江流经此地段从太湖入海的可能性（魏嵩山，1980）。

李灼华（1989）根据文献所记载当地最高水位的历史记录及东坝的自然地貌特征判断也有相似的结论，通过对最高水位的对比，发现长江的水很难越过东坝这道分水岭，从河流溯源侵蚀的角度分析，也认为在自然状态下河流溯源侵蚀该分水岭是不可能的（图2-1）。

李泰来在多年研究考察的基础上，提出古长江原本是从芜湖向东流，经高淳、

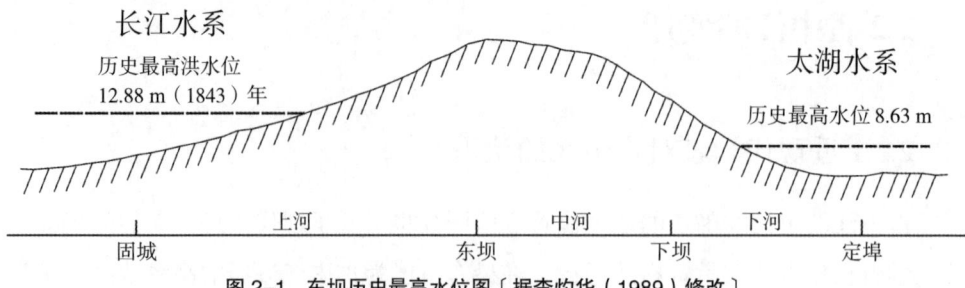

```
        长江水系                                    太湖水系
     历史最高洪水位                              历史最高水位 8.63 m
     12.88 m（1843）年
```

图 2-1　东坝历史最高水位图〔据李灼华（1989）修改〕

宜兴、太湖一线入海，但是后来茅山山脉抬升，古长江河道在东坝、下坝之间流水不畅以后逐渐淤塞，大约在 5000 a B.P. 左右出现改道现象，依然流经芜湖但之后向北流，经南京之后才向东流，经镇江入海，此处的古长江即可认为是古中江（潘凤英，1993）。著名地质学家徐近之的研究团队在 20 世纪 60、70 年代也曾到高淳考察、论证过该问题，他们依据 1958 年拆除后又于 1960 年兴建的茅东闸附近的钻孔资料发现，在红土层下有一层 1~4 m 厚度不等的河流砾石层，向西向北延伸，有一定的分布面积。在沿途考察的过程中还发现了在红土层之上的瓣鳃类古生物化石，经中国科学院院士顾知微鉴定后认为该化石属于滨海相沉积物中的化石。红土层的沉积年代一般认为是中更新世中期，由于古生物化石被发现的层位是在红土层之上，因而推断东坝、下坝当时可能为海岸边缘，进一步认为古中江是存在的，是更新世时期的河流而不是全新世时期的河流；受到海面变化的影响，古中江的出口也不是宜兴边上的太湖，而就在现今东坝、下坝的位置（李灼华，1989）。我国著名历史地理学家谭其骧（1996）认为存在该河流，并且是历史时期的河流，在其所编著的《中国历史地图集·春秋时期》图中将其标注为芜湖至太湖的一条水道（图 2-2）。朱诚等（2005）对该区域进行了数次实地考察和钻探，认为该区地表主要为第四纪松散堆积物所覆盖，这些堆积物很有可能就是近几千年才堆积于此的，因此古中江在此通过是有可能的。另外，南京市高淳区文物保护管理所濮阳康京凭借多年在高淳区野外考古的经历，推断古中江在高淳地区是存在的。潘凤英（1993）在前人研究的基础上搜集了一些钻孔资料，以这些钻孔资料为基础，通过对其沉积相的分析，结合史料记载和野外实地考察后对古中江的存在有了更进一步的认识。各位学者的观点总结如表 2-3 所示。

第二章 古中江位置的确定与流域内新石器文化概况

图 2-2 古中江位置图〔据谭其骧（1996）改绘〕

表 2-3 近现代学者对高淳附近是否存在自然河流古中江的认识

序号	姓名	观点（高淳附近是否存在自然河流古中江）	资料来源
1	丁文江	不存在，河道窄并且平直	《太湖流域水利》，1926
2	李灼华	不存在，长江水位低，无法越过东坝	《地震学刊》，1989
3	任美锷（1） 胡焕庸（2） 李旭旦（3）	（1）不存在，东坝地势高，难以通过； （2）存在，流水不畅需人工疏导； （3）存在，溯源侵蚀有可能通过	《东坝考察记》，1933 《东坝考察记》，1933 《东坝考察记》，1933
4	李泰来	存在，长江在 5000 a B.P. 左右改道（潘凤英，1993）	《南京师大学报》，1993
5	徐近之	存在，有生物化石及砾石层发现（潘凤英，1993）	中国科学院南京地理与湖泊研究所资料室
6	谭其骧	存在，位于芜湖至太湖之间	《中国历史地图集》，1996
7	潘凤英	存在，根据钻孔资料判断存在，大致沿芜申运河一线走向	《南京师大学报》，1993
8	朱诚等	存在，大致沿芜申运河一线走向，判断依据为地层钻探、考古资料、土壤分布	《地理学报》，2005
9	李希霍芬 贝克	存在，古丹阳大泽地势向东倾斜，有可能在某一时段与太湖平原相通	《南京师大学报》，1993
10	濮阳康京	存在，考古资料、野外考察资料	《地理学报》，2005

综上所述，芜湖和太湖之间是否有古中江河道存在、长江是否曾经通过此河道入海是地理学界、地质学界、地貌学界、考古学界争论不休的问题。近现代学者争论的焦点在于：江水是否可以越过东坝和下坝之间的黄土岗地？如果存在古中江，对于古中江的位置没有太大分歧，基本可以认定为是芜湖至太湖的一条河流，至于其具体走向如何，是本文要解决的问题之一。

2.2.2 研究区概况

研究区位于北纬 30°52′~31°49′、东经 118°32′~119°58′（图 2-3），属于长江三角洲西北部地区、太湖西部平原区，长江下游的地质构造属淮阳地盾与江南古陆之间狭长的扬子准地台的部分（陈吉余等，1959），芜湖段的长江即在此地台上的挤压断裂破碎带上，挤压破碎带由许多断裂组成，宽度不等，窄的地方只有几公里，宽的地方可达几十公里，其上覆盖着松散疏松的第四纪沉积物。这样的地质地貌有利于辫状河道发育和河床摆动，该段长江的走向与断裂带的走向较为一致，河道在早期经历过多次的摆动（朱诚 等，2000）。现在的长江河道是经过古代人类兴修水利工程后定格的，早全新世时期，长江下游的河道是在自然状态下发育的，水域宽广，

图例：▲重要遗址 ●主要城市 --芜申运河

1.薛城遗址；2.朝墩头遗址；3.下家宕遗址；4.神墩遗址；5.西溪遗址；6.骆驼墩遗址；7.水阳江遗址；8.凌家滩遗址。

图 2-3 研究区域位置分布图

河湖不分。此后，在全新世大暖期的影响下，气候温暖湿润，发生过较大规模的海侵事件，在镇江丹徒镇南的江滨湿地中海拔 −4.5~4.0 m 段的地层沉积物中发现有多种海相陆相过渡带微体生物化石，例如有孔虫毕克卷转虫变种、透明筛九字虫等。可以推断长江口后退至现在的扬州—镇江一带（朱诚 等，1996；杨达源，2004），长江三角洲被淹没在海水之下，长江的入海口受到海侵影响，排水不畅，沿岸的凹地积水成湖，研究区河流大规模发育（朱诚 等，1996）。全新世中期以后，气温逐渐变凉，降水也相应减少，海水后退，海面下降，长江入海口又进一步向前延伸，恢复畅通，长江以现在的主航道为干流，研究区域的河流则沦为支流；后来长江三角洲西部及西南部山区地壳上升（虞志英，1988；赵庆英 等，2002），长江干流北移，随后逐渐淤塞，其成为长江在汛期时候的泄洪通道。

芜湖段长江东部为茅山断裂带，形成时间大约为印支—燕山期（胡连英 等，2001）。该断裂带西部以宣城为起点，经高淳固城湖出口处的花山后形成两条断裂带，在花山处可见到浦口组的灰岩和三叠系下统的灰岩，一条为经过茅山东部的断裂带，另一条为经过茅山西部的断裂带，沿茅山最终延伸至镇江一带，为一条北北东走向的断裂带，多为南东倾向，断裂走向介于 NE10°~20°，倾角介于 45°~85°（孙业君 等，2015）。此区域在新构造运动时期断裂活动频繁、强烈，西侧表现为隆升，东侧表现为沉降，形成西部高东部低的茅东裂陷盆地（图 2-4）（胡连英 等，2001；腾龙 等，2015）。高淳至溧阳之间地貌的基本轮廓是由燕山运动最终定型的，燕山运动使该地区的古生代和中生代地层发生褶皱后被抬升，形成了现在的溧（溧阳）高（高淳）背斜，之后地壳发生了大规模的东北—西南方向和东南—西北方向的两组断裂（陈吉余 等，1959）。

研究区作为长江入海的干流通道可追溯至 50 万年前，此结论可以得到古生物学界的支持：在距今 2.5~0.01 Ma 第四纪时期，我国的动物群以长江为界可以分为北方动物群和南方动物群。1993 年，在南京汤山葫芦洞内发现了 15 种哺乳动物及南京猿人的头盖骨，年代为距今 50 万年以前，中国科学院南京地质古生物研究所和北京古脊椎动物与古人类所的学者认为他们均属常见的北方动物群类型（许汉奎，2003）。长江是阻止动物群相互交流的天堑，尽管南京汤山现在属于长江以南地区，但根据古生物学的研究可知，在此之前的几十万年里汤山应该是属于长江以北地区，这样当地的动物群才会属于北方动物群。另有资料（房迎三，2002）证明：在水阳江一带和江苏句容一带遗址出土的旧石器的形状和大小在 50 万年前有着很大的区别，水阳江一带的旧石器体积大，句容一带出土的旧石器以

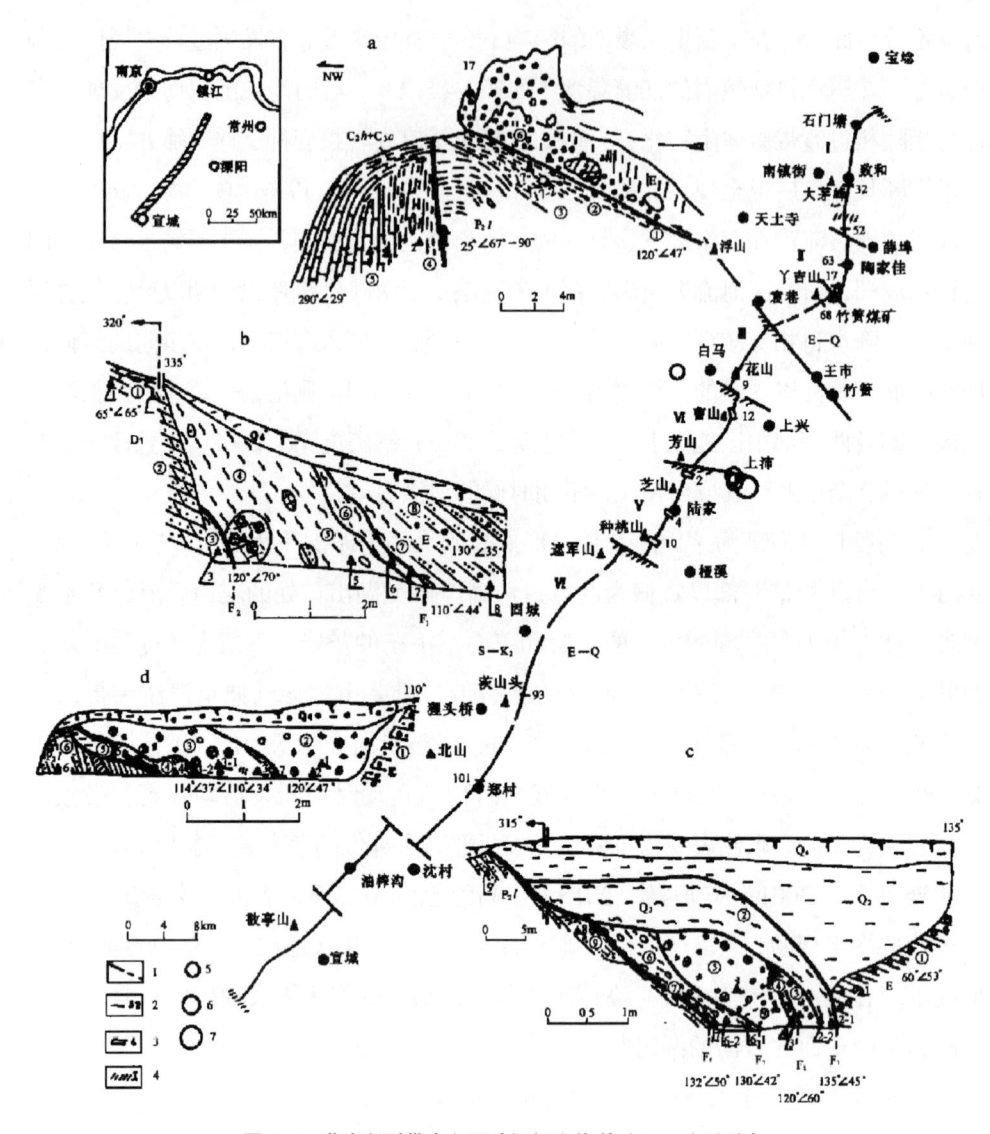

图 2-4 茅东断裂带走向图〔据胡连英 等（2001）改绘〕

小器型为主（图 2-5），多为适于刮削东西的石器，偶见大的砍砸器。到了 10 万年左右则变得较为统一，统一后的石器类型更倾向于水阳江一带的旧石器类型，因此推测最大的可能性是几十万年前的长江应该是流经芜湖，经固城湖、太湖入海，后期长江入海口逐渐北移。

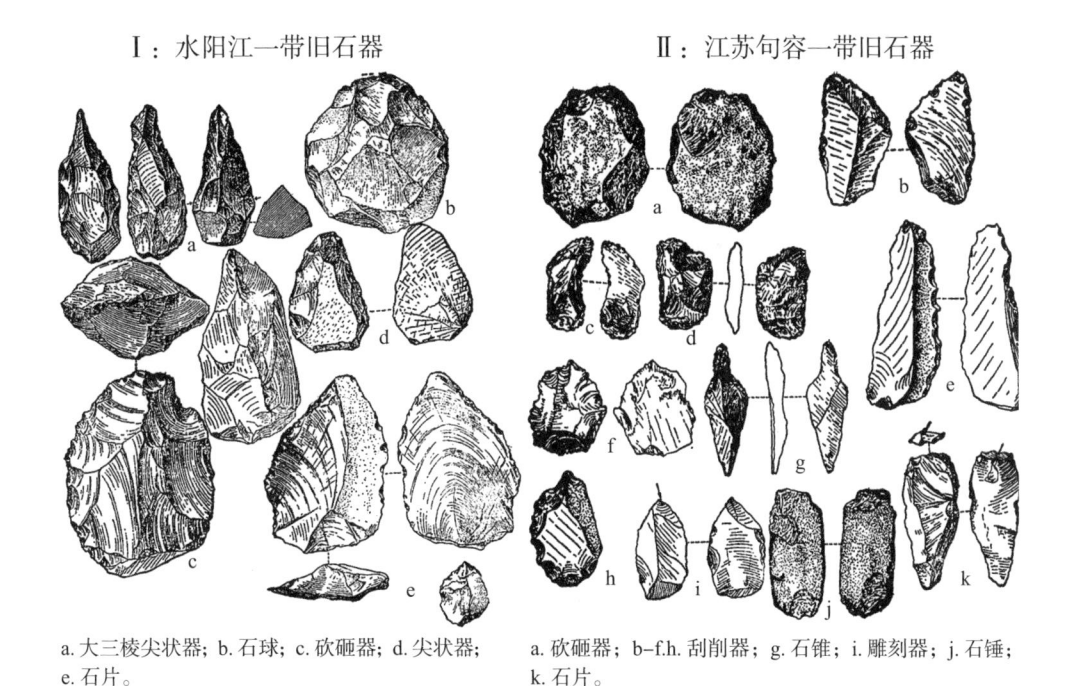

Ⅰ：水阳江一带旧石器　　　　　　　Ⅱ：江苏句容一带旧石器

a. 大三棱尖状器；b. 石球；c. 砍砸器；d. 尖状器；
e. 石片。

a. 砍砸器；b-f.h. 刮削器；g. 石锥；i. 雕刻器；j. 石锤；
k. 石片。

图 2-5　水阳江一带和江苏句容一带出土的 50 万年前旧石器（房迎三，2002）

2.2.3 对丹阳大泽、芜湖与胥溪河的研究

丹阳大泽的范围存在广义与狭义之分，广义的丹阳大泽包括的范围极大，甚至可以达到 3000 km² （金家年，1988）；狭义的丹阳大泽一般指丹阳湖（运粮河）、南漪湖、固城湖、石臼湖及其之间的区域。戴锦芳（2002）运用遥感图像处理技术方法证明丹阳大泽西起安徽芜湖，东至高淳东坝、下坝。古时丹阳大泽地势平坦、河湖不分，属河湖相沉积地层（金家年，1988）。受到地质地貌、气候气象、水文等自然因素影响，河流携带的泥沙在沉积动力减小的区域沉积下来，逐年淤积，丹阳大泽逐渐变浅，最初被肢解成许多大小不等的湖泊群。随着上游河流源源不断地将泥沙携带到丹阳大泽，越来越多的泥沙在此淤积，小的湖泊逐渐消失，再加上人为围湖造田的影响，最后只剩下南漪湖、固城湖、石臼湖三个较大一些的湖泊。

人类活动对此地区的影响颇大，春秋战国之前丹阳大泽还是地广人稀的"泽国"，春秋时期人类开始在此繁衍生息，但古时人类征服自然的能力较弱，丹阳大泽湖泊群的变迁和演变基本以自然因素为主导，直至东汉时期都维持在此状态。随后中国历史进入了三国两晋南北朝的分裂时期，为躲避频繁的战乱，北人有组

织地向南方迁移,这在客观上推动并促进了南方地区经济、社会的发展。丹阳大泽地区气候温暖湿润,自然条件优越,定居于此的人们开始大规模围湖造田,唐宋时期达到顶峰,高淳区境内的第一大圩"永丰圩"即在宋朝时建成(高淳县志,2010),以后的历朝历代都建有自己的圩区,至新中国成立前夕,丹阳大泽仅为原来的六分之一左右。丹阳大泽的消失是自然因素和人为因素共同作用的结果,早期自然因素占主导,后期随着人类改造自然、征服自然能力的加强,人为因素起了决定作用。

芜湖在古代被称为"鸠兹",《左传》襄公三年(公元前570年)最早记录了这一地名。此地地势低洼,多地为湖区或沼泽,春秋时期因林木茂密、鸠鸟云集而得名,在古代还有"祝兹""勾兹""皋兹"等别称,汉武帝时鸠兹设县,改名为芜湖,这便是最早的芜湖城(张敏,2009)。现在的芜湖市并不是古时"芜湖"所在地,据考证古时鸠兹位于水阳江的南岸,水阳江向西可以通过青弋江与长江相连,向东可以通过固城湖到达太湖,其在现在芜湖市东当涂县黄池镇一带,古时为丹阳大泽中的高岗,其遗址现位于黄池镇城西村(张敏,2014),俗称"楚

(a)楚王城遗址碑;(b)作者(右一)在楚王城遗址外的合影,后面的土坡即为楚王城的城墙遗存;(c)考古探孔;(d)楚王城遗址内的植被。

图 2-6 安徽芜湖楚王城遗址

王城"（图2-6）。

胥溪河又称胥河，位于江苏宁镇地区茅山山脉南麓高淳区境内，源头为固城湖，经过东坝镇在苏、皖交界处定埠镇朱家桥与发源于茅山南部的荆溪河水系交汇，全长约32 km，分为上河、中河、下河三段。自固城湖至东坝镇约10 km，称为上河；东坝镇向东至下坝约6 km，称为中河；下坝以东至与荆溪交汇处约16 km，称为下河。沿荆溪向东可到达太湖，通过固城湖向西可以贯通水阳江、青弋江，接长江。胥溪河自形成以来对两岸的水上交通、农田水利灌溉等都起到了重要的作用。

对于胥溪河的成因，专家学者们各执一词，一种观点认为胥溪河是天然形成的，一种观点认为是经过人工开挖形成的。之所以形成此两种对立观点，是因为在高淳区东坝和下坝（中河）之间为海拔较高、距离约6 km的岗地地貌，此岗地被认为是自然状态下太湖水系和长江水系的分水岭。天然河道说认为此处覆盖着网纹红土、砂层、黏土等物质，属于第四纪松散沉积物，且自身海拔高程不高，两侧河流可以发生溯源侵蚀的现象，切穿分水岭，最终实现两侧河流贯通，使东坝西侧的固城湖、水阳江、青弋江、长江的水可以向东流入太湖。在此过程中，河槽被加深形成早期的胥溪河，可以被用于航行，至五代以后经过历次大规模整治，最终被改造成人工运河。人工河道说认为溯源侵蚀不可能穿透6 km的高岗。胥溪河为伍子胥所开凿，在春秋以前，平水期古中江的水只能到达东坝西边的固城湖，只有在汛期时长江水位上涨才能越过东坝高淳一带，汛期过后水位下降，东坝一带的分水岭会使古中江再次断流。

春秋时期，位于太湖流域的吴国强大起来，强大后的吴国要北上与楚国争霸，吴、楚两国的战场主要在江淮地区，吴国出兵有两条路线可走：一条是从现在的吴淞江出海沿海岸线北上，到达淮河口后沿淮河向西进军；另一条是到达吴淞江后沿着长江向西进军（图2-7）。这两条路线因安全性低而存在很大风险，据《左传》记载：伍子胥于公元前511年（昭公三十二年）开挖了这段分水岭地段，这样可以从苏州经过太湖、固城湖、水阳江，最后进入长江水道到达战场。北宋时开始相传此河为伍子胥开凿，人们为了纪念伍子胥的功绩将此运河称为"胥溪河"（胥河），在此之前被称为"中江""鲁江"等。人工河道说还有一定的史料可以查阅，宋代《图经》（公元1008~1016年）云"昔吴王阖闾伐楚，以伍相举兵，因开此渎，已通漕运"，其中"已开此渎"的"渎"即解释为胥溪河。宋代单锷《吴中水利书》记载"自春秋时，吴王阖闾用伍子胥之谋伐楚，始创此河"（高淳县地方志编纂

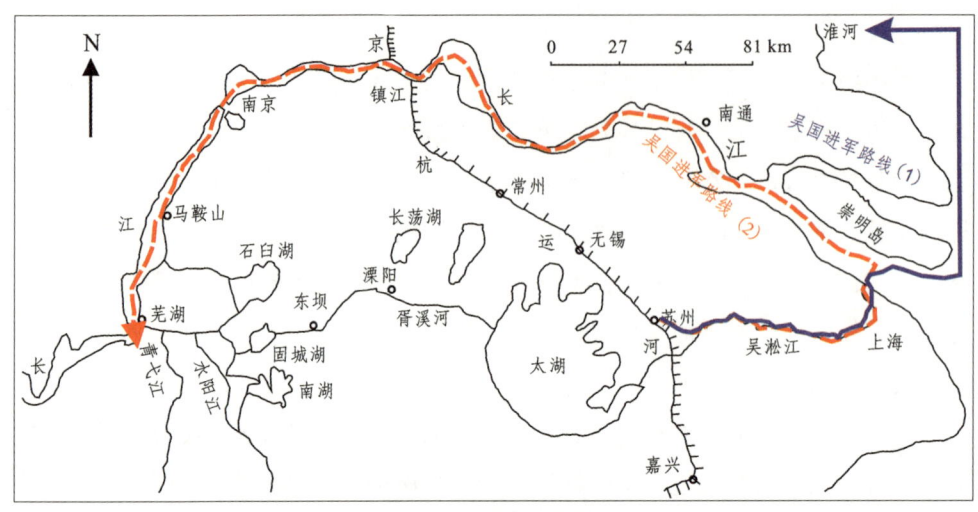

图 2-7　吴国进军路线图

委员会，2010）。

据当地现在的地形地貌条件推测，伍子胥人工开通胥溪河其实并不是重新开挖了一条河，早期该流域河流并不是现在的状态，自然状态下应是河湖不分，现在河流的走向都是经过人工疏导后定格的。伍子胥在当时应该是利用该地区河网密布的先决条件，在此基础上疏通、开挖东坝地区的高岗之处，把已经淤塞的古代河流和平原上的河流、湖泊等自然水域连接起来用于运送吴国大军。这在理论上是可行的。不过可以肯定的是，现在我们看到的胥溪河早已不是古代的天然河道，它是经过人类不断的疏浚、开挖、裁弯取直之后形成的，胥溪河在历史上有过多次大型的水利工程建设。

胥溪河附近的地势中间高两边低，汛期时从长江和皖南山区来的水可以很顺畅地从固城湖经太湖入海，水上交通便利，但到了平水期和枯水期水位下降时并不顺畅，影响了通航。为解决这一问题，宋朝、明朝时期在东坝一带修筑水堰，胥溪河上最为著名的水利工程当属"五堰"（图2-8）。"五堰"又称"鲁江五堰"或"鲁阳五堰"，是古代在东坝附近的胥溪河中修筑的五道水利设施，现在已经废除。根据宋代《景定建康志》记载，胥溪河五堰的名称及所处的地理位置为银林（银沐）堰、分水堰、苦李堰、何家堰和余家堰。五堰长度约为8 km，银林堰在今东坝镇西约1 km远的地方，具体为胥溪河南岸沿河的濮家村、胥溪河北岸吴家村的河底，1978年胥溪河东坝段断流，挖河泥时在河底发现坝基全为石灰岩质的长方形条石，推测为第一道堰；分水堰地势较高，在现今东坝镇附近；苦李堰在现今的东坝和下坝之间五里亭北侧；何家堰在下坝坝东约1 km王家村段的

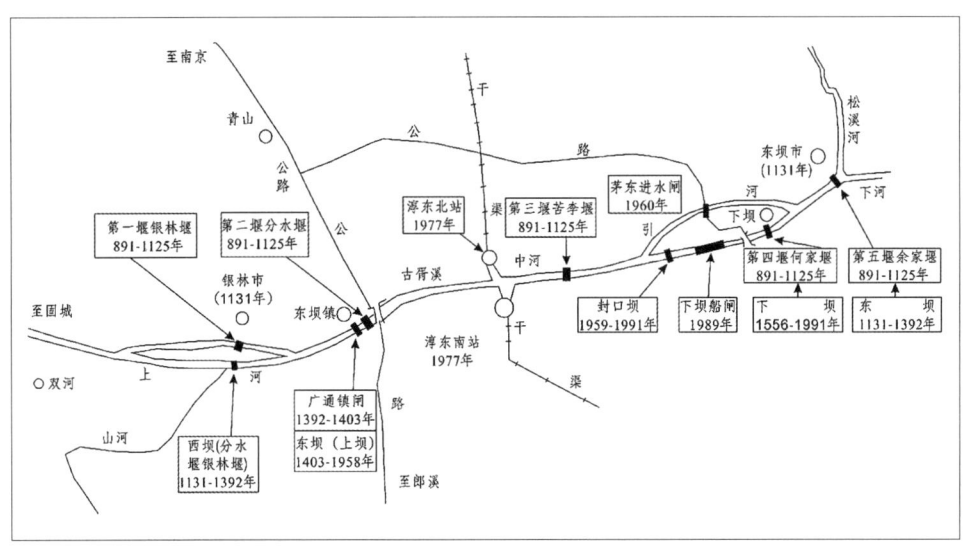

图 2-8 胥溪河水利工程图及"鲁阳五堰"位置图（高淳县地方志编纂委员会，2010）

胥溪河中，现在仍然可以看到其遗迹；第五堰余家堰在下坝与定埠之间、下坝东1.5 km 处。五堰的修筑年代没有详细的记载，《五代史补》云"唐景福三年，杨行密方据宣州，孙儒围之，五月不解，台蒙作五堰……卒破孙儒"（高淳县地方志编纂委员会，2010）。这里最早提到了五堰，但是也有学者认为在此之前的唐代或元代就应该已修筑。北宋时疏浚该河流，五堰全部被废掉，疏浚后的胥溪河河道加深、河床加宽，没有了堰的阻挡后流水畅通，下游连年遭受水灾的威胁。南宋初年（公元 1127~1131 年）在首尾重新修筑两道堰坝，一道是在银林堰稍南的河道上，仍然称之为银林堰，又称西坝，另一道在余家堰的旧址上修建，称为东坝，遂将两地命名为银林市和东坝市。1958 年，因溧阳、宜兴一带旱情严重而拆除东坝，拆除的过程中在坝基处还发现了重百余斤的铁质镇坝物虾爬虫和重千余斤的铁质镇坝牛（图 2-9），根据河底下铺设的密集梅花形与"之"字形的地钉圆木桩（图 2-9），推测该处当时建在了古中江流经的一段河漫滩处（高淳区文物保护与文博研究濮阳康京工作室，2015）。

学者们已经从地质、历史资料等方面对胥溪河的成因进行了探讨，本书再次对胥溪河进行研究时从新的角度展开，重点研究了胥溪河东坝至下坝一段及其周围的地貌、河流水系的分布情况（图 2-10）。在胥溪河的东北方向依次是小游山、小芳山、种堂山、芝山、芳山等海拔 80~200 m 的茅山山脉的余脉，山体走向为南偏东方向，这些小山脉的走向直接影响到了此地区河流的流向，受此影响，该区域河流的流向也为东南方向。胥溪河南岸是宜溧山地及其余脉，山体较北岸高

（a）下坝新茅东闸；（b）坝基圆木桩；（c）虾爬虫和大铁牛（复原图）。
图 2-9　高淳下坝坝址现场照片

大，沿东南方向坐落着四顶山、伍贡山、六十亩顶山、观山、尖山等山脉，海拔最低的也将近 200 m，最高的为四顶山，高达 600 m。与北岸的山相反，南岸的山向西北倾伏，因此发源于这些地区的河流流向西北方向。在其西南方向为秀山、木竹山、小花山、大花山、九龙山、小金山、大金山、塔山、抬头山等，这一系列山的海拔高程大都在 100~300 m，胥溪河就处在这一系列的山系之间。这些山都是由基岩组成，在它们的山麓地带覆盖着松散的第四纪堆积物，东坝至下坝处呈台地展布，与北岸山系和南岸山系组成了该区的分水岭，分水岭以东、以北的河流在胥溪河（荆溪河）汇合后向东注入太湖，分水岭以西的河流注入固城湖或石臼湖，分水岭以南的河流则注入南漪湖。胥溪河东坝至下坝这一段恰好处于分水岭上，东坝以西的河流流入固城湖，下坝以东的河流流入太湖。因此可以推断，胥溪河东坝至下坝这一段即使有河流相通，其流水也不够流畅，在平水期或枯水期行船应该有障碍，即使是古代的舟较小，若要顺利通过也有必要人工加宽、加深。事实情况也是如此，东坝至下坝段的胥溪河河流走向较为平直，两侧河岸较

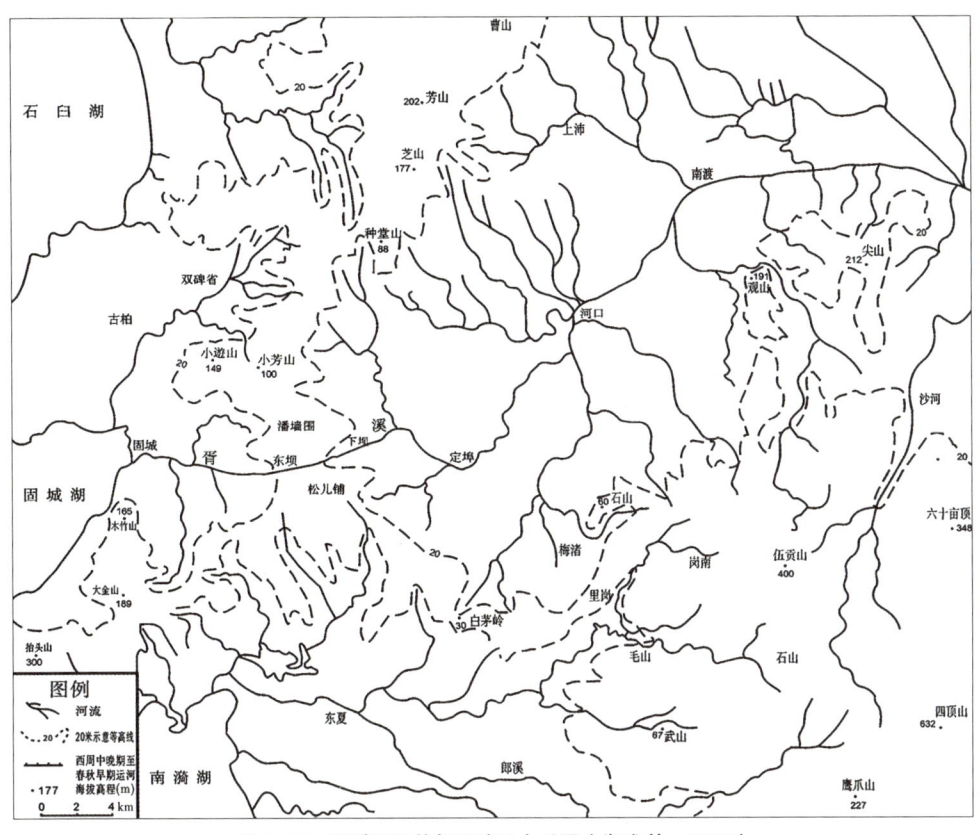

第二章　古中江位置的确定与流域内新石器文化概况

图 2-10　胥溪河及其邻近地区水系图（朱诚 等，2005）

为陡峭。我们在研究过程中对其中几处河流的深度进行过实地测量，河床处水深 8~10 m，有些地方的深度甚至还超过了 10 m。由于历代对此河都有疏浚，所以宽度也较宽，目前又在进行新一轮的挖深拓宽工程。芜中运河项目部工程处资料（中交水运规划设计院有限公司，2007）表明，最窄处的河流宽度也有 30 m 宽，胥溪河的下坝至河口段弯曲程度大大增加，出现了多个拐点，支流多，下坝以下的河段为天然河流；东坝至下坝段的河流较为平直，不符合自然河流发育的特点，距离短及地质条件疏松，人工开挖完全有可能。经过对周围山系和河流的考察分析后推测，胥溪河东坝至下坝段在早期已有河流，但流水不畅，为了满足航运的需要，此段经过人工改造。

考古学也提供了考古资料证据，在宁镇地区的高淳固城镇境内发现大量的土墩墓。土墩墓是吴越文化的重要组成部分，考古界因其不见墓穴而直接在平地上堆土掩埋的独特墓葬方式将其命名为土墩墓，目前发现最早的土墩墓为西周初期的，发现最多的为西周中晚期及春秋早期的，大约在春秋晚期至战国初期，土墩墓近于绝迹。出土的青铜器主要有剑、鼎等器物，据研究，它们属于西周中晚期至春秋早期吴国的文物（陈元甫，1992；林留根，2006；杜佳佳 等，2010）。另外还出土了三十件春秋时期的铜兵器，主要是矛与戈（图 2-11）（江苏省文物管理委员会，1966）。在相同的层位还出土了带有方格纹、云雷纹等各种纹饰的陶器（图 2-12）（林留根，2006）。这种西周、春秋时期的几何纹陶片在固城、东坝、下坝一带的河滩上较为常见，根据这些考古资料推断，在西周至春秋前期吴国人已经在胥溪河（固城、东坝、下坝）一带有大量的人类活动，在这个时期开凿胥溪河是有可能的，甚至可以推断胥溪河并不一定是由伍子胥开始开凿的，而是早于伍子胥生活的年代。总之，虽然胥溪河的确切年代已不可考，但人们普遍认为胥溪河原是一条自然的河流（魏嵩山，1979），而非人工开凿的运河。

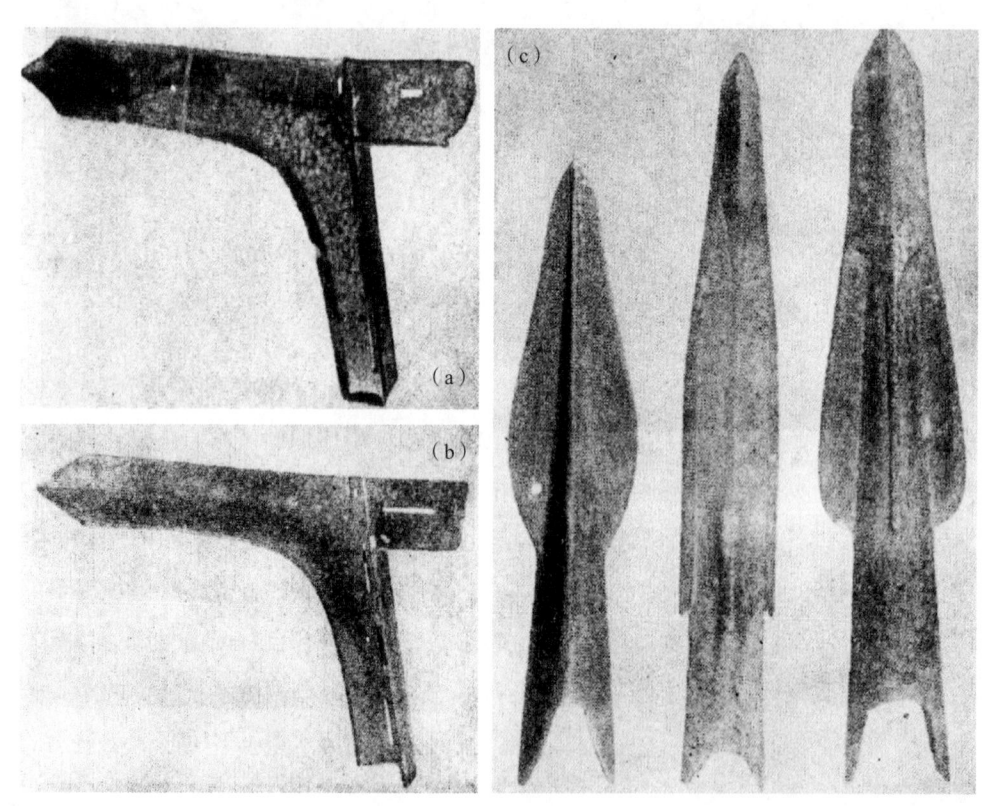

(a、b) 戈；(c) 矛。

图 2-11 高淳出土的春秋吴越铜兵器（江苏省文物管理委员会，1966）

图 2-12 土墩墓出土的器物（林留根，2006）

2.2.4 东坝镇地层岩性研究

近现代学者对高淳地区存在古中江持否定意见的依据在于，东坝地区地势较高，古代河流无法越过此处向东流入太湖，为此本书重点对东坝进行了研究，在芜申运河建设工程指挥部和位于东坝的南京市高淳区生活垃圾焚烧发电项目建设办公室搜集到了该处 45~55 m 深钻孔的岩性情况图。本书根据两处提供的《芜申线高溧段（红卫桥—下坝船闸上游段）航道整治工程施工图设计》《芜申线航道桥梁工程勘察设计施工图设计（固城桥）》和《南京市高淳区生活垃圾焚烧发电项目岩土工程勘察报告》（江苏省地质工程勘察院，2015），将此处地层的岩性情况整理成柱状图（图 2-13）。

东坝镇地层的岩性较为简单，上部为素填土，下部主要为黏土和粉质黏土。素填土基本为灰黄—黄褐色，较为松散，以粉质黏土为主，含青灰色条纹，局部浅部夹大量植物根茎及碎石子。某些钻孔素填土上部还有 0.5~1 m 的杂填土层，

图 2-13　东坝分水岭处地层岩性图〔据江苏省地质工程勘察院（2015）改绘〕

图例：素填土　黏土层　粉质黏土层　含卵砾石粉质黏土层

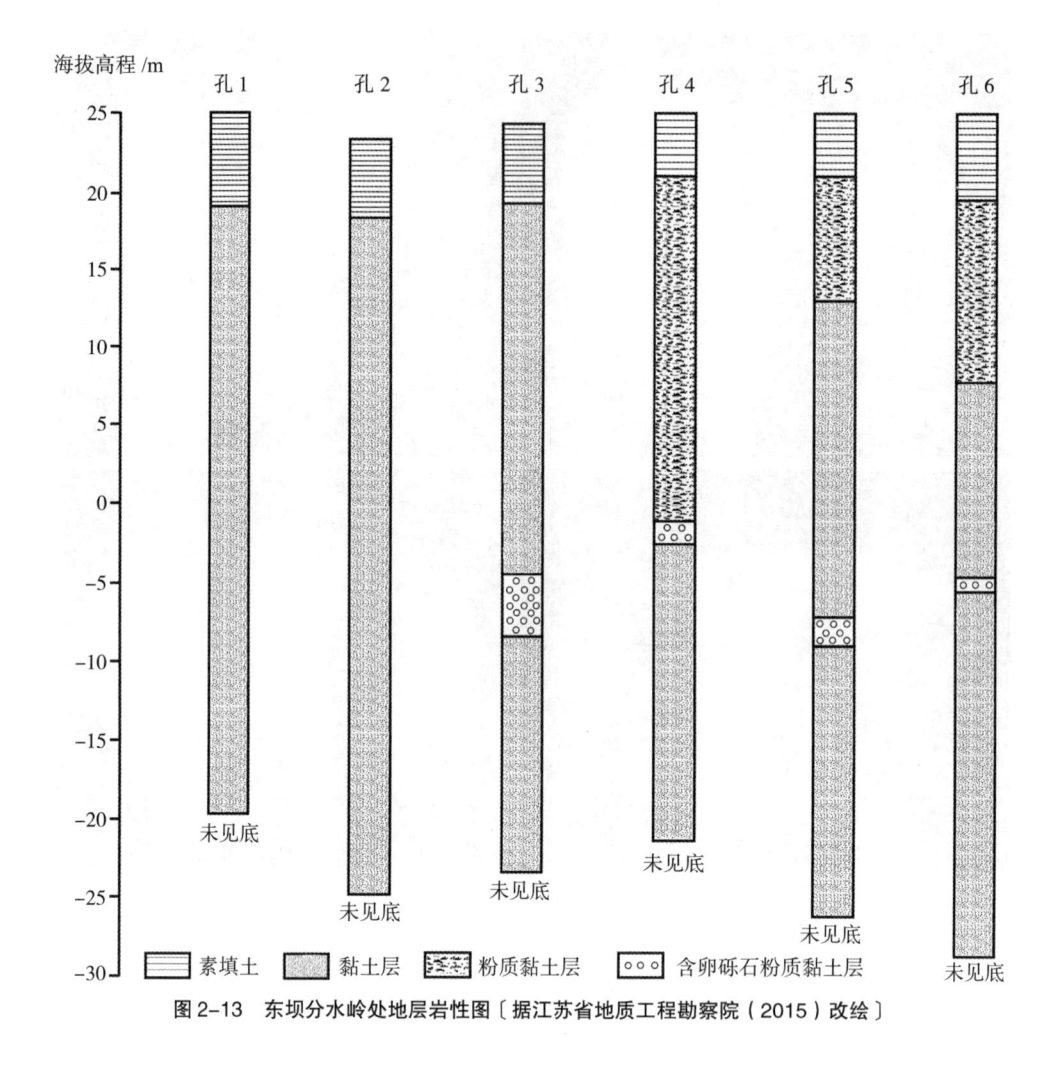

颜色为杂色，结构松散，以碎石、砖块混粉质黏土为主，不均匀。黏土层为主要地层，褐黄色，部分钻孔在素填土层之下为厚度不均的粉质黏土层，粉质黏土为灰黄—褐黄色，局部夹有少量铁锰质结核及灰色条纹，多数钻孔在黏土层中都含有一层厚度不均的含卵砾石的粉质黏土层。含卵砾石粉质黏土为褐黄色，卵砾石以圆状为主，粒径为 0.5~2 cm 不等，含量约为 15%~25%。

东坝地层中卵石存在的海拔高程不等，依据《南京市高淳区生活垃圾焚烧发电项目岩土工程勘察报告》（江苏省地质工程勘察院，2015）可知，其主要分布于 −10~5 m 的地层中。2017 年 3 月，在东坝镇胥溪河分水岭处的河岸取一 5 m 深钻孔（图 2-14），钻孔岩性为含细砂的青灰色黏土，钻孔顶部海拔高程为 7 m，底部高程为 2 m，2 m 以下含有卵石。对卵石层以上部分进行 AMS^{14}C 测年，

图 2-14 东坝镇胥溪河分水岭采样工作照现场、钻孔地层岩性及年代图

测年结果显示该地层底部四个年代自下而上出现了倒置现象（图 2-14），推测可能为地层受崩塌、滑坡或塌方等导致出现了地层倒置沉积。据南京市高淳区茅东闸管理所南京市航道工程建设指挥办公室提供的资料（中交水运规划设计院有限公司，2007）证实，下坝至固城湖段为极易发生崩塌、滑坡等地质灾害的地段，目前该段的芜申运河建设工程已经基本完工但还不能通过工程验收，主要原因是不断有地段发生滑坡，需根据实际情况进一步详细勘察再进行处理。建在东坝镇的大桥（图 2-14）在半年时间内比规划图位移了 20 cm 左右，被迫停工，将已建好的部分炸毁，采用新方案重新修筑坝基。从这些工程中可见此处滑坡、崩塌等地质灾害的严重性，这些地质灾害容易造成地层倒置沉积的现象。靠近卵石的地层年代为 3293 ± 65 cal. a B.P.，可以推测东坝镇卵石层存在的时间早于 3293 ± 65 cal. a B.P.，东坝镇在距今约 3300 年前存在具有较大流量的河流，推测该河流为古中江。

高淳水利局于 1975 年在胥溪河东坝北岸淳东抽水北站进行地质钻探，共有 4 个钻孔（图 2-15），其中 3 个钻孔（7508、7201 和 7503）中均含有砂夹泥砾土层或砂土层。砂土层出现在黄海高程 8.3~8.7 m 处，第一砂夹泥砾土层出现在黄海高程 5~8.6 m 处，第二砂夹泥砾土层出现在 7508 孔的 -5.8~-3.7 m 处，依据砂土层和砂夹泥砾土层所在的高程判断此沉积物很可能是春秋时期吴国（阖闾执政时期 514~496 B.C.，2446~2426 cal. a B.P.）人工疏通运河之后的河流堆积物，而 7508 孔黄海高程 -5.8~-3.7 m 处厚 2 m 的砂夹泥砾土层则表明在吴国疏通胥溪河之前可能在该地区存在天然河流（朱诚 等，2005）。胥溪河东坝北岸淳东抽水北站钻孔与东坝上上街钻孔沉积物有着密切联系，上上街钻孔 AMS^{14}C 测年结果表明大约在 3300 cal. a B.P. 左右天然河流的搬运能力减弱，搬运物质由卵石逐渐变为砂，后期由于崩塌、滑坡等地质灾害的影响逐渐淤塞，至吴王阖闾时期重新在原来天然河流的基础上疏通了胥溪河。

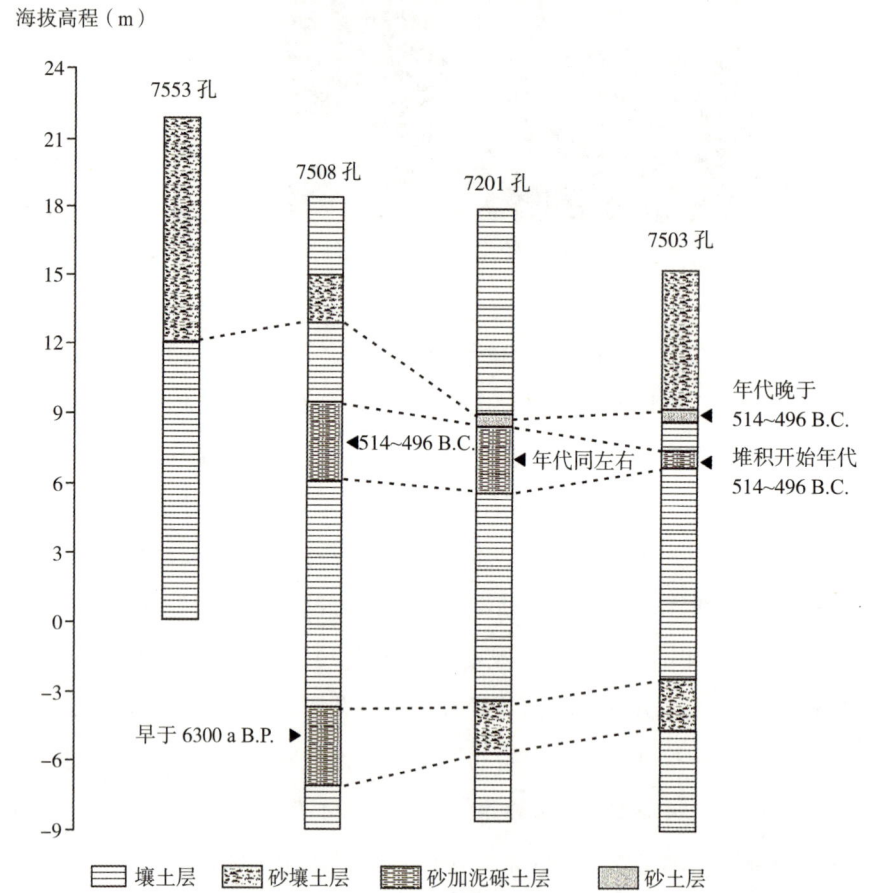

图 2-15 胥溪河东坝北岸淳东抽水北站钻孔剖面图〔据朱诚 等（2005）改绘，原图为原高淳县水利局提供〕

2.3 古中江位置的确定

为了解古中江的位置及走向，本书根据《尚书·禹贡》对"三江"、《水经注》和《汉书·地理志》对"中江"的记载以及学者们争议的重点区域，结合芜湖、固城湖、太湖的地质、地貌情况，判断可能为与古中江位置相对应的区域，随后搜集了大量的钻孔资料、考古资料，根据这些资料展开了长时间的野外调查，最后选择在安徽当涂县黄池镇、芜湖市区内的大砻坊铁路桥、南京高淳区花奔大桥（图2-16；表2-4）附近进行钻探取样分析，采样点所处的位置从地貌单元角度分析均位于古代丹阳大泽范围内。

图2-16 采样点在古代丹阳大泽位置图

表2-4 采样点基本信息表

序号	地点	经纬度位置	高程（m）	参与人
1	安徽省马鞍山市当涂县黄池镇西湖花园	31°17.950′N，118°35.656′E	9	朱诚、姚付龙、蔡天赦、徐佳佳
2	安徽省马鞍山市当涂县黄池镇老镇政府大院	31°17.522′N，118°35.684′E	6	朱诚、姚付龙、蔡天赦、徐佳佳
3	安徽省芜湖市大砻坊铁路桥东500 m处	31°18.948′N，118°23.324′E	7	朱诚、姚付龙、蔡天赦、徐佳佳、蒋小芳
4	江苏省南京市高淳区花奔大桥北侧30 m处	31°20.436′N，118°50.273′E	10	朱诚、姚付龙、蔡天赦、徐佳佳、蒋小芳

黄池镇采样点有两处,分别为西湖花园采样点和老镇政府内采样点(图2-16,图2-17),在两个采样点均发现了河流相沉积的卵砾石层(图2-18;表2-5,表2-6)。老政府地质剖面图显示在深度为8.5 m及以下的地层中有一层磨圆度高的卵石,粒径在2~3 cm,厚度不确定(此卵石层在钻探取样过程中并未被打穿,实际厚度不止4 m)卵石层上部地层为厚度3 m的含卵石的中粗砂,中粗砂之上为淤泥质粉质黏土层,形成下粗上细的二元相结构,为典型的河流相沉积地层,地层年代出现了倒置的情况。卵石层之上的年代为7761 ± 73 cal. a B.P.(表2-7),据此可以推断卵石层顶部的年代约为8000 cal. a B.P.左右,而深度11 m处的光释光年代则表明至少在138.4 ± 15.3 ka时有着较强的搬运动力。西湖花园采样点的地层缺失了含卵石的中粗砂层,卵石层埋藏深度更深,以深度12 m为界,下部为卵石层上部,灰色黏土层。根据地层沉积相的变化情况可以推测此处原为河流的河床,随着时间的推移河床开始出现裁弯取直的现象,沉积动力逐渐变小演变为小型牛轭湖,沉积了一层厚度10余米的淤泥质粉质黏土,卵石粒径较小,以1~3 cm为主(表2-5),黏土层厚度大,受人类活动影响大,中上部位夹有宋代

图2-17 黄池镇采样工作照及钻取的部分样品

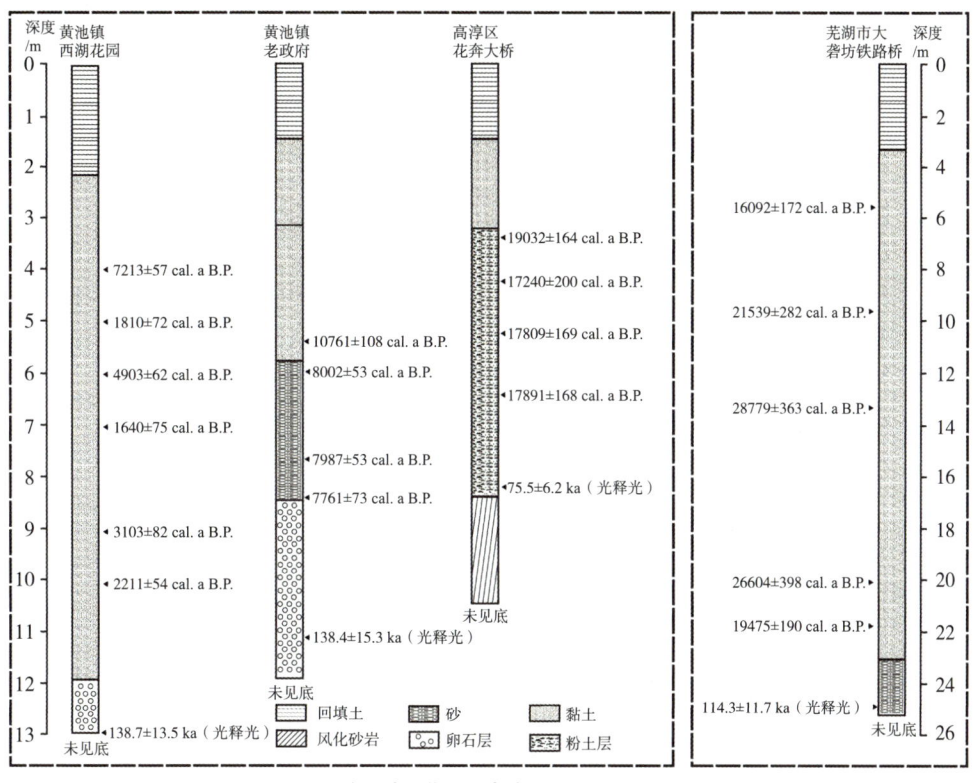

图 2-18 黄池镇、芜湖、高淳区采样剖面岩性及年代

瓷片，该钻孔的年代框架呈现明显受人类活动影响的特点。靠近卵石层的黏土层年代为 12000 cal. a B.P.（表 2-7），埋深 13 m 处卵石层的光释光年代为 140 ka 左右。依据卵石粒径大小可知河流沉积动力较强，卵石层（或含卵石中粗砂层）的分布面积表明河流规模较大，在全新世以前流量大、搬运能力强，进入全新世后搬运能力减弱。

表 2-5 黄池镇西湖花园地层剖面情况表

层位	岩性	厚度（m）	地层描述
1	回填土	2	灰褐色、黄色中夹杂着灰色，土质疏松，夹杂有碎石、砖块等杂物，湿度较大，随深度增加湿度逐渐增大，在 1.5~2 m 夹杂有宋代文化层的陶片，土壤可压缩性强
2	褐色黏土层	10	褐色黏土层，厚度大，达到 10 m 左右，但有些层位颜色更深或更浅一些，另外还夹有薄层状粉砂，含有有机质及植物根系、锈斑及结核等，含有的水分极高
3	卵石层	1	卵石层，上部卵石被包含在中粗砂中，颜色为灰绿色或灰色，粒径在 1~3 cm，下部卵石粒径与上部的卵石粒径相似，但含量更高，可以达到 60%~80%，圆度较好，初步认定卵石为硅质，湿度很大

表 2-6 黄池镇老镇政府地层剖面情况表

层位	岩性	厚度（m）	地层描述
1	回填土	1.5	灰色或灰黄色，不同层位疏密程度不等，主要由碎砖、块石、木桩、黏性土等组成，湿度较小，主要为建筑垃圾，在 1.5 m 处左右有一层植物残体，根据周围情况判断，此处以前为农田，为新近堆积的地层
2	灰白色黏土	1.7	灰白色，偶尔夹有锈斑和结核，局部还夹杂有植物残体等有机质，黏性大，自上而下水分逐渐增大，同时颜色也逐渐变深
3	灰褐色黏土层	2.8	灰褐色、中等压缩性，土质不均匀，部分层位粉粒含量稍高，局部甚至为粉土，在其上部有近 10 cm 厚的灰褐、灰白色淤泥质粉黏土
4	褐灰色砂层	3	以褐色为主，夹杂有灰色，湿度大，上部层位基本为砂，砂含量高，下部层位局部夹有磨圆度不高的卵石，直径在 1~1.5 cm 不等
5	灰黄色卵石层	4	钻取的沉积物以灰黄色为主，局部渐变为棕黄色，硅质卵石，卵石磨圆度高，直径在 2~3 cm 不等，卵石间隙中填充有灰黄色砂，此层位为含水层，在此钻孔西北角 20 m 处即有一口水井，瓷层厚度较大，本次钻取样品并未穿透该层，最大控制深度为 4 m

表 2-7 黄池镇、芜湖、高淳区 AMS^{14}C 测年结果

位置	实验室编号	深度/cm	实测年代（a B.P.）	2δ 年代（cal. a B.P.）
西湖花园	BA161319	400	6265 ± 30	7213 ± 27
西湖花园	BA161320	500	1870 ± 25	1801 ± 72
西湖花园	BA161321	600	4325 ± 30	4903 ± 62
西湖花园	BA161322	700	1740 ± 30	1640 ± 75
西湖花园	BA161323	900	2955 ± 25	3103 ± 82
西湖花园	BA161324	1000	2265 ± 35	2211 ± 54
西湖花园	BA161325	1100	10175 ± 35	11876 ± 161
老政府	BA161315	566	9495 ± 40	10761 ± 108
老政府	BA161316	590	7195 ± 30	8002 ± 53
老政府	BA161317	756	7170 ± 35	7987 ± 53
老政府	BA161318	843	6935 ± 30	7761 ± 73
花奔大桥	BA161331	322	15770 ± 60	19032 ± 164
花奔大桥	BA161332	417	14150 ± 45	17240 ± 200
花奔大桥	BA161333	520	14625 ± 45	17809 ± 169
花奔大桥	BA161334	620	14710 ± 45	17891 ± 168
大奢坊桥	BA161326	570	13380 ± 40	16092 ± 172
大奢坊桥	BA161327	980	17780 ± 80	21539 ± 282
大奢坊桥	BA161328	1340	24730 ± 150	28779 ± 363
大奢坊桥	BA161329	2080	22310 ± 110	26604 ± 398
大奢坊桥	BA161330	2180	16150 ± 50	19475 ± 190

芜申运河江心洲地层中也有含量非常高的卵石（图 2-19），埋藏深度为 8~10 m，卵石的磨圆度较高，直径 1~10 cm 大小不等，其中直径在 1~2 cm 的占总量的 80%~90%，颜色多样、成分复杂，与芜湖市长江段砾石岩性成分一致，都是从长江中上游搬运而来。依据卵石的磨圆度、大小推测，该处应为流量大、搬运能力强的河流的河床位置。西湖花园一侧的河岸为该河流的河漫滩，两者的卵石在磨圆度等特征方面有许多相似之处，另外根据学者（张敏，2009，2014）的考证，今黄池一带即为古时的"鸠兹""芜湖"所在地，在此处发现河流中的卵

图 2-19 芜申运河黄池镇段江心洲上的鹅卵石

石层意义重大,与《汉书·地理志》中所记载的"中江出西南,东至阳羡入海"以及《水经注》中的"中江在丹阳芜湖县西南,东至会稽阳羡入于海"相对应。"中江出西南"为一句省略语,省去的是丹阳郡芜湖县,依据我们的钻探资料、芜申运河黄池镇段人工江心洲的卵石及史料记载,可以推断此处为"中江"上游的一段。

芜湖市大砻坊铁路桥的地层较为简单,顶部为 2 m 左右的回填土,主要是由碎砖、石块等建筑垃圾组成,在其下部是厚度达 20 余米的褐色黏土层,黏土偶尔夹有锈斑,黏性大、质地坚硬,只是在距地表 23 m 左右出现了一层砂(图 2-18)。

AMS^{14}C 测年主要集中于黏土层,该层沉积物年代介于 26000~16000 cal. a B.P.,此钻孔无河流相沉积物,在此钻探的目的是验证此处是否为古长江的拐点。根据在芜申运河安徽段航道整治工程建设项目办公室搜集到的地质勘探资料分析,青弋江入江口处地层自地表向下的岩性情况基本为填(筑)土、壤土、黏土及风化安山角砾岩(图 2-20;表 2-8),现芜申运河青弋江段不存在古代河流相沉积地层,古代长江在丹阳大泽的拐点不在青弋江一带,青弋江在芜湖市的流向是因现代城市发展的需要被人为定格的而非自然流向。

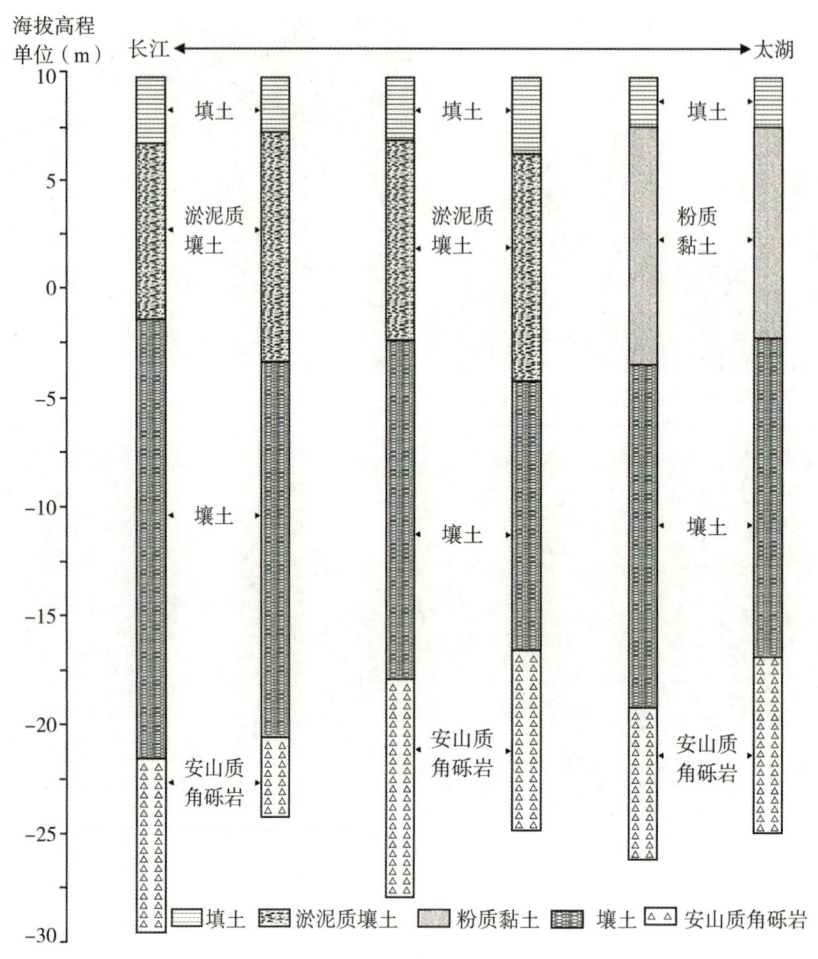

图 2-20　青弋江入江口地质剖面图

表 2-8　青弋江入江口地层岩性情况描述表

序号	岩性	地层描述
1	填土	灰色，主要由碎砖、块石、木桩、黏性土等组成
2	淤泥质壤土	灰色、灰黑色，夹有粉细砂薄层
3	壤土	灰色、青灰色、灰黄色，含有灰色高岭土条带，夹有粉细砂薄层
4	粉质黏土	黄灰色、灰黄色、褐黄色，硬塑，含铁锰质结核、夹重粉质壤土
5	安山质角砾岩	黄灰色，岩芯呈碎块状，含有粉细砂，节理裂隙发育

　　高淳区花奔大桥钻孔（图 2-18）的上部回填土与大砻坊铁路桥的组成基本一致，回填土之下为 2 m 厚的青灰色黏土，下部为厚约 5 m 的红色粉土层，为网纹红土。中上部 AMS^{14}C 测年后年代数据表明该地层为 18000 cal. a B.P. 的地层，最下部光释光测年为 75.5 ka，最下层为风化砂岩。另外，潘凤英（1993）在距离此处不远的杨家湾船闸处发现了古河流沉积物，埋藏于地下约 10~20 m，为灰黄色

细砂层（图 2-21），并且在杨家湾船闸以南永丰圩的地层中还发现了网纹红土层（图 2-21，图 2-22）。学者们（徐馨，1984；朱景郊，1988；朱诚，1995）的研究表明，网纹红土是一种地带性很强的土壤，主要分布于我国长江以南地区和横断山脉以东地区，由于受到冷暖干湿气候的交替影响，部分黏土退化成白色，形成网纹。对南京地区野外考察时没有发现网纹红土，只是在南京周围区域有灰色网纹土出现，但这并不等同于南方常见的网纹红土。然而，在芜湖地区野外考察时发现有该类型的网纹红土连续出现，其并没有沿现在的长江走向分布，而是改变了方向沿着芜湖、水阳江、固城湖、东坝一线出现（图 2-22）。因此推断网纹红土在南京地区缺失，在芜湖至固城湖、胥溪河一带连续分布有可能与长江古河道的摆动有关，长江在全新世之前有一条支流流经此地，经太湖入海，根据年代判断此河流即古中江。

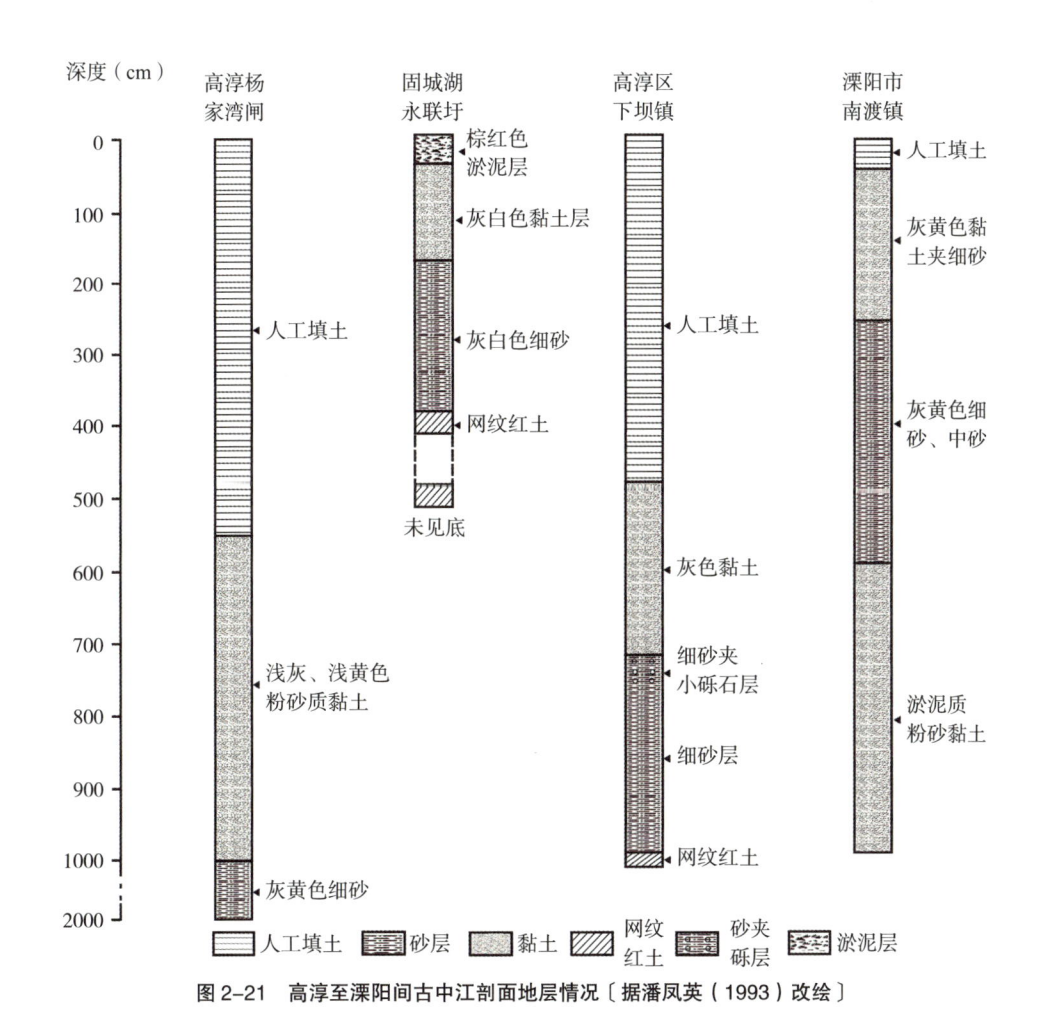

图 2-21　高淳至溧阳间古中江剖面地层情况〔据潘凤英（1993）改绘〕

图 2-22　沿芜申运河向太湖方向延伸的网纹红土

从南京市高淳区茅东闸管理所南京市航道工程建设指挥办公室提供的东坝附近芜申运河沿线的钻孔资料看（中交水运规划设计院有限公司，2007），该处地层岩性情况与《南京市高淳区生活垃圾焚烧发电项目岩土工程勘察报告》记载基本一致，1~2 m 的素填土之下即为黏土（粉质黏土），部分钻孔中黏土层下部含有卵石层，在运河两岸共发现 6 个钻孔在海拔 –14 m 左右含有卵石层（图 2-23；表 2-9）。此处地层中的卵石与高淳区生活垃圾焚烧发电厂地层中的卵石在大小、磨圆度等方面一致，应为同一河流相沉积物。三个钻孔位于芜申运河茅东闸附近，另外三个位于定埠镇河定桥附近（表 2-10）。

表 2-9　高淳段地层岩性情况描述表（中交水运规划设计院有限公司，2007）

序号	岩性	地层描述
1	素填土	灰黄、灰色，主要由黏土、粉质黏土组成，偶见砖瓦碎块及碎石等，该层主要分布于河道两岸大堤
2	粉质黏土 01	灰黄色，局部夹黏土或粉砂薄层，具有微层理，土质不均匀，普遍分布
3	粉质黏土 02	灰色、灰黄色杂蓝灰色，含铁锰质结核，切面光滑，该层的分布也较为普遍
4	粉质黏土 03	灰黄、灰色，含铁锰质浸染，土质较均匀
5	粉质黏土 04	棕红色、紫红色，硬塑，切面光滑，韧性及干度都较强
6	淤泥质粉质黏土	灰色，含腐殖质，局部还夹有粉砂薄层，具有微层理，该层主要分布于高淳段前部及高淳段后至溧阳之间
7	卵石层	粉质黏土中含有粒径为 0.5~2 cm 的卵石，有一定磨圆度，分布于河道两侧

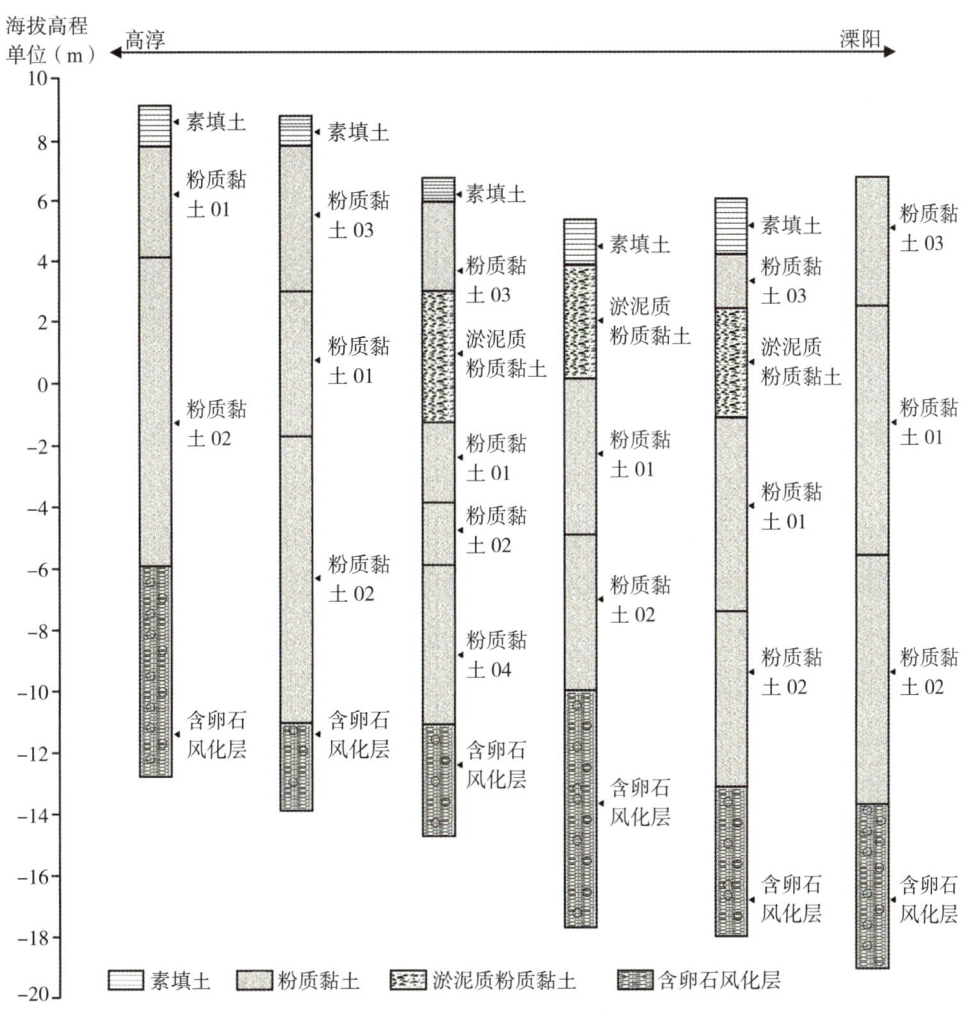

图 2-23　高淳段地质剖面图（部分）〔据中交水运规划设计院有限公司（2007）改绘〕

表 2-10　下坝附近卵石层位置表

序号	编号	位置	资料来源	勘察时间
1	H208	茅东闸	芜申线（高溧段）航道整治工程岩土工程勘察报告（详勘）	2007.09
2	H216	茅东闸	芜申线（高溧段）航道整治工程岩土工程勘察报告（详勘）	2007.09
3	H224	茅东闸	芜申线（高溧段）航道整治工程岩土工程勘察报告（详勘）	2007.09
4	H232	定埠镇河定桥	芜申线（高溧段）航道整治工程岩土工程勘察报告（详勘）	2007.09
5	H248	定埠镇河定桥	芜申线（高溧段）航道整治工程岩土工程勘察报告（详勘）	2007.09
6	H264	定埠镇河定桥	芜申线（高溧段）航道整治工程岩土工程勘察报告（详勘）	2007.09

　　濮阳康京（图 2-24）从地层岩性和地貌的角度对古中江在高淳的走向进行了研究，几十年野外考察经验的积累使濮阳康京对高淳区的地层情况非常熟悉。野外调研和考察结果表明，东坝两侧的地表下有砂层存在，厚度几米至十几米，并

图 2-24　作者与濮阳康京在野外考察（身着白色衣服者为濮阳康京）

且砂层有以东坝为对称点呈中心对称分布的规律。此砂层在东坝以西分布于胥溪河南岸，东坝以东分布于胥溪河北岸，不仅厚度大，宽度也大，这是古中江流经此地的地层学证据。根据高淳区杨家湾船闸—固城湖—东坝—下坝一线的地层岩性及地貌情况可知古中江在高淳的走向。固城湖一带为一小型断裂带，是茅山断裂带的一部分，因断裂形成明显的线状凹陷区，实际测量证实该凹陷区地势较周围略低 2~3 m，在此凹陷内距地表 8~10 m 有灰黄色砂层存在，因此古中江的水在高淳区境内就是沿这条茅山断裂带流动。此砂层可以在地质勘察报告（中交水运规划设计院有限公司，2007）中得到证实，砂层和卵砾石层在东坝附近的同时存在证明了在此区域存在一条大型的天然河流，结合古代文史资料判断，此天然河流即为古中江。古中江在高淳区的走向如图 2-25 所示，对比研究后发现此走向与潘凤英（1993）对古中江的认识具有高度一致性。濮阳康京和潘凤英两位学者判断的依据不同但却有着相同的认识，一位是以野外考察测量的凹陷区一线的地貌和凹陷区的沉积地层岩性为基础，另一位是以钻孔资料为基础，在一定程度上可以相互印证。考古发掘表明，该流域还存在多处新石器时代的遗址并出土了一批文物。位于高淳的薛城遗址是南京地区迄今为止发现的面积最大（整个遗址区初步估计占地面积约 6 万 m^2）、时间最早的新石器时代人类生存遗址，1997 年 9~12 月，南京市文物局、南京市博物馆和原高淳县文管所成立薛城遗址考古发掘队，对出露地表的区域进行了抢救性发掘（周裕兴 等，2000），发掘面积 120 m^2。虽然只是整个遗址区很少的一部分，但发掘出土的文物却很多，共发掘新石器时代墓葬 115 座、灶穴 2 个、房子地基 2 座、灰坑 91 座，出土陶器、人骨、动物骨头、贝壳、石斧、陶罐等文物 600 余件（图 2-26）。考古界认为薛城遗址的地层年代相当于太湖流域马家浜文化的中晚期（6.3~5.8 ka B.P.）。在胥溪河沿岸还发现了朝墩头、下家宕等新石器遗址，神墩遗址、西溪遗址、骆驼墩遗址等

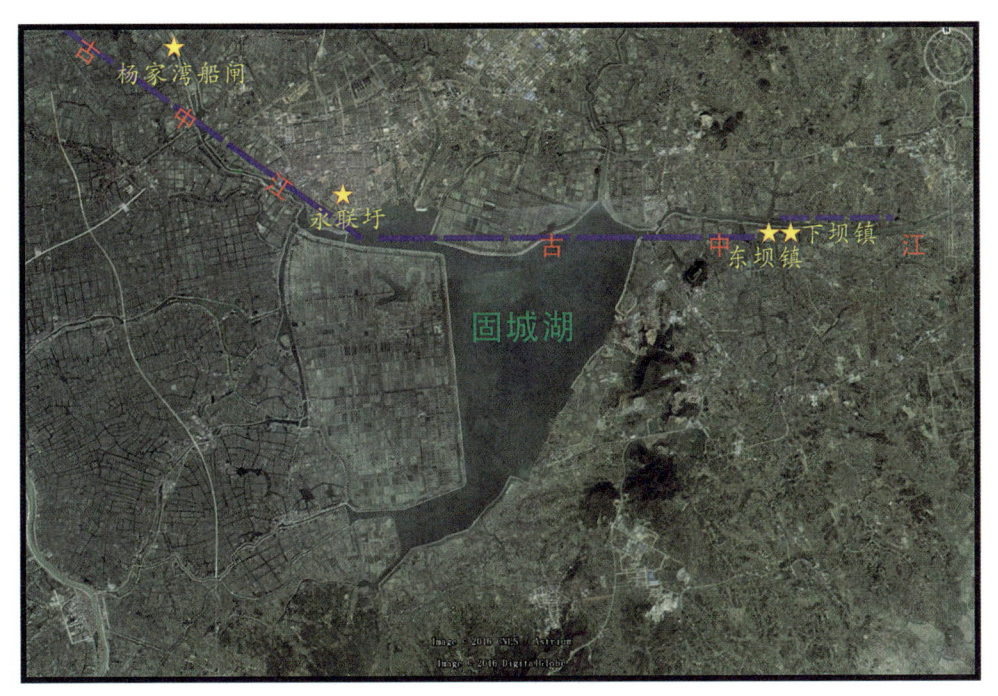

图 2-25　古中江在高淳区的走向简图

出土的器物也都与薛城遗址有着密切的关系（图 2-27）。古代人类征服自然的能力较弱，但却能够积极适应自然，为了生活取水方便往往居住在离河流不远的阶地上，同时这也方便渔猎。根据这些新石器时代遗址的空间分布，可以推断在春秋以前胥溪河沿岸应该存在可以沟通芜湖、固城湖、太湖的天然河流。

作者在宜兴市和溧阳市考察时发现"流砂层"沿溧阳"南河"一带分布。流砂层是一种接近于流体状态的砂粒土层，有细、中、粗砂沉积，上下常为不透水地层，因而流砂层富含地下水，多分布于古河道和近海冲积平原地区。根据芜申运河疏浚拓宽施工过程中流砂层的出露情况，本书重点考察了溧阳市的袁家舍，宜兴的丰台村、小坝里、潘家坝、南溪大桥、徐舍镇，在距地表的深度约为 6~15 m 发现多处或厚或薄的流砂层（图 2-28）。据阮元《揅经室集》记载，中江即为由高淳过五坝（五堰）的荆溪水系，以上考察点皆位于荆溪水系干流流经之处。根据流砂层在南河一带的分布情况，结合史料记载可判定南河为古中江在溧阳、宜兴西部流经之地；根据徐舍镇至太湖的地形地貌情况判断，古中江流经徐舍镇后经西氿、东氿最后流入太湖。

以上文献文史资料、钻孔资料、野外考察记录的综合对比分析可证实古中江存在于太湖西部地区，走向基本沿现在芜申运河一线，但并非单纯意义的一条河

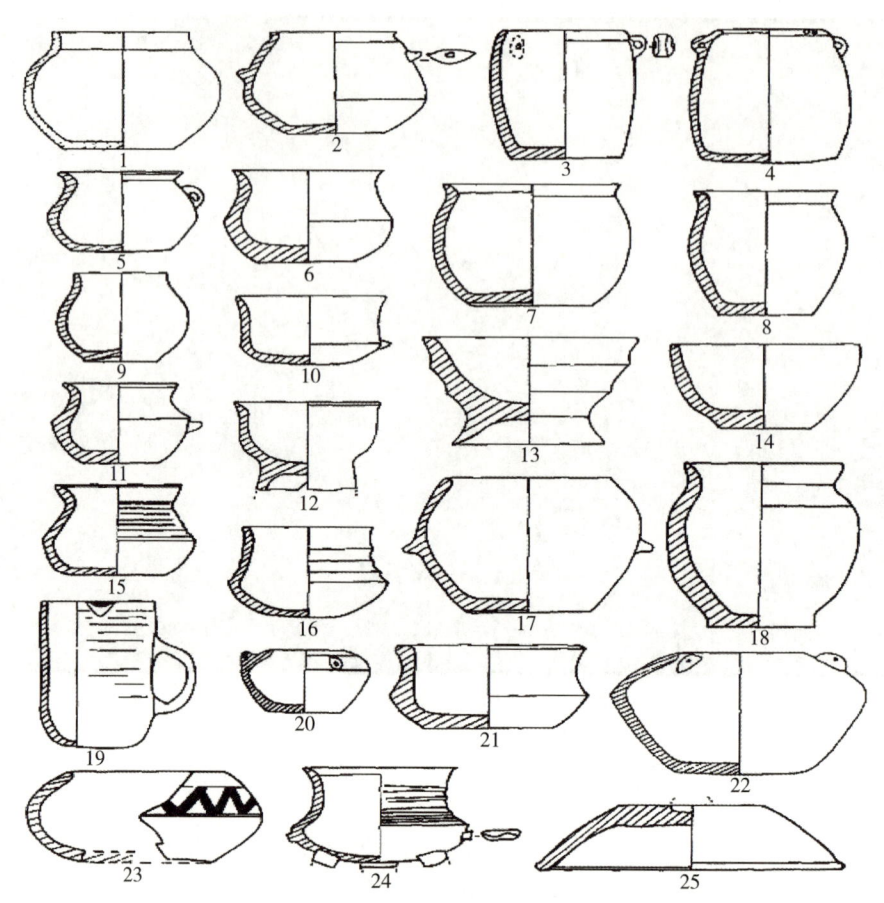

1—5. 罐；6. 折腹盉；7—9. 罐；10—11. 折腹盉；12—13. 小杯；14. 碗；15—16. 壶；17—18. 罐；19. 带把杯；20. 钵；21. 折腹盉；22—23. 钵；24. 三足罐；25. 器盖。

图 2-26 高淳区薛城遗址出土的陶器〔据周裕兴 等（2000）改绘〕

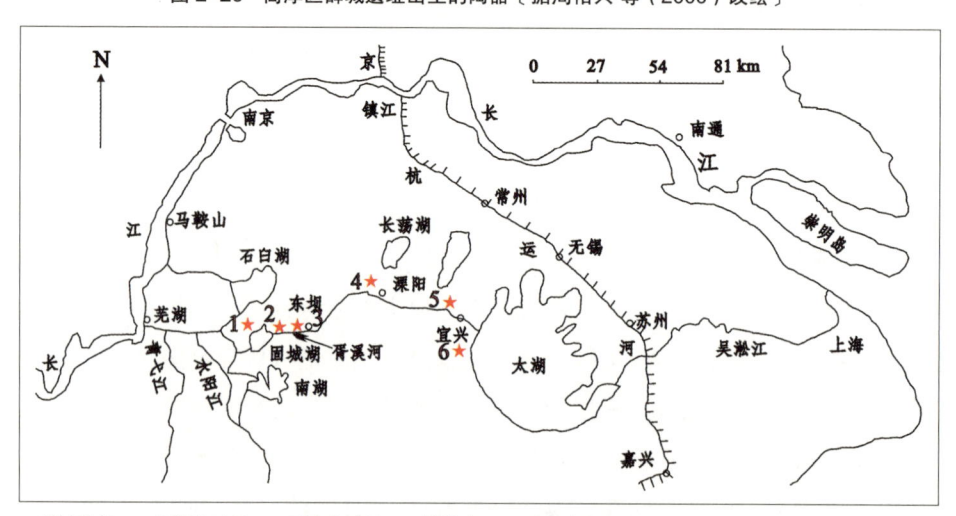

1. 薛城遗址；2. 朝墩头遗址；3. 下家宕遗址；4. 神墩遗址；5. 西溪遗址；6. 骆驼墩遗址。

图 2-27 胥溪河沿岸及周边遗址分布图

(a)古中江沿溧阳市"南河"的走向；(b，c)溧阳市袁家舍和宜兴市潘家坝的"流砂层"地层。

图 2-28　古中江在溧阳市和宜兴市走向

流，而是一段为河、一段为湖的状态。安徽省芜湖市至马鞍山市当涂县黄池镇为其源头，沿地势低洼地带流经江苏省南京市高淳区杨家湾处，顺固城湖一带茅山断裂带凹陷区经永丰圩进入固城湖，自固城湖湖口流出后沿芜申运河南岸流动。东坝镇是其拐点之一，古中江以东坝镇为对称中心，东坝镇以东沿芜申运河北岸流动，流经茅山断裂带形成的凹陷区到达溧阳市。南渡镇是其另一拐点，自南渡镇起沿溧阳市南河南岸流动，经溧阳市袁家舍村，宜兴市丰台村、小坝里村、潘家坝、南溪大桥、徐舍镇进入西氿、团氿、东氿，最后注入太湖（表2-11；图2-29）。

表 2-11　古中江流经地区点位表

序号	所属省份	位置	经纬度	判别依据
1	安徽省	当涂县黄池镇	31°17.950′N，118°35.656′E	卵石
2	江苏省	高淳区杨家湾船闸	32°03′N，118°46′E	灰黄色细砂
3	江苏省	固城湖永联圩	31°32.7132′N，118°8.7589′E	灰白色细砂
4	江苏省	高淳区东坝镇—下坝镇	31°17.933′N~31°18.816′N，119°03.533′E~119°07.081′E	卵石
5	江苏省	高淳区定埠镇河定桥	31°19.251′N，119°11.283′E	卵石
6	江苏省	溧阳市南渡镇	31°4.1538′N，119°4.837′E	灰黄色细、中砂
7	江苏省	溧阳市—宜兴市"南河"	31°26.599′N~31°23.727′N，119°20.883′E~119°39.541′E	流砂层
8	江苏省	西氿—东氿—太湖	31°23.493′N~31°19.802′N，119°42.234′E~119°56.607′E	地形地貌

图 2-29 古中江走向示意图

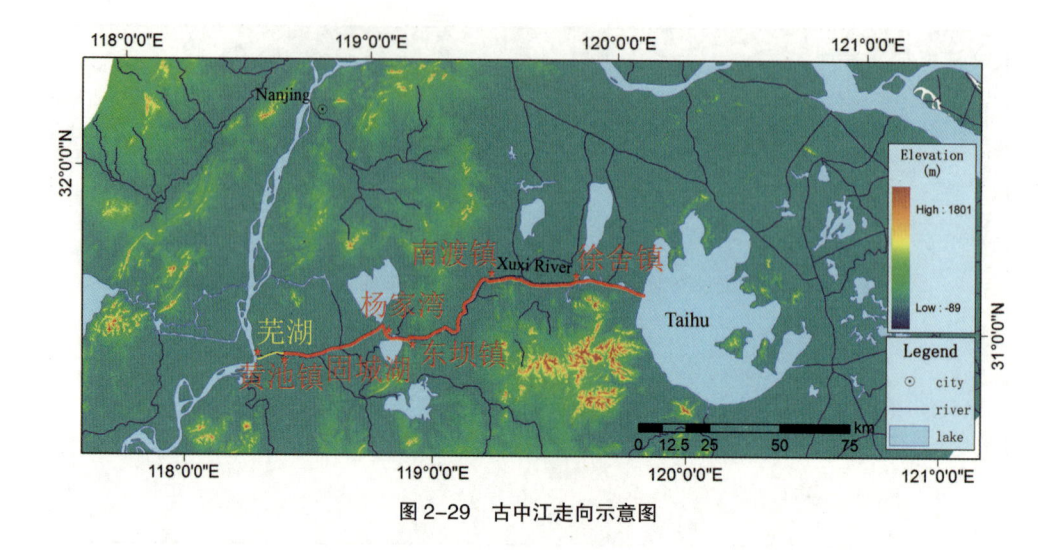

2.4 古中江流域新石器文化概况

自 20 世纪 30 年代起在浙江省杭州市余杭区的良渚、瓶窑、安溪发现良渚文化的遗址以来，太湖地区的现代考古学文化研究已有 80 余年的历史，通过几代考古工作者的田野考古和研究，目前在太湖地区已经建立起了较为成熟完整的考古文化序列，得到了学术界的公认。研究表明，太湖地区的新石器时代文化先后经历了马家浜文化、崧泽文化、良渚文化三个时期，太湖地区的新石器时代文化区域性强，受到外来文化的影响不大，在纵向上一脉相承，有联系，有区别，遵循着量变引起质变、渐变中包含突变的变化规律，横向上与周边地区的其他文化也保持了密切的联系（苏秉琦，1987；许鹏飞，2015）。特别是长江北岸的凌家滩文化与崧泽文化、良渚文化相互影响，另外凌家滩文化与南京的北阴阳营文化关系也十分密切。

2.4.1 马家浜文化

马家浜文化是太湖地区较早的一种新石器文化，绝对年代为 7.0~5.8 ka B.P.，与宁绍平原的河姆渡文化属同时期。马家浜文化发现初期在考古界一直都存有较大的争议，该文化类型最初是由中国科学院院士、著名考古学家夏鼐（1977）提出，在此之前被称为"青莲岗文化江南类型"。马家浜文化的提出在当时学术界引起了激烈的争论，甚至有学者（吴山菁，1973）专门撰文强调马家浜文化是青莲岗文化的类型之一而非独立的文化，随着后期大量考古遗址的不断发掘和研究的不断深入，学术界对马家浜文化有了更深刻和清晰的认识。在"长江下游新石器时代文化学术讨论会"上，大多数学者都认为青莲岗文化的内涵复杂，并支持马家浜文化这一提法，此后马家浜文化的命名才被学术界认可而不再引起争论。

马家浜文化以浙江嘉兴马家浜遗址命名，是以太湖流域为中心的一种文化类型，其影响范围非常广，东部可以到达海岸线，最南端可影响至杭州湾一带，西部以宁镇山脉为界，向北甚至可以影响到江淮地区（张之恒，1988）。但进入新世纪以后，随着太湖西部宜兴西溪遗址（南京博物院，宜兴市文物管理委员会，2002）、骆驼墩遗址（南京博物院，宜兴市文物管理委员会，2009a）和溧阳神墩遗址（南京博物院 等，2009b）等的先后发掘，人们发现太湖西（北）部的陶釜以平底釜为主，而太湖东（南）部的陶釜以圜底釜为主（俞嘉馨，2008），这两种类型的陶釜在太湖地区呈半圆形分布。当然这也并不是绝对的，在其交界处的彭祖墩遗址（南京博物院 等，2006）这两种陶釜就同时出现过，太湖南部的罗家角遗址（张梅坤，1981）也出现过平底釜，这说明它们之间在过去是存在交流的，相互渗透、相互影响，在交流和碰撞中也相互融合。两种釜属于两个不同的系统，釜是古代人生活中的炊（煮）具，釜的不同代表生活方式的不同，生活方式的不同可以反映文化类型的不同，马家浜文化之所以能从青莲岗文化中独立出来，很重要的原因就是它的陶釜在器型上具有独特之处（许鹏飞，2015）。有鉴于此，林留根（2009，2011）建议将太湖西部的马家浜文化遗存独立命名为"骆驼墩文化"，这一提法目前时机还不成熟，在学术研讨会上与会学者之间还存在比较大的分歧。当然，马家浜文化被命名后学者们也注意到了遗址之间存在着明显的区域差异，张照根（1999）成为此问题研究的集大成者，他提出了三种类型：罗家角类型、草鞋山类型和东山村类型。

根据相关遗址分期编年资料、遗址地层的叠加关系及各遗址出土器物的异同点，马家浜文化可以分为早期和晚期两个阶段。早期以罗家角类型和骆驼墩类型为代表，绝对年代为 7.0~6.4 ka B.P.，晚期以三星村遗存、祁头山—彭祖墩文化遗存等为代表，绝对年代为 6.4~5.8 ka B.P.（田名利，2010）。马家浜文化遗址出土的遗存表明该文化已经以农业为主，伴有畜牧业、渔猎、采集等活动，在草鞋山遗址、罗家角遗址都发现有水稻，在崧泽遗址发现有稻米、稻谷农作物等（樊育蓓，2011）。畜牧业也有一定程度的发展，在圩墩遗址出土了一定数量的牛、猪等家畜的骨头（陈丽华，2012）。渔猎在当时的社会生活中仍占有重要的位置，在马家浜遗址 50 m² 的范围内出土的鹿、野猪、狐狸等野兽的骨头高达 1000 kg，考古人员曾从当地的供销社中回收到超过 10000 kg 的马家浜遗址的兽类骨骸（郑建明，2005），骆驼墩遗址也出土动物骨骸标本 2000 余件（宜兴市文物管理委员会，2010）。马家浜文化还出土了石器和骨器等生产工具，早期的生产工具制作比较粗糙，到了晚期制作得比较精致，形状也更加规范（樊育蓓，2011）。出土的陶器早期以红褐陶为主，红陶较少，器型有釜、豆、盆、罐、碗等，晚期陶器主要

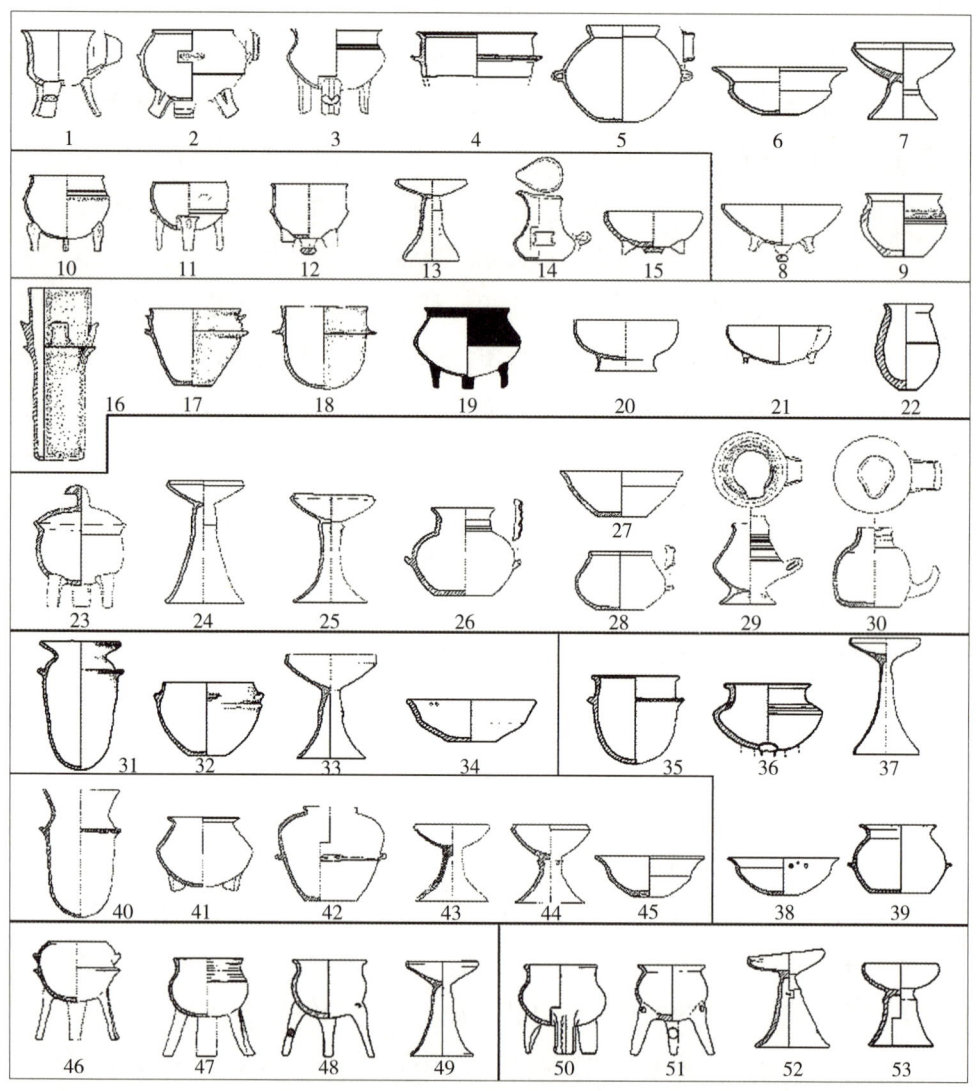

1-9. 鼎、釜、罐、盆、豆、三足钵、罐（神墩遗址）；10-15. 鼎、豆、盉、三足钵（西溪遗址）；16-22. 釜、三足罐、圈足盘、三足钵、罐（祁头山遗址）；23-30. 鼎、豆、罐、盆、盉（东山村遗址）；31-34. 釜、豆、盆（新岗遗址）；35-39. 釜、豆、盆、罐（彭祖墩遗址）；40-45. 釜、罐、豆、盆（绰墩遗址）；46-49. 鼎、豆（广福村遗址）；50-53. 鼎、豆（芝里遗址）。

图 2-30 马家浜文化晚期的常见陶器〔据陈杰（2015）改绘〕

为红陶、泥质黑陶及夹砂灰陶，主要器型与早期类似，但种类更为复杂（郑建明，2007）（图2-30）。

2.4.2 崧泽文化

崧泽文化因上海市青浦区崧泽遗址而得名，在环太湖流域的新石器时代文化中具有过渡性质，绝对年代约为 5.8~5.0 ka B.P.。崧泽文化的认知过程有着与马家浜文化相似的经历，初期对崧泽文化的认识不到位，由于其上承马家浜文化下接良渚文化并且与周围其他文化类型也保持着密切的联系和交往，所以人们并没有将崧泽文化认为环太湖地区新石器时代文化序列中的一种独立文化类型，而往往将其作为青莲岗文化江南类型的一期（崧泽期）来对待。20世纪70年代，吴山菁（1973）根据崧泽遗址的文化遗存，依然将崧泽文化认为青莲岗文化江南类型中的一期，而夏鼐（1977）和牟永抗等（1978）则认为其是马家浜文化中的一期，是两个不同的阶段，吴汝祚（1996）则将其认为良渚文化早期。20世纪80年代，越来越多的学者意识到崧泽文化与马家浜文化既有密切的联系也存在显著的不同，汪遵国（1980）建议将崧泽文化从其他文化类型中分离出来并正式提出"崧泽文化"的命名，得到众多学者的支持。自此，崧泽文化成为一个和马家浜文化并列的考古学文化被学术界认可，学术界达成了共识并尝试对其进行分期研究。

崧泽文化相关问题的研究历史不长，还存在着较大的争议，由于学术界所选择的依据不同，分期问题也存在很大的分歧。黄宣佩（1984）从地层学的角度将崧泽文化分为三期，王仁湘（1984）从地层学角度认为分四期更合适。如果从出土陶器的特征角度出发，王仁湘（1984）也赞同分为四期，因为有两层出土的陶器特征类似。刘斌（1996）从地层学的角度出发，但只是以"南河浜遗址"地层为例，结合出土的文物将崧泽文化分为两期。赵辉（2000）对黄宣佩的"地层分期法"提出质疑，他通过对随葬陶器的编年研究将崧泽文化分为三个时期。郭明（2004）从器型和纹饰变化的角度分析，利用地层关系进行校验，将其分为四期。还有学者分得更细，如将崧泽文化分为五期（黄文浩，2008）或五期七段（许鹏飞，2015）。以地层为基础划分崧泽文化分期是存在缺陷的，因为受技术条件的限制，多数崧泽文化墓葬的地层关系都只是相对的，达不到地层学的严格要求（黄文浩，2008），对地层认识不清得出的结论自然会存在矛盾之处。崧泽文化的分期问题目前仍是学术界讨论的热点问题之一，究其原因还是选择的分期标准不同，不过目前依然以黄宣佩、赵辉、刘斌等的观点为主流。

崧泽文化的范围与马家浜文化一致，都是以太湖为中心，但范围更为广泛，遗址点主要分布于太湖的东部、南部、东南部，西部的遗址点较少，只是零星分布。对于崧泽文化地域类型的划分，目前主要还是以"四个区块说"（方向明，1999）和"四个文化区域说"（郭明，2004）为主导。邹厚本等（2000）将崧泽文化分为三个文化类型：徐家湾类型、吴家埠类型和崧泽类型。崧泽文化时期的古人对水稻的栽培力度比马家浜时期要大，而野生动植物遗存的数量和种属却比马家浜文化时期要少，出土的用于采集、捕猎的相关劳动工具也相应减少（林留根，2011）。崧泽文化出土的陶器主要为夹砂红褐陶，其次还有红陶、灰陶等，器型由上下两部分组成，纹饰以素面为主，在器物的肩部、腹部、底部常有各种形式的图案（黄文浩，2008）。在崧泽文化早期，鼎、釜、豆、壶、罐、盆是较为常见的器物（图2-31）。

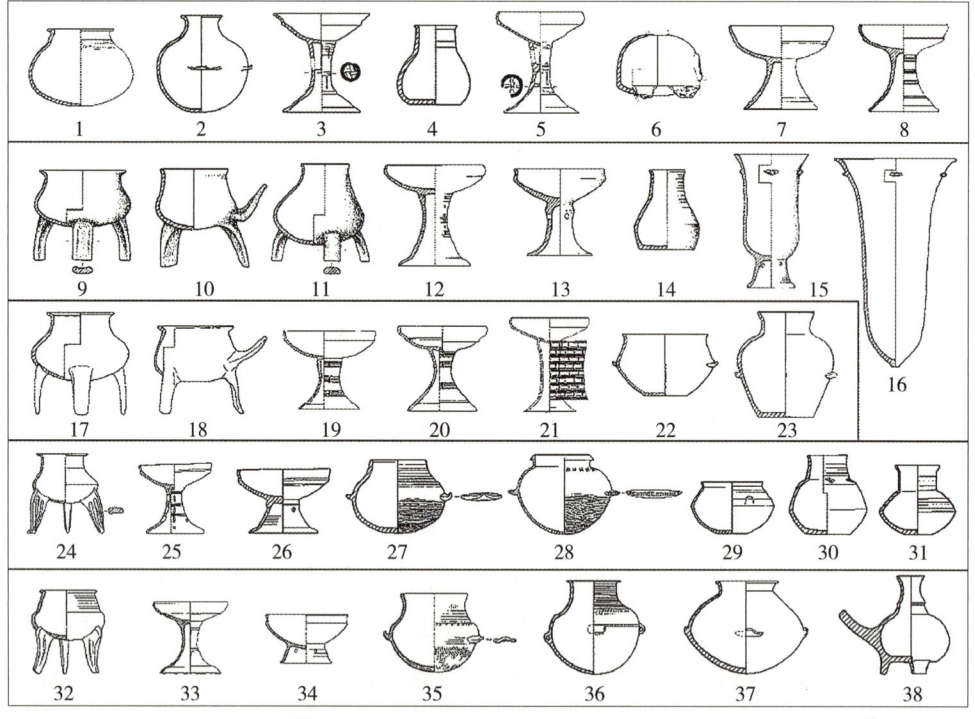

1-8. 釜、豆、壶、豆、鬶、豆（崧泽遗址）；9-16. 鼎、豆、壶、尊、缸（新岗遗址）；17-23. 鼎、豆、罐（圩墩遗址）；24-31. 鼎、釜、罐、壶（章家埭遗址）；32-38. 鼎、豆、釜、鬶（仙坛庙遗址）。

图 2-31 崧泽文化早期主要陶器〔据陈杰（2015）改绘〕

2.4.3 良渚文化

良渚文化是太湖流域继崧泽文化之后又一重要的新石器时代考古学文化，因良渚遗址而得名，曾被归为龙山文化。20世纪80年代起，良渚文化迎来发展的"黄金期"，特别是反山遗址和瑶山遗址的发掘使良渚文化在学术界的地位得到进一步加强，引起国内外学术界的瞩目。良渚文化的分布中心依然在太湖流域，特别在太湖东部、南部、东南部、东北部的遗址分布最为密集，西部、北部遗址分布较为稀疏。不过，良渚文化的影响范围远远超出了太湖流域，东部以现在的海岸线为界；向南可以影响到江西北部甚至广东的北部地区，在广东省曲江区马坝镇的石峡遗址文化遗存中出土了和良渚文化类型相似的石斧、玉琮、玉璧等；向西可以影响到江淮地区，最远可达长江中游的湖北西部地区，安徽省潜山县王河镇的薛家岗遗址出土了与良渚文化类型相似的石锛、壶等器物；向北可以影响到江苏北部、山东南部地区，山东省泰安市大汶口文化遗址的墓葬中也出土了与良渚文化相似的器物（张之恒，1988）。良渚文化可以分为三种类型：龙南类型，反山、瑶山类型及寺墩类型（邹厚本 等，2000；龚良 等，2009）。

良渚文化的绝对年代为5.0~4.0 ka B.P.，学者一般将其分为三期（朔知，2000；张之恒，1988）或四期（栾丰实，1992；许鹏飞，2015）。出土器物有陶器、玉器、石器、骨器等。陶器以泥质黑皮陶和灰陶为主，多采用轮制技术。早期纹饰较简单，凹弦纹及凸棱较为普遍，在中期时出现了地域的差别，后期图案变得复杂，出现了复杂的刻划纹，器形以盘、壶、鼎、豆等为主，晚期还出现了一定数量的尊、贯耳罐等器物。石器制作比崧泽文化时期更精致，穿孔技术也更发达，普遍使用管穿法，类型主要有石锛、有肩穿孔石斧、三角形穿孔石犁等。玉器是良渚文化最显著的特征之一（图2-32），出土的玉器数量多，有些占到出土器物的一半，种类复杂，制作工艺水平高，与北方红山文化的玉器一起代表着新石器时代玉器制作的最高水平。早期的玉器以装饰类为代表，玉珠、玉镯、玉璜颇为常见；中期种类发生了变化，变得更加丰富，特别在余杭地区最为明显，以礼器类为主，玉琮、玉璧等成为常见器物；晚期比中期种类更加丰富，制作工艺也更加精湛（顾冬红 等，2009；张之恒，1988，殷志强，1988；王仁湘，2008；夏颖，2011）。

良渚文化时期太湖流域的社会经济已经具有一定规模，处于比较发达的水平（朔知，2000），在遗址地层中发掘出水稻、花生、芝麻等农作物的种子。手工

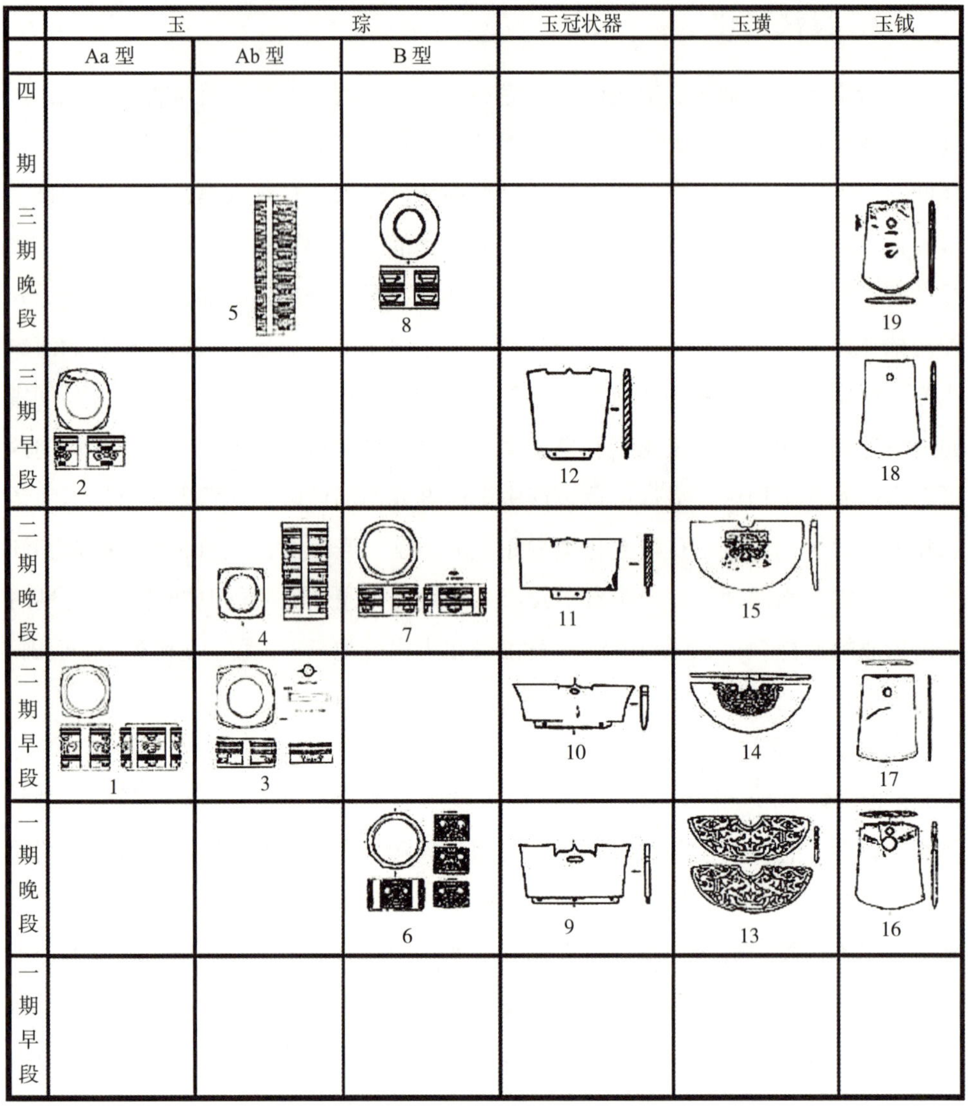

	玉	琮		玉冠状器	玉璜	玉钺
	Aa 型	Ab 型	B 型			
四期						
三期晚段		5	8			19
三期早段	2			12		18
二期晚段		4	7	11	15	
二期早段	1	3		10	14	17
一期晚段			6	9	13	16
一期早段						

反山遗址（1，7，10，15）；福泉山遗址（2，8，11，12）；高城墩遗址（3，17，19）；邱承墩遗址（4，18）；寺墩遗址（5）；瑶山遗址（6，9，13，14，16）。

图 2-32 良渚文化玉器代表玉器及演变图（许鹏飞，2015）

业也有一定的基础，在遗址的发掘过程中发现了不少人工编织物，并且丝质编织物（丝线、丝带、绢片）、麻质编织物（麻绳、麻布）和竹质编织物（席子、簸箕、篮子、箩筐等生活用具）都具备一定的编织水平，编织出人字纹、梅花眼、菱形等各种图案（林留根，2011）。良渚文化遗址丝织品的出现也证明中国是最早养蚕的国家（张之恒，1988）。

2.4.4 凌家滩文化

凌家滩文化在 2012 年 12 月 3 日凌家滩遗址发掘 25 周年暨中国凌家滩文化论坛上被正式命名,来自中国考古学会、中国文物学会、故宫博物院等单位的 60 余位国内顶级专家学者一致认为,凌家滩遗址及周围的遗存具有鲜明的地域和时代特点,是一支特征鲜明的考古学文化,可以称之为"凌家滩文化"。凌家滩遗址位于江淮地区巢湖以东裕溪河中段北岸凌家滩村,从现代地形地貌的角度分析,遗址在古代的地理位置十分优越,交通便利。裕溪河是连接巢湖和长江的一条河流,沿裕溪河经长江向东、向西分别可以到达长江三角洲地区的江苏、上海、浙江(环太湖文化圈)和长江中上游的两湖地区(大溪文化)及四川盆地(古蜀文化)等区域,沿裕溪河经巢湖向北可以到达山东等地的中原地区,是东、西、南、北文化交流的"重镇"。凌家滩遗址在 1987~2007 年共进行了五次发掘,发掘面积 2915 m^2,出土玉器、陶器、石器 1700 多件,其中玉器所占的比例达到一半以上,制作工艺精湛,可与北方的红山文化玉器、南方的良渚文化玉器相媲美,在中国古代玉器制作史上具有重要的历史地位和重大意义。

凌家滩文化的绝对年龄为 5.7~5.2 ka B.P.(田名利,1999),从绝对年代分析来看凌家滩文化大约与崧泽文化相对应,与良渚文化早期略有交接甚至可以被认为早于良渚文化。由于凌家滩文化出土的玉器种类丰富、数量庞大,更多的学者专注于玉器的研究,对分期的研究有些薄弱。另外,凌家滩遗址虽前后经历过五次发掘,但依然只发掘了其中很少的一部分,还有一些重要的遗存可能尚未被发掘出来,再加上一些发掘资料没有完全公开,为分期断代造成了困难,因此学术界对该问题还没有达成共识。目前所见到的分期主要分为两期(安徽省文物考古研究所,1989)、三期(安徽省文物考古研究所,2006;杨晶,2006)、两期四段(杨晶,2007)和四期(甘恢元,2009)。安徽省文物考古研究所在考古发掘最初时根据陶器的演变过程、墓葬之间的关系以及地层学的相关理论,将凌家滩文化分为早期和晚期两个时期,后来经过进一步梳理,综合考虑墓葬、祭坛等因素,将其改定为三期。杨晶(2006)最初以祭坛层为依据,结合发掘简报披露的信息将凌家滩遗址分为三期,后综合研究地层和墓葬开口位置等因素将其分为两期四段。甘恢元(2009)基于类型学理论对杨晶的凌家滩文化分期进行验证,认为将其分为四期更合适。需要说明的是,考古学文化自身是复杂的,随着发掘材料的不断充实、认识视角的转换,对其认识也会更加深刻和全面,凌家滩文化的研究亦是如此，理应以一种动态的、发展的眼光看待该研究过程。

凌家滩遗址出土的器物从材质的角度划分主要为玉器、陶器和石器，玉器的数量超过了陶器和石器，陶器以夹细砂灰陶和泥质灰陶为主，同样也是以轮制为主，纹饰较为简单，器型有豆、盆、鼎、壶、鬶，有些器物造型独特，极具地方色彩。石器制作工艺水平也很高，整件石器磨制的器形较为规范，表面平整、光滑，主要发掘有钺、锛、斧、铲、钻，钺数量最多，造型多样，也具有区域性特征。特别是石钻的发现，有着特别的意义，其机制之先进反映了古人高超的智慧和高度发达的史前文明（安徽省文物考古研究所 等，1999；安徽省文物考古研究所，2006）。凌家滩遗址出土的玉器类型复杂多样、造型奇特新颖、工艺技术精湛，是众多学者研究的热点和焦点。考古学及博物馆学、历史学、社会学、宗教学、工艺美学、地质学、物理学等学科的学者都对凌家滩遗址的玉器进行了相关研究，随着科学技术的发展，对凌家滩玉器的研究正走在多学科交叉、跨学科联合、综合研究的新型研究道路上。凌家滩遗址出土的礼器类玉器主要有玉鹰、玉钺、玉龙、玉龟、玉人等（图2-33），它们证明凌家滩文化具有鲜明的地域性和时代性，是凌家滩文化区别于其他文化的重要标志；装饰类玉器主要有玉环、玉镯、玉璜、冠饰及各种小件饰品；武器和工具类玉器主要有玉斧、玉锛、玉勺等（安徽省文物考古研究所 等，1999；田名利，1999；甘恢元，2009；黄苑，2011；杜佳佳，

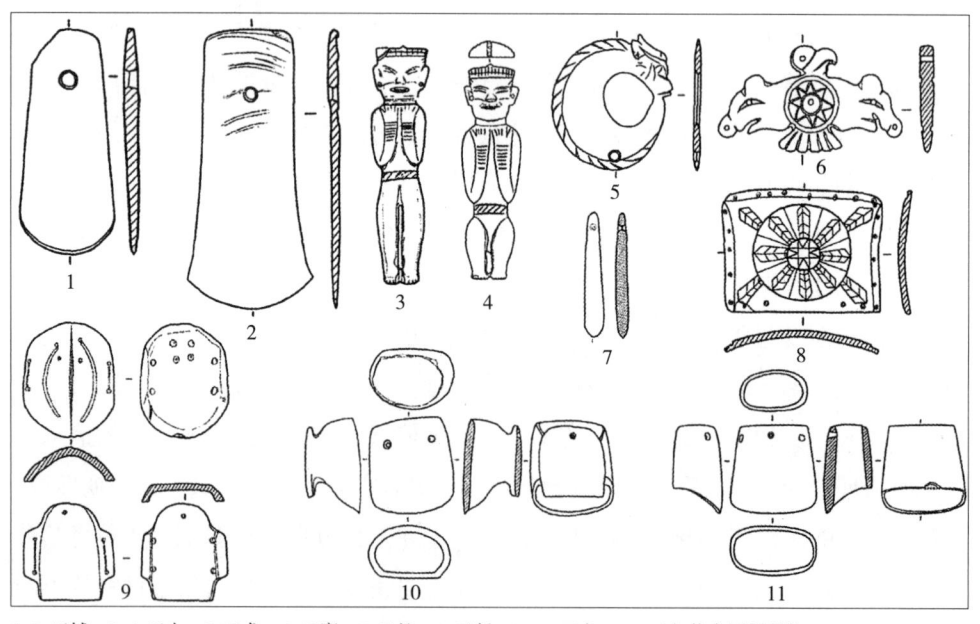

1-2. 玉钺；3-4. 玉人；5. 玉龙；6. 玉鹰；7. 玉签；8. 玉版；9-10. 玉龟；11. 玉龟状扁圆形器物。

图2-33　凌家滩遗址出土部分玉器〔据黄苑（2011）改绘〕

2011）。

2.4.5 北阴阳营文化

北阴阳营文化因南京市区北阴阳营遗址而得名，1954年由基建工程队发现，1955~1958年先后进行四次发掘，可以分为两个墓区（东区、西区），发掘271座墓葬（东区13座，西区258座），总面积3000 m²。遗址共分为上下两层（三个文化层），上层为商朝和西周时期的青铜文化遗存，下层为新石器时代遗存。北阴阳营文化在发掘之初也曾经被认为是非常有代表性的青莲岗文化，但是随着后期大量新石器文化遗址的不断出现和新材料的不断补充，学者们逐渐意识到前期的认识不准确。随着对其研究的不断深入，学术界有了新的认识，有学者提出将下层的墓葬改称为"北阴阳营文化"，此提法很快得到了学术界的认可。

由于墓葬排列十分紧密，人们很难在出土的陶器中找到分期的依据，因此最初的发掘报告（南京博物院，1993年）并没有对墓葬进行分期，而是将整个墓葬群（258座）作为一期，然后将墓葬分为4个层。近年来有学者对其分期进行了研究，仲召兵（2006）认为北阴阳营遗址埋葬方式特殊，根据器物形态进行分期比较困难，提出根据墓地的结构和布局进行分期比较可靠，从此视角入手将北阴阳营文化分为早期和晚期。许鹏飞（2015）依然以出土的陶器为分期依据，根据陶器的发展及演变关系分为五期；而邹厚本等（2000）、卢佳（2008）则将其分为4期。北阴阳营遗址发掘时间较早，没有留下用于测量绝对年代的测年材料，目前学术界普遍认为北阴阳营文化大约为6.5~5.7 ka B.P.，相对年代属于马家浜文化中晚期和崧泽文化的早期阶段。

北阴阳营遗址共出土文物近1600件，以石器、陶器、玉器为主。石器全部为磨制石器，以石斧（包括穿孔石斧和半成品石斧）、石锛、石凿、石刀等为主，石锛和穿孔石斧最多，分别为290件和142件。陶器从功能用途的角度可以分为生活用具和生产工具两大类，生活用具种类复杂，有炊具（鼎、鬶）、盛食器（豆、碗、盆等），由夹砂红陶、夹砂灰陶、泥质红陶、泥质灰陶制成；生产工具主要有陶纺轮（泥质红陶为主）、陶球（泥质红陶）等，制作方法一般为手工制作，然后经慢轮修整而成，器皿表面以素面为主，个别器物含有装饰性图案。玉器主要为装饰类物品，主要有玉璜、玉玦、玉管（图2-34）、玉环、玉坠等（南京博物院，1993）。

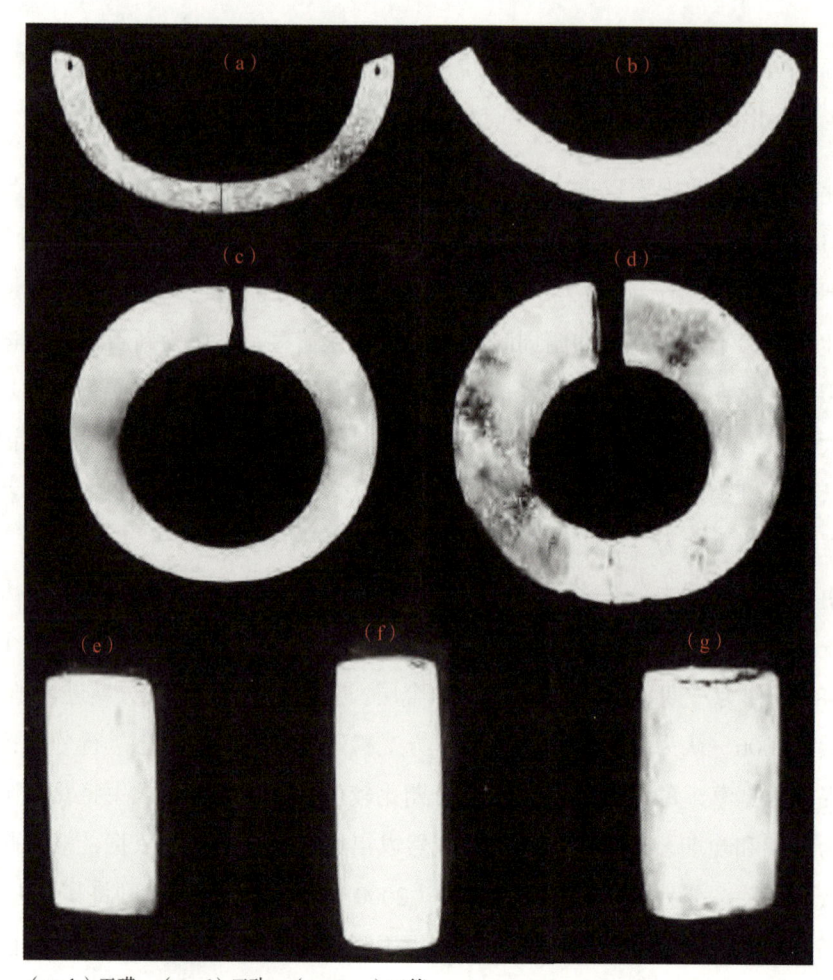

(a, b) 玉璜；(c, d) 玉玦；(e, f, g) 玉管。
图 2-34 北阴阳营遗址出土的玉器（南京博物院，1993）

第三章 芜申运河流域环境代用指标指示的意义及实验方法

3.1 粒度的环境指示意义与实验方法

3.1.1 粒度的环境指示意义

粒度指的是沉积物颗粒的大小，粒度分布特征可以反映沉积动力的大小，是判别沉积动力条件和沉积环境的重要物理标志。粒度测定方法简单，指示意义明确，被广泛应用于河流沉积、湖泊沉积、风成沉积物的研究当中，已经成为环境演变中比较成熟的一种研究方法（Huang et al., 2010）。研究粒度的分布特征具有重要的意义和作用：第一，判断沉积动力的大小，颗粒粗沉积动力强、颗粒细沉积动力弱；第二，判断搬运介质的性质，如风力搬运、河流搬运等；第三，判断搬运方式，如滚动搬运、跳跃搬运、悬浮搬运等；第四，判断沉积环境，如河流相沉积、湖泊相沉积等（Vehaar et al., 2008；Huang et al., 2012）。常用粒度参数有平均粒径、标准偏差或分选系数、偏度、峰态或尖度等，计算公式如下（Folk and Ward, 1957）：

平均粒度（M_Z）=（$\phi_{16}+\phi_{50}+\phi_{84}$）/3

标准偏差或分选系数（σ_i）=（$\phi_{84}-\phi_{16}$）/4+（$\phi_{95}-\phi_5$）/6.6

偏度（S_K）=（$\phi_{16}+\phi_{84}-2\phi_{50}$）/2（$\phi_{84}-\phi_{16}$）+（$\phi_5+\phi_{95}-2\phi_{50}$）/2（$\phi_{95}-\phi_5$）

峰态或尖度（K_G）=（$\phi_{95}-\phi_5$）/2.44（$\phi_{75}-\phi_{25}$）

平均粒径大小指示的是沉积物样品颗粒的平均大小，是搬运介质平均动能大小的体现，与中值粒径、众数既有区别又有联系。中值粒径反映的是样品颗粒大小的中间值，众数表明的是样品中出现次数最多的颗粒大小值，它们都能反映粒度的集中分布状况。平均粒径受物源区物质和沉积动力的双重影响（Zhu et al., 2008）。标准偏差或分选系数反映样品颗粒的集中或分散状态，即离散程度。粒度的分布区间越小表明分选性越好，受搬运距离和介质的影响，搬运距离越远分选也越好，例如风的搬运分选最好，冰川的搬运则基本不发生分选。分选系数还可以用来判别物源和沉积动力（Yang et al., 2000）。偏度主要用来反映粒度分布的偏移程度，$SK>0$，右偏（正偏）尾巴拖在右边，峰偏向粗颗粒一端，$SK<0$，左偏（负偏），尾巴拖在左边，峰偏向细颗粒一端，$SK=0$ 符合正态分布形式，既不左偏也不右偏（图 3-1）。另外，偏度还可以表明平均数（M_z）、中位数（M_d）、众数（M_o）之间的相对位置（表 3-1）。不同环境沉积物的偏度不同，所以偏度对于了解沉积相也有一定意义（卢连战 等，2010）。峰态是描述样品数据在平均粒径两侧的集中程度，峰态越尖窄，表明粒级分布越集中。

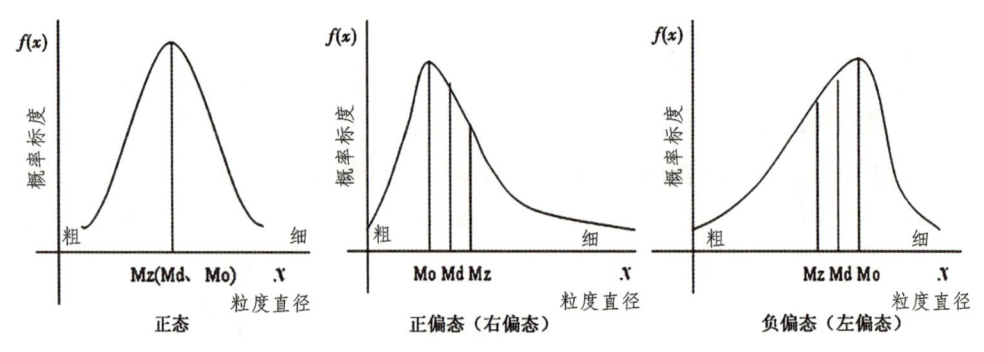

图 3-1 正态分布与偏态分布及平均数、中位数、众数之间相对位置示意图（卢连战 等，2010）

表 3-1 平均数（M_z）、中位数（M_d）、众数（M_o）之间相对位置表

序号	偏度	相对位置
1	$SK=0$	平均数（M_z）= 中位数（M_d）= 众数（M_o）
2	$SK>0$	平均数（M_z）> 中位数（M_d）> 众数（M_o）
3	$SK<0$	平均数（M_z）< 中位数（M_d）< 众数（M_o）

3.1.2 粒度分析的实验方法

沉积物有的为风成沉积，有的为河（湖）相沉积或者海相沉积等，沉积环境不同，所采用的方法也不同。实验样品的前处理过程是基于黄土样品的粒度前处理方法（任少芳 等，2014）进行的，同时根据样品的特点进行适当的调整，具体步骤如下所示。

（1）称取样品：按照样品顺序对容量为 100 ml 的烧杯进行编号，用天平称取约 0.5 g 的样品放于烧杯中，样品的质量可以依据样品的实际情况进行适当增减。如果样品颗粒较细则可以加的更少一些；如果样品颗粒较粗，则需多加一些。

（2）去除有机质：用烧杯、量筒等工具将浓度为 30% 的分析纯过氧化氢（H_2O_2）溶液配成浓度为 10% 的溶液，加入 10 ml 至烧杯中，静置约 1 小时的时间，稍做震荡后将烧杯置于通风橱内的控温电热板上进行加热。加热过程中会不断有气泡产生，要用装有去离子水的洗瓶不断冲洗烧杯壁，同时还要防止烧杯内的水被蒸干，加热至没有气泡产生为止。

（3）去除碳酸盐：首先将浓度为 36% 的浓盐酸（HCl）配制成浓度为 10% 的稀盐酸溶液（由于盐酸易挥发，最好现用现配），加至烧杯 10 ml 刻度线处，反应过程中不断用玻璃棒搅拌，直到没有气泡产生（表明碳酸盐矿物被除尽），将烧杯取出冷却，然后将烧杯加满去离子水静置一夜。

（4）分散待测样品颗粒：将分析纯六偏磷酸钠（$Na_6O_{18}P_6$）固体溶解于去离子水中，配成浓度为 0.05 mol/L 的六偏磷酸钠分散剂，将静置了一夜的样品倒掉上层约五分之四的上清液，加入 10 ml 配好的六偏磷酸钠溶液，将烧杯放在超声波仪器上震荡十分钟，充分分散后即可用激光粒度仪进行上机测试，每个样品依据其曲线拟合度的理想状况重复测量 3~5 次后取平均值。本实验所用仪器为英国马尔文（Malvern）Mastersize 2000 型粒度仪，测试颗粒大小范围为 0.02~2000 μm。

（5）数据处理：试验结束后将数据导出，在配套软件 Mastersize 2000 及 Microsoft Excel 软件中进行数据的处理和统计分析，在 Golden Software Grapher 10、Coreldraw X7、Origin8.5、SigmaPlot 10.0 等绘图软件中进行绘图。

3.2 孢粉—炭屑的环境指示意义及实验方法

3.2.1 孢粉—炭屑的环境指示意义

孢粉是植物孢子和花粉的总称，孢粉具有产量大、体积小、抗高温、耐酸碱及外壁坚固的特点，因而易于在地层中保存，在划分地层、恢复古地理环境、恢复古气候、古植被、环境考古、农业及相关行业都得到了广泛应用（Gotanda et al., 2008; Carrol et al., 2012）。某些自然界的植被对气候的变化十分敏感，可以利用此特性恢复古植被，建立植被演化图谱，反映自然环境的变化。通过温度和降水的变化，间接恢复古气候，已成为全球变化研究的重要研究方法（Johnson et al., 2002; Chen et al., 2010; Chen et al., 2015; Kulkarni et al., 2016; Martel-Cea et al., 2016; Ramos-Roman et al., 2016）。尽管植物孢粉在恢复古植被、反演古气候方面起着重要的作用，但每种植物所指示的气候干湿冷暖状况又不是绝对的，因此植物孢粉的选取应该是多指标的，应尽量多选取含量高而又对气候变化反应敏感的植物孢粉为代表（Forray et al., 2015; Chen et al., 2016; Fan et al., 2016; Klapyta et al., 2016; Xu et al., 2016）。为了更加精确了解古气候或古环境的变化，本书还采用了定量建模（孢粉转换函数）的方法进行研究，这种转换关系不论是大范围还是小尺度都可以通过现代气候与植物类比等方法获得（Prentice et al., 1996; Ohlwein and Wahl, 2012; Chen et al., 2014; Rawat et al., 2015; Hendy et al., 2016）。另外，在环境考古的研究中孢粉也发挥了重要作用，可以用来了解古代人类生产生活中的食物来源及生活环境的背景（Zong et al., 2007; Qin et al., 2011）。

孢粉百分比的计算以陆生植被孢粉总数为基础，孢粉浓度的计算依据石松孢子法，其计算公式为：

$$P = K \times L / (M \times m)$$

其中，P为孢粉浓度（粒/克）；K为鉴定出的孢粉个数（粒）；L为石松孢子数量（27560粒/片）；M为鉴定出的石松孢子数量（粒）；M为样品质量（克）。

沉积物中的炭屑是火灾的替代性指标，通过对炭屑的定量统计可以恢复还原地质历史时期中发生火灾的次数，进而反映当时的气候情况。炭屑在空气中的传播模式研究表明，大颗粒炭屑可以代表地方性的火灾事件，小颗粒炭屑主要反映的是区域性火灾事件（Dodson et al., 1993; Clark and Royall, 1995; An and Porber, 1997; Bird and Cali, 1998; Rhodes, 1998）。一次火灾产生的炭屑总量受火灾强度的影响，火灾强度又与当时的气候条件及生物量有密切关系，花粉浓度在一定程度上可以代表可供燃烧的生物量，炭屑浓度与陆生植物花粉浓度之比在某种程度上可以消除生物量对火灾的影响，从而更多地反映火灾发生时的气候条件（Bird, 1995; Burchard, 1998; Clark, 1988）。

3.2.2 孢粉—炭屑实验方法

（1）将地层中的样品自然风干后称取 20 g 左右放入离心杯中（如果是湖泊或泥炭样品取 2~3 g 或 2~3 ml 即可，黄土样品需要量则较大，约为 50~100 g），每个样品加入现代石松孢子片 1 片（所用石松孢子为 27560 粒/片）。

（2）加入配好的 10% 的稀盐酸（HCl）溶液，约为样品体积的 2 倍左右，静置 12 小时后用塑胶管吸除上层的上清液，或者在 70℃水浴锅中加热 10 分钟后用离心机离心再倒掉上清液，洗至中性，洗至少三遍。

（3）加入配制好的 10% 的氢氧化钠（NaOH）或碳酸钠溶液（Na_2CO_3），

溶液分解腐殖酸并且使样品抗凝，在水浴锅中加热 10 分钟，加热过程中不断搅拌，冷却后离心 3 次，倒掉上层液，将样品洗至中性。

（4）过 180 μm 的粗筛，除去大颗粒杂质，如有必要，可将之保存，大颗粒的杂质中也可能含有有重要信息的大化石和炭屑等物质。

（5）加氢氟酸（HF）除去硅质物质，为了尽可能多的除掉硅质物质氢氟酸的用量需稍大些，约为样品体积的 3~4 倍，放于水浴锅中加热并不断搅拌使之充分反应，也可以选择在氢氟酸中浸泡 3 天的方式，效果更为理想，然后加去离子水洗至中性。

（6）加 36% 浓盐酸（HCl），在水浴锅中煮 30 分钟左右，使之充分水解植物残留的纤维素，离心后用去离子水洗至中性。

（7）加冰醋酸（CH_3COOH）或酒精（CH_3CH_2OH 或 C_2H_5OH）洗一遍后将样品移至 50 ml 的离心管中，尽可能去除样品中的水分。

（8）加醋酸酐和硫酸的混合液，加入的量视样品的反应剧烈程度酌情添加或减少，在水浴锅中加热 10 分钟后离心，用去离子水洗至中性。

（9）过 10 μm 的细筛，轻轻敲动，直至筛中流出的水变得清澈为止，如果样品中含有较多的砂，则用表面皿进行简单过滤，将剩余样品转移至编好号的离心管中，再次进行离心，倒掉上层的水，最后加入 3~5 滴甘油放在冰箱中保存。

3.3 腐殖化度的环境指示意义与实验方法

3.3.1 腐殖化度的环境指示意义

泥炭腐殖化度是描述泥炭分解程度的指标，泥炭分解速率快腐殖化度则高，温度、水分等气候因素对其有着重要影响，泥炭腐殖化度的大小在一定程度上反映了气候的干湿冷暖状况，因此可以作为恢复古气候重建古环境的指标。依据对泥炭腐殖化度重建古气候的研究，与其他指标相结合，可以探讨气候变化的机制、突变事件，甚至还可以为预测未来气候变化提供科学依据（Blackford et al., 1995；Alley et al., 1997；Chambers et al., 1997；Caseldine et al., 2000；Borgmark and Schoning, 2006；Blundell, et al., 2008）。

对于腐殖化度所指示的环境或气候意义，国内外学者有着不同的认识。欧美学者的研究表明，气候湿度越低，泥炭分解的就越彻底，腐殖化度就越高，气候湿度高则泥炭分解较慢、腐殖化度较低（Aderson，1998；Mauquoy and Baker，1999；Langdon et al.，2003；Roos-Barraslough，et al.，2004）。国内学者对巴里坤湖泥炭、红原泥炭、哈尼泥炭、大九湖泥炭、天目山千亩田泥炭等地区的腐殖化度研究后得出的结论有些与国外学者的研究结果一致（马春梅 等，2008；Li et al.，2016），有些则相反（王华 等，2003；蔡颖 等，2009）。尽管学者们对该问题的认识存在异议，但若能够与其他较为成熟的气候代用指标综合使用，依然能有效地指示古气候的变化（Zhao et al.，2011）。

3.3.2 腐殖化度实验方法

目前腐殖化度的测定方法有多种，但最为简单、易于操作的还是传统的碱提取液吸光度法，该方法又被简称为分光光度法，是腐殖化度测量的经典方法。采用碱提取液吸光度法测定腐殖化度的方法一般需经过以下几个步骤。

（1）样品取回实验室后在密闭容器中自然风干或者冷却烘干，在此之前要尽量避免现代植物残体的混入。

（2）将自然风干或冷却烘干的样品取 10~20 g 放入玛瑙研钵中研磨，将磨碎的样品过 60 目筛并搅拌均匀，用可以精确到万分之一的高精度电子分析天平称取 100 mg（±0.1 mg）样品，放入事先准备好的 100 ml 烧杯中。

（3）加配制好的碱液（NaOH 溶液，溶液浓度为 8%）50 ml 至烧杯中，在通风橱中加热，放于电热板上在 250℃下使之沸腾，然后调整电热板的温度至 100℃继续加热 2~3 小时，整个加热过程中不能给烧杯加盖盖住烧杯口，加盖状态下水分蒸发少会降低溶液浓度进而使吸光度（腐殖化度）降低。加热过程中如果某个样品的 NaOH 溶液蒸发较快可以适当加入一些去离子水（但不可再加 NaOH 溶液），使样品中的腐殖酸尽可能充分浸出。

（4）加热过程结束后，样品自然冷却，然后转移至 100 ml 的容量瓶中，稀释至刻度线处并摇晃容量瓶使之均匀，用滤纸过滤溶液（为了加快实验的进程本步骤也可以将样品放入离心机采用离心的方式进行，离心时间约 15~20 分钟，转速为 3500 rpm）。取过滤好的溶液 50 ml 移至 100 ml 容量瓶中，再用去离子水稀释至刻度。

（5）溶液充分混合后用分光光度计（本书采用的是岛津 UV-7000 型分光光度计）对样品的碱提取物在 540 nm 或 400 nm 的波长下以去离子水为参照进行吸光度（腐殖化度）的测定，在两个波长下测得的吸光度有一定的差别，但反映的吸光度（腐殖化度）的变化趋势应该是相同的，最终选取一个更能清晰反映吸光度（腐殖化度）变化范围的即可。为了降低实验误差，每个样品测量三次，最后取其平均值，如果三次数值差异都较大则继续测量。也可测其透过率，用1或100%减去透过率同样为吸光度（腐殖化度）的百分比。

3.4 烧失量的环境指示意义与实验方法

3.4.1 烧失量的环境指示意义

烧失量是指沉积物样品在高温下因燃烧或挥发而发生物理或化学反应的损失量与样品总量的比值，用百分数表示（Brauer et al.，2000；Dodson and Ramrath，2001）。湖泊沉积物中的有机质和碳酸盐是与当时气候密切相关的地质档案，能够指示环境演变的过程和历史，研究已经证实烧失量与有机质、碳酸盐含量之间存在较好的一致性（Dean，1974；Korsman et al.，1999；Boyle，2004；Juan，2004），其又具有简单易操作、经济实用等优点，因而被广泛应用于有机质、碳酸盐的测定中。

气候对湖泊沉积物中有机质和碳酸盐含量的高低有重要的影响。当气候以暖湿为主时，不论是陆生植被还是水生植被都生长茂盛，这有利于有机质的积累。进入到湖泊中水量增加的同时，沉积到湖底的营养物质也会增加，湖泊的再生产能力得到提升，水量增加会降低湖水的含盐度，在缺氧的条件下有机质得以保存，因而有机质含量高（烧失量大）指示气候温暖湿润。当气候表现为冷干时，植物的生长期变长，在相同时间内产生的有机质减少，降水减少，进入湖泊的水量也相应会减少，营养物质含量降低，湖泊的再生产能力下降，湖水的含盐量升高，还原性加强不利于有机质的保存，因此有机质含量低（烧失量小）指示冷干的气候类型。气候对湖泊沉积物中碳酸盐的含量也有重要影响，气候温暖湿润，降水丰富，湖泊水位上升，湖水含盐度下降，碳酸盐易溶于湖水中，因此，碳酸盐含量低指示气候暖湿。气候干燥会造成湖水中的碳酸盐结晶析出，使湖泊沉积物中碳酸盐的含量增加，不过研究表明湖泊中影响碳酸盐含量的因素较为复杂，除了受气候影响外，还受二氧化碳浓度和湖水化学性质的影响（Ramrath et al.，1999；Battarbee et al.，2002；Yu et al.，2002）。

3.4.2 烧失量的实验方法

本实验所用烧失仪器设备为马弗炉，称量仪器设备为可精确到万分位的电子分析天平。

（1）选取28个10 ml的坩埚用铅笔逐个进行编号，放入马弗炉中550℃下烧2~3小时，去除赋存在坩埚壁上的水分及其他物质，烧至恒重，在真空干燥器中冷却至恒温，用电子分析天平称重，记为M_1。

（2）称取约1 g的样品放入干燥至恒温的坩埚中称重，记为M_2。

（3）将称重后的样品和坩埚一同放入马弗炉中，温度设置为105℃，烧失时间为12小时，在密闭容器中冷却至室温然后称重，记为M_3。

（4）再次将坩埚和样品放入马弗炉中，温度调整为550℃，4~5小时后用长钳取出，在密闭容器中冷却后称重，记为M_4。

（5）将样品和坩埚重新放回马弗炉中，此时的温度设置为950℃，4小时后用长钳取出，散失部分热量后放入真空干燥器中冷却称重，记为M_5。

样品有机质的烧失量计算方法为：

$$LOI_{有机质} = \frac{M_3 - M_4}{M_3 - M_1} \times 100\%$$

样品中碳酸盐的烧失量计算方法为：

$$LOI_{碳酸盐} = \frac{M_4 - M_5}{M_3 - M_1} \times 100\%$$

3.5 地球化学元素的环境指示意义与实验方法

3.5.1 地球化学元素的环境指示意义

地球表层矿物元素的风化、迁移、沉积过程加强了地球各圈层之间的相互作用和联系，是元素地球化学循环的重要形式，该过程同时也客观记录了古环境和古气候的变化（Chen et al., 2006, 2011; Ma et al., 2009; Wünnemann et al., 2010）。随着对其风化过程认识的不断加深，元素地球化学的研究方法受到学者们的青睐，逐渐成为全球古气候变化研究中的重要手段之一（Chen et al., 2011），在湖泊沉积（Wünnemann et al., 2006; Chen et al., 2007）、环境考古（Zhu et al., 2008, 2013; Tian et al., 2011, 2013; Migliavacca et al., 2012; Wu et al., 2014a）、黄土沉积（Zhang et al., 2005）等研究中得到了广泛应用。元素的风化、迁移、沉积规律与元素自身的性质有关，同时又受到人类活动和沉积物化学组成等多因素的影响，因此，需与其他古气候代用指标结合使用才能更客观地记录气候变化过程。

Rb（铷）元素和Sr（锶）元素在指示气候变化的研究中已经较为成熟，属于地壳中既相互区别又相互联系的两种微量元素。Rb元素具有一定的被吸附能力，离子半径较大，容易被吸附，一般发生近距离迁移。相比之下，Sr元素离子半径小，以游离态形式存在的Sr元素容易被水冲走而发生远距离迁移，湿热的气候下风化作用强，降水使Sr元素的损失更大。Rb/Sr比值在古气候记录研究中已取得很大进展，湖沼相沉积中Rb/Sr比值的变化受湖泊沉积动力的影响，间接反映了气候干湿冷暖变化，气候温暖湿润，降水量增大，地表径流与地表侵蚀加强，湖泊面积增大，更多的细颗粒物质进入湖泊中沉积，湖心水体变深，水体处于还原环境中，化学作用增强会使更多的Sr元素进入沉积盆地。如果气候以冷干为主，降水量减小，地表径流与地表侵蚀减弱，湖泊面积减小，更多的粗颗粒物质进入湖泊中沉积，湖心水体变浅，水体处于氧化环境中，化学作用减弱会使更多的Sr元素流出沉积盆地，因此Rb/Sr小表明Sr的淋溶损失量大，气候湿润，Rb/Sr大表明Sr的淋溶损失量小，气候冷干，Rb/Sr值的大小反映了气候的干湿度状况（黄润 等，2007）。

3.5.2 地球化学元素的实验方法

如果是柱状样品，其前处理过程比较简单，可以用不锈钢刀具处理，把完整的样品放在岩芯扫描仪中，设定分辨率后直接扫描测量即可。若样品已被分为散样，前处理过程要复杂一些，其具体操作流程简要表述如下。

（1）干燥样品：分样后将样品自然风干，时间长短视具体情况而定，风干后如果样品所含吸附水的量仍然大于1%，则此时需将样品放在100~110℃的烘箱中烘至吸附水的含量低于1%为止。

（2）均匀混合并研磨样品：样品吸附的含水量达到要求后均匀混合，称取至少5 g样品放于玛瑙研钵中研磨（确保研磨后的样品质量不低于5~6 g），研磨至小于200目时将样品转移至样品袋中，然后将玛瑙研钵冲洗干净，用酒精擦拭以减少样品之间的相互污染。

（3）制作压片：将混合均匀研磨好的样品称取6 g放在压片机平板模具的塑料杯中，塑料杯直径为35 mm，然后用30吨压力压成厚度约2~4 mm整齐、牢固、无明显裂痕的压片。压制过程应缓慢匀速，防止已压好的压片在内应力的作用下受到损坏，完成后轻轻将制作好的压片取下即可。

（4）上机测试：将制作好的压片放于 ARL-9800 型 X 射线荧光光谱仪上进行分析测试，为了增强数据的可靠性，提高测定数据的精确度和准确度，分析测试过程采用国家地球化学标准沉积物样（GSS1 和 GSD9）进行全程监控，分析测试误差控制在 1% 以内。

3.6 光释光测年前处理方法

（1）取样：用清洗干净的小勺掏取样品管中的样品，由于上部有可能在取样时被污染，将上部几厘米取出扔掉，称取 10 g 左右样品用于测量含水量，做好相关记录，在样品管内取 5 cm 左右厚的样品放于 2500 ml 烧杯中，剩余样品保存好。

（2）溶样：往装有样品的烧杯中加水，边加水边用手碾碎样品，直至样品完全在水中分散开、没有块状样品存在为止，静置约 5~10 分钟的时间，将样品转移至事先准备好的筛子中。

（3）洗样：将样品转移至筛子后一边用手轻轻搓洗，一边用水冲刷，直至样品被冲洗干净为止，将要测年用的样品转移至特氟龙杯子中，将备用样品转移至事先准备好的烧杯中。

（4）除碳酸盐：将配制好的浓度为 10% 的稀盐酸溶液加入特氟龙杯中，加入量的多少根据反应的剧烈程度确定，放进磁力搅拌棒，然后将杯子放在搅拌机上搅拌 40 分钟，静置 10 分钟后倒掉上层液，用去离子水洗 4 遍，每洗一次都需先震荡 10 分钟，然后静置 5 分钟，倒掉上层液，重新加入去离子水。

（5）去除有机质：将清洗后的样品加入浓度为 30% 的过氧化氢（H_2O_2），放在搅拌机上震荡 40 分钟左右，然后用去离子水洗 4 遍，冲洗方法同去除碳酸盐的方法，直到将过氧化氢（H_2O_2）洗尽为止。

（6）去除长石：如果选用的是使用石英作为测年的材料，须将样品中的长石去除，去除的方法是往样品中加入 40% 的氢氟酸，加入后在搅拌机上震荡 40 分钟，用与前面相同的方法冲洗 4 次，去掉加入样品中的化学药品。

（7）再次加入浓度为 10% 的稀盐酸溶液，如果样品多的话还可以重复加入一次氢氟酸和盐酸。

（8）将洗好的样品从特氟龙杯中转移至烧杯中，放于通风柜中自然风干，样品变成粉末状后转移至样品管中贴上标签即可，若要使样品干得更快可在杯中加入丙酮。

第四章 全新世以来古中江流域气候演变过程研究

4.1 全新世以来古中江流域气候演变研究

4.1.1 古中江流域典型研究剖面的选择和采样

古中江主要流经两个大的地貌单元，始于丹阳大泽，止于太湖西部平原，为了增强研究结果的可靠性，我们在太湖西部平原区选择了一个自然剖面作为研究点，在丹阳大泽内选择一个最新发掘的遗址剖面作为研究点，分别对其气候演变过程进行研究并加以对比。

自然剖面选择在位于太湖西部平原的高淳区，采样点位于东坝镇以东约 2 km 处（31°18.315′N，119°04.118′E；H=6 m）的古代湖泊内，东北部紧邻宁镇山脉，东南部为宜溧山地，恰处于茅山余脉和天目山余脉的垭口处（图 4-1）。此地受到新构造运动的影响较强烈，平均海拔高度为 6 m 左右，地势相对较高，属于高亢平原（陈吉余，1959）。该区域人口密集，周围是城镇和农村、农田，受人类活动影响大，原生自然植被早已被人工栽培林（马尾松、水杉属、蔷薇科、冬青属植物等）、次生林及灌木丛、草本植物、农作物（水稻、油菜、豆科植物）等所替代（李冰，2014）。

高淳剖面是在芜申运河的疏浚过程中被发现的，因其靠近河流岸边，所以最初被认为是河流相沉积地层（王坤华，2015），但后来随着研究的不断深入及与周围湖泊地层进行对比，认定为湖泊相沉积。将此处的地层与周围固城湖、太湖、淀山湖以及巢湖的地层进行岩性和年代对比后发现（图 4-2），高淳剖面地层沉积物的岩性与湖泊沉积一致，主要都为黏性较大的灰色粉砂层，并且含有丰富的灰黑色有机质，个别层位有细砂沉积，在太湖及周围湖泊的湖底还存在黄土层，高淳剖面与此一致。另外，随着疏浚工程的进行，在其周围也始终不见河流相沉积物出现，不仅不见典型的河流二元相沉积结构，其周围地层沉积物的岩性与河流相沉积不符，而与湖泊沉积相对应。

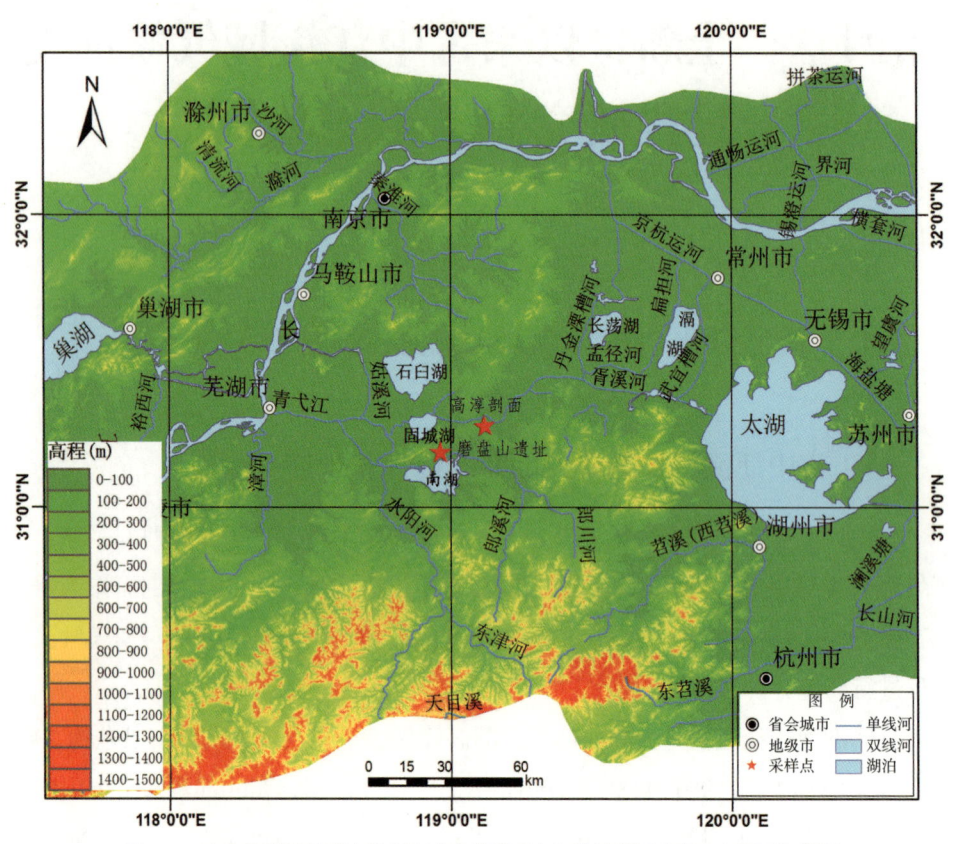

图 4-1 古中江流域典型自然剖面（高淳剖面）和遗址剖面（磨盘山剖面）位置

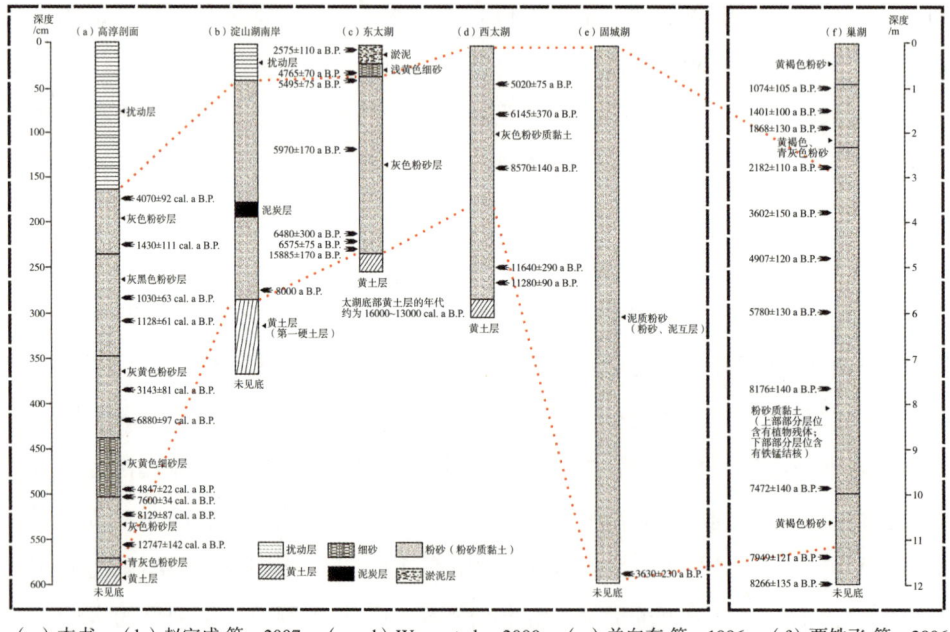

（a）本书；（b）赵宝成 等，2007；（c，d）Wang et al., 2000；（e）羊向东 等，1996；（f）贾铁飞 等，2006。

图 4-2 高淳剖面与其周围湖泊岩性对比图

表 4-1 高淳剖面岩性情况描述表

柱状图	层位	深度	岩性特征描述
	（1）	235~172 cm	灰色粉砂层，夹杂有植物残体及黑色有机质，水分较大，有一定黏性，厚约 65 cm
	（2）	347~235 cm	灰黑色粉砂层，含有植物残体，黏性较强，顶部 25 cm（235~260 cm）为含有宋代陶瓷片的文化层，该层总厚度约为 112 cm
	（3）	437~347 cm	灰黄色粉砂层，含少量植物残体及褐色铁锈斑点，底部 20 cm 含有条带状黑色有机质，水分大，黏性强，厚约 90 cm
	（4）	505~437 cm	灰黄色细砂层，含少量植物残体，夹杂少量黑色有机质，水分较大，厚约 68 cm
	（5）	570~505 cm	灰色粉砂层，含有植物残体，夹有条带状黑色有机质，水分较大，黏性强，厚度约 65 cm
	（6）	578~570 cm	青灰色粉砂层，黑色有机质含量高，黏性强

高淳剖面总体厚度约为 600 cm，在 172 cm 以上为近几十年堆积的人工填土，578 cm 以下为与太湖湖底岩性相同的黄土层，人工填土和黄土层都予以摒弃，实际为 578~172 cm 的地层。根据其岩性和颜色变化情况，高淳剖面分为 6 层。第 1~3 层（437~172 cm）：粉砂层，含有植物残体，黏性较强，260~235 cm 为含有宋代陶瓷片的文化层。第 4 层（505~437 cm）：灰黄色细砂层，含少量植物残体，夹杂少量黑色有机质。第 5~6 层（578~505 cm）：青灰色粉砂层，黑色有机质含量高。详细岩性情况描述见上表（表 4-1）。

磨盘山剖面位于安徽省郎溪县境内一考古遗址内，西南面紧靠南漪湖（图 4-1），因磨盘山村（31°14.635′N，118°45.248′E；H=22 m）而得名。该遗址在古代属于丹阳大泽的一部分，处于丹阳大泽的边缘区域，初步调查面积约 5 万 m^2，1981 年因在其周围发现陶片和石器而被发现，自 2003 年起考古发掘队就开始零星发掘该遗址。2012 年进行首次正式发掘，出土的文化遗存仅百余件，石器主要有各种形状的石刀（半月形、长方形较为常见）、石锛以及一些已经打制但还没来得及加工的石质板材，陶器以夹砂红陶居多，另有一定数量的泥质红陶和黑皮陶，有手工制作也有轮制陶器，纹饰主要以素面为主，也有个别陶器上发现有绳纹或弦纹。2015~2016 年南京大学考古队进行了新一轮发掘，发掘面积近 800 m^2，根据发掘出土器物类型、纹饰等特征推断磨盘山遗址的年代约为新石器时代晚期，最早可至 6000 a B.P. 左右，主要为良渚文化时期和少量青铜时代的文化遗存。发掘墓葬百余座且其中十余座中有尸骨被发掘出来，陪葬品 400 余件，另外还有十余座房址和近80座灰坑，遗址不仅文化遗存丰富，保存也很完整，出土的完整文物多达1500余件，依然以陶器、石器为主，另外还有少量的青铜器（图4-3）。采样点位于整个遗址区西南角的2015ALMTS1W42号探方，样品采集于该探方的南壁和西壁底部（图4-4），本书所选择样品采于探方南壁剖面，剖面总长度240 cm，70 cm以上部分为受人类活动影响的现代扰土层。

（a，b，c）磨盘山遗址出土的陶器；（d）磨盘山遗址出土的少量青铜器。

图4-3 磨盘山遗址出土的器物

(a)磨盘山遗址一侧探方图；(b)磨盘山遗址采样探方（2015ALMTS1W42）俯视图；(c)采样探方南壁；(d)采样探方西壁。

图 4-4　磨盘山遗址探方及采样探方

4.1.2 高淳剖面年代测试结果

本研究自剖面 578~172 cm 选取 11 个样品进行 AMS^{14}C 测年（表 4-2），172 cm、244 cm 处地层年代与下伏地层年代相比出现了上老下新的现象，推测可能与人类活动有关，因为此地层为宋代以来的文化层；422 cm、492 cm 地层也出现了相同的情况；505~420 cm 沉积物颗粒相对较粗，地层倒转的原因可能与本段沉积物局部出现再沉积现象有关；578 cm 处地层测年结果偏差较大，AMS^{14}C 测试结果可信度较差；585 cm 以下的地层为黄土层，此层为黄土层与粉砂层的过渡带，可能是沉积相的改变造成了沉积间断导致的。在太湖湖底及周边地区也分布有该岩性的黄土层（图 4-2），并且为同一时代的沉积地层（Wang et al., 2000）。学者们（Qu et al., 2000；Wang et al., 2000；赵宝成 等，2007；陆福志 等，2015）取样品进行年代学研究，结果显示太湖湖底的黄土层顶部年龄大约为 16000~13000 cal. a B.P.，据此推测，该剖面黄土层以上年代不超过此年代值。将全部测年结果输入 TILIA 软件，用 R 软件和 WinBacon 2.2 软件包模拟拟合，得到较为理想的年代—深度模型（图 4-5），578 cm 处的拟合结果为 13200 cal. a B.P.，对比以上学者的年代结果，高淳剖面的年代模拟结果与太湖湖底岩性柱年代相吻合是可信的。

表 4-2　高淳剖面 AMS^{14}C 测年数据及其年代校正

野外编号	实验室编号	深度（cm）	实测年代（a B.P.）
HJQ01	XA11666	172	3725 ± 36
HJQ02	XA11667	244	1538 ± 58
HJQ03	XA11668	280	1130 ± 27
HJQ04	XA11669	317	1218 ± 29
HJQ05	XA11670	385	2959 ± 29
HJQ06	XA11671	422	6026 ± 38
HJQ07	XA11672	492	4258 ± 25
HJQ08	XA11673	504	6721 ± 31
HJQ09	XA11674	526	7353 ± 29
HJQ10	XA11675	566	10845 ± 50
HJQ11	XA11676	578	29400 ± 110

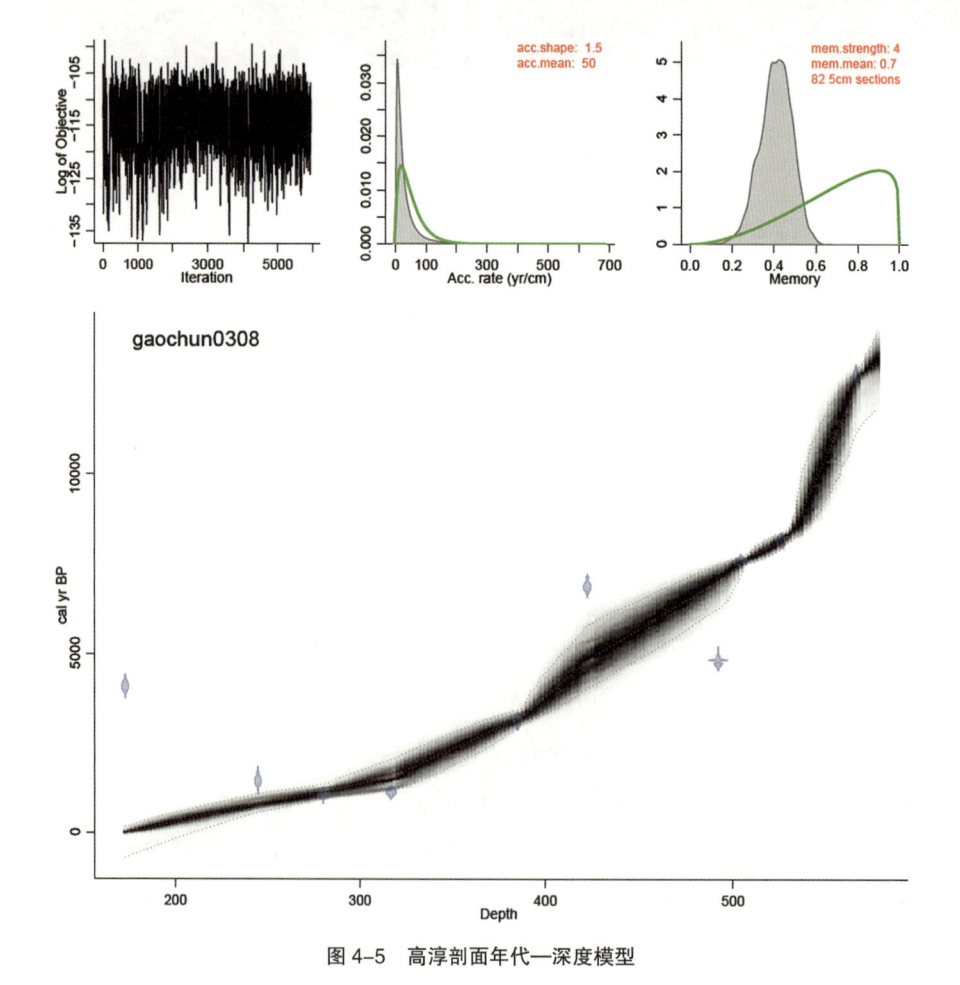

图 4-5　高淳剖面年代—深度模型

4.1.3 高淳剖面孢粉—炭屑鉴定结果

孢粉—炭屑前处理及鉴定均在南京大学孢粉与古生态实验室完成，孢粉鉴定在 ZEISS Axio Scope A1 400 倍光学显微镜下进行，以王伏雄（1995）、中国科学院植物研究所古植物室孢粉组、华南植物研究所形态研究室（1982）、席以珍（1994）、官子和（2011）等人编著的《中国植物花粉形态》《中国热带亚热带被子植物花粉形态》《中国干旱半干旱地区孢粉形态研究》《中国常见水生维管束植物孢粉形态》及实验室现代花粉资料为参考。高淳自然剖面每个样品观察、统计玻片 3~4 片，高淳剖面样品孢粉含量丰富，共统计 127677 粒，平均每个样品 398 粒，最少的样品统计了 302 粒，共鉴定出 67 个科（属）孢粉，包括 36 个科（属）的乔灌木花粉、23 个科（属）的草本植物花粉、8 个科（属）的蕨类植物（图 4.6）。乔灌木植物花粉有麻黄科（Ephedraceae）、铁杉属（*Tsuga*）、松属（*Pinus*）、栲属（*Castanopsis*）、落叶栎（*Quercus*）、常绿栎（*Evergreen-Quercus*）、栗属（*Castanea*）、水青冈属（*Fagus*）、蔷薇科（Rosaceae）、榆属（*Ulmus*）、榛属/鹅耳枥属（*Corylus/Carpinus*）、桤木属（*Alnus*）、桦木属（*Betula*）、野桐属（*Mallotus*）、血桐属（*Macaranga*）、叶下珠属（*Phyllanthus*）、叶底珠属（*Securinega*）、桑科（Moraceae）、接骨木属（*Sambucus*）、忍冬科（Caprifoliaceae）、柳属（*Salix*）、山核桃属（*Carya*）、化香树属（*Platycarya*）、枫杨属（*Pterocarya*）、胡桃属（*Juglans*）、大风子科（Flacourtiaceae）、无患子科（Sapindaceae）、鼠李属（*Rhamnus*）、漆树属（*Rhus*）、山矾科（Symplocaceae）、冬青科（Aquifoliaceae）、女贞属（*Ligustrum*）、五加科（Araliaceae）、芸香科（Rutaceae）、椴树属（*Tilia*）、枫香树属（*Liquidambar*）；陆生草本植物花粉有禾本科（Poaceae 或 Gramineae）、>37 μm 禾本科（Poaceae 或 Gramineae）、藜科（Chenopodiaceae）、大戟科（Euphorbiaceae）、唇形科（Labiatae）、唐松草属（*Thalictrum*）、蒿属（*Artemisia*）、紫菀属（*Aster*）、蒲公英属（*Taraxacum*）、伞形科（Umbelliferae）、马先蒿属（*Pedicularis*）、十字花科（Cruciferae）、爵床属（*Rostellularia*）、茜草科（Rubiaceae）、豆科（Leguminosae）、葎草属（*Humulus*）、石竹科（Carophyllaceae）；水生草本植物花粉有毛茛科（Ranunculaceae）、莎草科（Cyperaceae）、蓼科（Polygonaceae）、荇菜属（*Nymphoides*）、狐尾藻属（*Myriophyllum*）、香蒲属（*Typha*）；蕨类植物孢子有水龙骨科（Polypodiaceae）、膜蕨科（Hymenophyllaceae）、中国蕨属（*Sinopteris*）、里白科（Gleicheniaceae）、

卷柏属（Selaginella）、紫萁科（Osmundaceae）、桫椤科（Cyatheaceae）、水蕨科（Parkeriaceae）的三（单）缝孢子。另外还有鉴定出的藻类植物环纹藻属（Concentricystes）、双星藻（Zygnma）、刺甲藻属（Spiniferites）等。剖面孢粉组合中乔灌木与陆生草本植物的比值（AP/NAP）在1左右波动，阔叶树中常绿成分与落叶成分之比（E/D）介于0.008~0.322。炭屑的统计和孢粉鉴定同时进行，统计长轴大于10 μm的炭屑，依照长轴长度划分为10~50 μm，50~100 μm，>100 μm三个等级（图4.7）。

根据孢粉科属所指示的环境意义及孢粉数量的变化进行初步分组排序（乔灌木组、陆生草本植物组、水生草本植物组、蕨类植物组），将数据导入到TILIA软件中计算孢粉百分比及浓度，根据各组孢粉含量进行聚类分析，孢粉带谱使用TILIA1.7.16软件绘制（Grimm, 2011）。依据聚类分析结果结合炭屑、岩性特征进行分带，高淳剖面共可分为早全新世、中全新世、晚全新世三个大带，其中晚全新世又可分为三个亚带（图4-6，图4-7，图4-8），下面对每个带的孢粉—炭屑组合特征进行描述。

带 I（578~518 cm，13200~8000 cal. a B.P.）：乔灌木花粉比旱生草本植物略少，AP/NAP为0.85，乔灌木花粉平均百分含量为45.9%，主要为落叶栎（15.8%）、榆属（4.7%）、常绿栎（4.2%）、松属（3.6%）、蔷薇科（3.4%）等科（属）的植物花粉。此外，桤木属（1.7%）、鼠李属（1.6%）、桦木属（1.5%）、枫香属（1.5%）也有一定数量，E/D平均值为0.17。旱生草本植物花粉占54.1%，禾本科（19.1%）和蒿属（20.8%）占主导地位，是蒿属植物含量最高的带，其中568~555 cm（12.6~11.3 cal. ka B.P.）、533~519 cm（8.5~8.0 cal. ka B.P.）两段含量特别丰富，落叶栎则恰对应着两段谷值。藜科（1.6%）、十字花科（1.6%）、唇形科（1.6%）植物花粉也较为常见。水生草本植物孢粉和蕨类植物孢子在整个剖面中含量较高，分别为4.3%和7.1%。孢粉浓度平均为5932粒/g，低于剖面平均值（6728粒/g），带I是花粉浓度最低的带，炭屑浓度与孢粉浓度之比平均为1.06，为剖面最高值，中颗粒炭屑百分比（MCP）、大颗粒炭屑百分比（BCP）反映出本带的中颗粒、大颗粒炭屑含量比其他带要高。

带 II（518~420 cm，8000~4400 cal. a B.P.）：乔灌木花粉含量居多，超过了旱生草本植物孢粉的含量，AP/NAP值1.1，为剖面最高值并且较为稳定，乔灌木花粉平均百分含量为53%，比上一阶段上升了7.1%，依然以落叶栎、常绿栎、榆属等为主，但增幅不同。落叶栎（17.5%）增幅最为明显，增加了1.7%，松属（3.7%）、

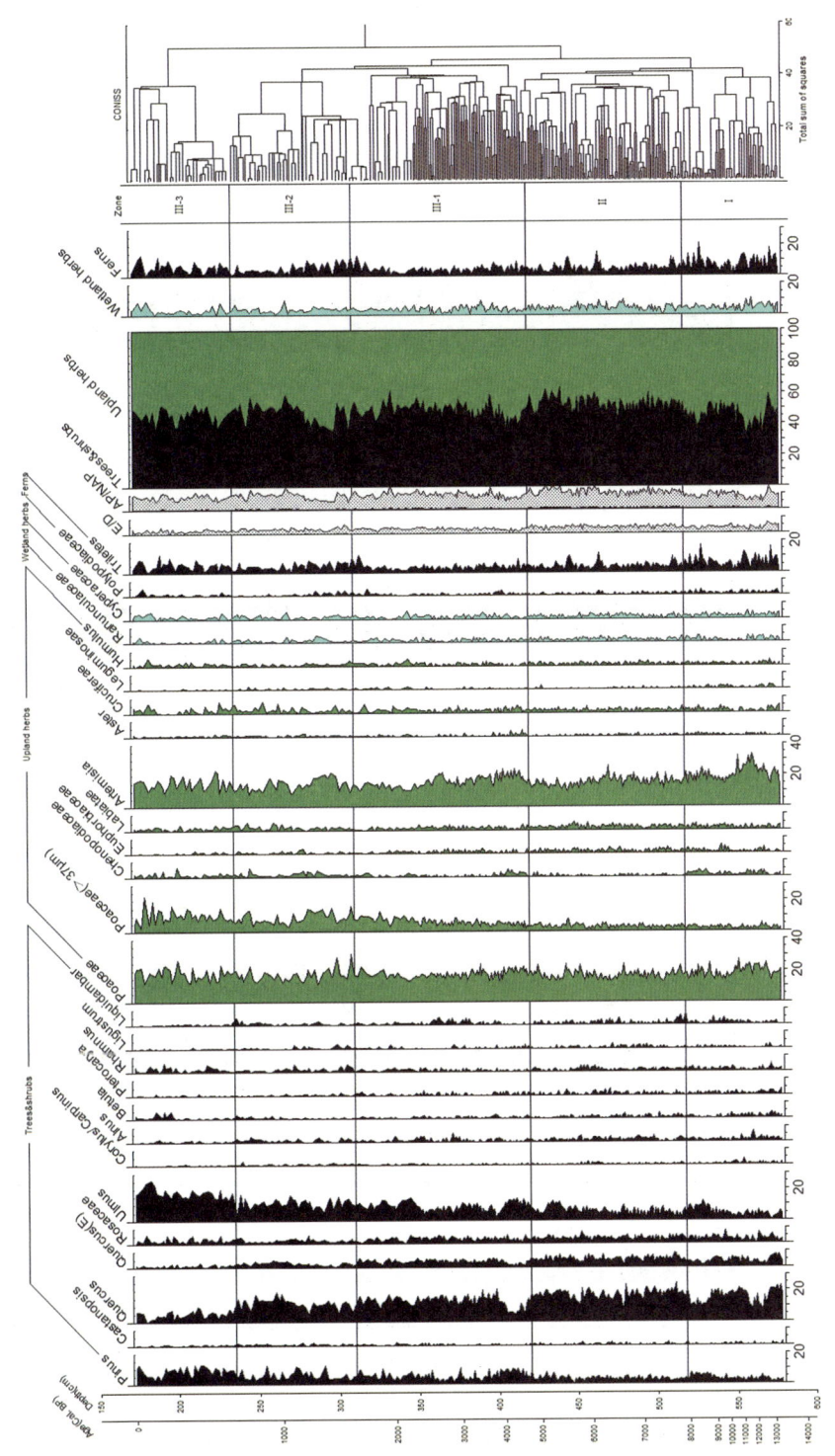

E/D：阔叶树中常绿成分与落叶成分之比，阴影部分为原数据放大 20 倍之后的图谱。AP/NAP：乔灌木花粉与旱生草本植物花粉之比，阴影部分为原数据放大 10 倍之后的图谱。

图 4-6　高淳剖面孢粉百分比图

图 4-7 高淳剖面孢粉浓度图

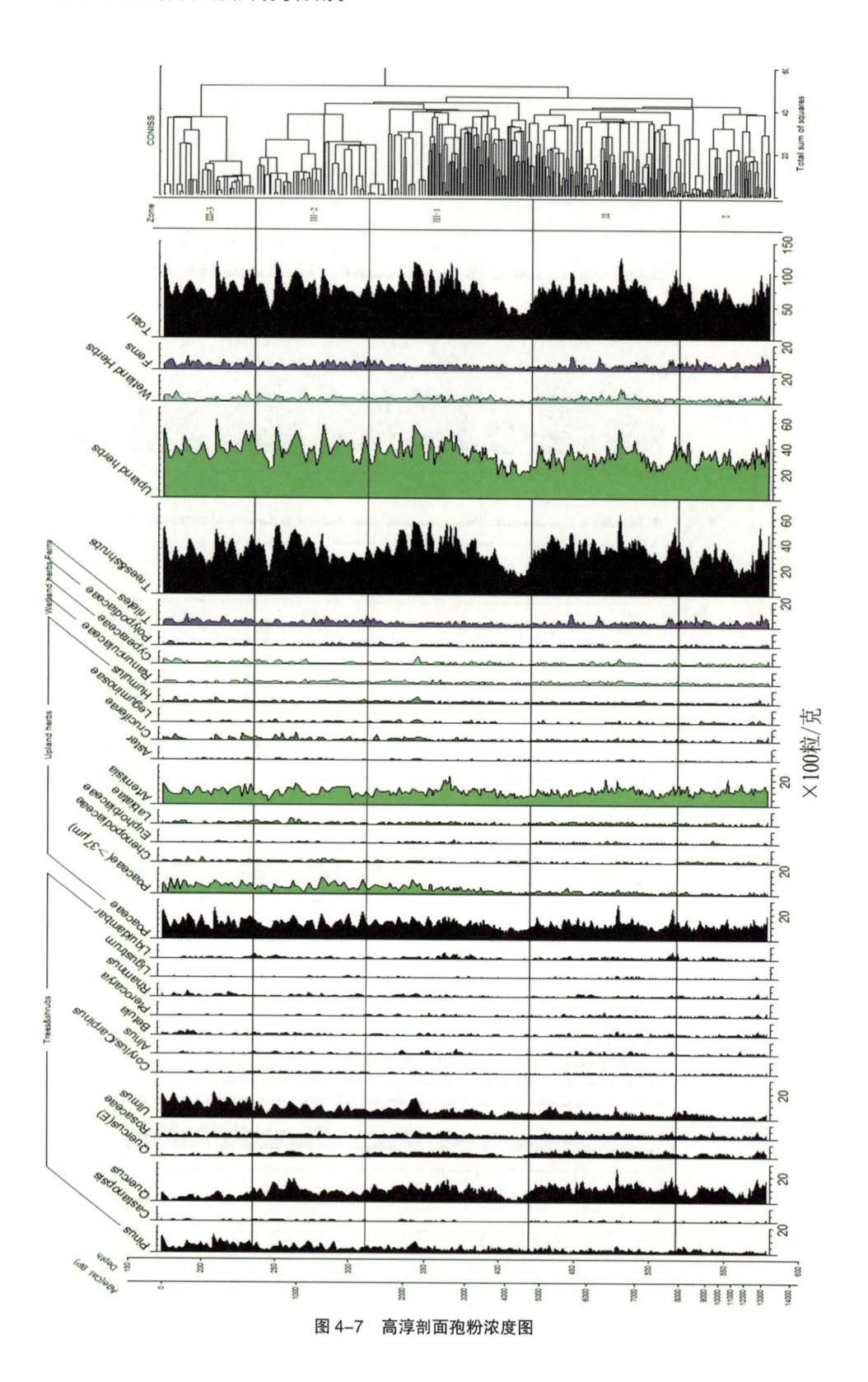

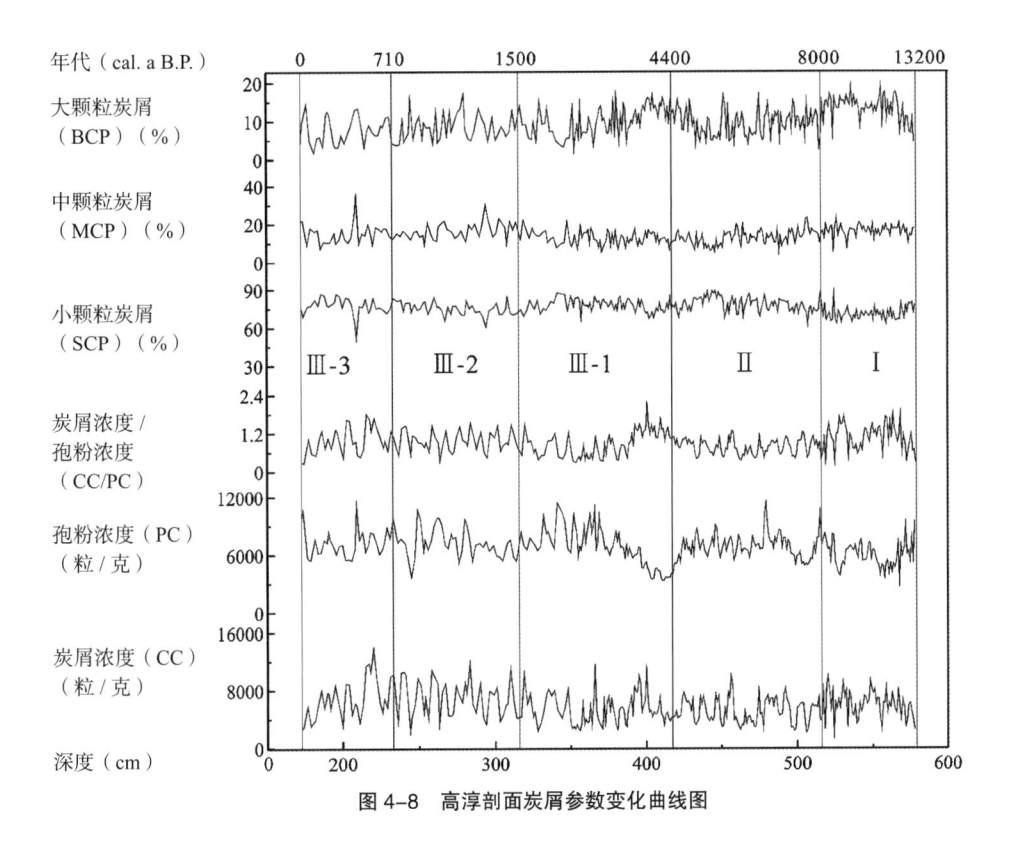

图 4-8　高淳剖面炭屑参数变化曲线图

蔷薇科（3.6%）等科（属）保持了上阶段的含量，枫香属（1.5%）出现了几次峰值，E/D 值为 0.19，常绿成分的含量比上阶段略高。旱生草本植被的孢粉含量为 47%。禾本科和蒿属花粉含量都有不同程度的下降，蒿属植物花粉的含量（16.0%）下降明显，降幅近 5%，常见的十字花科（1.8%）、唇形科（2.0%）等花粉含量略有增加，藜科植物在此阶段几乎消失。水生草本植物的花粉含量与上阶段相等，蕨类植物孢子的含量比上阶段下降了 2.2%。孢粉浓度值为 6877 粒/g，比上阶段增加了 945 粒/g，增幅明显，炭屑浓度值（5171 粒/g）比带 I 少了 800 粒/g，但陆生植物花粉总浓度高，因此炭屑浓度与孢粉浓度之比值较小，仅为 0.75，小颗粒炭屑百分比、大颗粒炭屑百分比变化趋势表明小颗粒炭屑含量升高而大颗粒炭屑含量减少。

带Ⅲ-1（420~310 cm，4400~1500 cal. a B.P.）：花粉含量变化出现了新的特点，AP/NAP 值为 0.95，乔灌木花粉的含量（44%）有一定程度的下降，落叶栎的含量仅为 12%，比上阶段下降了 5.5%，降幅明显，在 410 cm（4000 cal. a B.P.）左右迅速减少后又恢复，之后一直呈减少的趋势，常绿栎含量减少又恢复后含量稳定，但比上阶段含量低，榆属、松属含量有波动但开始大量出现，特别是榆属的含量（8%）增加了近1倍，蔷薇科（3.1%）、桤木属（1.1%）、鼠李属（1.1%）、枫香属（1.3%）等科（属）的含量普遍比上阶段要低，E/D值为0.14，阔叶树中常绿成分含量比带Ⅱ要低。旱生草本植物仍然以禾本科和蒿属为主，两者的含量之和（32%）与上阶段禾本科和蒿属含量之和（30%）较为接近，不同的是蒿属含量从早期到晚期有减少的趋势。另外，>37 μm的禾本科的含量在本阶段的晚期开始大量出现，十字花科也有类似的变化趋势。孢粉浓度（6627粒/g）与上阶段相比也相差不大，是花粉浓度最高的带之一，但在410 cm（4000 cal. a B.P.）左右的花粉浓度为整个剖面的最低值。水生草本植物的花粉和蕨类植物孢子的含量进一步下降。炭屑浓度（5321粒/g）是整个剖面最小的但波动幅度大，大颗粒炭屑百分比揭示出本带早期大颗粒炭屑含量高后又逐渐降低。

带Ⅲ-2（310~235 cm，1500~600 cal. a B.P.）：乔灌木花粉的含量（44%）与带Ⅲ-1相同，AP/NAP值降到0.91，比带Ⅲ-1略低，落叶栎（11.4%）、榆属（10.2%）、松属（5.8%）、常绿栎（2.4%）为主要的乔灌木树种，落叶栎含量在早期延续了减少的趋势而后期又有增加，榆属的含量持续增加，松属的含量波动较大，蔷薇科、鼠李属、枫香属、鹅耳枥属等含量不高同时也较为常见，E/D值为0.15，阔叶树中的常绿成分持续下降。旱生草本植物以禾本科（17.3%）、蒿属（13.7%）、>37 μm禾本科（9.0%）为主，在本带的早期阶段百分含量波动较大。另外，禾本科和蒿属含量在旱生草本植物中依然占优但他们的含量之和（31%）却是整个剖面中最低的，>37 μm禾本科的含量达处于剖面中较高值，藜科和十字花科花粉在本带也较为常见。孢粉浓度为7268粒/g，较为丰富，炭屑浓度（6868粒/g）迅速升高，炭屑浓度与孢粉浓度之比为0.95，大颗粒炭屑含量较高。

带Ⅲ-3（235~173 cm，600 cal. a B.P.~今）：乔灌木植物花粉中落叶栎、常绿栎的含量降至剖面最低值，仅占4.9%和1.3%，榆属和松属的含量分别为17.2%和9.0%，达到剖面最高值，鼠李属较为常见，乔灌木花粉的百分含量为44%，因此，乔灌木花粉含量依然低于旱生草本植物，AP/NAP值为0.85。由于常绿栎含量仅为1.3%，所以阔叶树中常绿成分与落叶成分比值非常低，E/D值仅为0.1，是整个剖面的最低值。旱生草本植物中禾本科和蒿属依然占据主导地位，两者含量之和为32.8%，>37 μm禾本科的含量（9.5%）比带Ⅲ-2高，是剖面的最高值，十字花科和藜科的含量分别为2.2%和1.7%，成为新的高值。本带陆生植物的孢粉浓度在剖面中是最高的，达到7347粒/g，花粉含量丰富，炭屑浓度为 6944 粒 /g，炭屑浓度与孢粉浓度之比为 0.96，与带Ⅲ-2 相等。水生草本植物的花粉和蕨类植物孢子的含量低。炭屑浓度从早期到晚期逐渐降低，大颗粒炭屑含量降低，小颗粒炭屑含量逐渐升高。

孢粉的主成分分析采用 CANOCO v.4.52（TerBraak and Smilauer，2003）软件完成，在分析过程中对孢粉原始数据进行平方根转换，以消除数据间的差异。趋势对应分析（DCA）显示第一主轴的梯度长度值为 1.168（小于 3.0），表明高淳剖面的孢粉组合与环境变量之间主要为线性关系，适合采用主成分分析法。选择至少有 3 个样品百分比含量在 1% 以上的孢粉类型进行主成分分析，所有样品和孢粉类型均以生态距离为聚类中心（Chen et al., 2014）。

基于孢粉类型和样品数量的主成分分析有效反映了花粉组合特征，揭示了干湿冷暖的变化。从高淳剖面 PCA 分析主成分特征值贡献率（表 4-3）可知，前四个主成分的特征值贡献率分别是 49.2%、20.3%、7.1% 和 6.1%，第一和第二主成分共解释了所有变量 69.5% 的变化特征。从高淳剖面 PCA 分析主成分分析图（图 4-9）可知，PCA axis 1 将右侧耐寒的榆属、松属、禾本科和左侧喜暖的枫香树属、常绿栎、胡桃树属等分开，PCA axis 2 将上方耐旱的蒿属、藜科和下方喜湿的常绿栎属、榛属/鹅耳枥属等分开。分析结果表明，PCA axis 1 主要反映的是温度变化，正值表示阴生寒冷的环境，负值表示阳生温暖的环境特征；PCA axis 2 主要指示

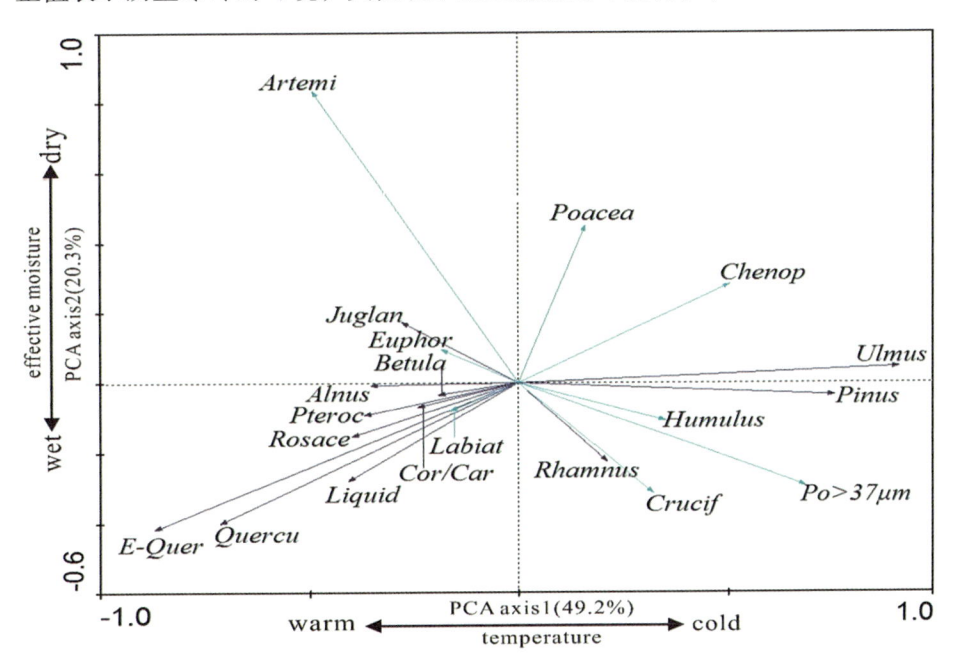

图 4-9 高淳剖面 PCA 分析主成分分析

的是干湿度变化，正值表示干旱环境，负值反映湿润环境。

表 4-3　高淳剖面 PCA 分析主成分特征值贡献率

科（属）	AX1	AX2	AX3	AX4
Pinus	0.7609	−0.0354	−0.0762	0.0254
Quercus(D)	−0.8705	−0.418	−0.0379	−0.0634
Quercus(E)	−0.7144	−0.4011	−0.2507	−0.0832
Rosaceae	−0.4	−0.1538	0.0081	−0.1157
Ulmus	0.9155	0.0452	−0.3082	−0.1443
Corylus/Carpinus	−0.2421	−0.07	0.0905	0.012
Alnus	−0.3558	−0.0075	−0.001	0.1437
Betula	−0.1926	−0.0349	−0.1167	−0.1471
Pterocarya	−0.3713	−0.093	−0.0902	0.0576
Juglans	−0.2805	0.1734	−0.1729	0.0964
Rhamnus	0.2122	−0.2264	−0.0658	−0.1249
Liquidambar	−0.4093	−0.2805	0.0163	−0.0155
Poacea	0.1601	0.4495	0.631	−0.5941
Poacea>37 μm	0.6883	−0.2953	0.4199	0.4651
Chenopodiacea	0.5047	0.281	0.1085	0.1033
Euphorbiaceae	−0.1859	0.0949	−0.1235	0.098
Labiatae	−0.1638	−0.0812	−0.0417	0.0504
Artemisia	−0.4948	0.8359	−0.0807	0.1742
Cruciferae	0.3209	−0.3164	−0.0655	−0.0532
Humulus	0.3512	−0.1081	−0.0143	0.0009
贡献率（%）	49.2	20.3	7.1	6.1
累积贡献率（%）	49.2	69.5	76.5	82.6

4.1.4 高淳剖面腐殖化度、烧失量结果分析

高淳剖面腐殖化度、烧失量的分带参照孢粉—炭屑组合的分带标准划分为三个带（图 4-10），分别为早全新世时期（578~518 cm，13200~8000 cal. a B.P.）、中全新世时期（518~420 cm，8000~4400 cal. a B.P.）、晚全新世时期（420~173 cm，4400~0 cal. a B.P.），其中晚全新世时期又可分为三个亚带（初期，420~310 cm，4400~1500 cal. a B.P.；中期，310~235 cm，1500~600 cal. a B.P.；末期，235~173 cm，600 cal. a B.P.~ 今）。

与泥炭地沉积物腐殖化度值（王华，2003；尹茜，2006；肖河，2015）相比，高淳剖面腐殖化度值不高，同时变化幅度也较小，但波峰、波谷的交替轮流出现十分明显（图 4-10）。整个剖面的平均值为 6.96%，最大值为 10.77%，最小值为 4%。

图 4-10　高淳剖面腐殖化度、烧失量（550℃，950℃）变化曲线图

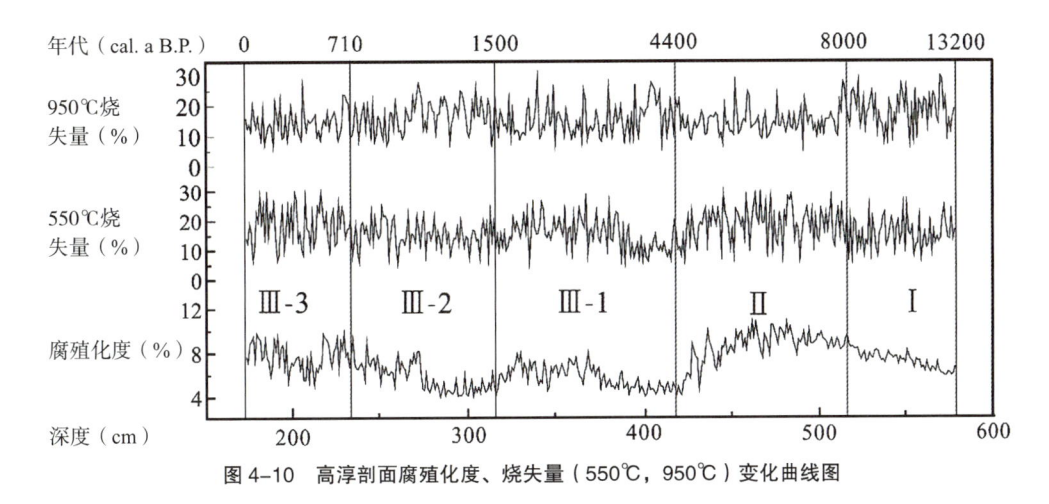

早全新世时期腐殖化度平均值（7.22）略高于剖面平均值，并且有逐渐增加的趋势，波动幅度不大，仅为 2.63%。中全新世时期平均腐殖化度值为 8.6%，在剖面中最高，中全新世初期延续了早全新世的变化趋势，后期在波动中降低，由波峰逐渐变为波谷，并且有着较大的波动幅度（6.6%）。整个晚全新世时期在波动中逐渐变大，先后经历了两次波峰、波谷，晚全新世初期存在着明显的波谷、波峰，腐殖化度平均值（5.71%）低于剖面平均值，同时在整个高淳剖面也是最低的。晚全新世中期腐殖化度的变化情况同初期类似，只是变动幅度稍大，晚全新世后期的腐殖化度（7.7%）已比较接近中全新世时期的值（表 4-4）。

表 4-4　高淳剖面不同层位腐殖化度参数对比

单位（%）

参数	带Ⅰ	带Ⅱ	带Ⅲ-1	带Ⅲ-2	带Ⅲ-3	高淳剖面
最大值	8.53	10.77	8.1	9.1	9.7	10.77
最小值	5.9	4.17	4.1	4	5.1	4
平均值	7.22	8.6	5.71	5.8	7.7	6.96

高淳剖面烧失量的测定在两个温度下进行，分别是 550℃下有机质的烧失量测定和 950℃下无机质碳酸盐的烧失量测定，烧失量曲线波峰、波谷变化不太明显（表 4-5），但对全新世气候突变事件有着较为显著的反应，特别是 550℃的有机质烧失量变化曲线。高淳剖面在 550℃时的烧失量平均为 16.43%，该值与其他层位的平均值相差不大，介于 1.34~2.06，整个剖面的烧失量最大值为 29.98%，最小值为 5.27%，相差 24.71%。早全新世时期（带Ⅰ）略低于平均值，变化趋势不明显。中全新世时期的烧失量（带Ⅱ）相对较高，但不稳定，变化幅度为 22.75%。中全新世晚期烧失量逐渐减小，至晚全新世初期（4400 cal. a B.P.）

降至剖面最低值，存在一个明显的波谷，波谷处的烧失量平均值仅 9.9%，但持续时间不长，恢复后晚全新世烧失量逐渐增加。950℃时碳酸盐的烧失量曲线变化趋势与有机物烧失量变化趋势相反，早全新世时期烧失量平均为 18.13%，高于剖面的平均值，介于 7.59%~29.63%，在 8000 cal. a B.P. 附近碳酸盐烧失量较大。中全新世时平均值降为 14.68%，介于 7.12%~27.82%。晚全新世时期的烧失量在平均值附近波动，在 4000 cal. a B.P. 存在一段较为集中的高值，在晚全新世时期中期的烧失量（16.66%）略高于初期（15.33%）和末期（14.34%）。

表 4-5　高淳剖面不同层位烧失量（550℃，950℃）参数对比

550℃　　　　　　　　　　　　　　　　　　　　　　　　　　　　　　　单位（%）

参数	带Ⅰ	带Ⅱ	带Ⅲ-1	带Ⅲ-2	带Ⅲ-3	高淳剖面
最大值	24.9	29.08	29.02	24.69	29.98	29.98
最小值	6.96	6.33	6.14	5.27	6.53	5.27
平均值	15.31	18.49	15.09	15.17	18.19	16.43

950℃　　　　　　　　　　　　　　　　　　　　　　　　　　　　　　　单位（%）

参数	带Ⅰ	带Ⅱ	带Ⅲ-1	带Ⅲ-2	带Ⅲ-3	高淳剖面
最大值	29.63	27.82	28.92	27.45	26.06	29.63
最小值	7.59	7.12	7.04	6.81	6.51	6.51
平均值	18.13	14.68	15.33	16.66	14.34	15.70

4.1.5 高淳剖面元素地球化学分析

为了便于对比和分析，元素地球化学指标的分带依据同样基于孢粉—炭屑组合结果进行，选择对气候变化反映比较敏感、能较好地指示气候的干湿冷暖变化并且研究比较成熟的 Rb、Sr 元素为气候变化替代性指标进行研究，并引入 Rb/Sr 进行进一步验证。

高淳剖面 Rb、Sr 及 Rb/Sr 的变化情况具有较高的一致性，波峰、波谷变化明显（图 4-11，表 4-6）。Rb 元素的变化范围介于 82.24~168.61 ppm，平均值为 115.43 ppm，经历了几次波峰、波谷交替后逐渐减小。早全新世时期平均值为 111.07 ppm，初期和晚期的值较低，处于波谷的位置，在 8000 cal. a B.P. 附近较为明显，持续时间不长。在剖面中中全新世时期 Rb 元素平均值最高，中全新世初期 Rb 元素值有着显著的上升趋势，达到剖面最高值（波峰）后又在波动中下降，末期降至初期的水平，维持了一段时间后在晚全新世时期逐渐恢复。晚全新世初期波动较大，中期时逐渐趋于平稳，后期在整个剖面中最低，平均值低于剖面平

图 4-11 高淳剖面元素地球化学变化曲线

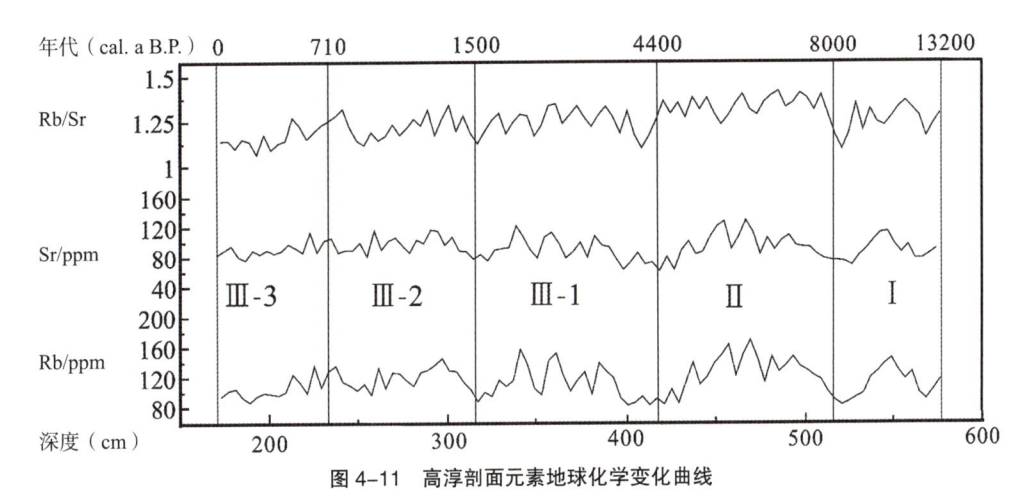

均值。Sr 元素的变化与 Rb 元素一致，波动幅度比 Rb 元素小，对于突变事件或渐变事件反映得不明显，变化的趋势和过程是相似的。Rb/Sr 在高淳剖面中起到了弱化和加强的作用，对于 Rb、Sr 指示不明显的渐变事件进一步弱化甚至使之消失，对于突变事件则进一步加强使之在曲线中更加明显。高淳剖面 Rb/Sr 变化介于 1.06~1.41，平均为 1.25。早全新世时期的平均值与此相等，变化幅度介于 1.09~1.36，Rb/Sr 对于此阶段起了弱化作用，波峰不明显，但对于 8000 cal. a B.P. 左右的波谷却起到了强化的作用，不仅使强度加强，还使时间范围进一步缩短，在曲线上的变化更加明显。中全新世时期 Rb/Sr 在剖面中整体较高，是剖面中 Rb/Sr 较高的层位，并且波动幅度小，弱化了渐变过程。Rb/Sr 在晚全新世初期将突变事件在变化曲线中放大后又迅速恢复，使之变得异常明显。晚全新世时期 Rb/Sr 虽有波动但不明显并且有逐渐减小的趋势，弱化了 Rb 元素的变化幅度但趋势没有变化。

表 4-6 高淳剖面不同层位地球化学元素（Rb、Sr、Rb/Sr）参数对比表

Rb 单位（ppm）

参数	带Ⅰ	带Ⅱ	带Ⅲ-1	带Ⅲ-2	带Ⅲ-3	高淳剖面
最大值	144.62	168.61	156.87	145.15	135.63	168.61
最小值	82.24	83.37	82.07	96.82	87.22	82.24
平均值	111.07	125.72	110.68	120.69	105.23	115.43

Sr 单位（ppm）

参数	带Ⅰ	带Ⅱ	带Ⅲ-1	带Ⅲ-2	带Ⅲ-3	高淳剖面
最大值	113.57	128.41	121.63	116.38	113.62	128.41
最小值	68.65	61.22	62.86	81.26	76.62	62.86
平均值	87.34	94.49	88.74	98.61	90.29	92.14

续　表

Rb/Sr

参数	带Ⅰ	带Ⅱ	带Ⅲ-1	带Ⅲ-2	带Ⅲ-3	高淳剖面
最大值	1.36	1.41	1.34	1.34	1.27	1.41
最小值	1.09	1.17	1.09	1.11	1.06	1.06
平均值	1.25	1.33	1.24	1.22	1.16	1.25

4.1.6 高淳剖面粒度结果分析

高淳剖面平均粒径变化不大，介于3~7Φ，中全新世时期（带Ⅱ）颗粒略粗，变动范围也较大，分选系数变化范围较大，分选较差，特别是中全新世时期是整个剖面中分选最差的时段。早全新世时期（带Ⅰ）分选系数与晚全新世时期（带Ⅲ）相比相对较低但变化幅度较大，晚全新世时期分选系数低变化幅度小。偏态在粒度参数中是变幅最为激烈的一个，时间越早变化幅度越大，早全新世时期偏度值大于中全新世时期，晚全新世时期绝大部分都介于0.2~0.4。峰态的变化趋势与偏度相似，在全新世早期阶段变化幅度都较大，极不稳定，在晚全新世时期趋于平稳（图4-12）。总的来看，高淳剖面的粒度参数在早全新世时期和中全新世时期变化范围较大，晚全新世时期波动小。

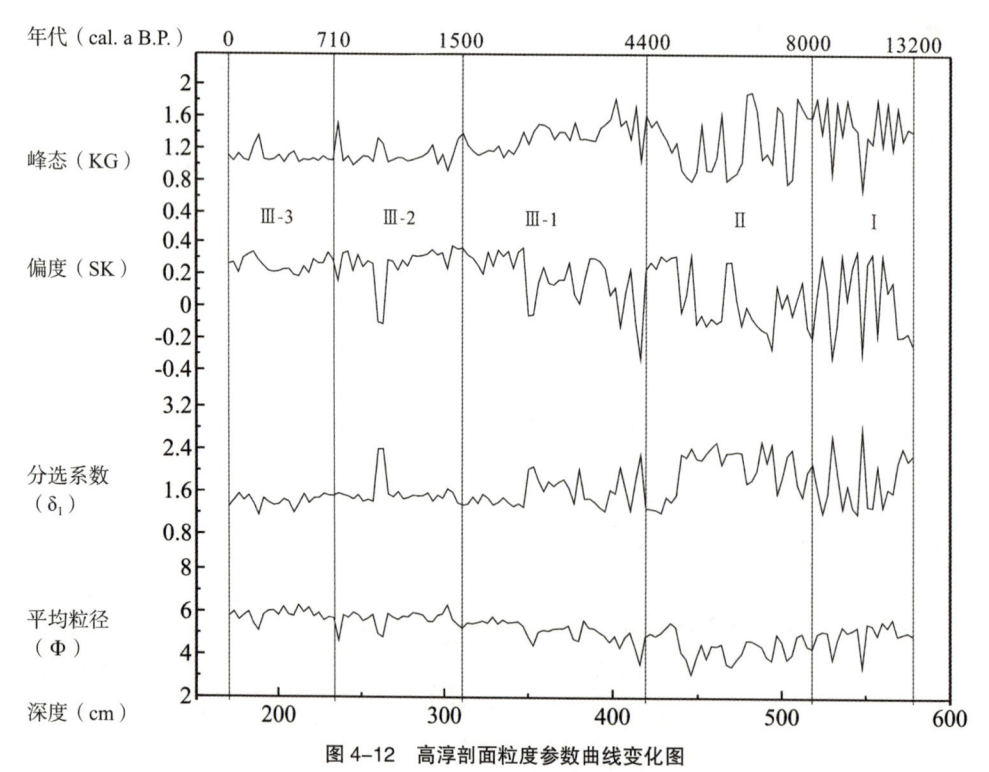

图4-12　高淳剖面粒度参数曲线变化图

4.1.7 磨盘山遗址孢粉—炭屑鉴定结果

磨盘山遗址剖面孢粉—炭屑前处理过程、鉴定仪器设备、参考资料均与高淳剖面相同。由于磨盘山剖面为遗址剖面，所以孢粉数量不及高淳剖面湖泊相沉积物丰富，每个样品观察统计8~10个玻片，最低数量不低于300粒，48个样品鉴定出孢粉共计15824粒。高淳剖面和磨盘山剖面孢粉类型基本一致，指示各科属孢粉的数量存在一定的差异。炭屑同样是在孢粉鉴定的同时进行，分类原则与高淳剖面相同。

根据考古发掘出土的器物进行断代，磨盘山遗址的年代大约为新石器时代晚期至青铜时代，主要为良渚文化时期，处于全新世大暖期的末期阶段，气候相对较为适宜，没有气候突变事件的相关记录，各科（属）孢粉的变化不明显，适于采集和种植的草本植物孢粉含量相对要高一些，特别是 >37 μm 的禾本科的含量在磨盘山遗址孢粉图谱中表现尤为明显。根据磨盘山遗址孢粉聚类分析结果，结合炭屑各参数值的变动情况将孢粉百分比图（图4-13）、浓度图（图4-14）、炭屑参数变化曲线图（图4-15）按自下而上可划分为四个带。

带Ⅰ（240~230 cm）：该阶段乔灌木花粉比旱生草本植物少，AP/NAP 为0.67，乔灌木花粉平均百分含量为37.8%，主要的乔灌木植物花粉为榆属（9.8%）、松属（4.4%）、蔷薇科（4.3%）、落叶栎（3%）等科（属），榆属的含量比较稳定，松属的含量有逐渐减少的趋势。除此之外，胡桃属（2%）、鼠李属（1.7%）、女贞属（1.7%）、桑科（1.3%）、桦木属（1.3%）、常绿栎（1.2%）等科（属）的花粉也比较常见，E/D 平均值为0.19，略低于剖面的平均值（0.21）。旱生草本植物花粉占62.2%，蒿属（12.9%）、>37 μm 禾本科（12.8%）和禾本科（12.7%）占主导地位。本阶段是蒿属植物含量较高的带，>37 μm 禾本科含量逐渐增加，禾本科的含量变化趋势与此相反，三种植物孢粉的含量占本阶段总量的38.5%，十字花科（4.1%）、唇形科（3.4%）在旱生草本花粉中都很常见，藜科花粉的含量不高（2.5%）但却呈明显增加的趋势。水生草本植物孢粉和蕨类植物孢子含量也不高，分别为1.8%和6.7%。孢粉浓度平均为1325粒/g，低于剖面平均值（1601粒/g），是花粉浓度较低的带。炭屑浓度平均为2009粒/g，炭屑浓度与孢粉浓度之比为1.51，在剖面相对较高，炭屑主要以小、中颗粒为主，但大颗粒炭屑百分比反映出本带的大颗粒炭屑含量相对较高。

带Ⅱ（230~168 cm）：本阶段 AP/NAP 为0.72，乔灌木花粉的含量（38%）

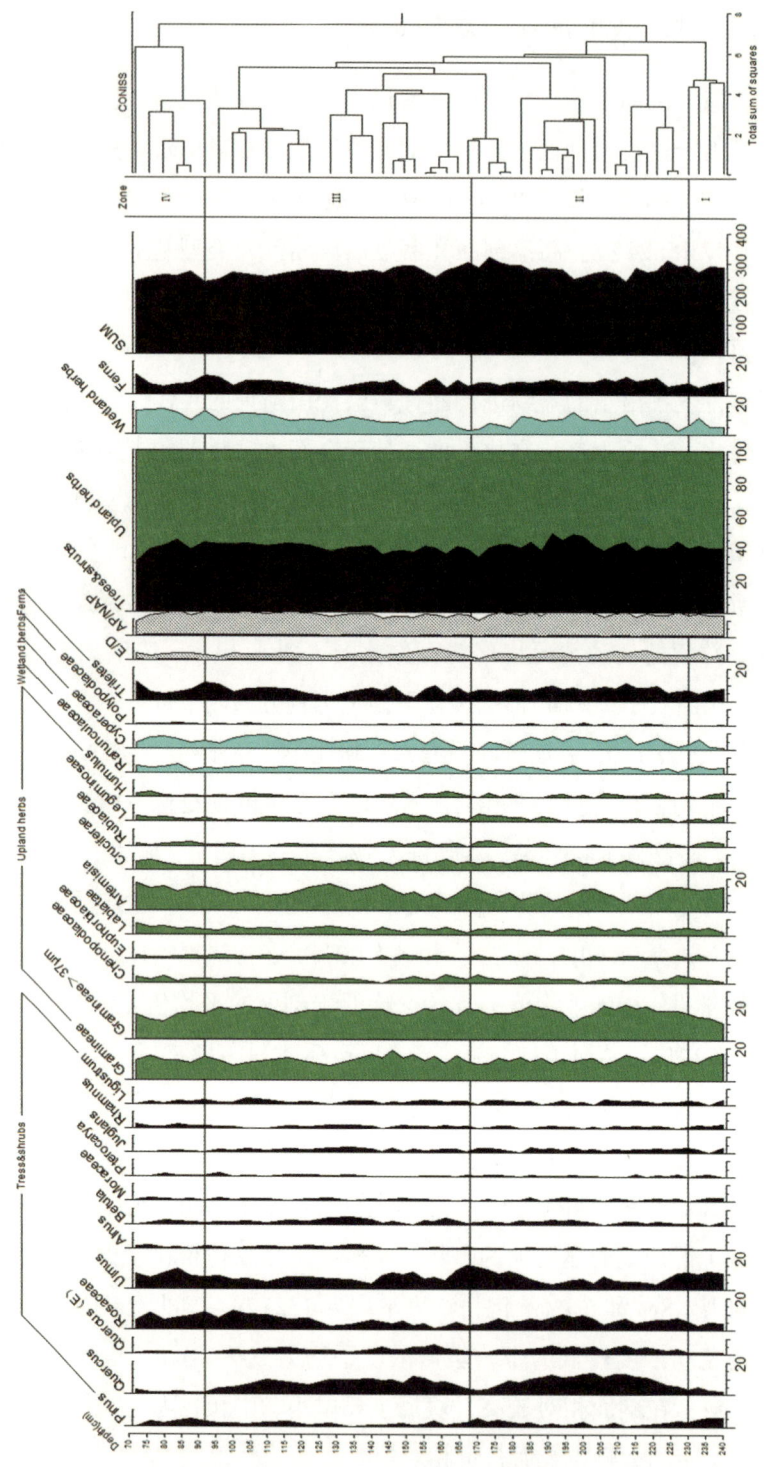

E/D：阔叶树中常绿成分与落叶成分之比，阴影部分为原数据放大 20 倍之后的图谱。
AP/NAP：乔灌木花粉与旱生草本植物花粉之比，阴影部分为原数据放大 10 倍之后的图谱。

图 4-13　磨盘山遗址剖面孢粉百分比图

图 4-14 磨盘山遗址剖面孢粉浓度图

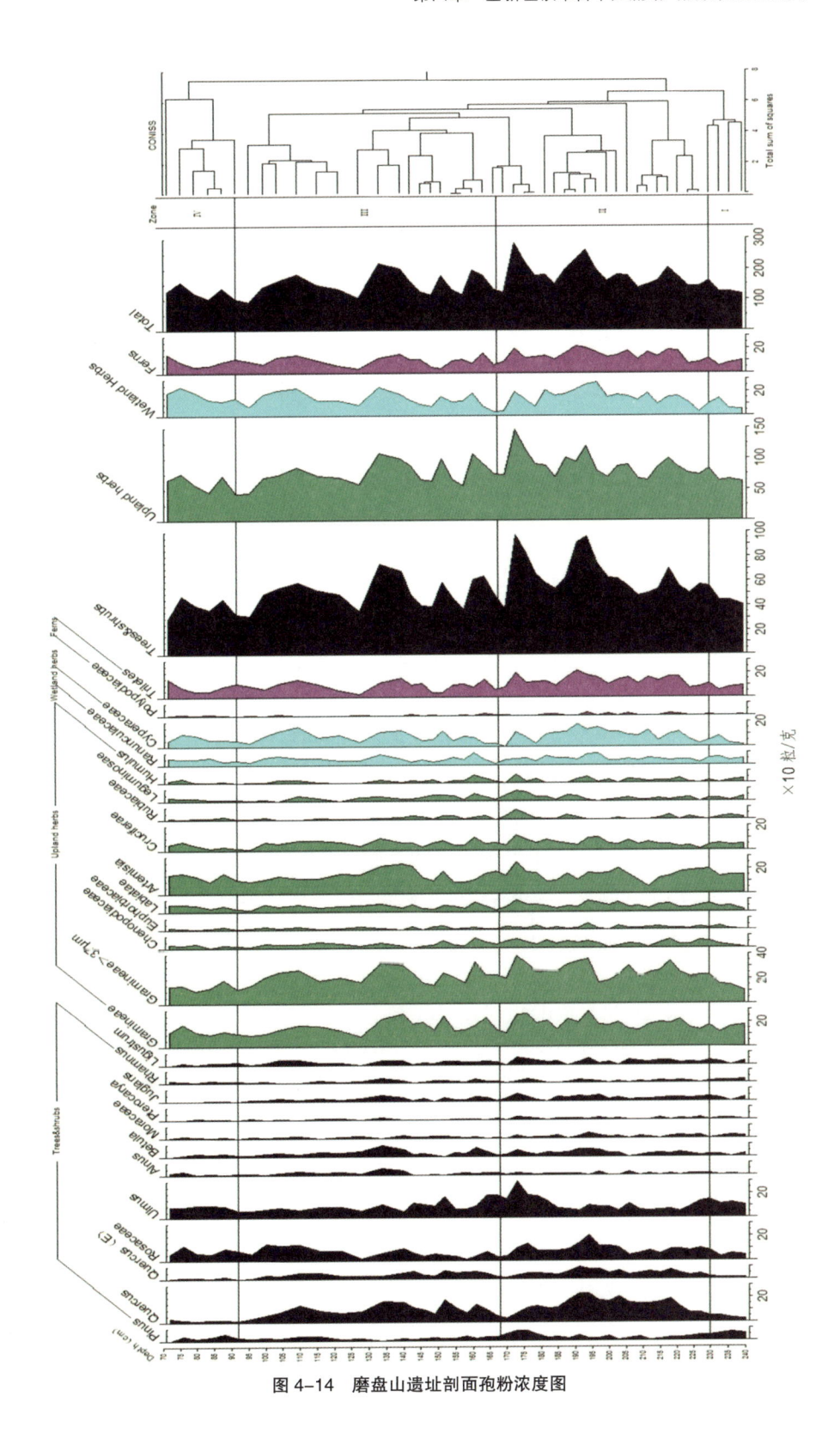

图 4-15 磨盘山遗址剖面炭屑参数变化曲线图

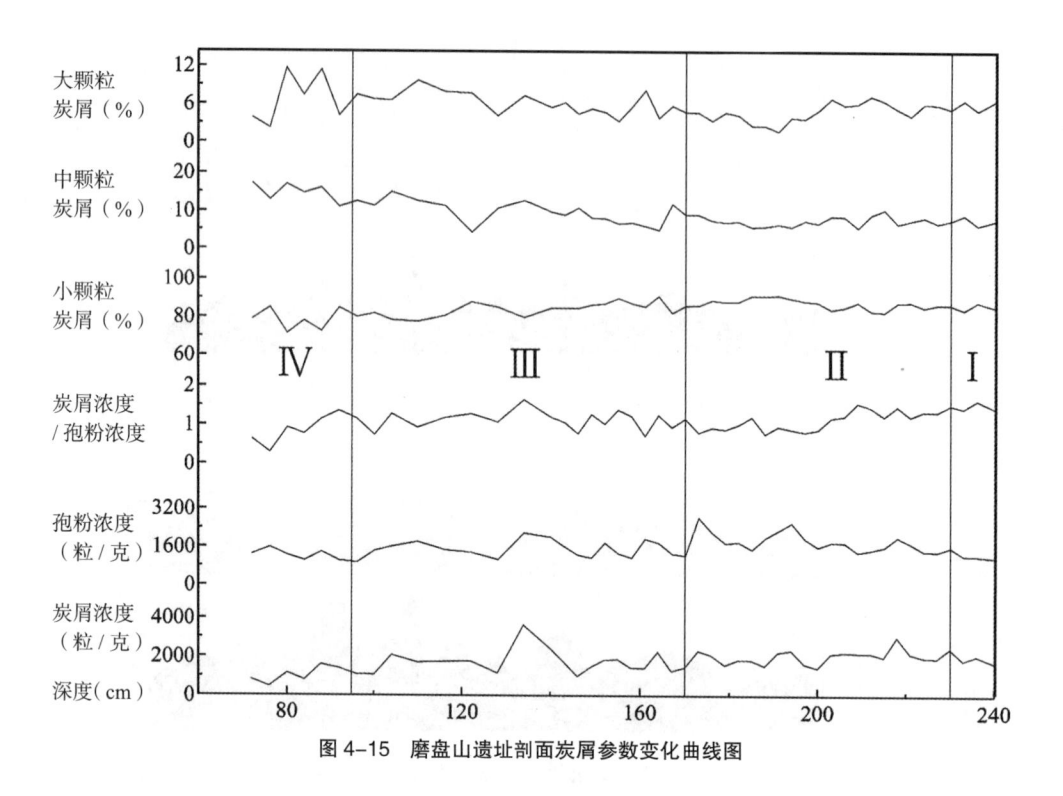

有一定程度的上升，孢粉含量变化出现了新特点：占主导地位的植被种类发生了变化，落叶栎（8.4%）、榆属（6.5%）、蔷薇科（5.7%）、常绿栎（3.2%）的含量最具优势；松属（1.8）的含量延续了上阶段持续减少的趋势，尽管本阶段末期略有增加但还是降到了 2% 以下；榆属含量的降幅（3.3%）也很明显，在乔灌木花粉的含量中退居第二。蔷薇科的含量有小幅增加，孢粉含量变化最明显的为落叶栎，比上阶段增加了总量的 5.4%，增加了近 2 倍，在带 II 的中期含量最高，常绿栎的含量也有明显的增加（2%），增幅达 1 倍之多，其他的科（属）如胡桃属（1.8%）、女贞属（1.4%）、桑科（1%）、桦木属（1.8%）等维持了上阶段的含量。E/D 平均值为 0.20，尽管常绿栎的含量有增加但落叶栎的增幅更大多所以阔叶乔灌木中常绿成分所占比例与上阶段相等。旱生草本植物的含量为 62%，旱生草本植被各科（属）的孢粉含量变化与上阶段类似，依然还是以 >37 μm 禾本科（16.2%）、禾本科（11.2%）和蒿属（9.2%）为主。不同的是 >37 μm 禾本科有较大幅度的增加，禾本科和蒿属含量下降，这些科（属）植被孢粉含量变化幅度不大但变化频率较快。其他科（属）植被孢粉含量不高但也较为常见，例如藜科、唇形科、十字花科等。水生草本植物中莎草科的孢粉增加明显，蕨类植物含量稳定。孢粉浓度平均为 1835 粒/g，比带 I 多了 510 粒/g，花粉浓度相对较高，炭屑浓度平均为 2024 粒/g，炭屑浓度与孢粉浓度之比为 1.12，比值下降明显，主要是由孢粉浓度的增加造成的，炭屑以小、中颗粒为主，但大颗粒炭屑百分比曲线已表明本带的大颗粒炭屑含量呈下降趋势。

带Ⅲ（168~92 cm）：本阶段孢粉含量变化情况与带Ⅱ相似，AP/NAP 平均值为 0.66，乔灌木孢粉含量再次下降，甚至比带Ⅰ所占比例还低，但占主导地位的孢粉种类依然还是落叶栎（6.6%）、榆属（7.2%）、蔷薇科（4.9%）、常绿栎（2.6%）等科（属）。除榆属外，落叶栎、蔷薇科、常绿栎等科（属）有所下降，不过幅度都较小，自带Ⅲ中后期开始，落叶栎的含量逐渐减少而蔷薇科的含量则呈增加趋势，榆属只是在早期含量较高。另外，桦木属尽管总体含量不高但在带Ⅲ的中期相对较为丰富，其他乔灌木植物孢粉含量基本都延续了带Ⅱ的含量。E/D 平均值为 0.2，常绿阔叶乔灌木在乔灌木中所占比例没有变化。旱生草本植被孢粉含量为 54.3%，>37 μm 禾本科（15.9%）、禾本科（11.6%）和蒿属（10.6%）之和为 38.1%，比带Ⅱ（36.6%）略高，十字花科（4.1%）和唇形科（3.1%）的含量也较丰富。水生草本植物孢粉含量（9.1%）基本没有变化。蕨类植物孢子百分含量（6.7%）略有下降，同时变化幅度也较大。孢粉浓度为 1492 粒/g，介于带Ⅰ和带Ⅱ之间，炭屑浓度（1697 粒/g）有了较大幅度的下降，炭屑浓度与孢粉浓度之比为 1.1，大颗粒炭屑所占比例逐渐增加。

带Ⅳ（92~72 cm）：AP/NAP 平均值为 0.64，乔灌木孢粉含量所占比例进一步降低，落叶栎延续了带Ⅲ后期减少的趋势，百分含量几乎降为零，常绿栎亦是如此，因此 E/D 平均值只有 0.18。榆属含量（9.5%）再次升高，特别是在本阶段的中期。蔷薇科（7.6%）延续了带Ⅲ后期的状况。乔灌木孢粉主要以榆属和蔷薇科为主，松属（2.5%）和鼠李属（1.6%）也较为常见，但含量不高。旱生草本植被孢粉含量为 62%，蒿属（14.1%）增幅最为明显，增加了 3.5%，禾本科（12%）维持了上阶段含量，>37 μm 禾本科（14%）略有下降。唇形科、十字花科、莎草属、豆科等的孢粉在本阶段后期都有增加的趋势，蕨类植物的孢子含量在中期最低，早期和晚期百分含量略高。孢粉浓度（1305 粒/g）持续下降直至磨盘山遗址剖面的最低值，炭屑浓度（960 粒/g）也降为整个剖面的最低值，炭屑浓度与孢粉浓度之比为 0.75，大颗粒炭屑所占比例再次升高。

4.1.8 磨盘山遗址烧失量结果分析

磨盘山遗址剖面腐殖化度、烧失量的分带参照孢粉—炭屑组合的分带标准进

图 4-16 磨盘山遗址烧失量（550℃，950℃）曲线变化图

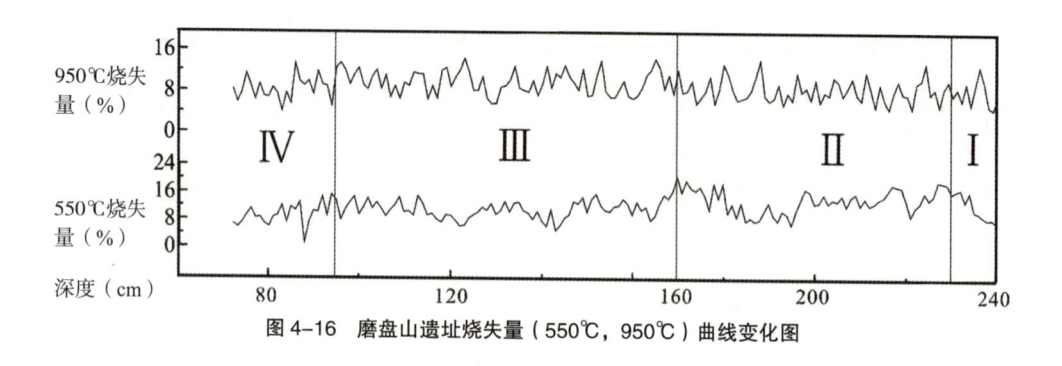

行划分，自新石器时代晚期至青铜时代可划分为四个带（带Ⅰ，240~230 cm；带Ⅱ，230~168 cm；带Ⅲ，168~92 cm；带Ⅳ，92~72 cm）（图4-16）。

磨盘山遗址剖面烧失量分为有机质的烧失量（550℃）和无机物碳酸盐（950℃）的烧失量。有机质烧失量在剖面中的变化范围为1.24%~20.63%，平均为11.89%，自新石器时代晚期至青铜时代整体呈渐变下降趋势。带Ⅰ的有机质烧失量具有上升趋势，平均为12.42%，在剖面平均值之上，最小值为7.68%，在剖面各带的最小值中是最大的，甚至与带Ⅳ的最大值较为接近，最大值仅低于带Ⅱ。带Ⅱ的有机质烧失量变化介于6.84%~20.63%，每相邻样品之间烧失量值的变化不大，只是在末期存在微弱的波动。自带Ⅲ起，烧失量值自早期到晚期再次缓慢下降，该趋势直至青铜器时代的带Ⅳ结束。磨盘山遗址无机物碳酸盐烧失量平均值为8.97%，变化幅度介于4.03%~14.39%。四个带的最大值、最小值以及平均值之间差异十分微弱，仅有1%~2%的微弱差距，变化趋势不明显，没有波峰、波谷的交替轮流变化，也没有突变事件的记录，无机物碳酸盐在磨盘山遗址剖面中较为稳定（表4-7）。

表 4-7 磨盘山遗址剖面不同层位烧失量（550℃，950℃）参数对比

550℃　　　　　　　　　　　　　　　　　　　　　　　　　　　　　　　　　　　　单位（%）

参数	带Ⅰ	带Ⅱ	带Ⅲ	带Ⅳ	磨盘山剖面
最大值	17.37	20.63	15.64	12.99	20.63
最小值	7.68	6.84	4.98	1.24	1.24
平均值	12.42	14.03	10.94	8.54	11.89

950℃　　　　　　　　　　　　　　　　　　　　　　　　　　　　　　　　　　　　单位（%）

参数	带Ⅰ	带Ⅱ	带Ⅲ	带Ⅳ	磨盘山剖面
最大值	13.14	14.14	14.39	13.29	14.39
最小值	4.82	4.76	5.09	4.03	4.03
平均值	8.03	8.5	9.68	8.27	8.97

4.1.9 磨盘山遗址元素地球化学分析

磨盘山遗址 Rb 元素的含量在剖面中呈现逐渐降低的趋势（图 4-17，表 4-8），剖面平均值为 119.11 ppm，变化幅度介于 100.62~138.27 ppm。带Ⅰ变化曲线表明 Rb 元素的含量在增加，在新石器时代的末期阶段含量相对较高，其最低值为 120.91 ppm，比带Ⅳ的最高值高出 4.34 ppm。带Ⅱ早期 Rb 元素的含量在带Ⅰ的基础上继续增加，达到峰值 138.27 ppm 后开始下降，在 180 cm 处降至最低点，仅为 105.58 ppm，该峰值同时也是剖面的最高值。带Ⅲ初期的 Rb 元素含量不高，中期时达到本带的最高值 132.22 ppm，增加后又降低的趋势明显。受到带Ⅲ末期 Rb 元素含量逐渐降低的影响，带Ⅳ初期处于含量较低的状态，尽管后期有一定量增加，但增幅较小，其最高含量（116.57 ppm）还不及带Ⅰ最低含量高。磨盘山遗址 Rb 元素含量变化趋势和 Sr 元素的变化趋势较为一致，从剖面四个带的最小值可以看出整体都呈递减的趋势。带Ⅰ Sr 元素含量变化比较平稳，增加或降低趋势不明显，两极值之间仅相差 3.45 ppm。带Ⅱ早期和中期的 Sr 元素含量逐渐减少，降至最低点（105.58 ppm）后又恢复，带Ⅱ存在一个较为明显的波谷。带Ⅲ初期便以波谷的形式出现，波谷处的 Sr 元素含量为 82.37 ppm，恢复后变化曲线表现为渐变，波峰不明显。带Ⅳ不论是平均值（92.25 ppm）还是最大值（96.37 ppm）都比带Ⅲ要低，而最小值（85.57 ppm）却略高，其变化幅度变小。磨盘山遗址剖面的 Rb/Sr 曲线变化不明显，Rb/Sr 平均值为 1.23，极值变化范围为 1.15~1.34。带Ⅰ和带Ⅳ平均值仅为 1.18 并且变化幅度也小，带Ⅱ和带Ⅲ极值之间的波动范围稍大但也不超过 0.2，Rb/Sr 曲线不仅没有强化 Rb 元素和 Sr 元素记录的变化事件，反而将这些变化弱化，使之在剖面中更加不明显。

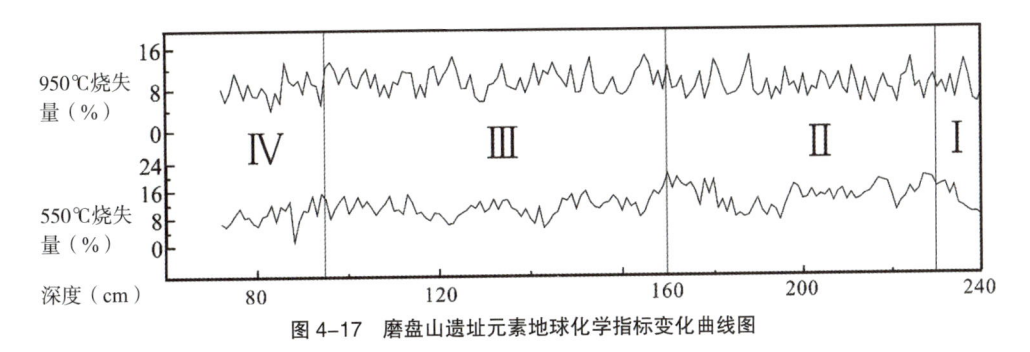

图 4-17 磨盘山遗址元素地球化学指标变化曲线图

表 4-8　磨盘山遗址剖面不同层位地球化学元素（Rb，Sr，Rb/Sr）参数对比表

Rb 单位（ppm）

参数	带Ⅰ	带Ⅱ	带Ⅲ	带Ⅳ	整个剖面
最大值	130.49	138.27	132.22	116.57	138.27
最小值	120.91	105.58	100.62	105.27	100.62
平均值	126.08	122.97	117.24	109.72	119.11

Sr 单位（ppm）

参数	带Ⅰ	带Ⅱ	带Ⅲ	带Ⅳ	整个剖面
最大值	108.82	111.22	102.35	96.37	111.22
最小值	104.28	86.29	82.37	85.57	82.37
平均值	106.49	99.77	94	92.25	96.82

Rb/Sr

参数	带Ⅰ	带Ⅱ	带Ⅲ	带Ⅳ	整个剖面
最大值	1.22	1.33	1.34	1.23	1.34
最小值	1.15	1.16	1.16	1.15	1.15
平均值	1.18	1.23	1.24	1.18	1.23

4.1.10 全新世以来古中江流域气候演变过程研究

高淳剖面、磨盘山遗址的孢粉—炭屑组合、腐殖化度、烧失量变化、粒度参数变化、元素地球化学变化揭示了古中江流域全新世以来的植被演替和气候变化历史。磨盘山遗址考古断代主要为良渚文化时期，根据良渚文化的绝对年代（5.0~4.0 ka B.P.）可将其与高淳剖面中全新世晚期相比较，共同揭示当时的气候特征。下面从早全新世、中全新世、晚全新世三个阶段逐一阐述。其乔灌木花粉以落叶栎、常绿栎、松属、榆属等为代表，旱生草本植物花粉以禾本科、蒿属等为代表，辅之以湿生（水生）草本、蕨类孢子等。炭屑参数也起到了辅助作用，为更准确地反映气候冷暖、干湿的变化过程，还采用了 PCA-1、PCA-2 变化曲线（图 4-18）进行说明。

早全新世时期（13200~8000 cal. a B.P.）旱生草本植物含量占优，蒿属和禾本科植物含量占据绝对优势，蒿属植物花粉平均含量在整个剖面中最高，本阶段后期适应冷干气候的榆属达到了一个小高峰，推测 12.6~11.3 cal. ka B.P.、8.5~8.0 cal. ka B.P. 两个时段发生了气候突变事件，分别为"YD"事件与 8.2 ka 事件。除这两个时段外，与整个剖面相比，反映气候冷暖程度的 PCA-1 偏负，反映气候干湿程度的 PCA-2 偏负。陆生植被孢粉浓度揭示了此气候类型不利于植物的生长，

总炭屑浓度与陆生孢粉浓度之比处于剖面中较高的位置，大颗粒炭屑和中颗粒炭屑百分比含量较高，地方性和区域性火灾事件频繁发生。烧失量平均值较低，表明有机质含量低，腐殖化度虽然在整个剖面中较低，但一直呈增加的趋势。粒度参数中平均粒径也有类似的变化趋势。偏度、峰态等在该时段有较大的波动。以上古气候记录表明，古中江流域在早全新世时期的气候以暖湿为主要特征，暖湿程度在逐渐增加，但存在气候的波动和突变现象。

中全新世时期（8000~4400 cal. a B.P.）乔灌木花粉的百分含量超过了旱生草本植物，落叶栎、常绿栎花粉的含量从早全新世的低值中快速恢复过来，并且相对较为稳定。晚期榆属和松属花粉的含量比早期要高，特别是榆属的表现更为明显，阔叶树中常绿成分与落叶成分之比（E/D）值高于上阶段。常绿树种孢粉的含量稳中有升，旱生草本植物花粉中蒿属和禾本科的含量有所下降，蒿属表现明显，并且波动也较大，PCA-1依然偏负，表现为温暖，PCA-2偏负，指示气候湿润。另外，两轴都表现有一定的波动，振幅较小，有利于植物的生长，植被在数量和种类上都有了提升。孢粉浓度与早全新世时期相比有了较大幅度的提升，处于剖面较高的水平。炭屑浓度没有发生明显变化，炭屑浓度与孢粉浓度的比值变小，大颗粒炭屑所占百分比明显减小，地方性火灾发生的频率降低。因此，本阶段的气候特征应该以暖湿为主，是全新世气候最适宜的阶段。较高的有机质含量和腐殖化度也可以进一步证实当时的气候特征。平均粒径颗粒逐渐变粗，搬运介质的搬运能力增强。元素地球化学指标同样也表明中全新世时期较为暖湿。磨盘山遗址剖面的孢粉谱显示落叶栎在剖面中逐渐减少，榆属含量渐增，炭屑浓度与孢粉浓度之比也逐渐减少，但烧失量变化不大，元素地球化学的变化也不明显。因此，磨盘山遗址剖面表明中全新世末期气候有逐渐变干的趋势，变化过程较为缓慢，并没有气候突变的记录，与高淳剖面的环境演变结果具有很高的一致性。

晚全新世时期（4400 cal. a B.P.~今）乔灌木花粉的含量与早全新世时期相似，但是占主导地位植被的孢粉含量发生了较大程度的变化，落叶栎和常绿栎的优势逐渐被榆属和松属所取代。由于常绿栎的减少，常绿阔叶植被孢粉所占比例也随之减少。旱生草本植被的孢粉含量也有了新的特点，>37 μm 的禾本科含量较高，可能是受人类活动影响所致。禾本科和蒿属的含量之和与前两个时期相差不大，但蒿属的含量在剖面中呈下降的趋势。4400~4000 cal. a B.P. 的落叶栎、常绿栎、榆属和蒿属含量与前后时间段有很大的不同，推测该时段发生了一次变冷、变干的气候事件。主成分分析（PCA）结果也可以证实此推论，自 4400 cal. a B.P. 起，

PCA-1、PCA-2 迅速偏向代表冷干的方向，达到极值后又恢复至中全新世晚期的水平。有机质的含量也迅速减少，腐殖化度的变化也是如此，但持续时间更长。PCA-1 此后在波动中正偏，气温变得较为凉爽；虽然有波动，但基本维持在较为潮湿的水平。因此，晚全新世时期的气候在初期以干冷为主要特征，在 4000 cal. a B.P. 左右恢复至中全新世时期的水平后，温度变得较为凉爽，湿度则总体处于较湿润的水平。

通过对高淳剖面、磨盘山遗址剖面的孢粉、炭屑、腐殖化度、烧失量及元素地球化学的研究，恢复了该区域全新世以来气候演变历史，主要结论可以概括为以下两点。

（1）高淳剖面、磨盘山遗址剖面沉积物的古气候代用指标很好地记录了该区全新世以来的植被演替和气候演变历史，早全新世时期的气候以暖湿为主要特征，但有波动，暖湿、暖干交替进行；中全新世以暖湿为主要特征，气候波动幅度小，达到了最佳水热配比，有利于植被生长；晚全新世以温凉湿润为主要特征，与早全新世时期类似，有气候波动和突变事件。

（2）古中江流域全新世的气候变化过程同样表现出不稳定性，既有小尺度的气候波动，也有大幅度的气候突变事件，最明显的气候突变事件是"YD"事件、8.2 ka 事件和 4.2 ka 事件，这三次气候突变事件在高淳自然沉积剖面的孢粉、炭屑、腐殖化度、烧失量及地球元素化学指标中都有显著的记录。

4.2 剖面多指标间的对比研究

4.2.1 高淳剖面多指标间的对比研究

高淳剖面多指标间的对比研究以孢粉 PCA-1 得分、PCA-2 得分、腐殖化度、有机质烧失量及 Rb/Sr 为研究对象（图 4-18），从早全新世（578~518 cm，13200~8000 cal. a B.P.）、中全新世（518~420 cm，8000~4400 cal. a B.P.）、晚全新世的初期（420~310 cm，4400~1500 cal. a B.P.）、中期（310~235 cm，1500~600 cal. a B.P.）、末期（235~173 cm，600 cal. a B.P.~今）进行对比分析和相互印证，以期对古中江流域的气候演变有客观的认识。

早全新世时期（13200~8000 cal. a B.P.）孢粉 PCA-1 得分偏负，指向较暖一端，在 12 cal. ka B.P. 左右和 8 cal. ka B.P. 左右有两次波动，孢粉 PCA-2 得分总体趋

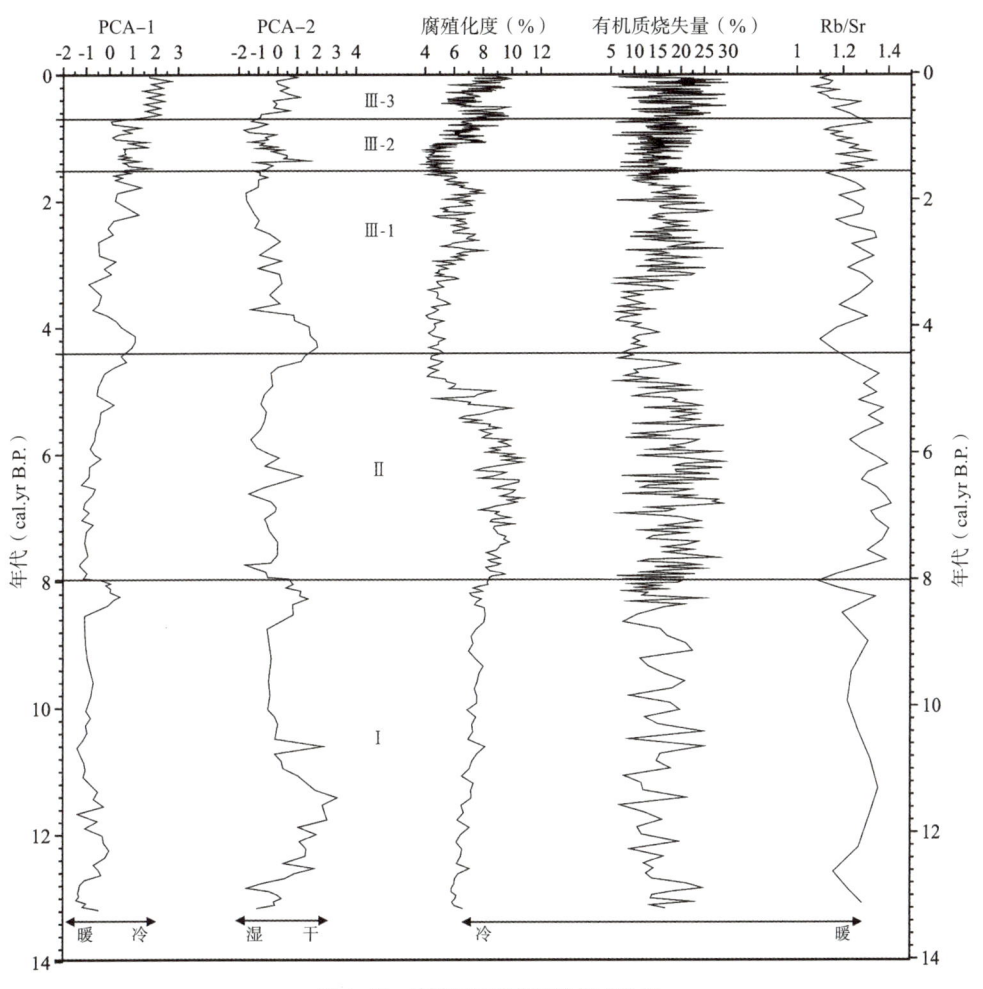

图 4-18 高淳剖面多指标曲线对比图

势指向较湿一侧，10.5~8.5 cal. ka B.P. 存在一段相对湿润期，因此从孢粉 PCA 分析的角度来看，高淳剖面在全新世早期气候是以暖湿为主要特征，但在早全新世期间存在波动，甚至存在突变现象。腐殖化度对孢粉指示的气候变化有很好的响应，腐殖化度的变化范围不大但却清晰地指示了逐渐变暖的趋势，对于气候的渐变有良好记录，但对气候突变现象则表现不明显甚至基本没有记录。有机质烧失量的变化波动区间比较明显，在早全新世时期有机质烧失量值一直不高，表明有机质含量不高，指示了一种较为暖湿却又不利于植被生长的气候类型。有机质烧失量对于突变事件的记录也不明显，但在 8 cal. ka B.P. 左右也可以认为略有表现。Rb/Sr 对于 8 cal. ka B.P. 左右的气候突变事件有着明显的记录，并表明此次气候突变事件强度大，持续的时间短。

中全新世时期（8000~4400 cal. a B.P.）各气候代用指标指示的气候变化情况都较为一致，孢粉 PCA-1 得分指示中全新世时期气候较为温暖，不过在中后期开始逐渐有变凉的趋势。气温的突变不明显，以渐变为主，孢粉 PCA-2 得分显示气候比较湿润，只是在中期略有波动，但对总的变化趋势影响不大。腐殖化度曲线的变化趋势与孢粉 PCA-1 得分曲线变化趋势相关度较高，都是在中后期开始气温逐渐偏凉，因此可以推测在高淳剖面中腐殖化度对温度的变化更为敏感，且高值指示温度较高。有机质烧失量值在本阶段较高，同时波动范围也较大，表明此阶段有机质丰富，此时的气候类型适合植被生长。Rb/Sr 曲线的变化与其他指标的变化曲线类似，都指示着暖湿的气候类型。气候变化过程与孢粉 PCA-1 得分曲线和腐殖化度曲线指示的渐变类型相一致，同时也有气候波动事件的微弱记录，基本上与孢粉 PCA-2 得分曲线记录的气候波动事件相对应，本阶段各曲线之间可以较好地相互印证。

晚全新世初期（4400~1500 cal. a B.P.）从一次变冷、变干的气候突变事件开始，孢粉 PCA-1、孢粉 PCA-2 得分曲线分别指向冷、干一侧，之后气候又迅速恢复，指示温度变化的孢粉 PCA-1 得分曲线表明，全新世初期的气温并没有完全恢复至中全新世时期并且气温逐渐偏凉，而指示干湿度变化的孢粉 PCA-2 得分曲线则表明气候依然以湿润为主。腐殖化度曲线对晚全新世初期的冷干气候突变事件也有记录，但是恢复的速度则较为迟缓，在腐殖化度曲线中，此次冷干事件持续了约有七、八百年之久。有机质烧失量所记录的冷干气候事件时间略短，并且在恢复之后有机质烧失量的值基本达到中全新世时期的水平，后又逐渐减小，其变化趋势与孢粉 PCA-1 得分变化曲线相似但变化的时间略有差异，同时变化的幅度也不同。Rb/Sr 曲线记录的晚全新世时期的气候突变事件变化非常迅速，比孢粉 PCA 分析记录的还要短，与腐殖化度曲线的气候突变事件在持续时间上形成鲜明对比，恢复后 Rb/Sr 的值略低于中全新世时期，晚全新世初期的各指标曲线之间记录的突变事件虽在持续时间上有差异，但是都对此次事件有记录，也能够相互印证。

晚全新世中期孢粉 PCA-1 得分曲线延续了初期的变化趋势并且开始稳定，但孢粉 PCA-2 得分曲线却有一次非常迅速的变干事件出现，不过持续时间很短，只有 100~200 年。腐殖化度曲线的变动情况与晚全新世初期非常相似，也有气候突变事件的记录，可以与孢粉 PCA-2 得分曲线相对比。有机质烧失量曲线对他们所记录的此次事件记录不明显，在此期间存在气候波动。Rb/Sr 曲线表明晚全新世中期气候逐渐变得凉爽,甚至在最后的几百年里变得和晚全新世初期的冷干事件类似,此阶段各指标之间记录的气候变化有一定的差异。

晚全新世末期(600 cal. a B.P.~今)孢粉 PCA-1 得分曲线表明气候温凉程度进一步加剧,从中期到晚期的这种变化非常迅速,干湿度偏向较干的一侧。腐殖化度曲线还记录了一次短尺度(百年尺度)的气候突变事件,而有机质烧失量曲线则对此没有任何记录,冷暖干湿的变化也不显著,只是波动幅度变得较大。Rb/Sr 曲线变化趋势与孢粉 PCA-1 得分曲线比较相似,都是更加偏向冷、干一侧,在此阶段各指标记录的气候变化趋势和对突变事件的记录存在一定的差异,分析原因可能与人类活动有关。此区域存在人类活动的遗迹,此次气候事件并非真实存在,可能是受人类活动干扰表现出的"突变"现象。

4.2.2 磨盘山遗址多指标间的对比研究

对磨盘山遗址进行多指标对比时,选择剖面的落叶栎百分比、蒿属百分比、有机质烧失量和 Sr 元素变化等指标(图 4-19),按照从新石器时代晚期到青铜器时代所划分的四个带的先后顺序依次进行对比。

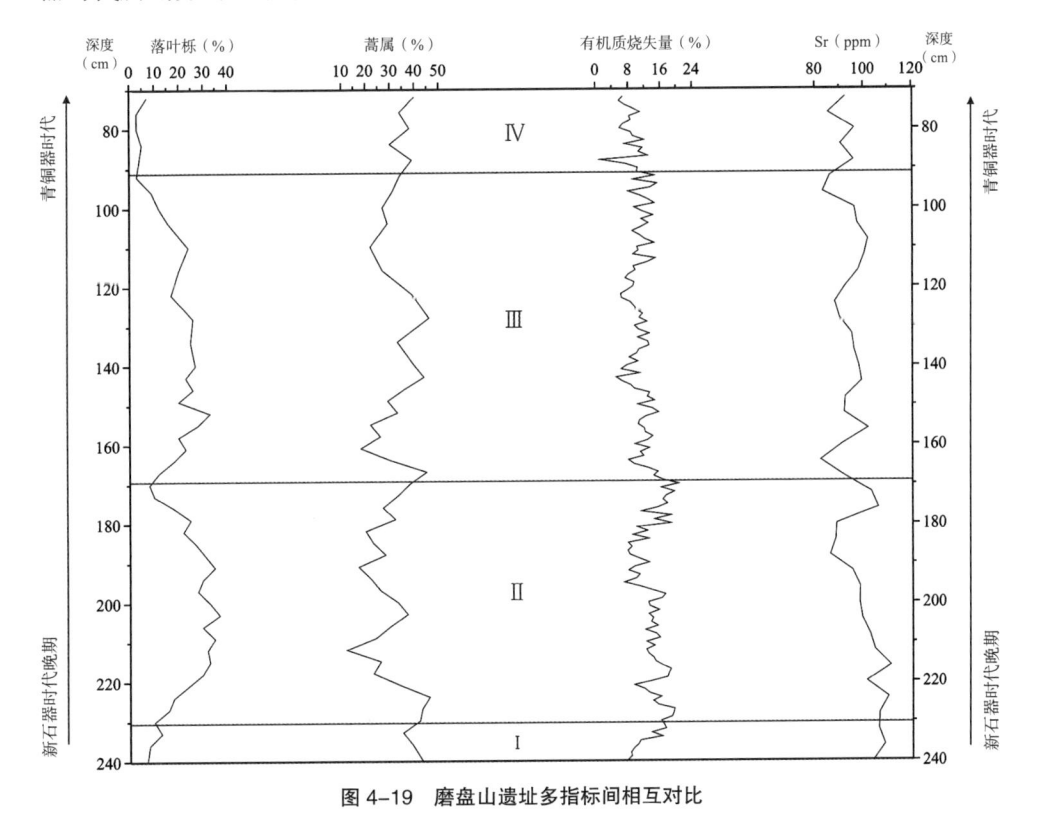

图 4-19 磨盘山遗址多指标间相互对比

带Ⅰ（240~230 cm）落叶栎的含量略呈增加的趋势，是剖面中百分含量较低并且变化不明显的带之一。落叶栎含量最高时也没有达到10%，蒿属植物孢粉百分含量曲线有降低的趋势，因此此时气候应是逐渐变干。有机质烧失量的变化曲线指示了一种向暖湿方向过渡的趋势。Sr元素含量变化比较稳定，不能够表现出气候冷暖干湿的变化，与其他的对应指标联系不密切，但Sr元素含量值在磨盘山剖面中处于较高的位置，因此也可以表明带Ⅰ的气候在此时相对较干。从气候干湿冷暖的特征对比也可以支持其他指标观点。

带Ⅱ（230~168 cm）落叶栎的含量快速上升至波峰位置，在末期含量有减少的趋势，磨盘山遗址落叶栎所记录的气候变化经历了一个短暂的暖湿期，蒿属的含量变化与落叶栎含量变化相反，但对气候变化过程和特征的指示却是一致的，蒿属的变化曲线指示的气候波动幅度更大。有机质烧失量含量变化曲线指示当时处于相对暖湿的气候类型，在深度200~180 cm还记录了一次气候波动事件，可以与蒿属含量变化曲线相对应。Sr元素含量在带Ⅱ中呈逐渐减少的趋势，根据Sr元素的性质判断，应指示了一种暖湿的气候，但是Sr元素含量曲线的变化与孢粉（落叶栎、蒿属）指示的气候变化过程不吻合。Sr元素所指示的暖湿期在孢粉曲线中早已开始向冷干渐变，因此磨盘山遗址剖面的孢粉变化曲线与有机质烧失量变化曲线所指示的气候变化过程在一定程度上可以相互验证，而Sr元素变化所指示的气候变化与这些指标指示的气候变化过程存在时间差。

带Ⅲ（168~92 cm）各气候指标曲线的变化规律与带Ⅱ极为相似，都是以较干的气候开始，以经历一个暖湿期后再次变干而结束，落叶栎的含量变化基本可以对应这样一个气候变化过程。但是，带Ⅲ蒿属含量的变化并没有因落叶栎的增加而减少，甚至有些时段的变化趋势是一致的，这表明此时的气候水热组合较为理想且适合植被的生长。有机质烧失量曲线平稳对该时期气候的突变和渐变都没有记录。Sr元素的曲线指示本阶段的气候依然以温暖湿润为主要特征，但存在气候波动现象，特殊之处在于这种气候突变所表现出来的气候特征与孢粉记录的气候突变相反。带Ⅲ初期孢粉指标和腐殖化度都记录了一次变干的气候事件，但是在Sr元素变化曲线中表现为暖湿，带Ⅲ末期的暖湿事件在Sr元素变化曲线中却表现为冷干。带Ⅲ的各气候变化指标指示的气候变化过程在细微之处并不一致，不仅仅存在时间上的差异，甚至有些气候事件的表现特征是截然相反的。

带Ⅳ（92~72 cm）落叶栎的含量降至最低点后一直持续了这种状态直至本剖面结束，而蒿属的含量则在带Ⅲ末期即已恢复，带Ⅳ将这种趋势延续了下去，因此孢粉指标指示了一种相对较为干旱的气候类型。该阶段有机质烧失量的值也在波动中减小，它的变化趋势验证了孢粉指标所指示的带Ⅳ的气候变化过程。Sr元素含量在带Ⅳ中变化趋势不明显，从所在的整个剖面的位置来看，则指示了一种较为暖湿的气候类型，与其他气候指标所指示的气候类型不一致。磨盘山遗址剖面后期的各气候指标所指示的气候特点之间差异越来越大，相互之间的可对比性也越来越差，推测可能与逐步加强的人类活动有关。

4.3 古中江流域典型剖面间的对比

4.3.1 古中江流域典型自然剖面的对比

古中江流经丹阳大泽并最终注入太湖，因此对于其流域内典型自然剖面的选择，主要以丹阳大泽内固城湖及周围研究点和太湖及其周围研究点为比较对象进行研究。学者们对全新世以来固城湖及周围气候演变的研究主要采用的是孢粉学方法，对太湖及其周围区域（图4-20）的研究主要采用的是孢粉学、地球化学和物理化学的方法。

羊向东等（1996）对固城湖采用孢粉学的方法研究后认为，该区域早全新世时期的气候偏冷，降水较少，冷暖干湿变化频繁，季风强弱交替。11.3~11.0 cal. ka B.P.经历了一个短暂的冷湿期，在之后的500年内，气温上升，气候转暖，季风持续加强，气候进一步偏湿，具体表现是该时期孢粉浓度低，指示暖湿气候的植被孢粉含量低，指示冷干气候的植被孢粉含量变化大。王苏民等（1996）对11.3~11.0 cal. ka B.P.的气候冷湿事件分析后认为，这可能是"新仙女木事件"在该区域的记录。西太湖（WT1）钻孔地球化学指标（Qu et al.，2000）表明，13.3~12.4 cal. ka B.P.的早全新世时期为由干旱向暖湿转变的过渡期，而在11.5 cal. ka B.P.左右的各类指标均反映出冷干的特征，西太湖地球化学指标记录的这次气候突变事件与中国东部季风区其他地区的"新仙女木事件"在发生时间和气候特点等方面相对应，被认为是"新仙女木事件"的记录。"新仙女木事件"~10 cal. ka B.P.期间各项指标表明，太湖处于水位较深的还原环境中，此时应处于相对温暖的时期。在10~7.2 cal. ka B.P.的很长一段时间中，气候再次处于干湿冷暖交替的过渡期，西太湖地球化学指标记录的早全新世时期的气候变化过程与高淳剖面孢粉记录的结果较为一致（高淳剖面以暖湿为主，在某些时段存在干湿冷暖

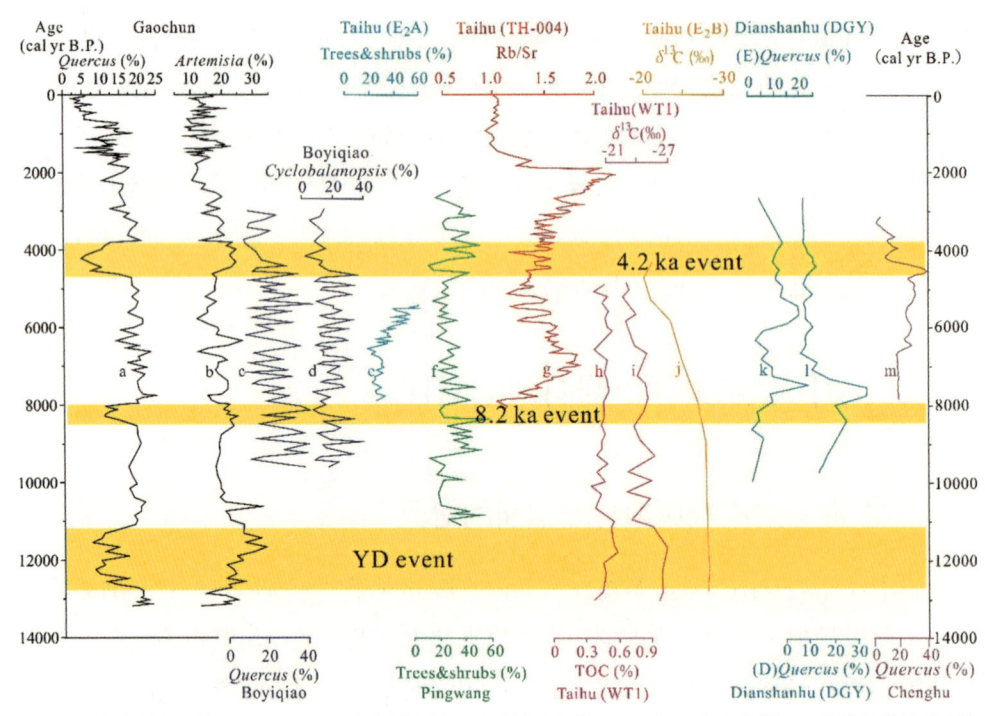

（a，b）高淳剖面孢粉记录；（c，d）卜弋桥孢粉记录（舒军武 等，2007）；（e）太湖 E_2A 钻孔孢粉记录（许雪珉 等，1996）；（f）平望孔孢粉记录（李冰，2014）；（g）太湖 TH-004 钻孔 Rb/Sr（吴永红 等，2015）；（h，i）太湖 WT1 钻孔化学、生物指标曲线（Qu et al.，2000）；（j）太湖 E_2B 钻孔化学、生物指标曲线（Wang and Liu，2000）；（k，l）淀山湖孢粉记录（赵宝成 等，2007）；（m）澄湖孢粉记录（畅莉，2008）。
（该图年代均经过年代—深度模型处理过）

图 4-20 高淳剖面古气候代用指标与太湖流域其他研究点古气候代用指标对比图

的交替过程）。高淳剖面对"新仙女木事件"的记录也很明显，冷干气候持续了近 1300 年。高淳剖面对 8.2 ka 气候突变事件同样有显著记录。平望孔孢粉（李冰，2014）记录表明在早全新世晚期为温凉偏干的气候类型，通过孢粉类型反演植被类型，结果表明平望孔孢粉的常绿落叶阔叶成分所占比例较高，湿生植被花粉也有一定含量。然而卜弋桥剖面孢粉（舒军武 等，2007）表明该时期是以壳斗科、常绿栎—落叶栎、青冈、松属等植被及少量的榆属、枫香属、桦属、冬青属植被组成的亚热带常绿落叶针阔混交林为主，并且此阶段的孢粉浓度也较高，此时对应的气候应以温凉湿润的气候为主，温度随时间逐渐升高。东太湖（E_2B）钻孔（Wang and Liu，2000）的 $\delta^{13}C$ 也记录为温暖湿润，并且气温比现在要高，同时西太湖的温度更高，在此期间很有可能发生过具有一定规模的海侵事件。另外，丁越峰（2004）通过对环境磁学、沉积学、生物学等指标的单项和综合分析后认为，在全新世末期太湖地区的气候是温暖湿润的，在 8.8~8.3 cal. ka B.P. 趋于冷干为主的气候类型。诸多研究结果表明，早全新世古中江流域的气候变化过程争议较大。

学者们对中全新世时期古中江流域气候特征的认识比较一致，研究结果（许雪珉 等，1996；舒军武 等，2007；赵宝成 等，2007；畅莉，2008；李冰，2014）基本都表现为温暖湿润的气候，只是最适宜期略有差异。当然，有个别研究材料出现异常记录，虽然 $\delta^{13}C$ 记录（Wang and Liu，2000）表明该区域依然为暖湿气候，但从变化曲线不难看出这种暖湿的程度是在不断下降的。固城湖的孢粉记录（羊向东 等，1996）表明中全新世时期以温暖湿润为主要特征，但存在2~3次降温事件并伴随着降水的减少。另外，6.5 cal. ka B.P. 左右高淳剖面也记录了一次短暂的干旱事件，物理化学指标（吴永红 等，2015）也表明6~5 cal. ka B.P. 气候变化走势有小幅震荡，但依然都以温暖湿润为主要特征。

晚全新世时期高淳剖面的孢粉研究结果表明气温逐渐变凉，湿度较大，属于温凉湿润的气候类型（4.2 ka B.P. 事件除外）。学者们对此也有不同的认识，孟玉婷等（2014）通过孢粉中青冈、落叶栎、松属的变动情况证明该时期气候温暖偏凉。物理化学指标（吴永红 等，2015）的研究表明4.2 ka B.P. 事件结束以后，气候迅速恢复，并超过了全新世大暖期，在 2 ka B.P. 左右迅速变冷并持续到现在。彭亚君（2013）通过对泥炭腐殖化度、总有机碳等古气候指标的研究分析，认为太湖地区晚全新世时期总体是干旱的。陆福志等（2015）在太湖周边的骆驼墩运用孢粉学的方法研究后认为晚全新世时期属于降温期，气候从中全新世时期水热组合较理想的状态向较干旱的状态演变，其依据为晚全新世以来骆驼墩钻孔松属的孢粉骤增。羊向东（1994）对固城湖钻孔的孢粉进行了研究，研究结果认为固城湖地区在晚全新世以来气候不稳定，以震荡、波动为主，存在多次百年尺度的冷暖交替变化，依据孢粉各科属含量的变化情况将晚全新世以来的气候划分为4个暖期和4个冷期，其中的4个暖期为4~3 ka B.P.、2.5~2 ka B.P.、1.5~1 ka B.P.、0.8 ka B.P.~今，其余相应时段为冷期。由于受人类活动的影响，晚全新世以来该区域的自然剖面研究材料较为稀少，可用于对比研究的成果也较少。

古中江流域地层记录的全新世气候变化过程除中全新世时期较为一致外，其余时期都存在争议，甚至有相反的研究结果，可能为以下原因所致：（一）太湖平原是一个以太湖为中心四周高中间低的碟形洼地（陈吉余 等，1959）。这样的地形特点使太湖及其东部和南部可以接收长江上游来的洪水，而学者们的研究点多处于这样的地形中，因此地层中的沉积物可能非本地的自然沉积物，丹阳大泽内的研究点亦是如此。（二）全新世以来太湖及其东部、南部地区发生过数次规模不同的海侵（李冰，2014；朱诚 等，2016），海侵过程也会引发再沉积现象而使地层变得复杂。（三）自 7 ka B.P. 开始，太湖流域先后经历了马家浜文化（7~5.8 ka B.P.）、崧泽文化（5.8~5.0 ka B.P.）、良渚文化（5.0~4.0 ka B.P.）三个新石器文化时期（于世永 等，2000；张强 等，2004），一直是人类活动较为频繁的区域，人类的活动也会对地层及沉积物产生重要影响。高淳剖面所在地既不靠近太湖平原和古丹阳大泽内的低洼地带，也没有海侵记录，只是在晚全新世中后期有人类活动的遗迹，所以高淳剖面所记录的古中江流域全新世气候演变过程更为客观。

4.3.2 古中江流域典型遗址剖面的对比研究

薛城遗址是距离磨盘山遗址较近的马家浜时期的遗址之一，通过对其孢粉、植硅石、粒度及地球化学元素分析后发现，在 6.3 ka B.P. 之前曾经有过一段时间相对温凉，之后禾本科、莎草科、蓼属、水龙骨科、紫萁科等科属的孢粉较为常见，表明气候逐渐变得温暖湿润（朱诚 等，2000），该研究结果与磨盘山遗址结果较为一致，都表明在该地区马家浜文化晚期经历过一段相对温凉的时期。

马春梅等（2010）运用孢粉学的方法对溧阳神墩遗址气候变化过程进行了研究，时间序列从新石器时代延续至春秋战国时期，在无人类活动的生土层中发现有一定数量的枫香属、胡桃属及青冈等科属的孢粉，这些植被构成了常绿和落叶阔叶混交林。此时环境偏暖湿，因此可以认为马家浜文化早期气候条件较好，温暖湿润，水热配比较理想，在向中晚期过渡的时候略有波动，表现为温凉的气候类型，而进入晚期后气候又变得温暖湿润。良渚文化时期气候略干，到春秋时期则又恢复，并且在后期 >37 μm 的禾本科也逐渐增加，表明先民可能已经开始种植小麦、水稻等农作物，神墩遗址的孢粉表明古中江流域在中晚全新世时期气候有轻微的波动。从磨盘山遗址的孢粉中也可以得出类似的结论，磨盘山遗址孢粉波动更为迅速，但主要还是表现为温暖湿润。

李兰等（2008）从古生物化石、有孔虫（图 4-21）等角度对古中江下游的骆驼墩遗址进行了深入研究，研究表明在 7.5~5.4 ka B.P. 气候温暖湿润，在早期的地层（马家浜文化之前）中有卷转虫化石出现（图 4-21 中 a、b 为压扁卷转虫，c 为近亲卷转虫相似种）。卷转虫为一种海洋微生物，是半咸水中常见的物种之一，因此推测在此时段可能曾经发生过海侵。在晚期的地层中发现有大量的蓼属、薦草属、茨藻属、酸浆属等植物的种子，这些植物多生长在湖泊、沼泽等湿生、水生环境中，表明此时的气候温暖湿润。

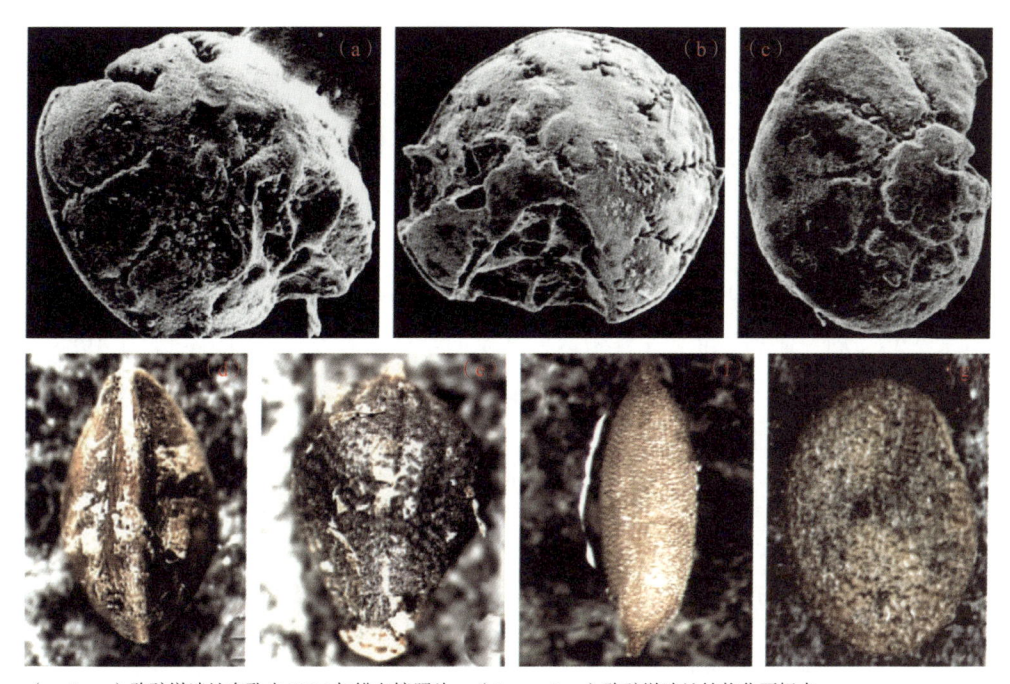

（a，b，c）骆驼墩遗址有孔虫 SEM 扫描电镜照片；（d，e，f，g）骆驼墩遗址植物化石标本。
图 4-21　骆驼墩遗址早期地层中的有孔虫和晚期地层中的植物化石（李兰 等，2008）

4.4 与大尺度区域气候对比

早全新世时期高淳剖面孢粉组合表明气候以暖湿为主，腐殖化度进一步指示暖湿的程度加强，此时的气候在全国范围内不论是东部季风区（Wang et al.，2001，2005；Zhou et al.，2004；Dykosi et al.，2005；Hong et al.，2005；Yancheva，2007；Miao et al.，2015；Li et al.，2016）、西北干旱半干旱区（Wünnemann et al.，2006；蒋庆峰 等，2007，2013；Huang et al.，2009）还是青藏高寒区（杨志红 等，1997；Li, et al.，2016；Mischke et al.，2016）都表现得较为一致。对季风区石笋、湖泊沉积物的研究表明亚洲季风在早全新世时期较为强盛，后来逐渐减弱，降水随之减少（Wang et al.，2001，2005；Yancheva et al.，2007；Xie et al.，2013），PCA 分析结果证实高淳剖面在早全新世时期有两次气候波动事件（图 4-22），第一次发生在 12.6~11.3 cal. ka B.P.，冷干、暖干交替进行，有机质含量和腐殖化度的变化也是如此。根据气候突变事件时间和特点推断为"YD"事件，该事件在中国普遍存在，季风区的石笋、湖泊沉积物、泥炭（Wang et al.，2001，2005；Li et al.，2016）都有显著记录，青藏高原区的冰芯和湖泊沉积记录（Li, et al.，2016；Mischke et al.，2016）也很有代表性，近几年在西北干旱半干旱区的湖泊沉积物中也有发现（蒋庆峰 等，2007，2013）。但最新发表的结果表明，中国北方的黄土、沙地、湖泊（Chen et al.，2015）记录证明全新世东亚季风降水最大值出现在中全新世（7.8~5.3 ka）。"YD"事件是末次冰期向全新世转换的急剧升温过程中的最后一次非轨道尺度的急剧降温事件，是离我们最近、记录最多同时也是研究最多的一次全球性气候突变事件，在北大西洋周围海相、陆相沉积（Johnsen et al.，1992；Bond et al.，1993；Dansgaardet al.，1993）中被广泛发现，后来在北美洲、亚洲、北太平洋地区，甚至南半球均有发现（Clark et al.，1988；Shakun and Carlson，2010）。另一次气候突变事件发生在8.5~8.0 cal. ka B.P.，各类古气候记录都表明当时气候以冷干为主要特征，为显著的8.2 ka事件。综上所述，古中江流域早全新世的气候与全国保持一致，并有"YD"事件和8.2 ka事件的明显记录。

中全新世时期PCA-1、PCA-2（图4-22）表明，当时气温略高于早全新世时期，

（a）大九湖剖面Ti含量记录（Li et al.，2016）；（b）哈尼泥炭$\delta^{18}O$记录（Hong et al.，2005）；（c）湖光玛珥湖TOC记录（Yancheva et al.，2007）；（d）董哥洞D4石笋$\delta^{18}O$记录（Dykoski et al.，2005）；（e）董哥洞石笋$\delta^{18}O$记录（Wang et al.，2005）；（f）葫芦洞石笋$\delta^{18}O$记录（Wang et al.，2001）；（g，h）高淳剖面孢粉PCA-2、PCA-1（本文）

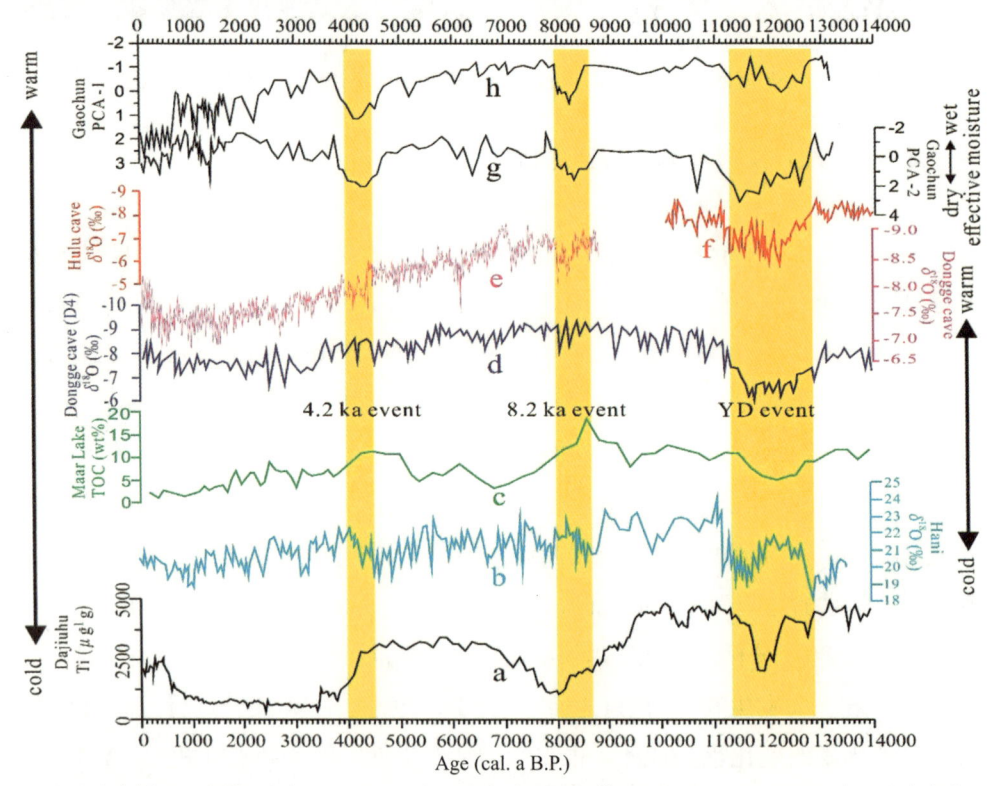

图4-22 高淳剖面孢粉PCA分析结果与中国其他地区高分辨率古气候记录对比

且降水更加丰富，达到最佳的水热配比，有利于植被生长，适宜生长在温暖湿润地区的植被增加，孢粉浓度高，是全新世最适宜期，对应于全新世大暖期。全新世大暖期的起止时间是学术界研究的热点，施雅风等（1993）根据中国全新世孢粉及其他古植物、古动物、古土壤、古湖泊等的地质资料推断中国全新世大暖期出现于8.5~3 ka B.P.，期间有多次剧烈的气候波动与寒冷事件，7.2~6.0 ka B.P. 最为温暖湿润；An 等（2000）总结前人的地质资料数据提出中国全新世大暖期时间上具有不同步性，东部季风区具有一定的纬度地带性和区域性，纬度越高全新世大暖期时间越早，秦岭－淮河以北约为 7 ka B.P.，以南约为 8~3 ka B.P.，然而在中低纬的西南地区起止时间却又与东部季风区的高纬地区保持一致，这可能与西南季风的影响有关。西北干旱区的大暖期时间约为 9.6~5.5 ka B.P.，青藏高寒区相对暖湿的时间为 8.2~6.5 kaB.P.。而 Zhou 等（2016）通过对季风区内典型研究点的对比后发现，全新世大暖期纬度越高时间越迟，长江流域约为 9.5~7.0 ka B.P.，古中江流域的全新世大暖期开始时间与东部季风区的秦岭－淮河以南区域相对应，但持续时间略短。对大气环流、地球轨道参数、植被等进行古气候数值模拟后则发现，全新世中期中国东部 30°N 以南地区夏季风减弱、冬季风增强，降水呈减少的趋势，而 30°N 以北的地区则相反，内蒙古东部、东北和华北等地区降水增加（Jiang et al., 2013a, 2013b, 2015; Wang et al., 2010）。

晚全新世的冷干事件结束以后，古中江流域的温度和降水迅速恢复至全新世大暖期末期的水平，孢粉记录和 PCA 分析结果都表明晚全新世的气候以温凉湿润为主。竺可桢（1973）通过对历史文献、考古发掘材料等的研究证明，晚全新世的气候波动明显，五千年以来可以划分为 4 个暖期和 4 个冷期，并且这种气候变迁是全球性的，敦德冰芯的气候记录进一步证实了该结论（姚檀栋 等，1992）。近几年对孢粉、物理化学等多项高分辨率指标研究也都证实了中晚全新世过渡期和晚全新世时期存在多次气候波动事件。中世纪暖期、小冰期、现代暖期等气候事件的起止时间、振荡周期成为全球变化科学研究的热点（Zhou et al., 2016）。而古中江流域在 4.2 ka 事件结束后气候一直以温凉湿润为主，可能与季风对该区域的影响有关。

对比研究结果表明，古中江流域全新世以来的植被与气候演变和周边及其他地区的环境演变记录具有一致性，很好地响应了区域环境演变和全球气候变化，但由于区域的特殊性，环境演变的幅度和时段与其他地区存在一定的差异，具有明显的区域性特征。

4.5 全新世以来古中江流域气候突变事件的研究

亚洲石笋、格陵兰冰芯、北大西洋深海沉积（Johnsen et al., 1992；Bond et al., 1993；Wang et al., 2005）等古气候载体都证实了全新世的气候变化具有显著不稳定性，存在百年到千年尺度的波动周期，另有学者（Mayewski et al., 2004）进一步指出全新世以来至少存在6次气候突变事件。中国科学家（施雅风 等, 1993；An et al., 2000；Zhao et al., 2011）对中国不同地区的全新世气候演化也开展了广泛和深入的研究，建立了许多高分辨率的气候代用指标序列，结果表明中国的全新世气候演化也多次被气候突变事件所干扰，并不是单一、稳定的演化过程。在这些气候突变事件中最引人关注的就是8.2 ka、4.2 ka事件（An et al., 2000; Arz et al., 2006），本书通过对高淳剖面的孢粉、炭屑、烧失量、腐殖化度等多项指标研究后发现，这两次气候突变事件在古中江流域表现得异常明显。

8.2 ka事件在古中江流域持续时间不长，约为400年，是一次快速的气候突变事件，反映气候变化的代用指标对此次事件有积极的响应，乔灌木花粉中指示相对暖湿气候的落叶栎和常绿栎骤减，而代表冷干气候的榆属花粉则出现了峰值，草本植物中与榆属具有相同指示意义的蒿属花粉含量也迅速增加，乔灌木花粉的含量明显比草本植物要少，乔灌木花粉与旱生草本植物花粉之比（AP/NAP）处于低值阶段。PCA-1和PCA-2分别明显偏向冷、干一侧，此时的气候不利于植物生长，孢粉浓度偏低，有机质的变化也很明显。

8.2 ka事件具有全球性，在欧洲、亚洲、北美洲、南美洲、南极洲、大西洋、印度洋的冰芯、湖泊、海洋、石笋及其他记录中都有发现（Wang et al., 2005）。Stuiver等（1989）根据大气中^{14}C产生速率的变化研究发现8.4~7.8 ka B.P.是全新世太阳活动最弱的时期之一，因此认为弱的太阳活动或太阳辐射是产生8.2 ka事件的主要外在因素。实际上这种长周期的地球外部动力机制是无法准确解释这种百年至十年时间尺度气候突变事件的。大量研究表明（Street-Perrott et al., 1990; Boyle, 2000）全球气候突变事件与北大西洋温盐环流有很大的关系，目前解释气候突变事件的发生机制主要运用该理论。Barber等（1999）认为全新世早期残存于北美洲哈得孙湾的劳伦泰冰盖下的堰塞湖于8.5 Cal. ka B.P.时突然排泄，堰塞湖的水通过哈得孙海峡注入大西洋西北部的拉布拉多海，破坏了这一区域深层海水组成，这一突发事件目前被认为是造成北大西洋地区8.2 ka事件的主要原因，该研究结果还可以解释为什么北大西洋和北欧地区对8.2 ka事件的反映最为强烈。

北大西洋环流的变化除了对北大西洋和周围地区气候产生直接的影响外，还可以通过温盐环流、大气圈内部的动力过程对全球的气候产生间接的影响，高淳剖面记录的 8.2 ka 事件就是在这样的背景下发生的。

4.2 ka 事件在高淳剖面气候突变事件中尤为明显，持续时间与 8.2 ka 事件等长但强度更大。在最鼎盛时期落叶栎、常绿栎几乎消失，被松属、榆属、蒿属、禾本科植物所取代，孢粉浓度在此时段突然下降，炭屑的各参数值不同程度地变大，特别是大颗粒炭屑的变化，这些指标的异常变动都表明发生了气候突变事件。PCA-1 和 PCA-2 表明此次的气候突变以冷干为特征，在烧失量和腐殖化度的变化曲线中表现也很显著，且持续时间更长。

4.2 ka 事件主要发生在北半球中低纬度的季风区（Mayewski et al., 2004），中国的黄土、泥炭、湖泊、石笋等沉积物中都有清晰的记录。中国学术界普遍认为此次事件造成了中国大陆的降温（刘浴辉 等，2013；吴文祥 等，2004），谭亮成等（2008）利用公开发表的有确切年代控制的全新世高分辨率古气候记录研究该事件在中国不同地区的降雨情况，研究发现 4.2 ka 左右中国降水普遍减少，与同时期其他地区的高分辨率古气候记录共同指示 4.2 ka 事件造成了北半球中低纬度地区的干旱；绘制的中国 4.2 ka 事件研究点分布图表明中国的 4.2 ka 事件在三大自然区的分界线及第二、第三阶梯分界线的过渡区最为显著。关于 4.2 ka 事件的形成机制，目前仍然没有统一的认识。如果说发生于早全新世的 8.2 ka 气候突变事件主要是由北美冰盖前缘后退使大量淡水注入北大西洋导致温盐环流减弱造成的，那么此次 4.2 ka 事件则无法再次用"温盐环流"理论进行解释，因为此时北半球的大陆冰盖已大量消融（Hardt et al., 2010）。有学者认为与火山喷发有关（Booth et al., 2005），但格陵兰冰芯中反映火山活动的 SO_4^{2-} 含量显示 4.2 ka 期间全球火山活动并不强烈（Zielinski, 2000）。后来又有学者（Fleitmann et al., 2003）试图使用太阳辐射的变化来解释该事件，实际上仅凭太阳辐射量的减少还不能诱发此次事件，因为由太阳辐射所引起的 ^{14}C 变化并不大（Solanki and Fliggle, 1999）。当然，太阳辐射的减弱会导致北大西洋浮冰的增加，造成北大西洋海面的温度降低，进而形成南北半球之间的热量梯度（Hong et al., 2005）。并且 ITCZ（Intertropical Convergence Zone）对此也极为敏感，1K 的梯度变化即可造成 ITCZ 的南移，ITCZ 的南移使得印度季风和亚洲季风减弱（Chiang et al., 2008），而致使北半球中低纬度地区降水的减少。然而东亚夏季风的减弱并不能使季风区内所有地区的降水都减少，因为东亚季风降水是由来自大陆的干冷气团和热带海洋的暖湿气团相互作用的锋面系统所决定的（Shi，2016）。锋面滞留时间缩短降水才会减少，高淳剖面记录的这次冷干事件可能就是由锋面系统在此滞留时间缩短造成的。

第五章 古中江在新石器文化传承与发展中的作用研究

5.1 古中江对马家浜文化在太湖西部传播作用的研究

古中江流域是长江下游地区有人类活动较早的地区之一，在近些年考古发掘工作中发现了一些沿古中江分布的马家浜文化时期的遗存，其中具有较大影响力和代表性的是位于宜兴市的骆驼墩遗址、西溪遗址，位于溧阳市的神墩遗址及南京市高淳区的薛城遗址。这几个沿古中江流域分布的遗址出土的器物具有明显的区域性特点，最为显著的是出土了大量的"平底"器物（图5-1），与太湖东部及周围文化遗址出土的器物在器形上有很大的区别，特别是骆驼墩遗址、西溪遗址、神墩遗址的器物以平底陶器占绝大多数。

骆驼墩遗址、西溪遗址、神墩遗址、薛城遗址出土的器物（主要为陶器）在制陶所用的材料、器物组合、器物形态特点及器物表面纹饰等方面（表5-1）都有很高的相似度和可比性。古中江流域出土的陶器在马家浜文化早期时的材质主要都以夹蚌陶为主，胎中夹有少量的细砂，因夹杂蚌末而较为疏松；中晚期开始出现泥质陶、夹砂黑陶、夹砂红陶等。釜、豆、罐、盆、钵都是常见的器物，在这些器物的表面纹饰一般都比较简单，以素面为主，但比较注重实用性，往往都带有把手或器耳，既起到了装饰的作用又给使用带来了方便，"平底"是古中江流域遗址出土器物区别于太湖流域东部遗址出土器物的最大特点。

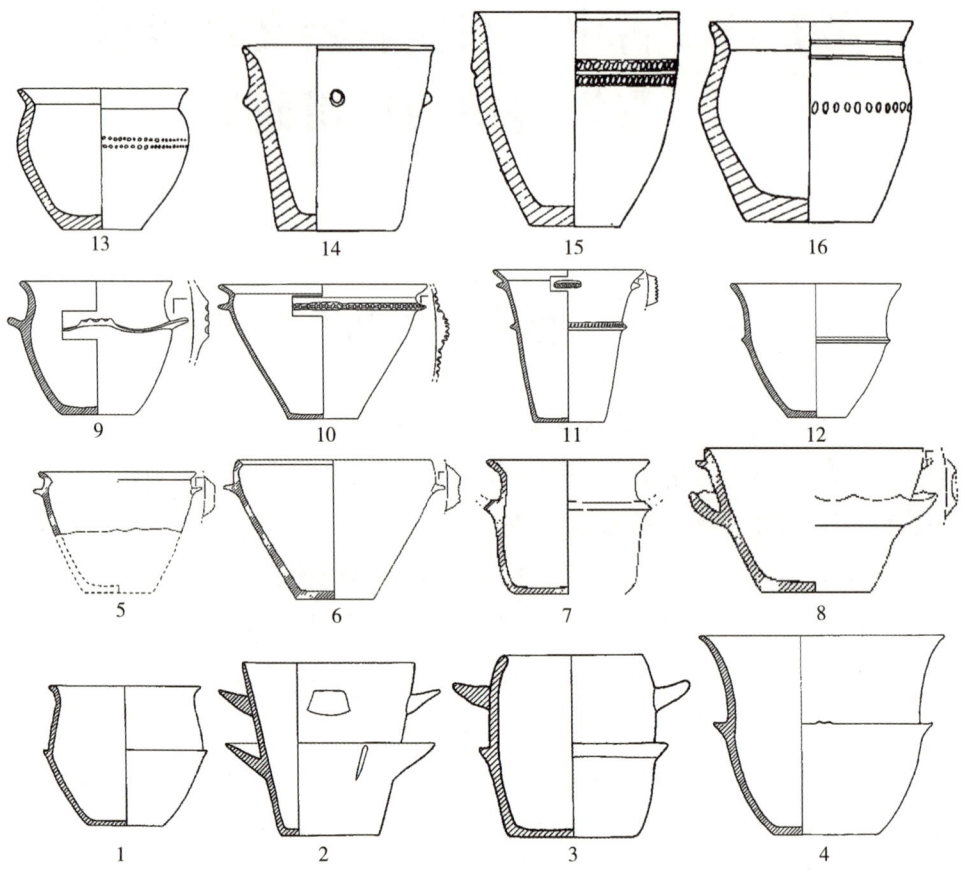

1-4（骆驼墩遗址平底釜）：1-罐形釜，2-直口筒形釜，3-敛口筒形釜，4-尊形釜；5-8（西溪遗址平底釜）；9-12（神墩遗址平底釜）；13-16（薛城遗址平底釜）：13-罐形折腹釜，14-筒形侈口釜，15-盔形平底釜，16-罐形鼓腹釜。

图 5-1　古中江流域马家浜时期平底釜〔据南京博物院（2009a，2009b）改绘〕

表 5-1　马家浜文化时期古中江流域遗址出土陶器对比（南京博物院，2009a，2009b）

遗址名称	陶质	器物组合	器形特点	纹饰	相对年代	绝对年代
骆驼墩遗址	早期以夹蚌陶为主，夹蚌陶含颗粒极细细砂，晚期出现泥质陶，夹砂黑陶、灰陶、红陶等	釜、盉、罐、豆、钵、鼎等	釜：为筒形、罐形及尊形三类，底部以平底为主，没有发掘出圜形底的器物；盉：平底	大多数纹饰简单，个别器物有复杂的纹饰	马家浜文化早期	7.0~6.50 ka B.P.
西溪遗址	早期以夹细蚌末陶为主，晚期夹砂陶及泥质陶逐渐增多，夹蚌陶以红陶、黑陶、褐陶居多	釜、豆、盆、罐、钵、纺轮、网坠等	平底器居多，也有三足器，圈底器出土，但不见圜底器，注重实用性多把手	大多数器物纹饰简单，多为素面，表面有各色陶衣，少量器物表面有锯齿纹	马家浜文化早期至晚期	7.0~5.9 ka B.P.

续 表

遗址名称	陶质	器物组合	器形特点	纹饰	相对年代	绝对年代
神墩遗址	夹细蚌末陶数量占绝对优势（夹蚌褐陶、红陶、红衣陶），只有极少数器物为夹砂陶、泥质陶	釜、罐、盆、豆、钵、支座、网坠等	平底器数量占优，另有极少量三足器及圈足器，没有圜底器物出土	多数器物纹饰简单，只有少数有锯齿纹、镂孔、刻划纹，强调实用性，把手、器耳常见	马家浜文化早期至晚期	7.0~5.9 ka B.P.
薛城遗址	绝大多数为夹砂夹蚌陶，因夹蚌末而疏松，以红陶为主，灰褐陶较少，另有数量较少的泥质彩陶，主要为小件器物	鼎、釜、豆、盘、罐、纺轮、网坠等	陶器造型以平底、三足较为流行，追求实用，鸡冠形鋬、牛鼻状耳十分常见，极少见到圜底的器物	主要为素面陶器，有少量的红衣、黑衣陶，极少数器物有弦纹、镂孔、锯齿状纹，彩绘以红彩为主	马家浜文化中晚期	6.5~5.8 ka B.P.

骆驼墩遗址出土的平底器物最具代表性同时也是最早的，在出土的炊具中以平底釜的数量最多，有筒形、罐形、尊形等多种样式，在这些样式下还可以分为多个式，另外在骆驼墩遗址中罐也很常见，其形态也不同于太湖东部的对称牛鼻形。后期炊具发生了变化，平底釜减少而鼎的数量在增加，并且与太湖东部和北部遗址出土的器物较为相似，文化面貌走向融合（南京博物院，2009a）。从骆驼墩遗址早期出土的器物形态分析，古中江流域马家浜文化早期遗存具有自己独特的特点。西溪遗址和神墩遗址是古中江流域除骆驼墩遗址外再次出土平底器物比较多的两个遗址，同样也是马家浜文化时期的重要遗址，在他们的早期阶段都出土了大量的平底釜，以筒形居多。同骆驼墩遗址一样，这两处遗址均没有圜底釜出土，西溪遗址早期灰坑中出土的筒形釜在形态上介于骆驼墩遗址 AI 式和 AII 式（区别在于鋬的大小和位置，AI 式鋬短小，位于口沿下部，AII 式鋬相对较大，出现于近口部）筒形釜之间，鋬手的位置距离口部有一定的距离。神墩遗址出土的平底釜与骆驼墩遗址出土的 AI 式平底釜形态更为接近，鋬手都分布在距离口沿不远处。在它们的后期阶段其文化面貌同样也发生了较大的变化，西溪遗址马家浜文化后期以鼎为主，平底釜在出土的器物中不再占据主导地位，鼎的形态多样，较为常见的是侈口罐形、敛口钵形，除此之外还有一些平底鼎（南京博物院，2009a）。神墩遗址在马家浜文化的中晚期开始，其文化面貌发生了变化，既保持了当地的特色又在特色基础上有所创新，具体表现为平底釜的种类和数量较早期有明显的下降，并被其他样式的器物所取代（比如平底鼎或圜底鼎）。虽然文化面貌发生了一定程度的变化但在文化的发展序列上却是一脉相承的，根源是一

致的，有着共同的"源"和相同的"根"。文化是动态的，同样也遵循着螺旋式上升、波浪式前进的事物发展普遍规律，细微的不同之处更证明了文化的同根同源性，证明了文化在传承中不断地继承和发展。

太湖西部古中江流域马家浜文化从早期到晚期文化面貌发生了改变，逐步趋同于太湖东部的类型，其原因可从两个方面考虑：自然环境因素和社会发展因素。古中江流域马家浜文化面貌发生改变的时间在中后期，绝对年代约 6.5~6.3 cal. ka B.P.，在高淳剖面高分辨率的古环境记录中，孢粉 PCA 分析曲线（PCA-2）表明此时发生了一次快速波动但幅度不大的气候变干事件，其干旱程度远不及 8.2 ka、4.2 ka 事件，持续时间也较短，因此并没有给古中江流域的人类文明发展带来灾难性的影响，只是由于自然环境的变化引起了古代人类的生产生活方式的变化，随之带来文化面貌和文化发展机制的变化。社会因素可以解释为：太湖东部马家浜文化在中晚期变得更为强势，影响范围和影响力相对于早期扩大了许多，中后期时影响到了古中江流域，使该区域的文化面貌发生了改变。环太湖流域的文化更加统一，经过几百年甚至上千年的时间，两种曾经相互对立却又相互依存的文化类型在不断地传承和交流中相互融合、相互借鉴、相互吸收，在发展的过程中取其精华弃其糟粕，为后来的太湖流域崧泽文化和良渚文化实现大一统的格局奠定了坚实的文化面貌基础。

薛城文化遗存中也出土了大量的平底釜，不过与古中江流域其他三个遗址不同的是该遗址出土的平底釜没有腰檐，但在器形上与马家浜文化遗址的平底釜比较一致。另外，薛城文化遗存除了平底器之外三足器也比较流行，三足器是薛城文化遗存中另一重要的器物类型，并且薛城文化遗存的器物在古中江下游的西溪遗址中也有发现。西溪遗址出土的三足钵与薛城遗址三足钵有许多相似之处，推断这极有可能是由于受到薛城文化遗存的影响（陈国庆，2014）。薛城文化遗存中平底器和三足器同时出现的状况可能是受到两种不同文化的影响，平底器可能是受下游马家浜文化的影响，在传承的基础上有所发展；三足器可能是受古丹阳大泽周围文化影响形成的，并通过古中江把这种影响扩大到了下游区域。正是由于这些异同点同时存在，也更加证实了马家浜文化在太湖西部沿古中江流域在不断地传承与交流。

5.2 古中江对北阴阳营文化、崧泽文化和凌家滩文化交流作用的研究

北阴阳营文化位于宁镇地区,被考古学界认为是 6.5~5.7 ka B.P. 的一支新石器时代考古学文化,在其 258 座墓葬中发掘出土器物 1524 件,其中玉器有 368 件,占到出土器物总数的 24%,主要为饰品类,石器有 537 件,占 35%,玉、石器总数达到了 59%。陶器有 599 件,约占 40%。另有少量的骨角器,数量较少不足 1%(南京博物院,1993)(图 5-2)。玉、石器所占的比例超过了 50%,特别是玉器的比例占了近四分之一,这在当时同期的新石器时代遗址考古发掘中是非常罕见的,引起了学术界的高度重视。从玉器所占的比例可知在北阴阳营文化时期古人就已经建立起了崇尚玉石的观念和文化了。凌家滩遗址墓葬出土的器物中玉器所占比例更高,达到 54%(图 5-2),石器 25%,陶器所占比例最低,仅为 21%(此数据依据前三次的发掘资料整理而成,第四次、第五次发掘详细资料尚未详细公布)(徐凤芹,2011)。

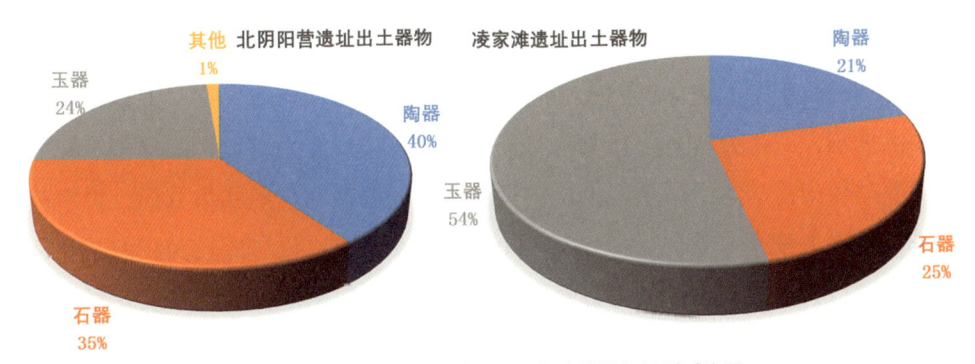

图 5-2 北阴阳营文化和凌家滩文化遗址器物材质对比图

凌家滩文化遗址地理位置优越,东西南北陆上交通和水上交通在新石器时代都十分发达,对于其文化的渊源一直是学术界争论的热点,引起学者们的极大兴趣(吴汝祚,1996;田名利,1999)。凌家滩遗址出土的造型特异的玉器在其早期或同期的文化遗址中都发现有相同或相似的器物。例如,凌家滩文化和红山文化(6.5~5.0 ka. B.P.)都出土有玉人、玉鹰、玉龙、玉版等器物,虽然在表现形式上有一定的差异(图 5-3),但其所蕴藏的文化内涵却是一致的(索秀芬 等,2011)。凌家滩文化和红山文化还同时都出土有玉龙,玉龙首尾相连、头部有角,龙身有中孔及穿孔,形状为扁平的环形(辽宁省文物考古研究所,1986)。凌家

凌家滩文化玉人　　　　　　　　　　　红山文化玉人

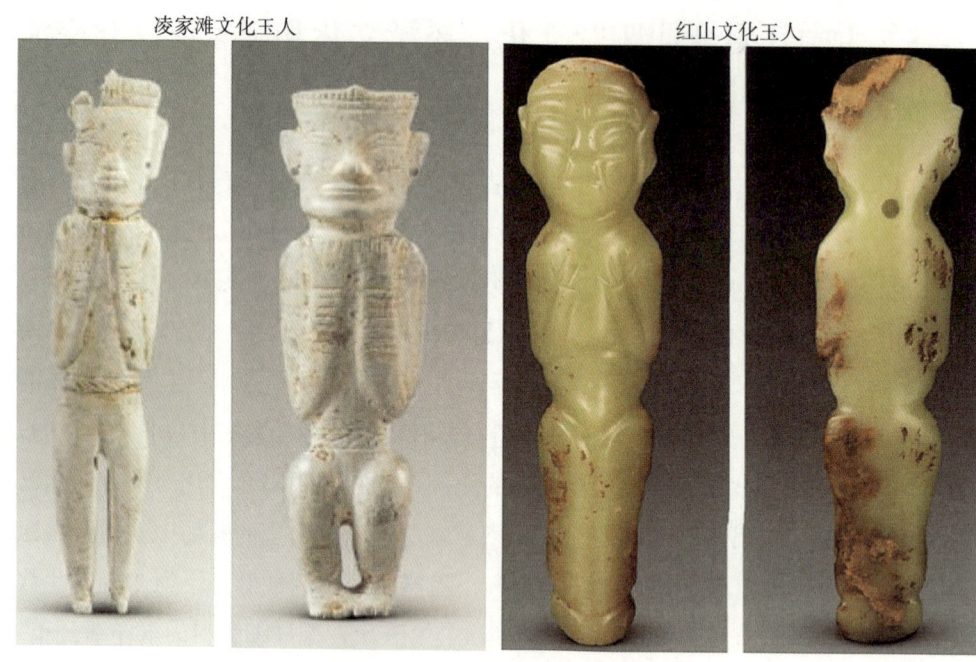

图 5-3　凌家滩文化与红山文化玉人

滩文化玉龙的造型与红山文化玉龙有相似之处，但其中孔偏向于一侧，穿孔与尾部相连，龙身有阴刻线，这些特征又区别于红山文化出土的龙使之具有一定的地方性特性。凌家滩文化也出土有玉龟，该器物在大汶口文化（6.4~4.6 ka B.P.）中也多次发现，"龟灵"文化在大汶口文化早期就已形成，玉龟主要出土于海岱地区随葬品较丰富的大中型墓葬中，放置于墓主人的腰间，形状为方形，腹甲截去一端，背甲上钻有 4 个孔（张翔宇，2003）。凌家滩文化与此较为相似，有可能是受大汶口文化的影响并结合自身的地方特点雕刻出来的。大汶口文化早期的彩陶中还有八星纹，此种纹饰后来扩展到东北地区、黄河中上游地区、长江中下游地区（徐峰，2013）。在凌家滩文化玉鹰、玉版中也发现了雕刻有此种纹饰的器物，只是载体为玉器而不是陶器（图 5-4），而其出土的齿状纹饰玉环则又和仰韶文化（7.0~5.0 ka B.P.）的陶环纹饰相似（魏兴涛，2014）。这些器物给凌家滩遗址玉器渊源的考证带来了一定的困难，但从出土数量的角度分析，这些器物出土数量极少，在整个的遗址中仅有一件或几件出土，因此代表性不强。玉璜、玉玦、玉环、玉管等出土数量大，这些较为常见的饰品更具有普遍意义。通过对出土的具有普遍意义的玉器的器物组合、制作工艺、材质等综合对比（表 5-2），可知凌家滩文化玉器应源于北阴阳营文化但同时也与同期的其他文化有着密切的交流。

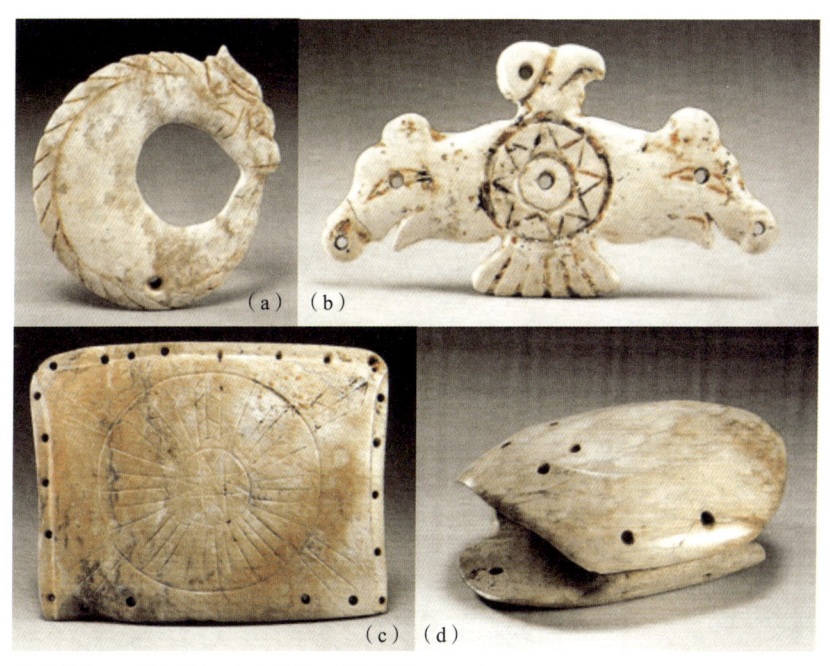

(a)玉龙；(b)玉鹰；(c)玉版；(d)玉龟。

图 5-4 凌家滩文化出土的玉器

表 5-2 北阴阳营文化与凌家滩文化玉器对比

(安徽省文物考古研究所,1989；田名利,1999；张敬国,2008)

名称	器形组合	材料质地	制作工艺	纹饰	备注
北阴阳营文化	玉璜、玉玦、玉管、玉坠、玉珠、系璧、各种泡饰和条形饰品等	透闪石、蛇纹石、阳起石、玛瑙及少量石英、云母、绿松石等	制坯切割、线切割、打磨、钻孔、抛光等	简单的齿状纹饰、凹凸纹饰等	
凌家滩文化	玉璜、玉玦、玉管、玉坠、玉珠、玉钺、系璧、泡饰、三角形及圆形坠饰、玉鹰、玉龙、玉龟、玉人、玉猪等各种类型玉器三十余种	成分复杂，主要有透闪石、石英岩玉、蛇纹石玉、大理岩玉、叶蛇纹石玉、煤精、玉髓、玛瑙、水晶、阳起石等十余种	制坯切割、线切割、砣切割、旋截切割、打眼（空心、实心）、打磨、抛光等	大部分器物表面素面无饰，在某些特殊的器物的表面有琢纹刻花，但也以较为简单的阴线纹为主，另有一些器物使用了透雕和浅浮雕	玉版、玉鹰、玉龙、玉龟、玉人、玉猪等为凌家滩文化所特有，北阴阳营文化不见这些器物

凌家滩遗址出土的最主要玉器为玉璜、玉玦(图 5-5)，几乎每座墓中都有发现，另外玉管和玉环也较常见，这些器物在北阴阳营文化遗址中也很常见，但凌家滩遗址还出土有玉版、玉鹰、玉龙、玉人、玉猪等器物。其材质主要有透闪石、阳起石、蛇纹石、水晶等，这些玉料在江淮地区的低山丘陵都可以采集到（安徽省文物考古研究所,1989）。北阴阳营玉器的材质经鉴定主要有阳起石、透闪石、蛇纹石等（田名利,1999），北阴阳营文化玉料在宁镇地区的低山丘陵广泛分布，

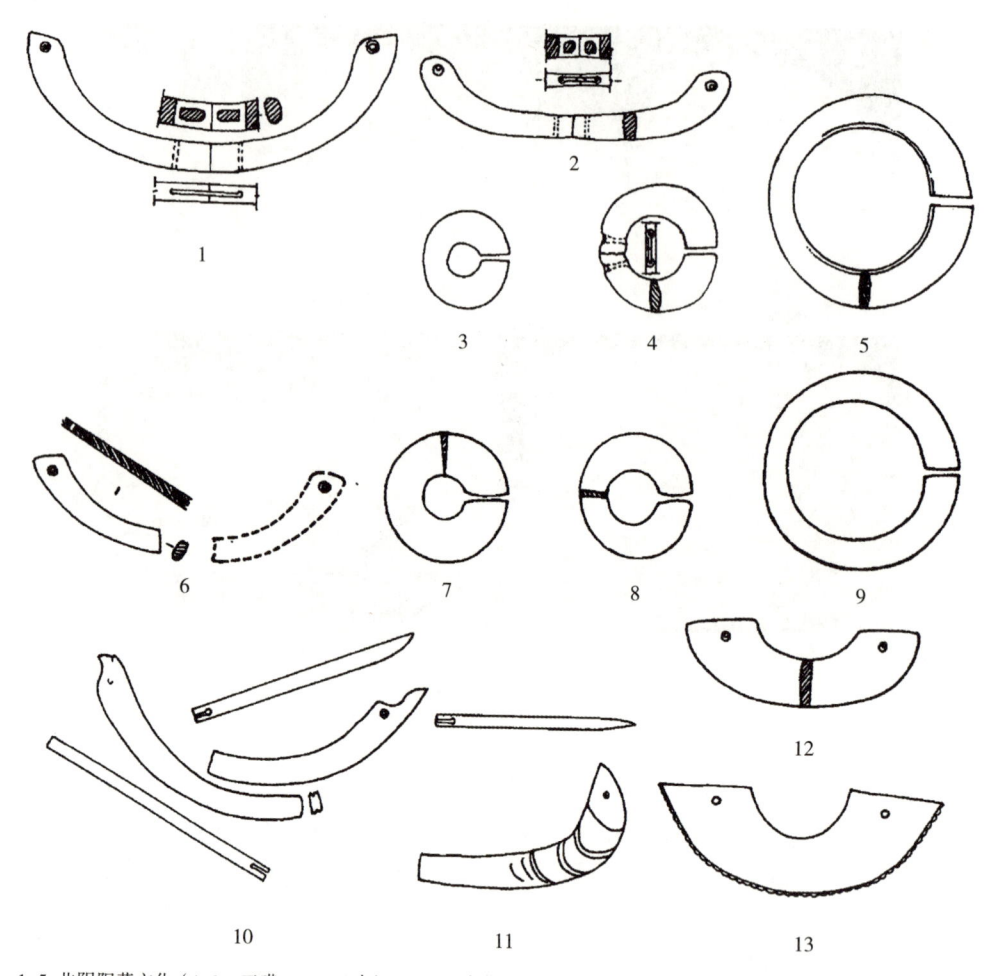

1-5. 北阴阳营文化（1-2，玉璜；3-5 玉玦）；6-13. 凌家滩文化（7-9，玉玦；6,10-13，玉璜）。
图 5-5　北阴阳营文化和凌家滩文化玉璜、玉玦比较〔据田名利（1999）改绘〕

也较为容易采掘到，溧阳市的象山、小梅岭等地均有此类玉石的矿床（蒋素华，2002）。两文化遗存都有着丰富并且材质相似的玉料资源，凌家滩文化选材更为广泛。北阴阳营文化的制皮切割技术比较发达，玉器制作时将软性线状切割工具与硬性片状切割工具交替使用，实芯钻和管钻有机结合，打磨、抛光工艺也很精湛。这些制作工艺在凌家滩文化中都有继承并且进一步发展，凌家滩文化普遍采用了砂加水为介质的雕琢技术，还有可能使用了砣具钻孔，出现了技术更为先进的镂空工艺。另外在凌家滩遗址的有些墓葬中出土了带有打磨和切割痕迹的玉石废料，说明墓主人本身就是一位玉器制作能工巧匠（田名利，1999），当时的社会已经出现了简单的社会分工。在纹饰方面大多数玉器表面都比较简单，但在凌家滩文化遗址中有些器物表面有着特殊的图案，例如玉鹰、玉版上的八星纹，这些特殊

第五章 古中江在新石器文化传承与发展中的作用研究

的图案或许被古人类赋予了更深刻的意义。纹饰雕琢时采用阴刻方式，在部分器物中使用了透雕和浅浮雕的工艺，器物成形后多经过进一步地精雕细琢和抛光（张敬国，2008）。

北阴阳营文化的258座墓中大多数都有随葬品，一般有1~10件。出土器物在20件以上的仅有6座，分别为M33（33件）、M57（38件）、M64（21件）、M73（21件）、M74（39）、M145（24件），最多的也不超过40件。99座墓中有玉器作为随葬品，随葬品较多的墓葬发掘出土的玉、石器也相应较多，M74随葬品有39件，其中玉器有31件，M57随葬品有38件，玉器有16件（南京博物院，1993）。因此，北阴阳营文化时期已经开始出现初步的社会分化，并且已经初步形成了崇尚玉的意识观念。凌家滩文化时期对玉的崇尚进一步升华并且社会之间的分化也进一步加剧，墓葬之间随葬品数量差异极大，有些墓葬没有随葬品，个别墓葬仅玉器就多达百余件（87M4，98M20）。特别是07M23出土文物310件，玉器达200件（图5-6），个别墓葬虽然只出土了几十件、十几件甚至几件玉器，但却有被赋予了原始宗教意义的器物出现。例如：87M13出土玉猪1个，98M29出土玉鹰1个、玉人3个（蒋素华，2002）。因此有学者（黄苑，2011）依据墓葬出土的玉器数量多少和器物种类组合将凌家滩文化墓葬分为五个等级。

图5-6 凌家滩遗址07M23的玉石器

尽管凌家滩文化出土的玉器在数量上超过了北阴阳营文化，但在习俗日用上两者却保持一致，这也是两文化具有深厚渊源的重要体现之一。玉玦是凌家滩遗址出土较多的一种玉器，通常摆放在墓葬的一端，根据其他玉器的出土情况应该位于头部附近，是放于耳朵上的饰品之一（张忠培，2000）。玉璜多摆放于墓葬稍偏向一侧或墓葬的一端位置，根据位置推测应为墓主人身体的中上部，靠近腹部、胸部、颈部。玉环、系璧多摆放于玉璜一端的顶部。根据玉璜的情况推断应该摆放于墓主人的头部两侧甚至头部上方，个别会出现在墓葬的中部，推测应为腰部的佩饰。玉镯是凌家滩遗址出土的又一重要玉器，出土数量仅次于玉璜和玉管，玉镯主要发现于墓葬中部的两侧位置，应该是佩戴在手腕或胳膊上的器物，只有少量玉镯在墓葬两端发现，原因有待进一步研究。玉管、玉珠的摆放位置不固定，有些散落在玉璜之中也有些独立成串，因此其摆放位置和作用都比较模糊（田名利，1999）。玉人、玉龙出土数量不多，分别位于头部或身体一侧，对于其用途还不清楚。玉鹰、玉版、玉龟同样也只在凌家滩遗址中出现而不见于北阴阳营文化遗址中，其上所雕刻的特殊纹饰（玉鹰、玉版方形八角星纹）可能已经超越了单纯的装饰作用而被赋予了更深层次的意义，有研究推测为与某种原始宗教有关（赵宏伟，2002；李学勤，2006）。

通过对凌家滩文化与北阴阳营文化玉器组合、材质、制作工艺、使用方式、反映的社会状况等方面的综合对比发现，凌家滩文化玉器源于北阴阳营文化，但从玉版、玉龟、玉鹰、玉人等凌家滩文化出土而北阴阳营文化没有的这些玉器的器形、纹饰及作用，还可以推断凌家滩文化同时也受到同时期（或略早）周围其他玉文化的影响，甚至其他文化陶器纹饰（八星纹）在凌家滩玉文化中也有体现。凌家滩文化充分利用优越的地理位置和便利的交通条件与其他文化也保持了密切的交流，特别是实现了与北方辽河流域红山文化"唯玉为葬"思想认识上的统一。从某种意义上可以认为，凌家滩文化中的玉器文化是宁镇地区北阴阳营文化推崇玉器的传统和北方辽河流域红山文化"唯玉为葬"思想综合作用下的产物，在此基础上将制作工艺改进，制作水平提升，使用功能增强，所蕴含的文化内涵进一步升华，使之更加丰富，从而使凌家滩遗址成为一个既保持了自己江淮地区地方特色又继承了北阴阳营玉器文化传统还受其他文化影响的超大规模古人类文化遗址。

凌家滩文化遗址发掘出土的器物除了玉石器之外还有部分陶器，约占1/5左右。从目前调查得到的资料分析，这并不代表凌家滩文化遗址的陶器仅占总数量的1/5。据安徽省文物考古研究所凌家滩遗址发掘领队介绍，前五次的发掘主要分布在遗址区（图 5-7）而对生活区的发掘较少，为了更加翔实客观地了解古人类的生活，后期会加大对生活区的发掘。目前发现在遗址西侧有一壕沟将生活区与墓葬区相隔，壕沟成为阴阳相隔的界线，但中间仍有一处通道将其相连。既然凌家滩文化有着崇尚玉的传统，那么出于对逝者的尊重和敬畏，随葬品以玉为主亦在情理之中，况且这些玉器多为饰品而非生活用具，因此推测随着生活区的陆续发掘会有更多的陶器出土。

尽管凌家滩文化遗址墓葬中出土的陶器数量不多，但基本上每座墓都有陶器随葬，只有极个别墓葬（98M30）只出土了玉石器，大多数墓葬出土陶器的数量为 1~10 件，10~30 件的只有几座（87M4、87M9、87M14、87M15、87M17、98M7、98M16、98M29、98M12），超过 30 件的只有一座（07M23）。凌家滩遗

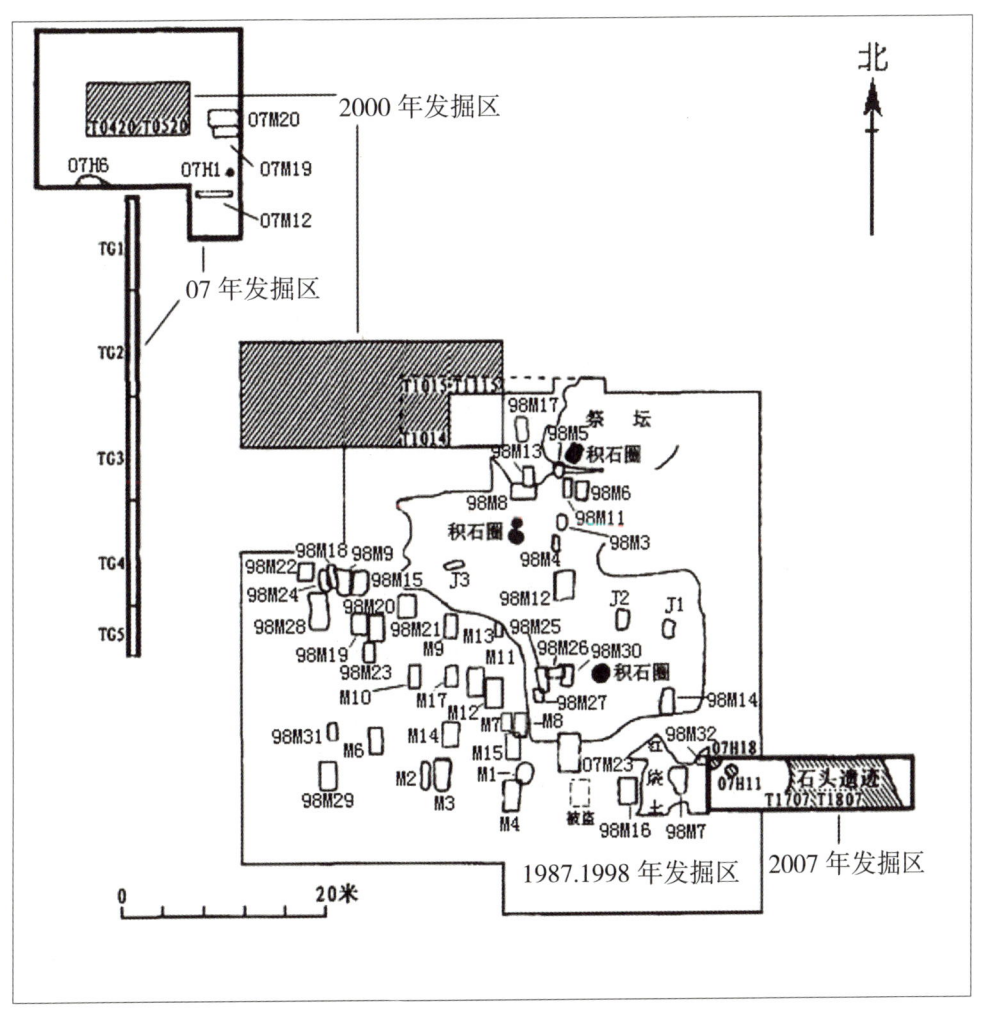

图 5-7 凌家滩遗址前五次发掘图〔据甘恢元（2009）改绘〕

址墓葬出土的陶器数量少，相应的器形组合也比较单一，以豆、鬶、壶为主，另外还出土了鼎、罐、杯、尊、纺轮、器盖等（田名利，1999）。

与凌家滩文化同时期或略早的新石器时代考古学文化有多支，仅在江淮地区就有两支，分别为古埂-侯家寨类型（6.0 ka B.P.）与宿松黄鳝嘴类型（5.8~5.5 ka B.P.）。另外还有辽河流域的红山文化（6.5~5.0 ka B.P.）、海岱地区的大汶口文化（6.4~4.6 ka B.P.）、皖西南鄂东地区的薛家岗文化（5.5~4.6 ka B.P.）、宁镇地区的北阴阳营文化（6.5~5.7 ka B.P.）、环太湖地区的崧泽文化（5.8~5.0 ka B.P.）。学者们通过对这些考古学文化出土的陶器进行对比研究后认为，凌家滩文化的陶器与太湖地区崧泽文化的可对比性最高（甘恢元，2009；夏浙新，2014）。崧泽文化是太湖地区继马家浜文化之后又一重要并且更为强势的区域考古学文化，是太湖流域新石器时代考古学文化的重要组成部分，研究表明崧泽文化影响范围非常广泛（郝明华，2001；栾丰实，2015）。凌家滩遗址是受其影响的重要区域之一，两文化遗址出土的陶器在器物组合（图5-8）、材质、纹饰、制作手法（表5-3）等方面都有可对比性。

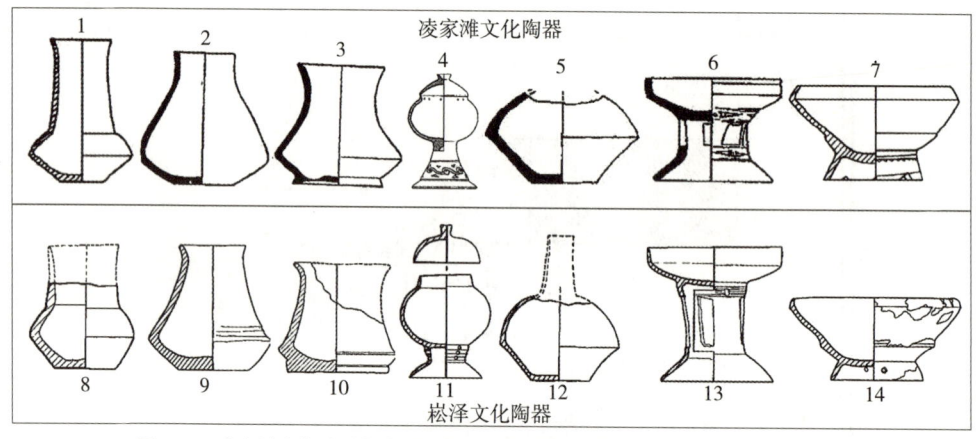

图5-8 凌家滩文化遗址与崧泽文化遗址陶器（张忠培，2000；郭明，2004）

表5-3 凌家滩文化与崧泽文化陶器对比（赵辉，2000；刘松林，2016）

名称	器物组合	材料质地	制作手法	纹饰
凌家滩文化	豆、鬶、壶为主，鼎、罐、杯、尊、纺轮等也有出土	夹砂陶（红、灰、黑）、夹植物陶、泥质陶	人工制作（为主）与慢轮修整（为辅）相结合	以素面为主，含有镂孔、压印、附加堆纹等纹饰
崧泽文化	以豆、鼎、罐、壶、杯为主，另外还有釜、盘、三足器等	夹砂红褐陶、泥质红陶、泥质灰陶、泥质黑衣陶	手制轮修为主，模制为辅	陶器以素面为主，纹饰主要有弦纹、镂孔、附加堆纹、压划纹

崧泽文化对凌家滩文化的影响不仅仅体现在陶器制作上，在精神层面上同样也有很深的影响。凌家滩遗址属于墓葬与祭坛同时存在的状况（图5-7），该现象与崧泽文化的南河浜遗址类似。崧泽文化的葬俗与马家浜文化有许多不同之处，其中之一便是头的朝向问题，马家浜文化时期朝北，而到崧泽文化时期则演变为以朝南为主。凌家滩文化的墓葬与此类似，绝大多数墓主人的头都朝南。另外，随葬品的摆放位置也有崧泽文化的痕迹，因此凌家滩文化和崧泽文化在精神层面上存在交集。

通过对凌家滩文化玉器、陶器与北阴阳营文化玉器、崧泽文化陶器的比较可知，凌家滩文化受到江南地区这两种不同文化的双重影响。从对凌家滩遗址群出土的器物和最新调查结果来看，长江以南的北阴阳营文化和崧泽文化的文化因素一直伴随在凌家滩文化发展的整个过程之中，北阴阳营文化的影响主要表现为用于装饰的玉器的材料质地、纹饰、制作工艺等方面，崧泽文化的影响主要体现在用作生产生活用具的陶器上，因此可以断定在凌家滩文化时期长江两岸的古代人类就已经有了密切的文化交流。

既然凌家滩文化与北阴阳营文化、崧泽文化早在 5.7 ka B.P. 左右就存在密切的文化交流，那么交流、传承的通道为何就成为一个不可回避的问题。长江是影响其文化交流的最大障碍，北阴阳营文化与凌家滩文化一江之隔，直线距离仅百公里，宁镇地区北阴阳营文化向巢湖地区凌家滩的转移、传播极有可能是通过古中江的上游进行的，大致路线为自南京市北阴阳营遗址开始，沿秦淮河向上经现在溧水区胭脂河，可以到达古丹阳大泽的石臼湖区域，进而沿古中江上游（芜湖-石臼湖、固城湖一线）到达芜湖，在芜湖渡江沿长江的支流裕溪河逆流而上到达凌家滩，选择这样一条内河路线最重要的原因为有安全保障。环太湖流域崧泽文化向长江以北地区的传播则是沿整个古中江，太湖流域的古人沿太湖而行到达古中江注入太湖的河口处向中上游前进，沿古中江经过宜兴市、溧阳市到达南京市高淳区，继续沿古中江前进则可以到达芜湖，从芜湖北上即可到达长江以北地区，过江以后可以西进也可以北上，北上即可以到达巢湖凌家滩文化分布区，甚至还可以到达海岱地区的大汶口文化分布区。马家浜文化通过此路线影响范围可到达丹阳大泽边缘区域的薛城一带，而更为强势的崧泽文化继续北上越过长江到达江北地区。该路线有分布在古中江两岸的古代遗址为证，在古中江上游两岸的宣城（孙埠遗址）、繁昌（月塘遗址）、马鞍山（烟墩山遗址）等地的文化遗址都发现了崧泽文化的器物（朔知，2015）。对于此条路线，朔知（2006）在讨论薛家岗文化和良渚文化之间的交流时曾有提到过，而我们的研究结果则将此路线的开通时间提前了近千年。

宁镇地区北阴阳营玉文化的转移、传播路线和环太湖流域崧泽陶文化的传播路线是基于当时的环境和所经区域的地形地貌条件提出的。6.0~5.5 ka B.P. 属于中全新世，高淳剖面的古环境记录（孢粉、腐殖化度、烧失量）表明经历了中全新世水热配比最佳阶段后，该区域的气温逐渐变低，湿度则相对较为干燥。张卫国等（2007）根据巢湖钻孔的磁化率、粒度等指标研究后认为，6.0~5.0 ka B.P. 属于相对较为干旱的时段，特别是在 6.0 ka B.P. 和 5.5 ka B.P. 还有干旱的记录。贾铁飞等（2006）利用巢湖地球化学记录发现中全新世时期巢湖发生了三次明显的收缩过程，其中一次为 5.887~5.68 ka B.P.，间接的可以推测此时段气候相对较为干旱。范斌（2006）利用巢湖的植硅体研究分析后认为，中全新世以来巢湖流域气候不稳定，存在三个波动时期，其中 5.6~5.2 ka B.P. 为寒冷期，从更大区域的角度分析发生在中国许多地区的 5.5 ka B.P. 气候降温事件对古代文明发展和文化的演进都起到了重要作用。根据对宁镇地区的研究，可以推断当时的气温比现在低 1~2℃ 或 3~4℃，在最冷的时刻可能比现在低 5~6℃（吴文祥 等，2002）。通过对该区域气候综合研究，可以认为该时段气候在向暖、干转变，根据大区域的气候背景推测，此时长江水的流量应该也在减少。另外，长江流域属于季风区，一年分为明显的干湿两季，降雨（汛期）主要集中在夏季，冬季降水相对较少，为枯水期，从地形地貌的角度分析，长江芜湖段古时为丹阳大泽，面积广阔，处于河湖不分的状态，当长江上中游的水注入丹阳大泽后河道变宽、流速变小、河水变浅，在气候较为干旱的枯水期可能会有部分区域露出成为陆地，这些因素都为新石器时代长江两岸的文化交流提供了可能性。

从长江皖苏段两岸新石器文化发展的整体脉络分析可知，自中全新世开始，长江两岸的各考古学文化就已通过古中江进行着密切的文化传承和交流，其中较为突出的是以南岸宁镇地区北阴阳营和北岸巢湖江淮地区凌家滩为中心的玉文化的继承和发展，以及南岸太湖流域崧泽陶文化北上的传播。

5.3 古中江对凌家滩文化和良渚文化传承与发展的研究

良渚文化是太湖流域继崧泽文化之后又一重要文化类型，是中国新石器时代玉器制作的巅峰，太湖流域良渚文化与北方辽河流域的红山文化、江淮流域的凌家滩文化被考古学界并称为中国新石器时代的三大玉器制作中心,因此,良渚文化玉器研究引起学术界的广泛关注,其精湛的制作工艺是传承于前身崧泽文化还是受周围其他玉器文化的影响是学术界关注的焦点问题。有学者认为良渚文化许多文化特征和器物制作技术手法等都是源于本地区的崧泽文化,将崧泽文化直接继承并在此基础上进一步发展创新。然而与两种文化在以陶器为代表的物质文化上一脉相承的连贯性相比,以玉器为代表的精神文化好像有一种突变的感觉,有学者(夏颖,2011)把这种突变归结为两种文化在社会形态转折上的一种反映。良渚文化的前身崧泽文化与同时代分布于江淮地区的凌家滩文化相比,崧泽文化以陶器闻名而在玉器制作工艺和技术方面落后于凌家滩文化,凌家滩文化和良渚文化分布于长江两岸仅一江之隔,空间上相邻,时间上两者几乎相接,因此,良渚文化玉器与凌家滩文化玉器之间的关系成为学者们研究的热点。严文明(2006)将良渚文化的制作工艺与凌家滩文化对比后认为,这些技术在凌家滩文化中可以找寻到,但对两者传承关系的解释则比较模糊。李新伟(2004)则认为良渚文化的玉器是在凌家滩玉器文化基础上发展而来的,是当时社会上层文化保持密切交流的产物。张敬国(2006)将良渚文化玉器制作工艺同凌家滩文化对比后认为,良渚文化玉器制作工艺与凌家滩文化玉器制作工艺为继承关系,之后良渚文化在此基础上提升了玉器制作工艺并赋予了玉器更多的精神层面的意义,最终超越了凌家滩文化。本书通过对两种玉器文化所出土玉器的制作工艺、纹饰、材质、器物组合等进行综合对比(表5-4)后赞同良渚文化玉器与凌家滩文化一脉相承的观点。

表 5-4　凌家滩文化玉器和良渚文化玉器比较(顾冬红 等,2009;夏颖,2011)

名称	器形组合	材料质地	制作工艺	纹饰
凌家滩文化	玉璜、玉玦、玉管、玉坠、玉珠、玉钺、系璧、泡饰、三角形及圆形坠饰、玉鹰、玉龙、玉龟、玉人、玉猪等玉器三十余种	成分复杂,主要有透闪石、石英岩玉、蛇纹石玉、大理岩玉、叶蛇纹石玉、煤精、玉髓、玛瑙、水晶、阳起石等十余种	制坯切割、线切割、砣切割、旋截切割、打眼(空心、实心)、打磨、抛光等	大部分器物表面素面无饰,但在某些特殊的器物的表面有琢纹刻花,但也以较为简单的阴线纹为主,另有一些器物使用了透雕和浅浮雕
良渚文化	早期以玉璜、玉管、玉珠、玉镯等玉器为主;中期以礼器类、玉璧、玉琮为主,特别是余杭地区还有三叉器、锥形器等;晚期玉器比中期更丰富;整个良渚文化出土玉器40余种	对余杭良渚遗址群出土的百余件玉器成分鉴定分析后认为良渚玉器成分主要为透闪石、透闪石—阳起石类软玉,平均占75%以上,早期占50%左右,晚期高达80%以上,其他矿物有蛇纹石、钾长石、绿松石等	条锯切割、线锯切割成坯、砣切割、石英砂研磨等,纹饰雕刻主要有浅浮雕与阴线刻划相结合、阴线刻划、透雕与阴线刻划相结合等多种技法	神人兽面纹(或称为神徽纹,祖先崇拜性纹饰)是良渚文化玉器纹饰的主要形式,另外还有鸟纹(自然崇拜性纹饰)、龙首纹、绞丝纹、云雷纹等形式,纹饰由简单到复杂,由粗犷勾勒到精雕细琢,在不同器物上都有体现

良渚文化早期墓葬出土的玉器种类主要有璜、系璧、环、泡饰、坠饰、瑗、镯、玦、管、珠、纺轮、穿缀玉件、锥形器、玉唅、玉钻芯等（孙伟，2013），墓葬等级越高出土的器物中玉器所占的比例越高。通过以上对比发现，良渚文化玉器在凌家滩文化玉器中大多数都出现过，因此可以认为是太湖地区良渚文化对凌家滩玉文化的机械被动式传承。凌家滩文化时期玉器的材质成分比较复杂，在良渚文化早期软玉材质已经占到了 50% 左右，而晚期则高达 80% 以上，说明良渚文化时期的古人在辨识玉矿的材质方面比凌家滩文化的古人更强。

良渚文化早期稍晚些时段，等级较高的墓葬中玉、石器数量特别是玉器普遍超过陶器，玉器种类大幅度增加，早期墓葬出土的凌家滩玉器系统多见的璜、系璧、环、瑗、镯、玦、管、珠、泡饰、坠饰等得到进一步发展，锥形器和龙首纹玉器器形制作工艺更加成熟，新出现了窄边高体的筒形玉镯，玉梳背，璜与管、珠组配以及由多件圆形牌饰或玦形牌饰组配的佩挂饰。在龙首纹的基础上还创立了既有一定联系又有一定区别的兽面纹（图 5-9），并在外壁长方形凸弧面上琢刻纹饰形成最早的镯式琮，还出现了在半璧形玉璜上施加的兽面纹。良渚文化玉器中最具原创意义的器形和特征如琮、梳背、锥形器、兽面纹等已初步出现。此时期可以认为是良渚文化对凌家滩玉文化由被动传承到主动求变的过渡阶段。特别是带有厚重凌家滩玉器系统色彩的瑶山地区的几座墓（M1、M4、M5、M11、M14）的发掘，从年代的角度分析它们是瑶山墓地年代最早的五座墓葬，它们周围集中分布的高等级祭坛和墓地可能对中后期良渚遗址群的形成和繁荣产生了重要的影响。

良渚文化中期，以神人兽面纹玉器的出现为标志，良渚玉器文化的发展进入

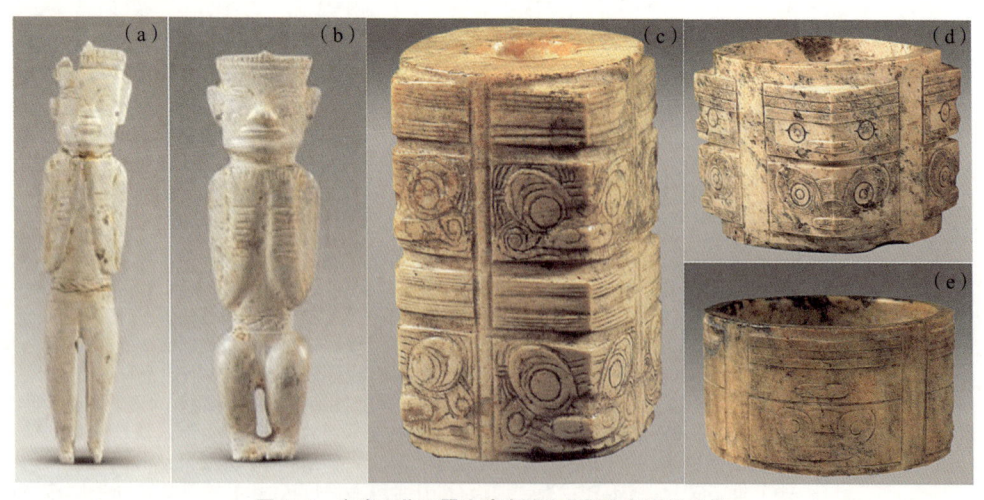

图 5-9　良渚文化玉器比凌家滩文化更为复杂的纹饰

新的发展阶段。良渚文化玉器在吸收凌家滩文化玉器的基础上不断推陈出新，形成了自己独具特色的玉器文化，基本完成了从凌家滩玉器文化向良渚玉器文化的蜕变。有些器形（如钺、璜）成为神人兽面纹的载体，也有龙首纹出现于良渚文化典型器上（如柱形器、锥形器），甚至在三叉形器上还出现了将龙首纹与神人兽面图案相结合刻于同一器物上的情况。凌家滩玉器中的龙首纹在良渚文化中期早段曾有出现，稍晚一些的中期晚段开始减少，至晚期基本消失不见。它们与琮、梳背、锥形器和新出现的三叉形器、柱形器、带钩、钺冠饰和端饰、器柄、勺、匕、耘田器等及各种镶嵌件、组佩件、穿缀件、动物形玉器大批量全面组合出现，并按照各自的轨迹向前发展推进。

良渚文化与崧泽文化虽存在着继承与发展的关系，但良渚文化的玉器源于凌家滩文化玉器系统，早期只是简单被动的继承，中后期开始发展和突破，最终形成具有自己特色的玉文化，不可否认的是凌家滩玉文化对良渚玉文化的产生和发展有积极而深远的影响。从磨盘山遗址剖面的孢粉百分比变化图谱可知，落叶栎、常绿栎、蔷薇科、榆属、禾本科、蒿属等变化幅度不大，这为良渚文化玉器发展和创新提供了稳定的环境因素，但高淳剖面的古气候代用指标却记录了一次气候突变事件，或许这次气候突变事件是导致良渚文化转移或消失的重要驱动力之一。对于该时期长江两岸文化传播的通道，朔知（2006）认为可能有三条，根据所处地理位置的关系分别称为"太湖南道""太湖北道""太湖中道"，三条通道在长江皖苏段南岸的起点都在芜湖、马鞍山一带。"太湖中道"是指经高淳区、溧阳市、宜兴市沿宜溧山地东侧的太湖西部平原进入太湖流域，此条路线与本书所研究的古中江走向一致；"太湖南道"是指途经安徽郎溪、广德等地区沿宜溧山地西侧到达太湖南岸浙江省杭嘉湖平原；"太湖北道"是指到达长江南岸以后继续沿水路前进经宁镇地区到达太湖流域。通过分析太湖流域及周围地形、地貌可知，"太湖南道"和"太湖北道"路途遥远、交通不便，并且在考古学上的证据也不足。本书认为凌家滩文化沿"太湖中道"（古中江一线）传播的可能性最大，此路线直线距离最短，是最便捷、最快速的一条重要通道。从自然环境的角度分析也完全有可能，高淳剖面的古环境记录、固城湖的孢粉记录（羊向东 等，1996）表明自崧泽文化开始，此区域的气候由暖湿逐渐转为温度和湿度都稍低的气候类型，况且长江水注入古丹阳大泽后由于搬运动力的减小使丹阳大泽以沉积、淤塞为主，良渚文化时期应该比崧泽文化时期有更多的水域露出成为陆地，因此巢湖地区凌家滩文化玉器向太湖流域良渚文化的传播通道应为沿古中江一线。

第六章 芜申运河西段概况和遥感图像处理

6.1 研究区概况

6.1.1 研究区的自然背景

芜申运河西段即芜湖至太湖以西地区，位于我国的第三级阶梯，海拔较低，与东海毗邻，属于北亚热带季风性湿润气候，四季分明，雨热同期，水热条件好。年平均降雨量 1159.2 mm，汛期从 5 月延伸至 9 月且集中了全年 60% 的降水量，6 月平均降雨量最大。研究区冬季的主导风向为西北风，夏季主要以湿润的东南季风为主，基本不受来自印度洋的西南季风影响。研究区年无霜期约 230 天，高温期为 6~9 月，气候以四季变化分明为主要特征，冬、夏季节延续时间长，春、秋季短。年日照时数平均为 1855 小时，年平均气温 17.1℃。

研究区南部被皖南山地丘陵、黄山、天目山等山区的森林所覆盖，北部的茅山、宜溧山地地表同样是茂密的林木，以原生的天然林为主，属于亚热带常绿阔叶林（图 6-1）。研究区内其他区域的地带性植被中原生植被所占比例较小，多为农作物或人造林。芜申运河西段区域内东坝以西地区的地表以面积广阔的湖泊和耕地为主，其东部的大型水体均集中在太湖水域。因此，研究区内主要的地表覆盖物是森林、水体、耕地。

该区位于长江下游地区，属于我国的东部季风区，水网密布，河流众多，交错纵横，哺育着沿岸繁衍不息的华夏子孙。芜申运河、水阳江、青弋江等奔腾不息的滔滔江流以及固城湖、石臼湖、南漪湖、太湖等远近闻名，碧波万顷的旅游胜地均位于此（图 6-2）。芜申运河西段的古丹阳大泽水域是一个未完全封闭的沉降盆地区，其西部地区和长江连通。该区皖南山区的河流泥沙淤积于此，沉积的泥沙阻断了长江通往古丹阳大泽区域的通道。第四纪早期（约 150 万年前）古丹阳大泽具有湖泊雏形，其面积可达 4000 km² 以上，第四纪中后期新构造运动时该区属于沉降盆地区，古丹阳大泽缩小（窦鸿身 等，1983）。《历阳典录》中记

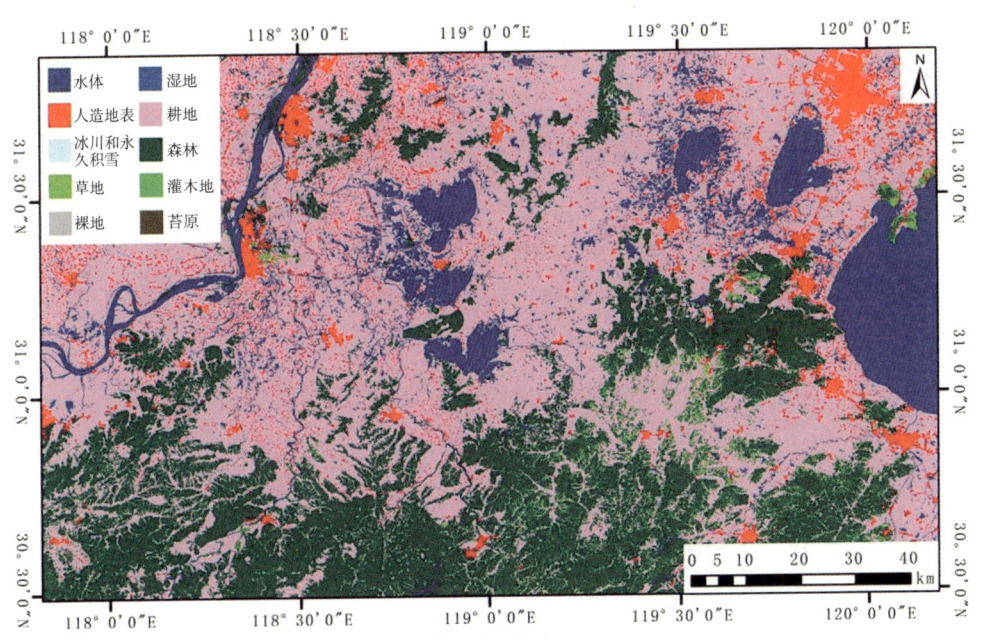

第六章 芜申运河西段概况和遥感图像处理

数据来源于:http://www.globallandcover.com/GLC30Download/index.aspx

图 6-1 研究区地表覆盖图

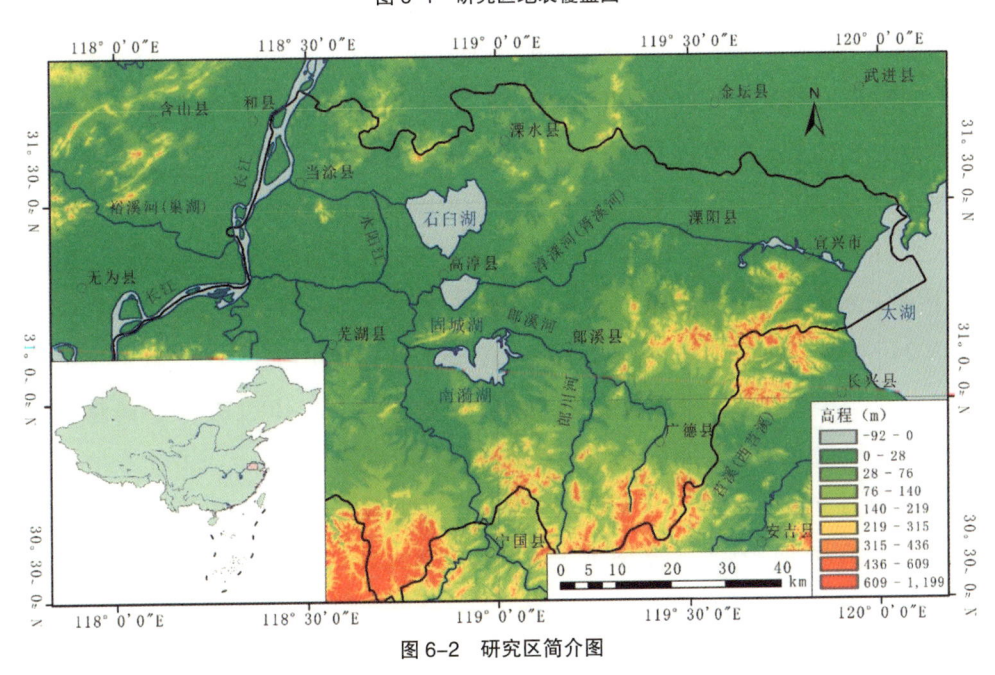

图 6-2 研究区简介图

载,随着泥沙淤积层的厚度增加,春秋晚期古丹阳大泽逐渐瓦解,形成了石臼湖、固城湖等分支湖泊。两汉时期中江泥沙淤塞更加明显,然而此时的湖泊面积仍极为辽阔。三国时期圩田广泛存在于长江中下游地区,是一种重要的农业生产形式。过度围湖造田破坏了湖泊的自我调蓄功能,对生态环境的影响极大,统治者缺乏对水网的综合治理，导致水系功能紊乱，水旱灾害发生频率猛增，加重了对人类生产生活的破坏程度。

胥溪河，是芜申运河流经江苏省南京市高淳区和常州市溧阳市境内的重要段落，它的前身即《禹贡》"三江"中的"古中江"。芜申运河全长271 km，其西端的芜湖位于长江南岸，流经安徽省芜湖市、马鞍山市当涂县、宣城市郎溪县和江苏省南京市高淳区、常州市溧阳市、无锡市宜兴市，东部于宜兴连通太湖。胥溪河范围内包括青弋江—水阳江水系和太湖水系，二者以东坝作为分界。朱诚等（2005）对该区域进行地貌调查发现，这一地区地质构造及地貌特征与《禹贡》"三江"的"古中江"位置可以对应。《汉书·地理志》中记叙了古中江的详细信息，青弋江至银林五堰是中江的上游地区，水流至太湖即为其下游区域。中江是太湖以西地区和水阳江、青弋江水系，也是长江以南的重要交通枢纽，在人类史前文明发展演变中扮演了重要的角色。

青弋江的源头是我国安徽省著名的世界自然与文化双遗产地黄山，流经清溪河在安徽省芜湖市进入长江。青弋江全长275 km，支流众多，共30条左右，水流跨越8178 km²。水阳江发源于安徽省绩溪县和宁国市南部山区，流经安徽省境内的宣城市、芜湖县、当涂县和江苏省高淳区，最后在当涂县姑溪河汇入长江，全流域总长254 km，跨越了8934 km²。水阳江支流众多，航运发达，为沿岸人民带来了巨大收益（安徽省地方志编纂委员会，1999）。

江苏固城湖（北纬31°14′36″~31°19′28″，东经118°51′34″~118°57′56″）是长江下游江苏省高淳区境内的小型浅水湖泊，大致呈三角形，北宽南窄，目前面积为24.5 km²。固城湖是一个非封闭湖泊，研究区内的水阳江和青弋江均为湖泊带来了巨量来水。石臼湖（北纬31°23~31°33′，东经118°46′~118°56′）跨越了江苏省南京市的高淳区和溧水区以及安徽省马鞍山市的当涂县，发源于安徽省南部山区的两条著名水系——水阳江和青弋江以及周边天生桥河和新桥河等自然及人工河流均汇水于此（张继勇，2014）。南漪湖（北纬30°57′~31°15′，东经118°43′~119°18′，）分布于水阳江中游，乃水阳江中游唯一具有调蓄洪水作用的湖泊，汛期（5~9月）的降水量占全年降水量的76.1%，主要入湖水源为水阳江最大支流郎川河（吴科军 等，2009）。丹阳湖位于安徽省当涂县境内南部地区的博望镇，东连石臼湖，由于长期围垦，目前已消失在人们的视野中了。

6.1.2 研究区的人文特征

地理环境作为人类发展的背景条件，在人类生存繁衍、文化发展方面发挥着至关重要的作用。史前人类的生产、生活均受制于自然环境，自然界在人类文化发展方面扮演了重要角色。人们敬畏自然，自然界为人类生息繁衍提供了水、土壤、光照等宝贵资源，自然界也塑造着人类的宗教信仰、意识形态、政治结构。新石器时代以来长江下游芜申运河西段水域的地理环境变迁对史前人类文明的发展产生了深远的影响。因此，了解该区史前人类文明的发展和演变对复原古丹阳大泽新石器时代的水域形态至关重要。

研究区跨越了江苏省西南部和安徽省东南部，两地区新石器时代的文化类型各不相同。安徽省黄山南北两面的文化差异明显，黄山北部文化类型与江苏省的宁镇地区较为相似（朔知，1998）。全新世时期苏南南京镇江等地的文化主要包括马家浜文化（7000~5800 a B.P.）、崧泽文化（5800~5000 a B.P.）和良渚文化（5000~4000 a B.P.）三类。

马家浜文化主要分布于长江下游南岸地区的江苏、浙江、上海等地，是江南目前已知最早的新石器时代文化，其名称来源于浙江省嘉兴市南湖乡天带桥村的马家浜遗址，兴起于7000 a B.P.左右，消亡于5800 a B.P.（嘉兴市文化局，2004）。在马家浜文化存在的1000多年时间内，人类的生产、生活发生了巨大变化，文化进一步向前发展，生产力不断提高，人们开始种植水稻（草鞋山水田考古队，1996），已发现了该文化时期的水稻田遗迹。马家浜文化时期的先民在种植水稻之余还通过渔猎和采集获得食物，不过此时的农业水平处于粗耕阶段（陈杰 等，2015）。

崧泽文化根据1957年发掘的上海青浦崧泽遗址命名，主要位于太湖及其周边地区，该文化存在的时间跨度为5800~5000 a B.P.（方向明，2010）。其分布范围大致与马家浜文化相同，主要遗址有张家港徐家湾、许庄、东山村，嘉兴南河浜、双桥，吴兴邱城，余杭吴家埠等（朱诚 等，2015）。崧泽文化时期先民与外界的文化联系更为密切，文化传播的地域更广阔，在文化的碰撞融合过程中生产力迅速发展，为此后良渚文化的繁荣奠定了基础。在崧泽文化向西传播的过程中，太湖东部地区的文化传播至皖江流域无疑会以古中江作为文化通道。早于伍子胥开凿胥溪河时，在古中江流域这个文化走廊区域内就有先民在此生活（朱诚 等，2005）。5500~5000 a B.P.期间我国的气候开始从温暖湿润转至偏凉偏干，由于气候突然转变，人类文明随之发生演变，崧泽文化也因此衰亡。崧泽文化时期的石器制作工艺相较于马家浜文化时期更为精良，凿井技术也比马家浜文化时期更加考究（上海市文物管理委员会，1985）。在崧泽文化时期水稻种植面积较广，耕作技术进一步提高，生产工具类型多样。

1936年，施昕更发现了良渚文化，随后夏鼐于1959年将其命名为良渚文化（夏鼐，1960）。良渚文化时期的文化发展前所未有，大大超越先前的发展水平，揭开了史前文化发展的绚丽篇章。良渚文化可分为龙南类型、反山瑶山类型、寺墩类型。该时期遗址数量众多，在上海、江苏、浙江等地均有分布，而且密度较大。良渚文化时期的陶器和玉器制作精美、造型独特，数量和品种较多（朱诚 等，2013）。此时的凿井技术趋于成熟，水井遍布于先民生活区域内，主要的古井样式有木筒井和土井。良渚文化先民的水稻种植技术已经比较先进，农耕经济较前更为发达，建成了相对完善的灌溉耕作系统。人们的食物结构发生了较大变化，外出狩猎和捕鱼大大减少，基本依靠蓄养动物为生（袁靖 等，1997）。

该区作为中华文明的重要发源地，具有优越的自然条件，适宜人类生活繁衍，孕育了璀璨的人类文明。历史时期的江南地区距离历朝历代的行政中心比较远，在中央集权的行政背景下，该区的政治经济发展较为缓慢，但是依然无法阻挠该区文化的发展传承。自先秦时期的吴越文化开始，江南的文化自成一派，具有独特的江南风貌。隋唐时期京杭大运河的修建极大提升了该区的行政地位，江南宜人的自然风光吸引了大量中原人民在此定居，自此该区显现出一派繁荣景象。烟雨江南哺育了无数文人墨客，他们纵情诗文，歌颂山水，为江南自然风光增添了人文气息，成为著名的诗画之乡。范仲淹的"先天下之忧而忧，后天下之乐而乐"表现了江南人以天下兴亡为己任的伟大情怀，顾恺之挥毫洒墨将江南的人文风貌和自然风光存于画纸，徐霞客著成《徐霞客游记》给后人留下了历史时期祖国各地河山的记载，成为后世地理学者必读之经典。经历了无文字记载的史前时期和有文字记载的历史时期，该区现已成为长江中下游地区的经济发展要地，是我国改革开放的前沿地区，引领着中华文化走向世界，成为中国与世界接轨的伟大桥梁。

6.2 遥感图像预处理

美国自 1972 年以来陆续发射了 8 颗 Landsat 遥感卫星。Landsat 1~3 的传感器类型均为 MSS，Landsat 4~5 携带的传感器类型为 MSS 和 TM，Landsat 7 的传感器类型为 ETM+，Landsat 8 新增加了热红外传感器，包括 OLI 和 TIRS 两种传感器（Lillesand et al.，2015）。多光谱遥感图像的不同波段之间差异显著，正是这种差异性拓展了遥感图像在提取地物信息方面的实用性，大大提高了 Landsat 图像的科学价值。蓝绿色波段（0.45~0.52 μm）在水体中具有透视能力，尤其是在浅水水域能反射水下地物信息，可以用来进行森林中土地利用类型制图。绿色波段（0.52~0.60 μm）介于叶绿素吸收带之间，适用于监测植被生长情况，能判断作物长势是否良好。红色波段（0.63~0.69 μm）位于叶绿素吸收波段，可用于监测植物叶绿素吸收率和增强植被覆盖区域和非植被覆盖区的反差。近红外波段（0.76~0.90 μm）在增强水体与非水体差异方面效果显著，可用于提取水域范围、监测作物生长情况。短波红外波段（1.55~1.75 μm）适于监测土壤湿度，监测植被生长情况。热红外波段（10.4~12.5 μm）可用于探测岩石和矿产。短波红外波段（2.08~2.35 μm）的优势在于监测火灾等高温灾害（Lillesand et al.，2015）。

本研究选取了 1973~2017 年 101 期云量低的 Landsat 遥感数据，该数据取自中科院计算机网络信息中心建立的地理空间数据云平台，域名为 http://www.gscloud.cn。其中 MSS 数据为 17 期，空间分辨率是 60 m，TM/ETM+/OLI 数据为 87 期，空间分辨率是 30 m（图 6-3）。中科院计算机网络信息中心地理空间数据云平台在对外发布这一数据之前已经对其进行了几何校正、辐射校正、地形校正，因此该数据的可信度和实用价值较高（表 6-1）。光学卫星传感器展开工作时较为被动，依赖于太阳发射能量，光能在进入地球大气层时容易受到大气层中的水汽、气体、气溶胶等物质的反射、吸收、散射，因此当地物反射的太阳光进入传感器时容易导致地物光谱的非系统性失真。基于此，要对光学遥感图像进行大气校正，根据当时的大气状况（气温、反射率等）建立大气校正模型，降低大气物质对光学遥感图像的干扰，消除大气分子和气溶胶散射的影响。预处理后的图像云量大大减少，纹理清晰，有助于准确提取芜申运河上游湖泊群（丹阳湖、石臼湖、固城湖、南漪湖）的水体信息。

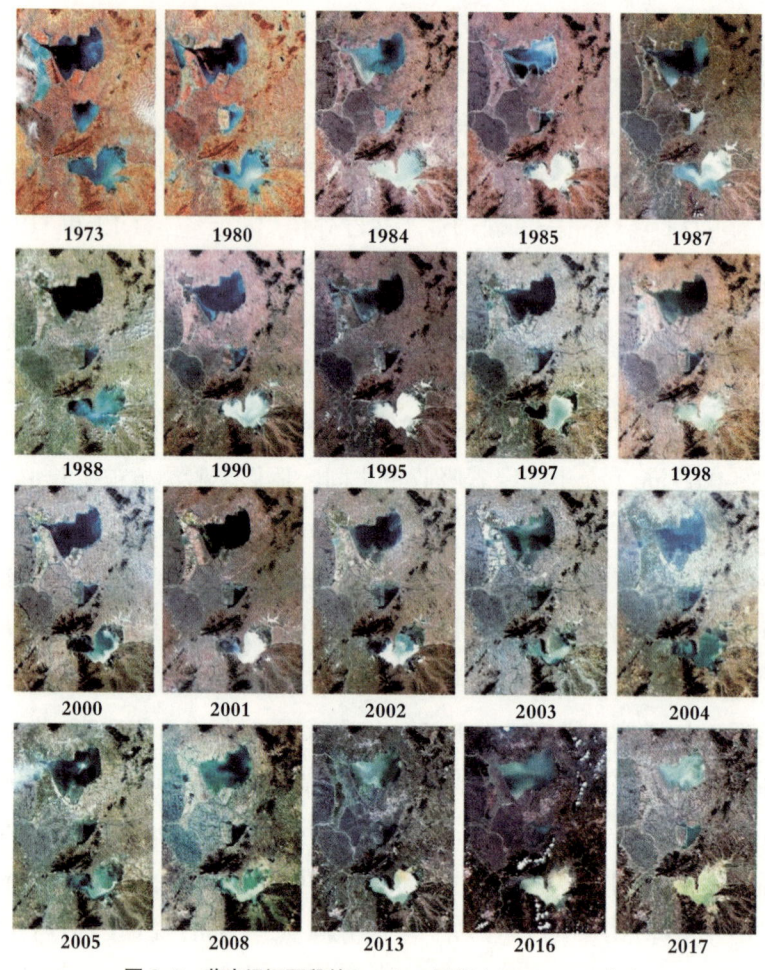

1973	1980	1984	1985	1987	
1988	1990	1995	1997	1998	
2000	2001	2002	2003	2004	
2005	2008	2013	2016	2017	

图 6-3　芜申运河西段的 Landsat 图像（1973~2017 年）

表 6-1　Landsat 遥感图像的详细信息

年份	日期（月－日）	期次	年份	日期（月－日）	期次
1973	10-29**	1	1997	3-24*；8-31*；10-18*；11-3*	4
1975	6-7**	1	1998	1-6*；2-7*；4-28*；5-30*；11-6*	5
1977	4-21**	1	1999	5-1*	1
1979	6-13**；8-6**	2	2000	2-29*；4-17*；5-3*；7-22*；10-10*；11-3*	6
1980	10-29**；12-4**	2	2001	2-15*；4-4*；7-9*；11-6*	4
1981	6-20**；7-17**；10-24**	3	2002	7-12*；9-30*；10-16*；10-24*	4
1983	8-1**	1	2003	2-5*；3-9*；7-31*；10-19*；11-4*	5
1984	7-2**；8-3**；10-30*	3	2004	2-8*；8-2*；10-21*；11-6*	4
1985	4-24**；11-18*	2	2005	1-9*；6-2*；10-24*	3
1987	9-21*	1	2006	1-28*；4-2*；5-20*；8-8*；9-25*	5
1988	7-5*；10-9*	2	2007	1-31*；3-20*；7-26*	3

续表

年份	日期（月－日）	期次	年份	日期（月－日）	期次
1989	3-10*	1	2008	12-19*	1
1990	7-11*；10-15*	2	2009	12-6*	1
1991	6-28*	1	2010	8-19*	1
1992	1-22*	1	2013	8-11*；10-14*；12-1*	3
1993	2-25*；6-17*；11-24*	3	2014	1-6*；4-24*；7-29*；11-18*；12-20*	5
1994	5-19*；7-22*；8-23*；10-26*	4	2015	1-21*	1
1995	1-30*；3-19*；4-20*；10-13*	4	2016	2-25*；3-28*；4-29*；12-9*	4
1996	2-2*；4-22*；12-18*	3	2017	1-26*；2-11*；3-15*	3

注：** 为 MSS；* 为 TM/ETM/OLI

随着雷达遥感技术的发展，雷达系统已经从早期的真实孔径雷达（Real Aperture Radar，RAR）向合成孔径雷达（Synthetic Aperture Radar，SAR）转变。合成孔径雷达系统消除了雷达天线物理长度的限制，用短天线取代真实孔径天线，实现长孔径天线的效果，雷达图像的成像分辨率有了明显提高，雷达系统可以放在任何载体上，减少了地物距离对分辨率的影响，扩大了雷达图像的使用范围（郑鸿瑞 等，2018）。合成孔径雷达属于侧视雷达，该技术具有显著优势，近年来逐渐发展成遥感研究领域的重要热点，受到科研领域的极大关注。ALOS对地观测系统在测绘、环境监测等诸多领域得到广泛应用，该系统主要有三种传感器，分别是相控阵型 L 波段合成孔径雷达（PALSAR）、全色遥感立体测绘仪（PRISM）、先进可见光与近红外辐射计 -2（AVNIR-2）。第一种传感器能够全天不间断对地观测，属于主动发射微波的传感器，分辨率高。SAR 数据由强度数据（Intensity）、振幅（Amplitude）、单视复数（Single Look Complex，SLC）组成。SAR 遥感图像经过多视处理之后获取强度图像，强度数据是将方位向和距离向的像元分辨率求和的均值。SAR 数据穿透能力强，不受云层和气候变化的影响，且随着波长的增加其穿透性能更佳。合成孔径雷达（SAR）具有全天候和昼夜观测能力，已成为监测世界淡水湿地的最佳工具之一（Jung et al.，2010）。本文采用的 ALOS PALSAR 图像为 2008 年 1 月 3~20 日获取的 L1.0 级别数据（数据来源：https:// vertex.daac.asf.alaska.edu/），未经过任何处理，分辨率为 7.5 m。其传感器为 PALSAR，具备穿透力极强的 L 波段，雷达波可以穿透植被冠层并与地表相互作用，从而观察森林冠层下的陆地和水面以及与地下水位相关的土壤含水量（Kim et al.，2014）。因此本书采用该数据研究芜申运河上游历史时期的水域范围变化情况（表6-2）。

表6-2 ALOS PALSAR 的六景遥感图像介绍

六景遥感图像 图像信息	1	2	3	4	5	6
Acquisition Date	2008-1-20	2008-1-20	2008-1-20	2008-1-03	2008-1-03	2008-1-03
Beam Mode	FBS	FBS	FBS	FBS	FBS	FBS
Path	447	447	447	446	446	446
Frame	620	610	600	620	610	600
Ascending/Descending	Ascending	Ascending	Ascending	Ascending	Ascending	Ascending
Polarization	HH	HH	HH	HH	HH	HH
Off Nadir Angle	34.3°	34.3°	34.3°	34.3°	34.3°	34.3°
Faraday Rotation	1.10°	1.11°	1.12°	1.59°	1.59°	1.58°
Absolute Orbit	10598	10598	10598	10350	10350	10350
Frequency	L-Band	L-Band	L-Band	L-Band	L-Band	L-Band

ENVI（The Environment for Visualizing Images）是一款采用 IDL 交互式语言开发的遥感图像处理平台，能够高效、精确地对遥感数据进行解译，日益受到遥感专家的欢迎，应用领域包括工农业生产的各个方面。ENVI 具有技术先进的图像提取和处理工具，其光谱分析能力位于世界前列，与 ArcGIS 的集成研究进一步提升了图像分析能力。Landsat 图像的前期处理步骤包括几何校正、系统辐射校正、图像镶嵌和裁剪、大气校正。ALOS PALSAR 雷达遥感数据预处理按照以下步骤进行：聚焦和多视处理、斑点滤波、地理编码和辐射定标（冯景海 等，

聚焦和多视处理　　　　　滤波

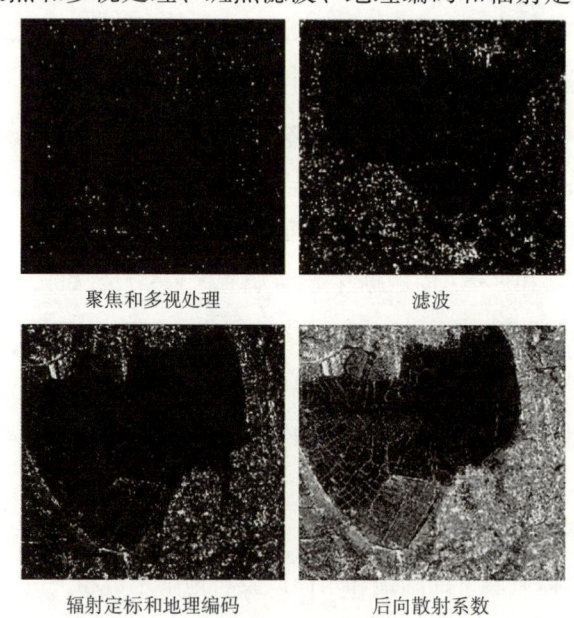

辐射定标和地理编码　　　后向散射系数

图 6-4 ALOS PALSAR 雷达图像的预处理结果图

2006），图像预处理的结果见图 6-4。

《中国文物地图集·江苏分册》和《中国文物地图集·安徽分册》中搜集古遗存 1523 处，并且根据相关描述——确定其经纬度，主要涉及太湖以西的芜申运河西段区域，包括江苏省南京市（高淳区和溧水区）、常州市（溧阳市）、无锡市（宜兴市）以及安徽省马鞍山市（雨山区、花山区、金家庄区、当涂县）、芜湖市（弋江区、三山区、镜湖区、鸠江区、繁昌县、芜湖县、南陵县）、宣城市（宣州区、广德县、郎溪县）等区域。该数据的处理步骤如下：第一步扫描江苏和安徽两省的《中国文物地图集》，书中的遗存分布图本身具有经纬度；第二步采用 ArcGIS 软件将扫描图进行经纬度配准，方便后续制作矢量图；第三步在 ArcGIS 软件建立遗存点的矢量文件，并将其叠加至 DEM 图上，同时根据文献中的气候分期生成不同时期的遗存矢量图。

搜集安徽、江苏两省的地质资料，包括文献当中的断层、沉积物分布数据（数据来源：全国地质资料馆 1∶50 万地质图），获取数据源之后采用 ArcGIS 软件进行地理坐标配准以及矢量化处理，最后绘制成图。从地理空间数据云网站（http://www.gscloud.cn/）下载 30 m 分辨率的 DEM 数据，利用 ArcGIS 软件将其矢量化，进行数字地形分析。

6.3 1950 年以来芜申运河西段水域面积提取分析——基于多元遥感图像解译

湖泊是全球水体循环中的重要环节，对气候变化、土地利用和其他人类活动具有重要的指示意义。近年来进入公众视野的一系列湖泊环境问题，严重影响了人们的日常生活和工业生产，不利于可持续发展。科学有效地监测湖泊水质变化有利于保护湖泊生态系统的平衡性（Palmer et al., 2015）。遥感技术在一定程度上提升了传统科研水平，为湖泊研究提供了极大的便利性，人们得以开展大区域多时相的水体研究（Smith, 1997）。

芜申运河西段的古丹阳大泽是古代长江中下游南岸四大湖泊之一（云梦泽、彭蠡泽、震泽、古丹阳大泽），中生代燕山运动后期的断裂作用导致溧高背斜西北翼断裂下陷，在古丹阳大泽区域产生大面积洼地，湖盆雏形基本形成（杨艳龙，2001）。此后泥沙继续淤积，在入湖江口形成新的三角洲，逐渐分化出固城湖、石臼湖、南漪湖、丹阳湖等小湖区（高淳县地方志编撰委员会，2010）。

长江下游地区众多学者对胥溪河和古丹阳大泽的来源、新石器时代文化演变等进行了历史地理学和环境考古学研究（王苏民 等，1996），但缺乏对历史时期古丹阳大泽水体变迁以及生态环境变化的研究（戴锦芳 等，1992）。现阶段是经济大发展、大繁荣的时代，同时环境污染和生态破坏等问题涌现，湖泊为人类提供了良好的生存环境，与人类的未来发展息息相关，对湖泊水体的研究具有极为重要的现实意义。本书通过遥感分析和历史文献定性解读相结合，利用 Landsat 数据各波段组合有效提取水体边界的特性，辅以 ALOS PALSAR 数据的 L 波段在探测埋藏水体方面的高敏感度，深入解析芜申运河西段的古丹阳大泽水域面积变动，揭示其变化的内在机理。

6.3.1 Landsat 光学图像和 ALOS PALSAR 雷达图像处理

1. Landsat 遥感图像分类方法的选择

遥感图像分类是当前遥感技术研究和应用学科关注的重要领域，具有极为显著的现实意义，在国土资源规划和国民经济建设方面应用广泛。根据特征空间的表达，遥感图像分类技术包括机器学习分类法、人工特征描述分类法和深度学习分类法，也可按照分类最小单元的不同，分为基于像素和基于目标分类两种（Duro et al.，2012）。基于像素分类是遥感技术发展早期阶段使用的较为传统的分类方法，通过对单个像元逐一进行处理获得分类结果，适用于分辨率较低的光学遥感图像。不同的分类标准产生的遥感图像分类方法之间存在模糊边界，遥感图像分类方法还可以分为监督分类和非监督分类，非监督分类包括最大似然法、最小距离法、平面六面体法、马氏距离法等，监督分类包括 ISODATA 分类法、K- 均值分类法等。由于基于像素的分类法存在一定弊端，尤其是混合像元问题会对分类精度产生极大干扰，遥感技术的继续发展产生了基于目标分类法，包括场景分类法等深度学习方法（表 6-3）。深度学习技术在遥感图像分类中的应用，改变了传统遥感图像分类方法的弊端，主要方法有基于卷积神经网络分类法、基于 HOG 和深度学习分类法、多视图 CCANETs 遥感图像识别等方法。目前由于技术层面存在问题，分类结果与实际相比存在一定误差，若能优化算法结构，将会实现人工智能化处理，分类结果近似于人工识别（Zhou et al.，2017）。

表 6-3 遥感图像分类方法表

分类方法	具体分支			
基于人工特征描述的分类方法	颜色直方图	纹理特征	方向梯度直方图	尺度不变特征
基于机器学习分类法	支持向量机	决策树	主成分分析法	K-均值聚类和稀疏表示
基于深度学习分类法	自动编码器	卷积神经网络	深度信念网络	迁移学习

在地物分类复杂的区域中，NDWI（Frazier et al., 2000）、MNDWI（Moghaddam et al., 2015）、NDWI3（Ouma et al., 2006）等遥感水体识别方法适用于山区以外的区域，（TM2+TM3）-（TM4+TM5）在山区的分类精确度高，但在城镇居民用地区的分类精度相对较低（吴文渊 等，2008）。

根据遥感理论分析，水体在可见光波段反射强烈而在短波红外波段的反射强度较弱（Frazier et al., 2000），植被在近红外波段对太阳光的发射率偏高，为了凸显遥感数据中的水体，采用归一化差异水体指数法（NDWI）进行分类提取。NDWI 的表达式为：

NDWI =（G-NIR）/（G+NIR）

其中的 G 代表绿波段，NIR 代表近红外波段。

鉴于城镇地表覆被物中的高大建筑物与水体在绿光和近红外波段具有类似的波谱特征，改进的归一化差异水体指数法（MNDWI）将近红外波段替换为中红外波段以区分水体与高大建筑物，MNDWI 的计算方法为：

MNDWI =（G-MIR）/（G+MIR）

其中，G 代表绿光波段，MIR 是短波红外波段（Frazier et al., 2000）。

由于芜申运河上游地区为人类活动区域，以耕作区为主，考虑到各类水体分类方法的适用性以及分类精度的差异，本书采用 NDWI 与 MNDWI 水体分类方法进行水体边界提取。根据数据的波段差异，1984~2017 年的 Landsat 图像主要采用 MNDWI 水体提取方法，其余年份的 Landsat 1~5 MSS 卫星图像不具备 MIR 波段，因此采用 NDWI 方法提取水体（图 6-5）。

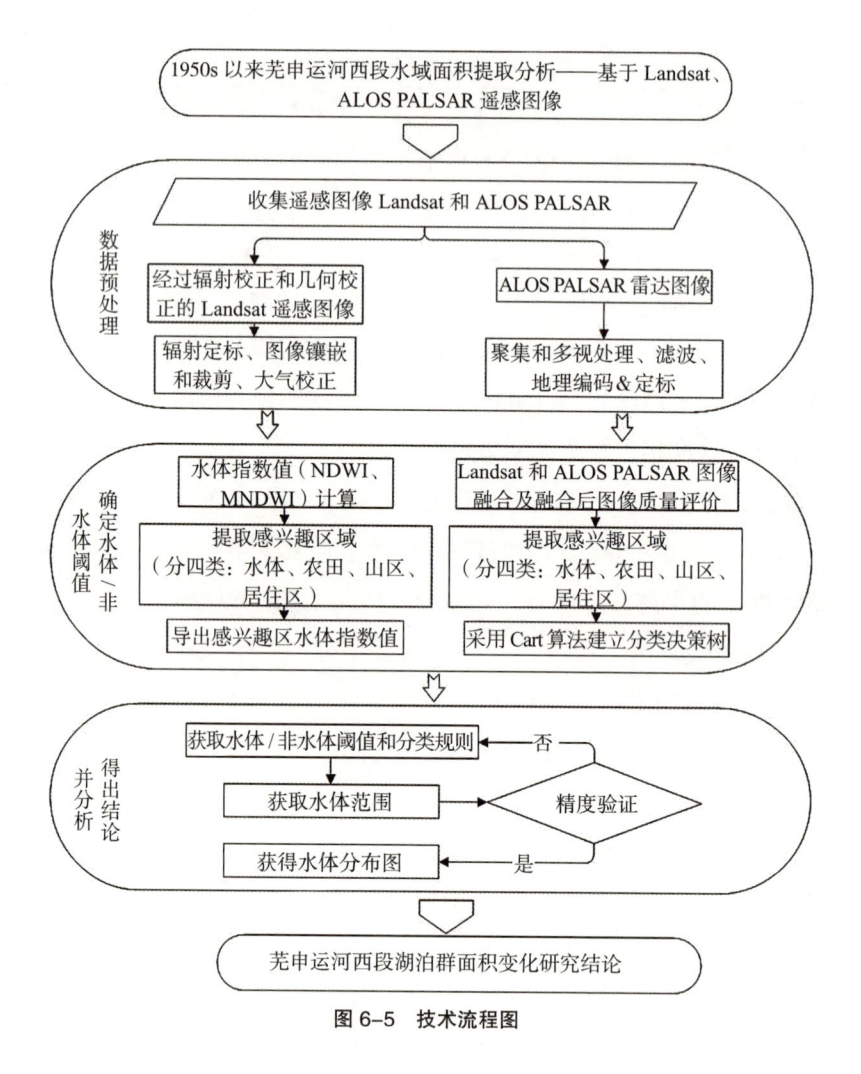

```
                    ┌─────────────────────────────────────────┐
                    │ 1950s 以来芜申运河西段水域面积提取分析——基于 Landsat、│
                    │         ALOS PALSAR 遥感图像            │
                    └─────────────────────────────────────────┘
                                       ↓
        ╭──────────────────────────────────────────────────────────╮
        │        收集遥感图像 Landsat 和 ALOS PALSAR                │
   数   │              ↓                      ↓                    │
   据   │   ┌──────────────────────┐  ┌──────────────────────┐     │
   预   │   │经过辐射校正和几何校  │  │ ALOS PALSAR 雷达图像 │     │
   处   │   │正的 Landsat 遥感图像 │  │                      │     │
   理   │   └──────────────────────┘  └──────────────────────┘     │
        │   ┌──────────────────────┐  ┌──────────────────────┐     │
        │   │辐射定标、图像镶嵌    │  │聚集和多视处理、滤波、│     │
        │   │和裁剪、大气校正      │  │地理编码&定标         │     │
        │   └──────────────────────┘  └──────────────────────┘     │
        ╰──────────────────────────────────────────────────────────╯
                         ↓                      ↓
        ╭──────────────────────────────────────────────────────────╮
        │   ┌──────────────────────┐  ┌──────────────────────┐     │
   确   │   │水体指数值（NDWI、   │  │Landsat 和 ALOS PALSAR│     │
   定   │   │MNDWI）计算           │  │图像融合及融合后图像  │     │
   水   │   │                      │  │质量评价              │     │
   体   │   └──────────────────────┘  └──────────────────────┘     │
   阈   │   ┌──────────────────────┐  ┌──────────────────────┐     │
   值   │   │提取感兴趣区域        │  │提取感兴趣区域        │     │
        │   │（分四类：水体、农田、│  │（分四类：水体、农田、│     │
        │   │山区、居住区）        │  │山区、居住区）        │     │
        │   └──────────────────────┘  └──────────────────────┘     │
        │   ┌──────────────────────┐  ┌──────────────────────┐     │
        │   │导出感兴趣区水体指数值│  │采用 Cart 算法建立分类│     │
        │   │                      │  │决策树                │     │
        │   └──────────────────────┘  └──────────────────────┘     │
        ╰──────────────────────────────────────────────────────────╯
                                       ↓
        ╭──────────────────────────────────────────────────────────╮
   得   │   ┌──────────────────────────────┐                        │
   出   │   │获取水体/非水体阈值和分类规则│←─┐否                   │
   结   │   └──────────────────────────────┘  │                     │
   论   │   ┌──────────────────────┐        ┌──────────┐            │
   并   │   │获取水体范围          │───────→│ 精度验证 │            │
   分   │   └──────────────────────┘        └──────────┘            │
   析   │   ┌──────────────────────┐           │是                  │
        │   │获得水体分布图        │←──────────┘                    │
        │   └──────────────────────┘                                │
        ╰──────────────────────────────────────────────────────────╯
                                       ↓
                    ┌─────────────────────────────────────────┐
                    │   芜申运河西段湖泊群面积变化研究结论    │
                    └─────────────────────────────────────────┘
```

图 6-5　技术流程图

2. Landsat 图像分类结果的精度验证

本书在水体分类实验过程中，根据样本点的图像信息人为确定水体分类阈值，主观性较强。为了验证数据的可性度，首先从野外考察和谷歌地球中确定 18 个验证区的经纬度，采用目视解译的方法验证精度，发现精确度高达 90%。为进一步验证研究工作的可信度，本书使用 CART（Classification and Regression Tree）算法建立分类规则，获取决策树以提取水域范围。该算法是采用递归建树的思想进行数据分类，由 Breiman 于 1984 年提出（刘年平 等，2015）。首先需要训练能够生成决策树的样本，CART 算法本身对样本具有判断能力，质量较好的分类样本才能用 CART 算法计算出分类规则；其次是采用 ENVI 软件对遥感图像进行 ISODATA 非监督分类；最后生成决策树的数据集，这是由 Landsat 数据的各个波段、

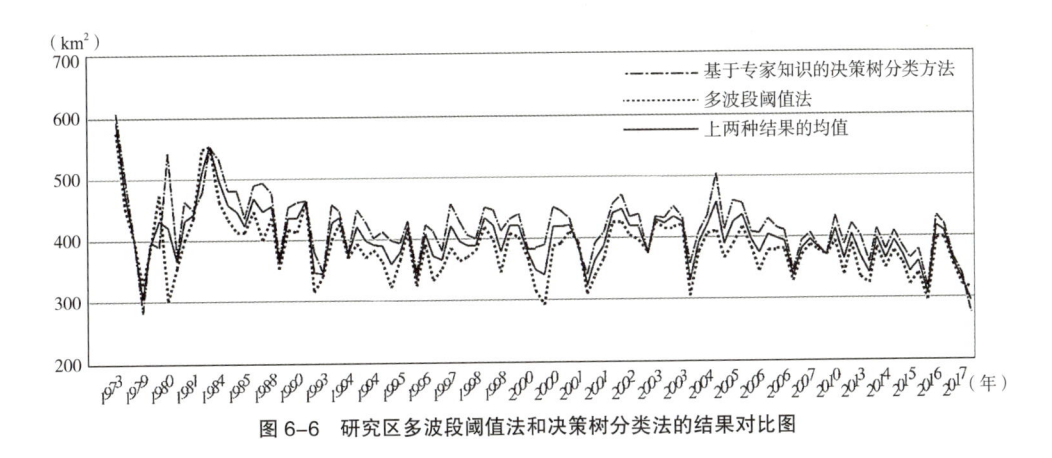

图 6-6 研究区多波段阈值法和决策树分类法的结果对比图

NDWI/MNDWI、ISODATA 非监督分类结果组合而成,这样有助于提高分类精度。研究结果发现基于 CART 算法的决策树分类法和多波段阈值法处理的结果差异较小,不同时期水体变化的趋势基本一致(图 6-6)。

6.3.2 ALOS PALSAR 与 Landsat 遥感图像融合及分类

1. 图像融合方法的选择

目前遥感技术的发展处于上升期,遥感图像的分类日益精细,各类遥感图像之间的分辨率存在差异,质量参差不齐,为了综合利用多种遥感图像的优势,人们采用遥感图像融合技术进行科学研究。图像融合是采用相应的算法处理两幅或两幅以上的遥感图像,增强图像的清晰度和分辨率,消除噪声干扰,加强图像的相关特征,获取一幅新的图像,更方便人眼识别和机器探测。图像融合技术经历了像素级融合、特征级融合和决策级融合三个阶段(徐宁等,2010)。像素级融合是指直接对像素信息进行算法处理,最大限度地利用了原始图像信息精度,但是易于受到噪声影响,对硬件设施要求高,效果不够稳定。其主要目的是增强图像信息,为人为目视解译提供帮助,主要包括主成分融合方法和小波变换融合方法。特征级融合涉及图像特征抽取(形状、边缘、轮廓、局部特征等)、图像信息综合处理,这是一种以牺牲图像的细节信息来增加目标准确率的方法,因此首先应该提取图像特征获取特征向量,进而开展特征融合,减少数据量,最大限度地实现信息压缩,但是其融合精度低于像素级融合,主要包括小波变换融合方法和神经网络融合方法。决策级融合是按照一定的融合规则对图像进行特征提取,主要包括特征提取和识别、获得图像的认识框架、融合处理。决策级融合综合了多个传感器的信息，抗干扰能力强，包括基于数学模型的和基于知识的决策融合方法。

小波变换（Wavelet）融合是在 Fourier 变换的基础上发展起来的一种高效的时频分析方法，可有效地保存图像的边缘细节特征。NNDiffuse（Nearest Neighbor Diffusion）融合方法由美国罗切斯特理工学院（RIT）提出，利用 NNDiffuse Pan Sharpening 算法进行图像融合，能够很好地保留遥感图像的色彩、光谱、纹理信息。PCA 变换图像融合方法是采用主成分分析法对图像进行融合处理，主要涉及主成分变换和主成分反变换两个步骤，实现了去噪、数据压缩等功能。Gram-Schmidt 光谱锐化图像融合方法采用 Schmidt 提出的 Gram-Schmidt 正交化算法处理图像，可增强图像的对比度，同时亦能保持低分辨率图像的光谱信息，优势明显。基于 HSV（Hue，Saturation，Value）色彩空间模型融合方法是在 HIS（Hue，Intensity，Value）融合方法的基础上提出的更为优化的融合方法，能够更好地保留多光谱信息。

2. 融合结果定量评价与分析

影响融合结果的评价标准主要包括熵、均值、标准差、平均梯度、边缘强度、清晰度等指标，熵反映图像的信息量丰富与否。理想的标准图像均值为 125，与该值差距越小表明图像质量越高。标准差用来衡量图像的反差程度，平均梯度和图像的清晰度呈正相关，图像的清晰度愈高，边缘愈清晰，边缘强度值（Contour-Volume，CV）愈大（表 6-4）。

表 6-4 芜申运河西段遥感图像融合质量评价

融合	熵	均值	标准差	平均梯度	边缘强度	清晰度
ALOS 图像	2.87	94.48	17.85	91.88	66.00	92.98
Landsat 图像	4.04	89.25	17.90	138.19	62.00	126.22
Wavelet 融合	6.49	102.13	14.02	93.64	49.26	88.95
NNDiffuse 融合	5.58	98.94	18.46	107.65	73.00	106.45
HSV 融合	6.37	97.90	18.41	117.27	65.39	89.94
PCA 融合	5.59	94.63	18.54	113.96	67.83	112.40
Gram-Schmidt 融合	5.58	98.82	15.03	107.93	59.75	110.49

融合的图像分别是 2008 年 12 月 29 日获取的 Landsat 图像和 2008 年 1 月 3~20 日获取的 ALOS PALSAR 雷达图像，将二者融合既能保留光学图像的光谱特征又能体现雷达图像的纹理信息。从表中可以发现小波变换后的图像熵最大，其次是 HSV 融合和 PCA 融合的图像，表明这三者的图像信息更为丰富；均值最高

的是小波变换后的图像，说明小波变换融合后的图像更接近于理想图像；标准差最高的是 PCA 变换融合后的图像，表明图像的反差程度最高，这一变换的平均梯度和边缘强度数值均仅次于最高值，而清晰度在所有融合方法中最优。综合以上分析可以总结出 PCA 变换融合的图像质量最高，因此后续的分析均采用这一结果（表 6-4）。

3. 图像融合后分类及精度验证

采用光学和雷达图像融合的图像进行分类，首先建立水体、耕地、山区、居民区四类分类样本，计算其可分离度，发现水体和其他样本区的可分离度均高于 1.9，说明样本结果较好。其次，根据 Cart 算法建立分类规则，得到决策树和分类结果图，并且在谷歌地图中建立了验证分类精度样本，其中水体 100 处，耕地、山区、居民区各为 35 处，采用 Kappa 系数验证分类的精确度，PCA 变换融合图像的精确度为 75.52%，非融合图像的分类精度为 72.92%，这说明光学图像和雷达图像融合在地物分类方面具有优势。融合图像和非融合图像的水体提取结果分别是 393 km^2 和 397 km^2，光学图像和雷达图像融合后的水体分类更为精确，由于雷达图像纹理信息丰富，对水体的探测较为敏感，在识别细小水体方面独具优势（图 6-7、图 6-8），因此融合后的图像质量有了显著提高，分类准确度更优。研究发现石臼湖、固城湖、南漪湖边农田区域的细小水体极为密集，据此推测这

融合图像水体分类图（左图，红色表示水体）和 Landsat 图像水体分类图（右图，绿色表示水体）

图 6-7　石臼湖水体分类图

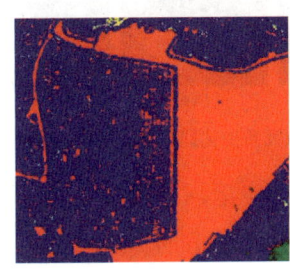

融合图像水体分类图（左图，红色表示水体）和 Landsat 图像水体分类图（右图，绿色表示水体）

图 6-8　固城湖水体分类图

些农田区域本属湖泊，后来由于人为开发转变成耕地。

6.3.3 实验结果分析

1. 芜申运河西段湖泊群水域面积年变化

本书采用 1973~2017 年的 Landsat 数据辅以 ALOS PALSAR 数据对芜申运河西段湖泊群面积进行解译，分析了该区的水域变化趋势，这两类遥感图像融合后的分类结果显示该区周边的耕地区水资源尤其丰富。融合后的图像对地物的含水量较为敏感，较 Landsat 光学遥感提取的水体更为细密，这得益于雷达图像的穿透性能和丰富的纹理信息。据分类结果推测，湖区周边的耕地是人为围湖造田所致，历年围湖筑圩是水域面积减少的直接原因，破坏了湖泊水网结构，为进一步解决水患灾害只得扩大围湖筑圩规模。因此，芜申运河西段湖泊群水域面积变化在 20 世纪 90 年代以前主要受围湖筑圩控制，在 20 世纪 90 年代以后主要受非人为的自然因素影响。

20 世纪 70 年代丹阳湖尚且存在，且面积较大，然而 1980 年后，由于当地居民大范围围湖造田，丹阳湖在人们无节制的围垦当中退出了历史舞台，只留存了运粮河等微小水面。20 世纪 80 年代固城湖西、北两面水域范围大大缩减，此后面积变化不大。历年来南漪湖水域面积变化最小，20 世纪 90 年代以前，芜申运河上游区域湖泊群水域范围变化较大，呈缩减状态，其后湖泊群水域范围变化不明显（图 6-9）。

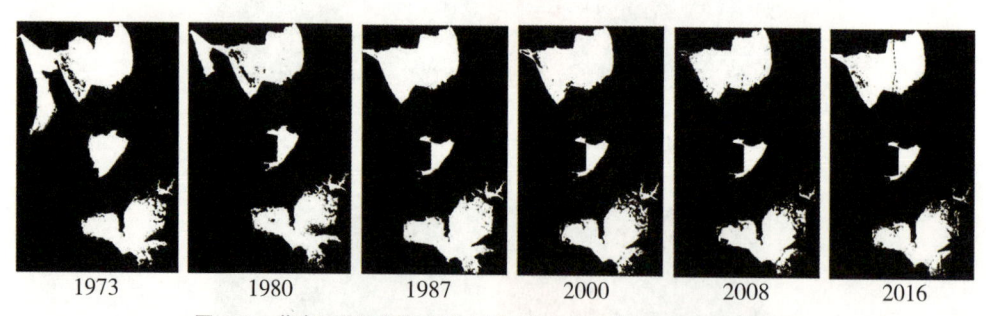

图 6-9 芜申运河西段湖泊群水域面积变化显著年份研究区范围图

从 Landsat 图像中提取的近 40 年的芜申运河西段水域面积变化数据表明，1973 年的水域范围最大（576.515 km^2），1992 年的水域范围最小（314.914 km^2）。高淳县志记载的 1973 年研究区经历的大旱，进一步验证了研究区湖泊群的面积呈缩小态势。该地区水域面积变化趋势主要分为 1973~1990 年和 1990 年~今两个时间段。1973~1979 年期间芜申运河西段水域面积在 600~300 km² 内波动降低，降幅明显。1979~1990 年水域面积主要分布于 500~300 km²，水域面积变化幅度比较大，但总体呈波动下降态势。1990 年之前的水域面积平均值为 428.607 km²。1990 年以来水域范围波动较小，最大值和最小值分别为 400 和 300 km²，均值为 373.838 km²。

据中国气象局统计，1950 年以来研究区经历了 19 次厄尔尼诺事件以及 14 次拉尼娜事件（表 6-5、表 6-6）。1973 至 1980 年研究区的水域范围总体趋于减低，与厄尔尼诺、拉尼娜事件之间缺乏关联性，1980 年后二者的变化趋势则基本符合（数据来源于中国气象局以及中国气象数据网 http://cdc.cma.gov.cn/）。考虑到云量的影响，一些年份遥感数据的获取时间与厄尔尼诺事件发生的时间存在差距，但仍可以看出两者存在极强的相关性（图 6-10；表 6-5、表 6-6）。1980 年以后政府逐渐意识到围湖造田对当地生态环境的不良影响，于是采取相关措施限制这一行为，此时的湖泊面积变化明显趋于平稳，因此可以排除人类活动对 1980 年以后水体变化的影响。

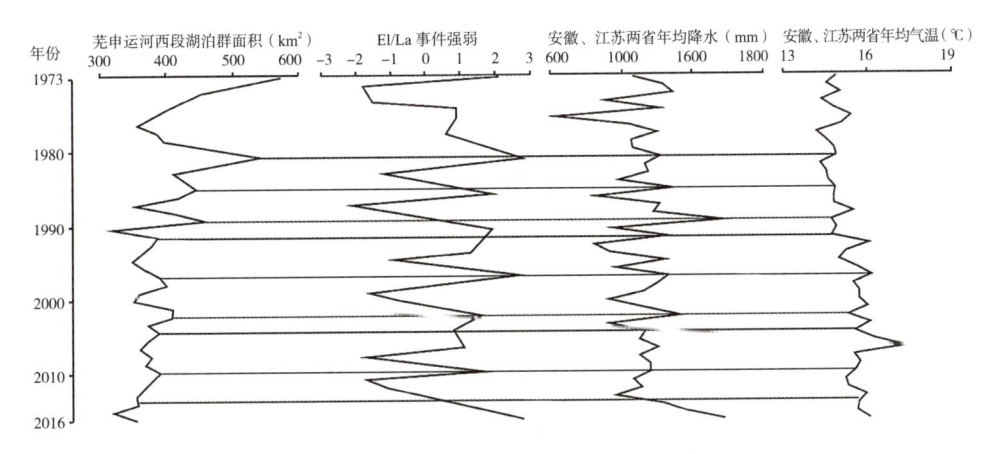

图 6-10 芜申运河西段湖泊群面积年际变化

表 6-5 中国 1950 年以来的厄尔尼诺事件

起止时间	持续时间（月）	峰值时间	峰值强度	强度等级	事件类型
1951.08~1952.01	6	1951.11	0.8	弱	东部型
1957.04~1958.07	16	1958.01	1.7	中等	东部型
1963.07~1964.01	7	1963.11	1.1	弱	东部型
1965.05~1966.05	14	1965.11	1.7	中等	东部型
1968.10~1970.02	17	1969.02	1.1	弱	中部型
1972.05~1973.03	11	1972.11	2.1	强	东部型

续 表

起止时间	持续时间（月）	峰值时间	峰值强度	强度等级	事件类型
1976.09~1977.02	6	1976.10	0.9	弱	东部型
1977.09~1978.02	6	1978.01	0.9	弱	中部型
1979.09~1980.01	5	1980.01	0.6	弱	东部型
1982.04~1983.06	15	1983.01	2.7	超强	东部型
1986.08~1988.02	19	1987.08	1.9	中等	东部型
1991.05~1992.06	14	1992.01	1.9	中等	东部型
1994.09~1995.03	7	1994.12	1.3	中等	中部型
1997.04~1998.04	13	1997.11	2.7	超强	东部型
2002.05~2003.03	11	2002.11	1.6	中等	中部型
2004.07~2005.01	7	2004.09	0.8	弱	中部型
2006.08~2007.01	6	2006.11	1.1	弱	东部型
2009.06~2010.04	11	2009.12	1.7	中等	中部型
2014.10~2016.04	19	2015.12	2.8	超强	东部型

数据来源：中国气象局、中国气象数据网

表 6-6 中国 1950 年以来的拉尼娜事件

起止时间	持续时间（月）	峰值时间	峰值强度	强度等级	事件类型
1950.01~1951.02	12	1950.01	-1.4	中等	东部型
1954.07~1956.04	22	1955.10	-1.7	中等	东部型
1964.05~1965.01	9	1964.11	-1.0	弱	东部型
1970.07~1972.01	19	1971.01	-1.6	中等	东部型
1973.06~1974.06	13	1973.12	-1.8	中等	中部型
1975.04~1976.04	13	1975.12	-1.5	中等	东部型
1984.10~1985.06	9	1985.01	-1.2	弱	东部型
1988.05~1989.05	13	1988.12	-2.1	强	东部型
1995.09~1996.03	7	1995.11	-0.9	弱	东部型
1998.07~2000.06	24	2000.01	-1.6	中等	东部型
2000.10~2001.02	5	2000.12	-0.8	弱	中部型
2007.08~2008.05	10	2008.01	-1.7	中等	东部型
2010.06~2011.05	12	2010.12	-1.6	中等	东部型
2011.08~2012.03	8	2011.12	-1.1	弱	中部型

数据来源：中国气象局、中国气象数据网

2. 芜申运河西段湖泊群水域面积季节变化

中国气象数据网地面气候资料显示研究区地处中国沿海地区，属于亚热带，是亚洲东南季风的直接影响区域，夏季降水充沛，冬季雨量偏少。研究区在夏秋季节时水域范围最广，冬春季节面积萎缩（图6-11）。该区农业耕作用地占大

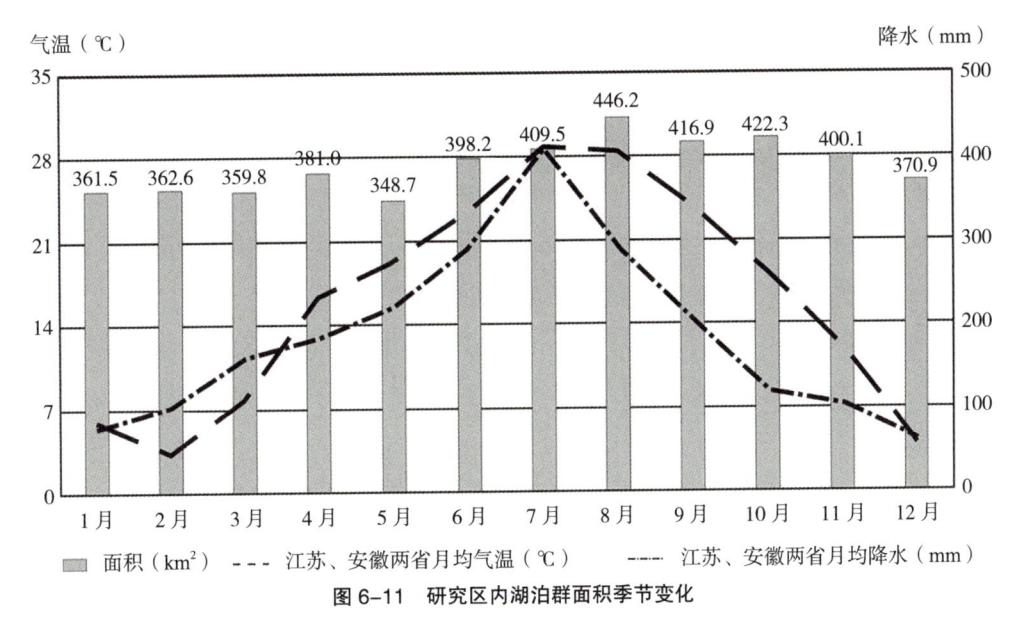

图 6-11 研究区内湖泊群面积季节变化

部分，尤其是历史时期围湖筑圩，建造了大量圩田（溧水县地方志编撰委员会，1988）。本书将春、夏、秋、冬四个季节的时间跨度定为 3~5 月、6~8 月、9~11 月、12~次年 2 月。一年之计在于春，春天万物复苏，人们需要大量的水资源开展农业生产，而且春季的气温逐渐回升，蒸发量较大，因此研究区春季的水体面积最小。夏季气温迅速升高，蒸发量随之攀升，然而这一时期汛期的到来给研究区的湖泊带来了丰沛的水资源，加之长江中上游的水量汇入，此时的水域范围波动增加。秋季意味着收获，农业生产用水较少，随着气温的逐渐降低蒸发量也同步减少，因此此时的水体面积依然处于高值。冬季的温度逐月降低，西北季风席卷而来，降水量骤降，水域范围随之降低。

3. 围湖筑圩对芜申运河西段湖泊群水域面积的影响

湖泊为人类提供优质水源，湖区的优质条件吸引人们在此定居，然而随着人地矛盾的日益凸显，围湖造田应运而生。由于缺乏系统合理的制约，研究区域在 20 世纪 50 年代时建圩联圩，此后的围湖造田更加严重，70 年代达到顶峰。20 世纪 80 年代中期，政府意识到围湖造田的弊端后开始制止此行为，此后三湖的面积基本没有变化。新中国成立初期，丹阳湖湖区面积 184 km^2，1949 年时仍有约 164 km^2。1966 年围垦丹阳湖面积 20 km^2，这是新中国成立后围垦丹阳湖之始。1969 年丹阳湖在围垦中缩小了 47.3 km^2，1970 年高淳县丹阳湖的 10.2 km^2 湖区转变为农田。1971~1974 年在持续围垦中丹阳湖又减少了 21.4 km^2。在这一系列的大范围围垦后，丹阳湖的核心部分已经完全消失，1985年后丹阳湖终于在大大小小的围垦中消失于大众的视野，仅存运粮河水面（当涂县志编撰委员会，1996）。固城湖于20世纪50年代和60年代修筑了天保圩、漆桥东王圩、浮山圩、胜利联合圩、四新圩等圩田，共计约23000亩。1974年高淳县在固城湖南侧新筑串湖大堤，并取名"胜利圩"。此后政府部门意识到这种行为的弊端，开始制止，但事犹未果。1978年又在固城湖堤围垦4万余亩，取名"永胜圩"，再加上70年代围垦的永联圩、跃进圩等，湖面积大大缩小，至1985年，固城湖面积已从原来新中国成立前的81 km^{2}减少为30.9 km^2（当涂县志编撰委员会，1996，见表6-7）。

1949~1985年期间石臼湖修筑了战天圩（1970年）、西大圩（陈家）（1971年）、胜利圩（1970年）、团结圩（1970年）等大圩，导致湖泊面积有所减少，但相对于丹阳湖和固城湖来说面积变化较少（溧水县地方志编撰委员会，1988）。据20世纪50年代资料，南漪湖湖水面积223 km^2，70年代有所缩小，为201.5 km^2。宣城地区的圩口主要在水阳江两岸和南漪湖周围，大多为新中国成立前圈筑，最早的筑于东吴赤乌年间，历朝历代都曾围垦、修补，新中国成立前大都是小圩。1949年有圩口181个，1954年特大水灾之后，大规模修堤复圩、联圩、并圩。到1971年，圩口并成100个，其中万亩以上圩由14个增至19个。1979年有大小圩口111个，其中万亩以上的14个。时间延续到1987年，该区的圩田数目增速有所减缓，圩总数为117个，万亩以上的圩田数目依然是14个。

表6-7 新中国成立以来研究区围湖造田情况

地区	时间	圩田名称	圩田面积（km^2）
丹阳湖	1966	丹阳湖军垦农场	20
	1969	湖阳公社老圩	47.3
	1970	胜利圩	10.2
	1971~1974	南、北二圩	53.46
固城湖	20世纪50~60年代	天保圩、漆桥东王圩、浮山圩、胜利联合圩、四新圩	15.33
	1978	永胜圩	26.67
	20世纪70年代	永联圩	10.5
	20世纪70年代	跃进圩	4
石臼湖	1970	战天圩	50
	1970	胜利圩	
	1971	西大圩（陈家）	
	1970	团结圩	

新中国成立之初,《溧水县志》(溧水县地方志编纂委员会,1988)中记录的研究区内湖泊面积总计 720 km^2,1973 年的湖泊面积却只有 576.515 km^2,而这一面积是 1973 年以来遥感图像提取水体面积中的最高值。结合围湖造田数据可知,这一时期的围湖造田风气极为兴盛。不仅如此,人们还大规模地联圩、并圩,导致该区的水域范围急剧萎缩。根据 2014 年 Landsat 遥感图像提取的水体计算得出目前固城湖面积为 27.2 km^2,石臼湖面积是 183 km^2,南漪湖仅仅 140.78 km^2,丹阳湖几乎不复存在,只剩下运粮河等水面。1990 年后围湖造田的危害逐渐显现,人们意识到这一行为对地方经济可持续发展的不良影响,在地方政府的鼓励下停止围垦湖区,湖泊范围在平稳中缓慢波动变化,水域面积变化与旱涝灾害发生年代相对应,但该时段的湖泊群水域面积变化主要受自然因素影响。

6.3.4 本章小结

(1)本书采用 1950 年以来文献资料所记载的湖泊群面积以及 1973~2017 年的 Landsat 遥感图像数据资料,重建了这一时段内的水体边界,将不同分辨率的水域边线内的像元数量转变为水体的实际范围。研究结果表明,自 1950 年起,芜申运河西段在 20 世纪 80 年代以前的水域面积呈逐渐缩小态势;20 世纪 80~90 年代处于过渡期,人类活动的作用逐渐减弱;90 年代后水域面积在稳定变化中小幅波动下降。结合该区的典籍资料以及季风强弱数据可以发现,1980 年以前该区盛行围垦湖泊建造农田以解决人地矛盾,这对湖泊面积以及区域的水网结构危害极大,水域面积逐渐萎缩。此后在政府的正确引导下围湖造田之风得以遏制,水域面积的变化幅度明显降低,与气候环境的变化趋势基本吻合,1990 年之后自然因素是水域变迁的主要影响因子。

(2)本书将 ALOS PALSAR 雷达数据与 Landsat 数据融合提取水域范围,发现融合后的遥感数据分类精度更高,这有利于增强分类数据的纹理信息和光谱逼真度。研究结果指示融合后遥感图像提取了大量的细小水体,而这些水体恰是位于农田分布区域,说明目前的很多耕地从前是湖泊所在地。

第七章　新石器时代以来芜申运河西段水域范围重建——以环境考古方法为主

7.1 芜申运河西段古丹阳大泽水域范围重建

7.1.1 水域边界提取理论与方法

芜申运河位于长江流域下游，属于亚热带季风性湿润气候，温暖湿润，雨热同期，适宜人类生存繁衍。该区南部的皖南山地丘陵、黄山、天目山和北部的茅山、宜溧山地地表主要为森林所覆盖，地带性植被为亚热带常绿阔叶林。研究区内主要的地表覆盖物是森林、水体、耕地。古丹阳大泽是芜申运河西段的主要湖泊，大约成湖于两三百万年前，在新石器时代面积极为广阔，覆盖区域可达4132 km^2，目前该区的石臼湖、固城湖、南漪湖均属古丹阳大泽的范围（窦鸿身 等，1983）。遥感研究结果显示目前研究的石臼湖、固城湖、南漪湖、丹阳湖都位于古丹阳大泽区域内，本书旨在复原古丹阳大泽新石器时代的水域形状，确定其边界范围，这对研究古丹阳大泽东部太湖地区和西部巢湖水域史前文化的发展传播具有极为重要的现实意义。

水域边界提取是目前水文工作的重要组成部分，对水域范围监测和水环境治理具有重要意义。目前水域边界提取的方法主要有基于纸质地形图或者地质资料计算水域面积、遥感图像水域范围提取、DEM数字高程模型的水域边界重建。基于纸质地图方法的精确度容易受到人为主观因素的影响，在实际的计量工作当中，对人力和物力的耗费都是难以估量的。基于遥感图像水域范围提取方法的工作效率明显优于前一种方法，目前可用的遥感数据日益增多，遥感的光谱信息在不断优化，能够获取的分辨率更是快速增高，主要有边缘检测法、阈值法、区域生长法、谱间关系法、色度判别法、迭代混合分析法、水体指数法，这些方法各有优劣。总体而言，利用数学算法提取的精度明显更优（张裕 等，2018）。DEM数字高程模型重建水体方法采用DEM高程数据建立水域边界模型，DEM高程数据本身不具有详细的、可视化程度较高的地物分类，无明显的河流、水系、水库分类，因此在利用DEM数据提取水体边界时需要进行一定的算法处理，包括DEM图像的表面形态分析、流水形态分析、流水物理模型分析等，以增强DEM图像的地理信息，帮助人们更加有效地获取水域边界（许新良等，2004）。

7.1.2 基于遗存分布和DEM数字地形建模的水域范围重建

环境考古是一门综合地理环境与考古发掘研究的交叉学科。文化地层中发掘的古遗存为先民活动时所遗留，遗存包含了遗迹与遗物，遗迹是指遗址、墓葬、先民生产生活时遗留的痕迹，遗物则是遗留的实物。古遗存所构成的聚落揭示了文化地层的年代和当时的文化发展水平。早期的环境考古研究聚焦于聚落单体，随着不同学科的理论以及实验技术的进步，大量国内外学者对古聚落进行系统的三维可视化空间研究（Abe et al., 2016; Stuart et al., 2018），跨越了地球系统内部的大气圈、水圈、生物圈、岩石圈，这种多学科交叉的集成研究整合多方影响因素，拓宽了研究领域，人地关系研究日趋多元化。

本书研究的古遗存隶属的行政区划基本位于太湖以西的芜申运河西段地区，包括江苏省南京市（高淳区和溧水区）、常州市（溧阳市）、无锡市（宜兴市）以及安徽省马鞍山市（雨山区、花山区、金家庄区、当涂县）、芜湖市（弋江区、三山区、镜湖区、鸠江区、繁昌县、芜湖县、南陵县）、宣城市（宣州区、广德县、郎溪县）等地区。古遗存的地理资料来自《中国文物地图集·江苏分册》和《中国文物地图集·安徽分册》，根据文献中对古遗址、古墓葬以及时代、类型及所属区域的记载做详细整理。由于无法获得实地量测的经纬度数据，本书将《中国文物地图集》的文物分布地图扫描成电子版，利用ArcGIS软件选取地面控制点进行配准，进而通过建立点图层获取1523处遗存点的经纬度，因此与实地测量的经纬度数据相比存在些许误差。本书利用ArcGIS软件将古遗存点叠加至地形图上，并按照历史文献中的气候分期绘制成图（表7-1）。

表7-1 新石器时代以来的古遗存数量及不同时代对应的气候分期表

时期	新石器时代中期	新石器时代晚期	夏商周~春秋战国	秦~南北朝	隋~五代	两宋~元	明	清~民国
时间跨度	7.5~5.0 ka B.P.	5.0~4.0 ka B.P.	4.0~2.2 ka B.P.	2.2~1.36 ka B.P. 246 B.C.~581 A.D.	1.36~1.0 ka B.P. 581~960 A.D.	1.0~0.58 ka B.P. 960~1368 A.D.	0.58~0.3 ka B.P. 1368~1655 A.D.	0.3~0 ka B.P. 1678~1949 A.D.
数量（个）	14	30	553	142	39	114	195	436

续 表

时期	新石器时代中期	新石器时代晚期	夏商周~春秋战国	秦~南北朝	隋~五代	两宋~元	明	清~民国
气候分期	温暖期	寒冷期	温暖期	寒冷期	温暖期	寒冷期	寒冷期	寒冷期

研究区跨越了江苏和安徽两省南部地区，两地区新石器时代的文化类型各不相同。安徽省的史前文化以黄山为界，黄山两侧文化差异明显，黄山北部的文化面貌与宁镇地区相近（朔知，1998）。宁镇地区的史前文化分期与江苏省南部的新石器时代的文化分期类似，主要包括马家浜文化（7~5.8 ka B.P.）、崧泽文化（5.8~5 ka B.P.）、良渚文化（5~4 ka B.P.）。考虑到皖南的史前文化具有地方特色，目前尚未做确切的文化分期，本节以新石器中期（7.5~5 ka B.P.）和新石器晚期（5~4 ka B.P.）作为江苏和安徽两省统一的文化分期，此后的时间段划分是基于历史文献中气候冷暖的记录。为了更为有效地凸显水体覆盖范围的变动，本书基于湖泊周边的遗存位置以及现有湖泊的边界描绘出可能的水域形状。

1. 新石器时代的水域范围

新石器时代中期（7.5~5.0 ka B.P.）正处于全新世大暖期（Holocene Megathermal Period 见：施雅风，1992），气候温暖湿润，中国大暖期主要出现于8.5~3 ka B.P.期间，其中7.2~6 ka B.P.时段气候最为暖湿（Yao et al., 2017; Cosford et al., 2009）。研究区在此时出现了人类文明，遗存数量共14个，均为遗址点。当时大部分人类遗存分布在古丹阳大泽外围的九华山、黄山、茅山山脉等地势相对较高处，东坝以东的遗存共有8处，分散于古丹阳大泽边缘（图7-1）。遗存的分布指示此时的古丹阳大泽极为宽广。新石器时代晚期（5.0~4.0 ka B.P.）气候趋于干冷，太阳辐射减弱（Dong et al., 2010; Barron et al., 2011），湖泊范围随之缩减，在湖区周边的平地上发现人类遗存（图7-2）。

新石器时代晚期的遗存数量共30个，均为遗址点，茅山山脉以西明显多于茅山山脉以东地区，可能是由于该时段气候向偏凉偏干转变，东坝以西地区由于水阳江、青弋江带来的大量泥沙淤积于此，水域范围逐步缩小，人类活动范围扩大，但是先民居住区的海拔高度较全新世中期时明显偏高。全新世中期的先民主要活动于茅山山脉以东地区，全新世晚期则主要分布于茅山山脉以西地区，说明水体逐渐缩小。随着人类文明的发展进步，其活动地域逐步扩大，并且与周边地区的其他文化展开交流。从研究区的地势图我们可以发现茅山是太湖地区人类文明向

第七章 新石器时代以来芜申运河西段水域范围重建——以环境考古方法为主

其他地域扩张的屏障,据此我们猜测先民可能是以古丹阳大泽为通道走向茅山东部地区。

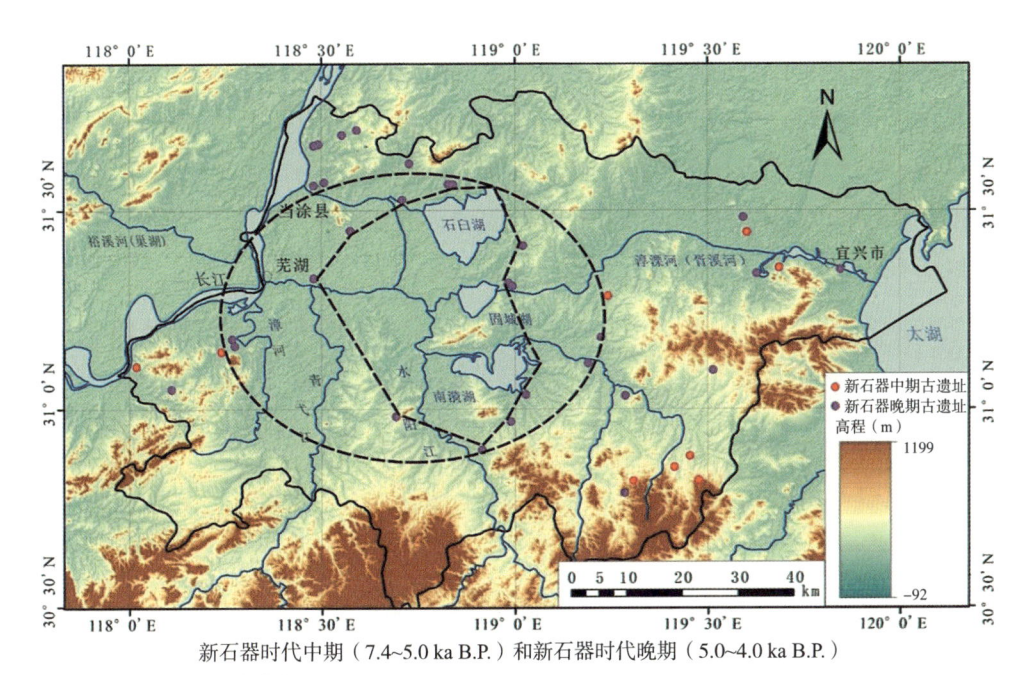

注:虚线圈内为推测的水域范围

图 7-1 芜申运河西段新石器时代的古遗存分布图

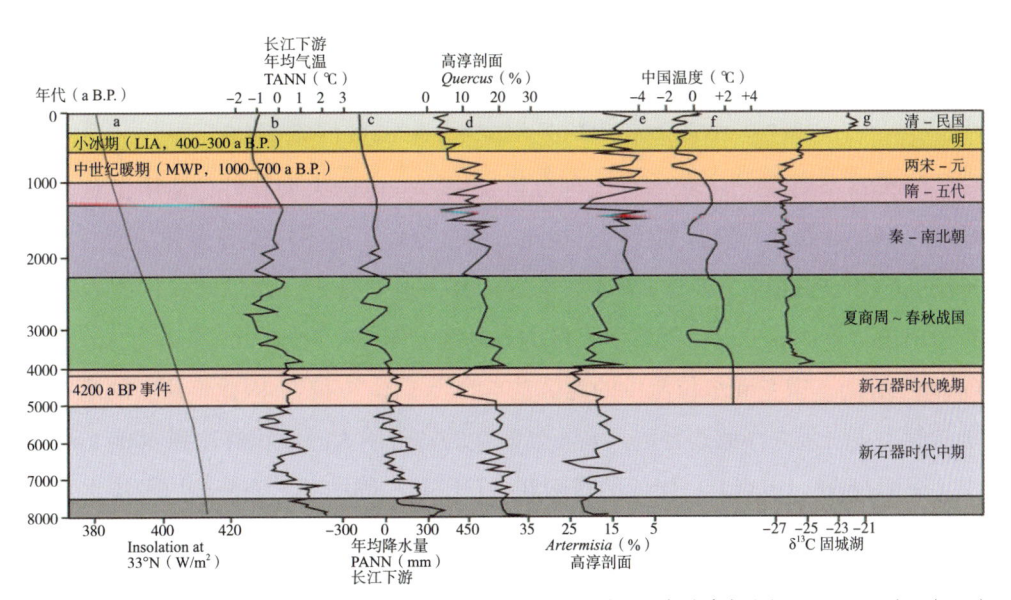

（a）太阳辐射强度图（Dong et al., 2010）；（b, c）长江下游的年均气温和年均降水量（Li et al., 2018）；（d, e）高淳剖面的 Quercus 和 Artermisia 的比重（Yao et al., 2017）；（f）中国温度（竺可桢,1973）；（g）固城湖的 $\delta^{13}C$ 曲线图（羊向东 等, 1994）。

图 7-2 长江下游气候数据对比图

147

DEM 高程数据被广泛用于数字地形建模，尤其是在提取流域边界方面的应用度极广，通常采用 DEM 高程数据建立流域汇流图（周厚芳，2011）。Global Mapper 软件在地图的可视化和地图编辑方面的功能较为成熟。本研究采用的古丹阳大泽区域 DEM 数据（来源于 https://vertex.daac.asf.alaska.edu/）分辨率为 30 m。利用 Global Mapper 的 3D 分析工具建立三维水体模型，将水位分别设置为 6~10 m，通过对比不同水位高度时研究区被水体淹没的范围，推断古丹阳大泽的水体覆盖范围。研究发现 8 m 水位区域与围湖造田复原的古丹阳大泽水域面积基本相符（图 7-3）。

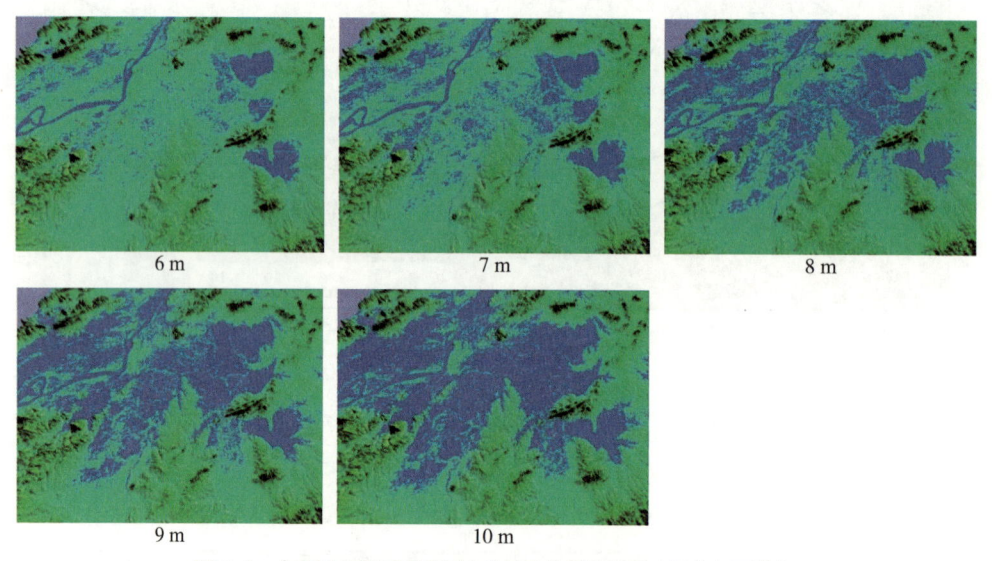

图 7-3　古丹阳大泽区域不同水位的水体覆盖范围（深蓝色区域）

ArcGIS 软件是一个集多种地理分析模块为一体的大型软件，适用于对多种地理数据进行处理，具有地图的可视化、数据处理、地图转换等多种功能。本书采用 ArcGIS 软件进一步对 DEM 数据进行数字地形分析。通过该软件的表面分析模块进行等值线分析，提取研究区的等高线分布图，发现 8 m 等高线的范围与 Global Mapper 中 8 m 水位淹没的地区基本吻合（图 7-4），因此将两者的范围叠加绘制出古丹阳大泽的边界线。新石器时代的古丹阳大泽面积曾达到 4000 km^2 以上（窦鸿身 等，1983），当代的丹阳湖、石臼湖、固城湖、南漪湖以及溧水、当涂、高淳、宣城的大部分地区均分布于古丹阳大泽水域范围内，ArcGIS 软件绘制出的范围与上述区域基本相符。这是本书根据现有资料采用电脑软件建立模型模拟古代的水位高度，史书并未对古丹阳大泽形成时的具体年代以及边界做详细记录，因此还需结合考古遗存的分布确定其形成时间以及水域边界。

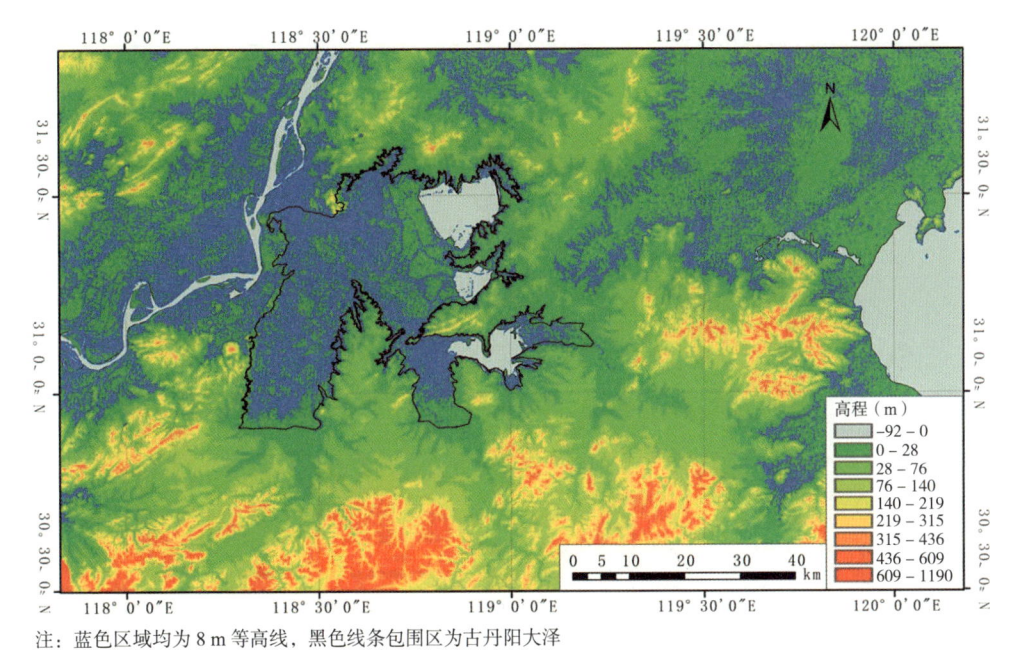

注：蓝色区域均为 8 m 等高线，黑色线条包围区为古丹阳大泽

图 7-4 古丹阳大泽推测水域范围图

2. 其他时期的水域范围

长江下游孢粉数据（Li et al., 2018）和神农架三宝洞 SB10 石笋的氧同位素记录（Shao et al., 2006）证实了夏商周时期正处于寒冷期（竺可桢, 1973），太阳辐射明显减弱，碳同位素数值偏负，指示气候偏凉（羊向东 等, 1994）。夏商周时期的遗存数量高达 553 个，其中遗址总数为 138 个，墓葬共有 399 个，其他遗存共 16 个（图 7-5）。商周时期气候相对稳定，降水较少，此时的遗存数量大量增加，但仍然大范围集中于地势较高的山地余脉，不过在距离湖泊较近的地方出现了人类遗存，表明湖泊范围进一步缩小。

秦～南北朝这一时段中的遗存数量共 142 个，遗址数量为 29 个，墓葬总数为 90 个，其他遗存为 23 个（图 7-6）。秦朝是中国气候变化史上的第二大暖期，西汉处于温暖期，东汉～南北朝较长时间内气候仍然寒冷，碳同位素总体偏负，指示太阳辐射仍在减弱，气温和降水有所增加（Dong et al., 2010）。这一时段末期战乱频繁，气候条件恶劣，极其寒冷，大量人口南迁，秦～南北朝时期分布于湖泊周围低洼地上的遗存有所增多，因此该区湖泊范围较前期有所缩减。

● 芜申运河所经古中江流域环境考古研究

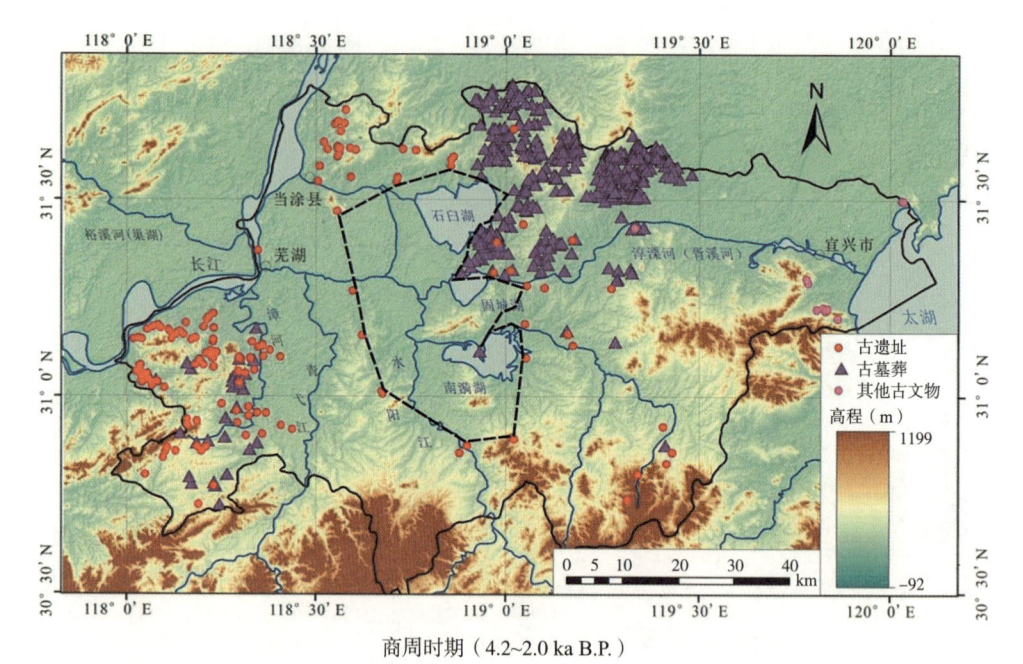

商周时期（4.2~2.0 ka B.P.）

注：虚线圈内为推测的水域范围

图 7-5　芜申运河西段商周时期的古遗存分布图

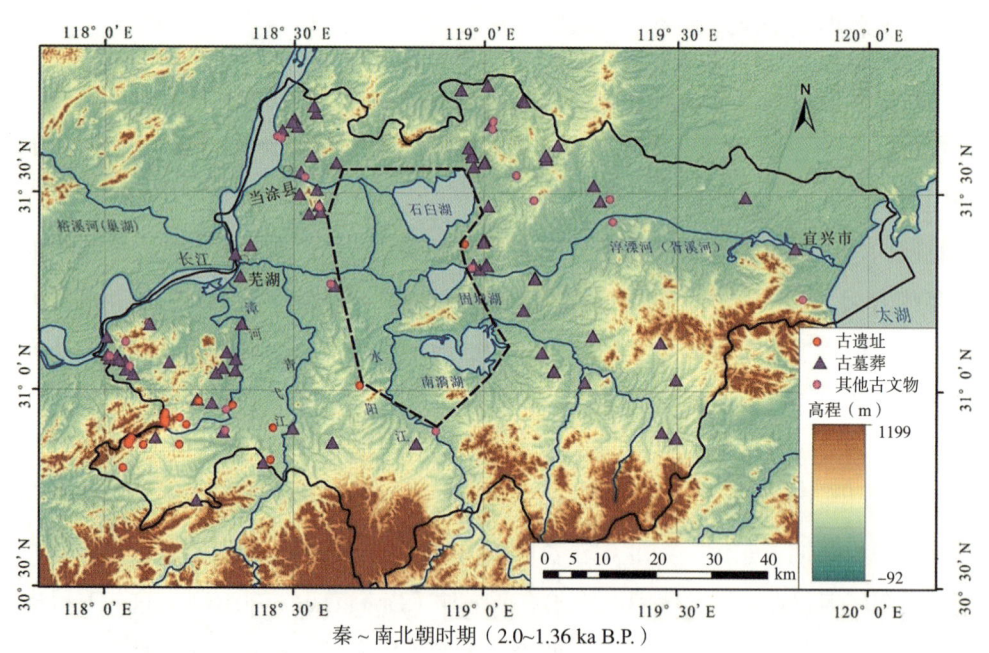

秦~南北朝时期（2.0~1.36 ka B.P.）

注：虚线圈内为推测的水域范围

图 7-6　芜申运河西段秦~南北朝时期的古遗存分布图

隋~五代时期气候温暖湿润（Yao et al., 2017），是我国气候史上的第三大温暖期。此时政治中心位于北方，南方发展较慢，江南地区的经济发展水平较北方落后，人口分布稀疏，因此遗存数量相对较少，总共39个，其中遗址数量为17个，墓葬共9个，其他遗存共13个（图7-7）。我们只能根据现有的遗存分布推测当时的水域范围较宽广，气候暖湿导致水域面积扩大。

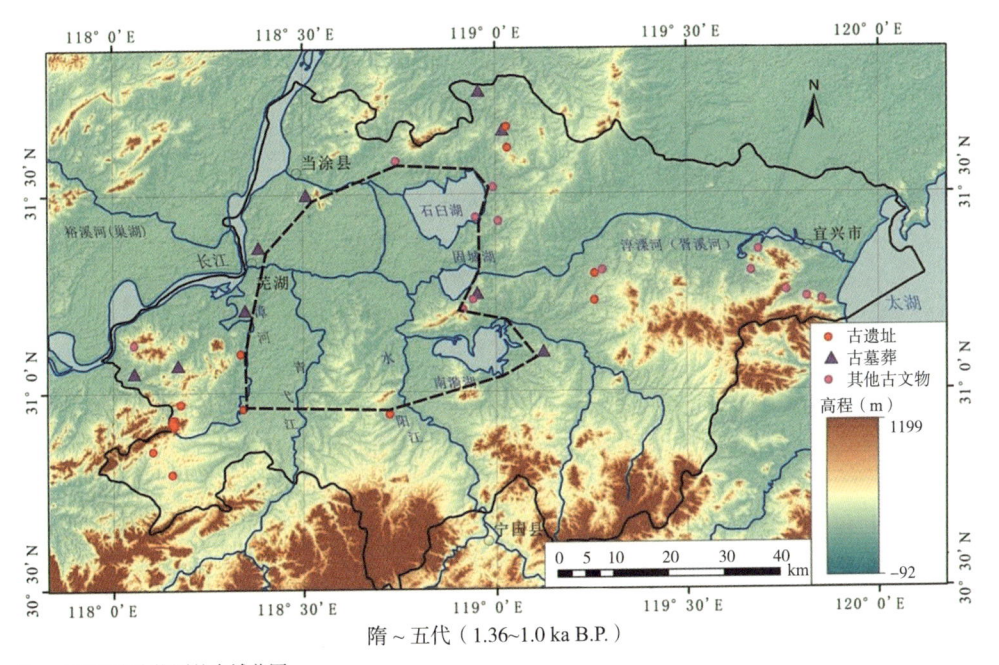

注：虚线圈内为推测的水域范围
图 7-7 芜申运河西段隋~五代时期的古遗存分布图

两宋~元代的遗存总数为114个，遗址数量是34个，墓葬数量是33个，其他遗存数为47个（图7-8）。遗存不再高密度地集中于山地余脉的高岗上，而是散布于湖泊的周围，并且在距离现湖区较近的地区发现了古代遗存。北宋时期正处于中全新世暖期（MWP，1–0.7 ka B.P.），但南宋气候开始转为寒冷（Li et al., 2018）。结合历史文献资料可以发现此时的围湖筑圩尤其盛行（图7-9），湖泊范围受到人类活动的干扰较大。该时段水旱灾害频发，季风强度大（Zhang et al., 2008）。人类违背自然规律，必然会遭受大自然的反击。不合理的水利工程加重了自然引起的水旱灾害的严重性，该时期遗存的海拔较前期明显增加，这或许正是自然和人类综合作用的结果。

两宋～元（1.0~0.58 ka B.P.）

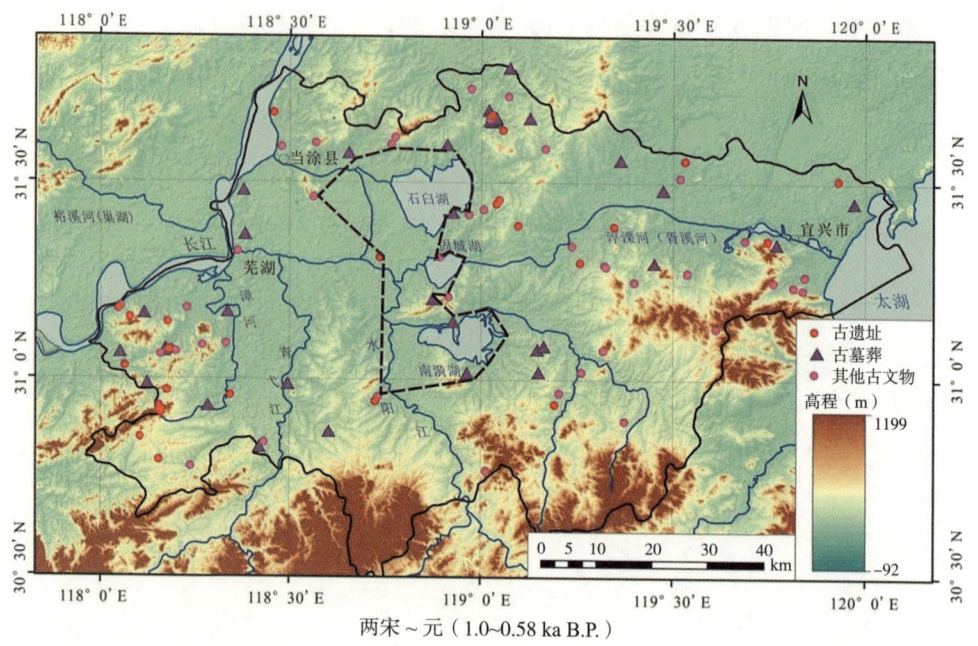

注：虚线圈内为推测的水域范围

图 7-8　芜申运河西段两宋～元代时期的古遗存分布图

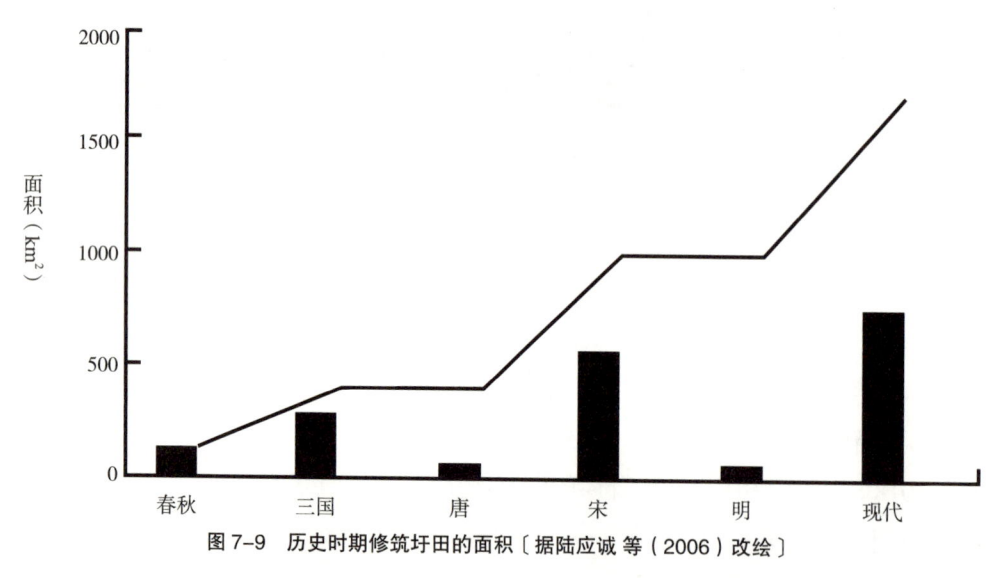

图 7-9　历史时期修筑圩田的面积〔据陆应诚 等（2006）改绘〕

明～清时期气温偏低（Li et al.，2018），明代古遗存数量共 195 个，其中包括 20 个遗址、48 个墓葬、127 个其他遗存；清代～民国的古遗存数量共 436 个，包含有遗址 33 个、墓葬 43 个、其他遗存 360 个（图 7-10）。明代～民国的遗存分散于湖泊边缘及其他地区，尽管此时水旱灾害频发，但是人类仍然选择在湖滨低洼地带生活，这说明人类文明进一步发展，也揭示了随着人类进一步围湖筑圩水域范围持续缩减。清光绪《溧水县志》记载县境内石臼湖面积386方里,折算约128 km²,至1984年,溧水县境内实际水面仅为90.4 km²(图7-9、图7-10)。

明代(0.58~0.3 ka B.P.)

清~新中国成立(0.3~0 ka B.P.)

注:虚线圈内为推测的水域范围

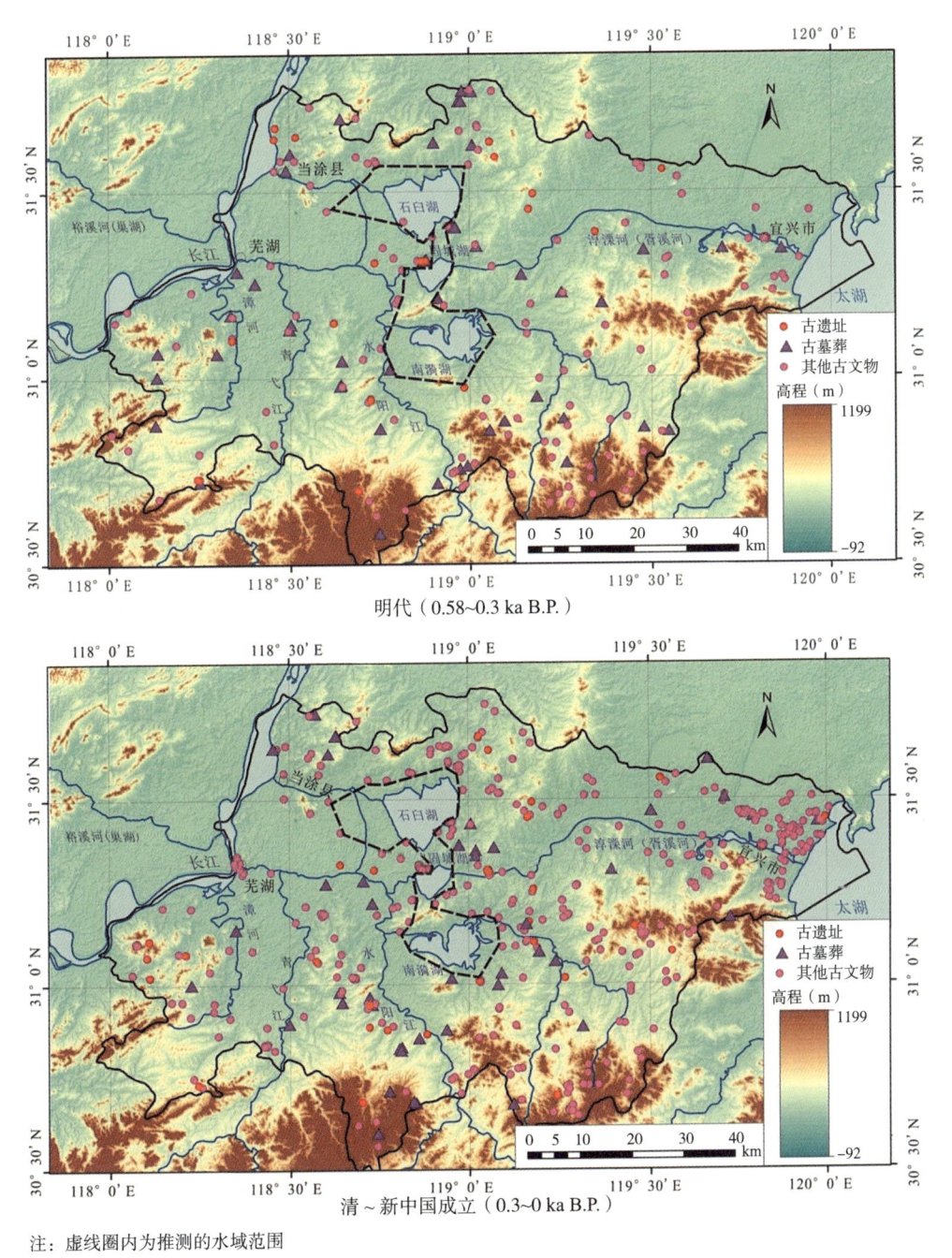

图7-10 芜申运河西段明~新中国成立的古遗存分布图

新石器时代中期正处于全新世大暖期，气候温暖湿润，古遗存分布范围指示此时的水域范围基本和古丹阳大泽重建范围相符，但略微小于采用 DEM 数据重建的古丹阳大泽范围，这可能是由于泥沙淤积。新石器时代晚期气候冷干，古丹阳大泽水域范围缩小，此后的水域范围变迁和气候变化的相关程度较高。这一情况延续至宋代，人类围湖造田导致湖区严重萎缩。

7.2 实验结果分析

7.2.1 新石器时代以来的水体变化、围湖筑圩和水旱灾害之间的耦合性

由于固城湖、石臼湖、南漪湖主要位于溧水、高淳、宣城境内，本书根据三区的历史资料对三地的水旱灾害进行统计。根据溧水、高淳、宣城地区水旱灾害发生的次数和频率图，可以发现水旱发生的次数和圩田修筑的面积之间存在较大的正相关关系，筑圩的高峰期——三国、两晋、两宋时期正好对应水旱灾害发生次数的波峰处。探寻水旱灾害频发的原因，可知自然气候环境变化在其中发挥着一定作用，但人为的围湖筑圩导致境内圩区河网交织、港汊密布，泄洪不畅而发生洪涝灾害。宋时及其后水旱灾害发生频率相比于筑圩之初的三国、两晋时期更频繁，且总体上洪涝灾害多于旱灾。该区除冬季枯水季节外，江河水位皆比圩内地面高 3~5 m，圩内积水无法自排，汛期水位暴涨，对圩堤构成很大威胁。为了减少洪涝灾害的影响，新中国成立以来相关部门联圩、并圩、建圩，修筑加高圩

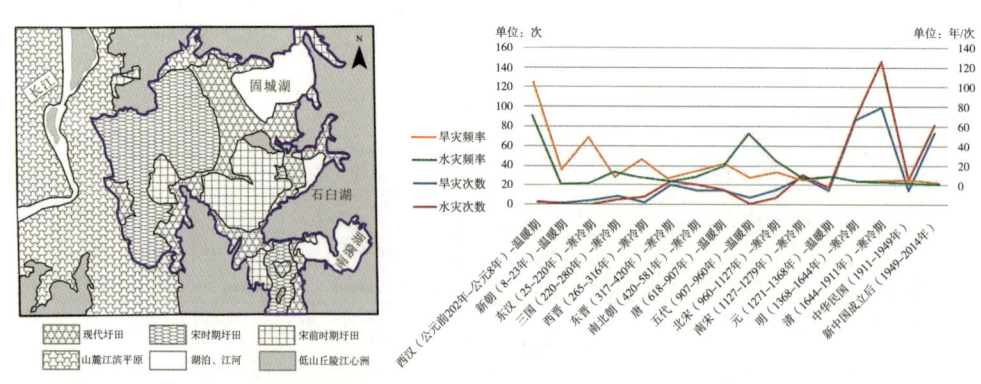

数据来源：《溧水年鉴》（南京市溧水区地方志编撰委员会办公室，2015）、《安徽水利年鉴》（安徽水利年鉴编撰委员会，2014）、《溧水县志》（溧水县地方志编撰委员会，1988）、《高淳县水利志》（高淳县水利志编撰委员会，2002）、《宣城县志》（安徽省宣城市地方志编撰委员会，1996）。

图 7-11　古丹阳大泽区域水旱灾害发生次数和频率图（溧水、高淳、宣城地区综合）

堤，形成河湖水网区圩群，改变了新中国成立前小圩众多、堤身矮小、洪涝灾害频繁的状况，虽然能在一定程度上保护耕地，增强排水功能，但因面广线长，汛期高水量、大洪量仍造成圩区险象环生。于是再次加固修高圩堤、联圩、并圩（图7-11）。相关部门采取了科学有效的措施，适当退田还湖，合理开发湖边湿地，保护湖泊生态环境，促进了经济可持续发展。

7.2.2 古丹阳大泽新石器时代的水域范围验证

1. Landsat 湿度提取分析

据史书记载，芜申运河东坝以西的上游段原为湖泊，即古丹阳大泽。随着围湖修筑圩田，该湖分化成若干小湖区，水域空间分布发生了很大变化。

本研究首先对遥感图像进行 K-T 变换（坎斯－托马斯变换，Kauth-Thomas Transformation；又称缨帽变换，Tasselled Cap Transformation），然后提取研究区湿度图。K-T 变换是一种特殊的经验性的主成分变换方法，由 Kauth 和 Thomas （1976）提出，K-T 变换包括四个分量，分别是亮度分量、绿度分量、湿度分量、噪声。第一分量反映了地物总体反射效率，第二分量指示某区域的植被覆盖情况，

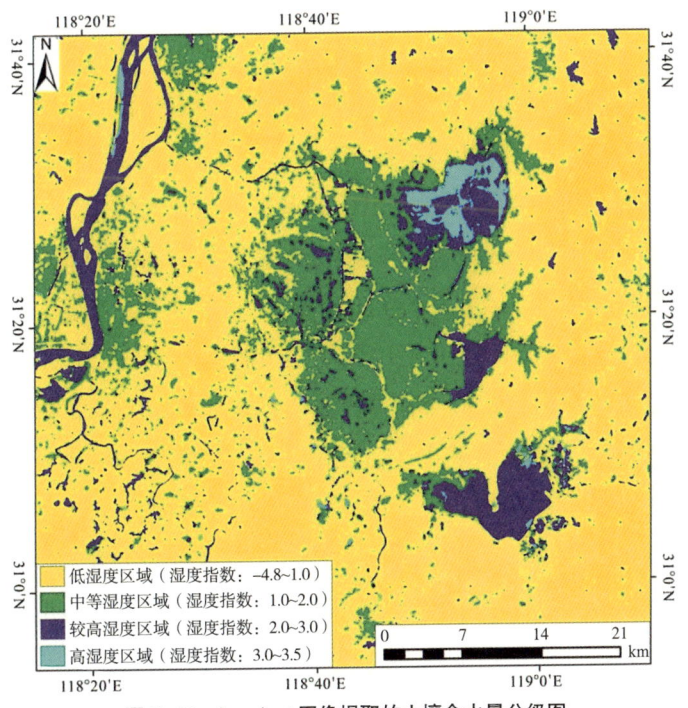

图 7-12 Landsat 图像提取的土壤含水量分级图

第三分量与地表含水量紧密联系，因此 K-T 变换在各个领域得到广泛应用。结合采用 K-T 变化法分析得出的 Landsat 图像土壤含水量分级图可知，除低湿度（湿度指数为 -4.8~1.0）地区以外的中等湿度（湿度指数为 1.0~2.0）地区、较高湿度（湿度指数为 2.0~3.0）地区和高湿度（湿度指数为 3.0~3.5）地区，基本属于 ALOS PALSAR 提取的水域范围，由该图可推测，芜申运河东坝以西地区历史时期的水域范围远大于现在（图 7-12）。

2. 不同历史时期的围湖筑圩

古丹阳大泽位于水土肥沃的江南地区，气候温暖宜人，自然条件极佳，适宜居住和农业生产，吸引了大量先民在此定居。随着战乱以及统治者的政策转变，该区的耕地出现了供不应求的现象，为了满足生存以及巩固政权，政府实行了不同规模的围湖造田政策。该区的围湖造田始于三国时期，孙权为了巩固东吴政权，在三国争霸中占据有利位置，于长江下游地区兴修水利工程，围垦农田，发展生产，以满足军民生产生活。隋唐时期政治中心位于北方，该区的农田足够人们发展农业生产自给自足，仅仅出现了少量围垦情况。两宋时期政局不稳，随着政治中心南迁，人们纷纷南迁寻找宜人居住之所，研究区再次出现土地供不应求的情形，古丹阳大泽区域围湖造田面积之广达到历史之最。史书中记载："宋代沿湖有圩千余口，仅当涂就有四百七十二所"（《宋史》，图 7-13）。《太平寰宇志》记载"石臼湖在（溧水）县西南三十里，西连丹阳湖岸，广一百六十里"。南宋年间，杨万里《圩丁词》云："有湖曰石臼，广八十里，河入湖，湖入江"，此时与北宋时期相比面积减少了一半，明显是由围湖造田引起。元代张铉《（至大）金陵新志》中记载："丹阳湖州西八十里，周百九十里……固城湖州西南九十里，周百里，南北三十里，东西二十五里……石臼湖州西南四十里，纵五十里横四十里"。明清时期政府延续围湖造田政策。新中国成立初期，围垦湖区面积再次达到高峰，这一情形一直延续到 20 世纪 80 年代才得以改善（陆应诚 等，2006）。政府逐渐意识到尽管围湖造田会增加农业生产，但是不合理的灌溉水网系统也会导致排水不畅，进而导致水旱灾害频发，农业因此减产。古丹阳大泽自形成以来在人类活动的影响下不断缩减，由于历史文献对古丹阳大泽水域的记载较少，尤其是其边界所在之处仍是未解之谜，本书旨在复原这一重要水域的边界范围，为进一步研究该区古文化的发展演进奠定基础。

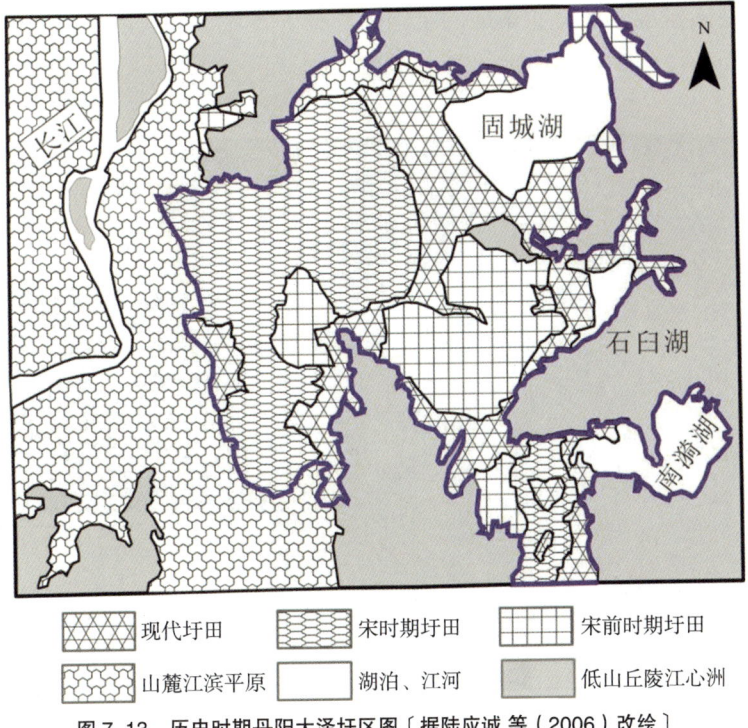

图 7-13　历史时期丹阳大泽圩区图〔据陆应诚 等（2006）改绘〕

3. 新构造运动特点及第四纪地层对水域范围的验证

研究区内褶曲、断裂发育，北东向有压扭性的茅山断裂发育，北西向有张扭性南京—溧阳断裂构成芜湖—南京—镇江间歇性抬升区，溧阳以东则属于太湖早期上升、后期沉降的交替区。本区南部受北东向的压扭性江南深断裂、周王深断裂带和歙县—德兴断裂带控制形成一系列断块山地和断陷盆地。研究区北部在地质构造上属于扬子准地台，加里东—华力西运动时以升降运动为主，印支—燕山期时太平洋板块向亚欧板块扩张，岩浆和断陷活动频繁（杨怀仁 等，1985）。茅山断裂发育有第三纪地质运动的玄武岩等指示物质，沿断裂两侧发育有水系裂点，茅山山脉地区的断裂主要包括北西向和北东向断裂，二者近乎垂直（唐锦铁，1989）。研究区的南部基本位于皖南地区，燕山运动时期活动强烈，形成了大量断块山地和断陷盆地（严庠生，1999）。研究区内的宁镇—茅山低山丘陵、老山山脉、宜溧低山丘陵等均由强烈的构造运动挤压而形成褶皱。安徽省南部的地貌类型组合多样，主要包括黄山、九华山、牯牛降等山地和位居全省盆地面积之首的屯溪盆地。由于新生代以来地壳隆起显著，该区的山地海拔较高，屯溪盆地位于黄山、天目山、白际山之间，是一个山字型构造体系，其内包含丘陵、台地的山间菱形断陷盆地。此外，本区的宁国、广德、宣城、郎溪诸县市的一部分或大部分地区均为辽阔的丘陵地带（图 7-14）。

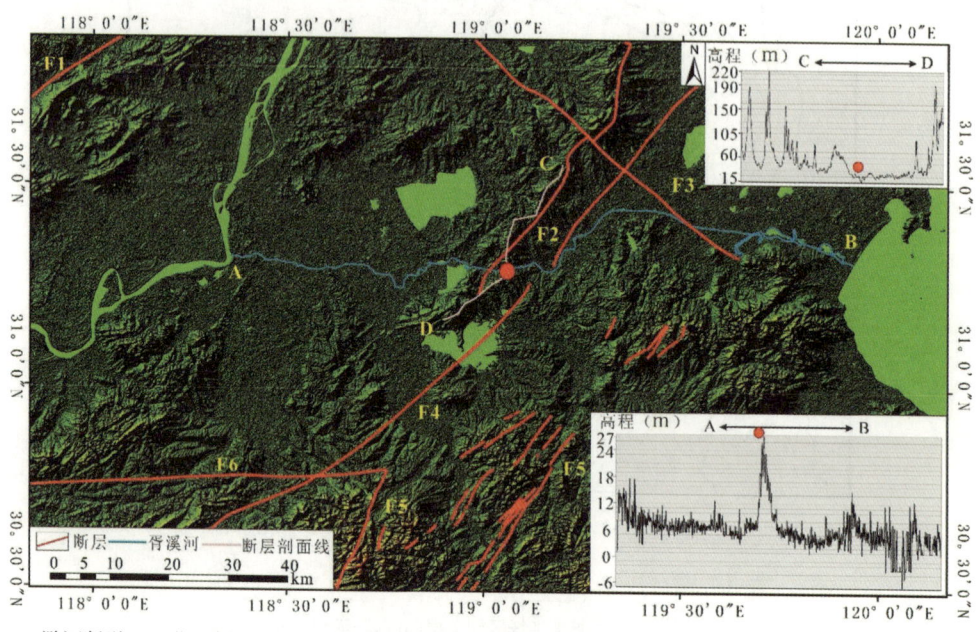

F1.滁河断裂；F2.茅山断裂；F3.南京—溧阳断裂；F4.江南深断裂；F5.歙县—德兴断裂带；F6.周王深断裂。

图 7-14　芜申运河西段河流高程剖面图

　　古丹阳大泽在中生代构造运动的断裂作用下断裂下沉，在地质构造类型上为构造湖，包括了固城湖、丹阳湖、石臼湖及其周边广大耕地地区（杨艳龙，2001）。由于该区地势低洼，发源于安徽省南部的水流均汇集于此，水流中的泥沙日积月累逐渐堵塞洼地西部边缘地区，古丹阳大泽随之成形。形成之初的古丹阳大泽包括了研究区内的石臼湖、固城湖、南漪湖、丹阳湖的全部以及周边的大范围耕地，其面积之广不亚于现今的太湖，水波浩瀚，一望无际。古丹阳大泽横跨了中国新石器时代六大玉文化板块（东北板块，红山文化玉器；海岱板块，仰韶文化玉器；中原板块，龙山文化玉器；长江下游板块，良渚文化玉器；长江中游板块，石家河文化玉器；江淮板块，凌家滩文化玉器）中的两个——长江下游板块和江淮板块，在新石器时代中晚期的文化发展及传播方面扮演了举足轻重的关键性角色。不同的文化在该区碰撞融合，对古丹阳大泽水域范围的研究可以极大地促进对人类文明探源工程的深入开展。

　　根据古丹阳大泽区域内部的高程剖面图我们可以发现，该区自西向东的地势是逐渐降低的，就自然条件而言水流具备自长江流入东海的条件，然而南京市高淳区内的伍牙山横亘于古中江中部（金家年，1988）。根据古丹阳大泽区域内第四纪沉积物分布图中的更新世以来沉积物分布可知，固城湖及其右侧的沉积物为全新世沉积物，包括亚黏土、粉砂、细粉砂、粉细砂、淤泥等。且古丹阳大泽正处于茅山断裂、周王深断裂、江南深断裂包围区域内（图7-15），该区地势低平，海拔总体偏低，起伏度不高（图7-14），因此结合野外考察可推断历史上该区域为古丹阳大泽所在之处。

F1.滁河断裂；F2.茅山断裂；F3.南京—溧阳断裂；F4.江南深断裂；F5.歙县—德兴断裂带；F6.周王深断裂。

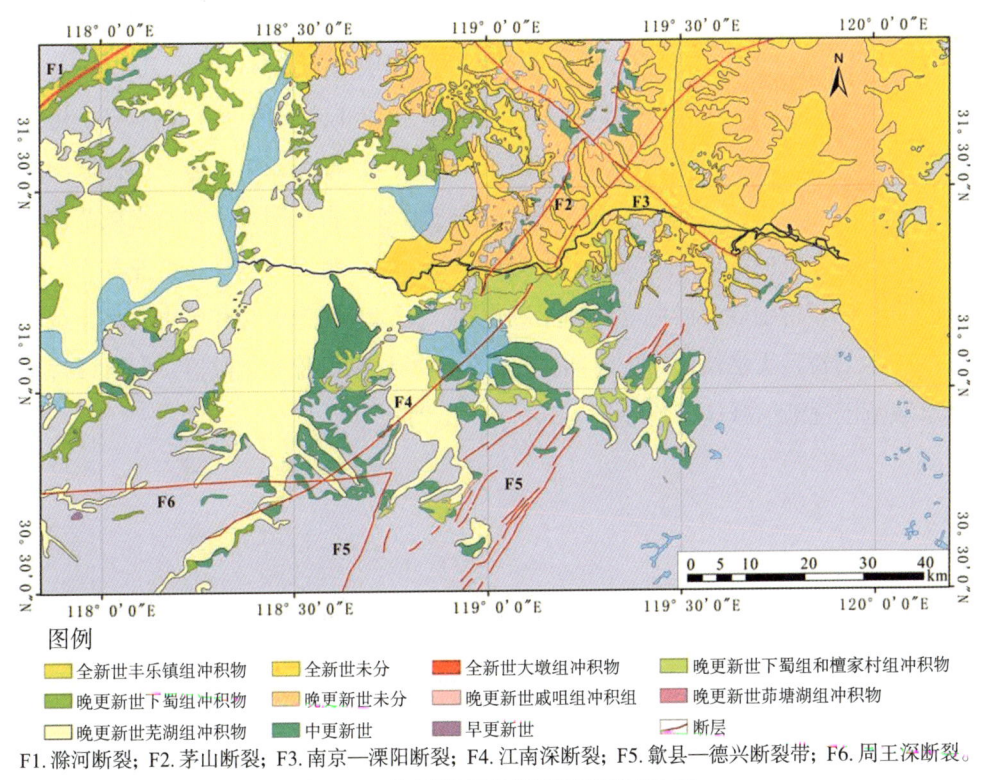

图7-15 芜申运河西段第四纪沉积物分布图

7.3 本章小结

（1）本书采用遗存分布数据研究芜申运河西段古丹阳大泽新石器时代中期以来的水域变迁，结果表明新石器时代该区的湖泊群为一个主体，即古丹阳大泽。由于皖南山区的泥沙淤积于此，逐渐分化成了现有的多个零散湖泊。该区的围湖筑圩始于魏晋时期，两宋时期达到鼎盛。遗存分布数据显示，宋代以前的遗存分布在离湖泊较远处，直至宋代才密集分布于湖泊周边。结合环境考古的气候替代性指标数据分析可知，宋代以前的湖泊范围与气温以及降水的变化基本吻合。据此可以推测古丹阳大泽新石器时代中期至魏晋时期的水域变迁主要受到自然因素的影响，魏晋时期延续到两宋时期的湖泊水域变化是自然和人为因素综合作用的结果，此后一直到1980年则主要受制于人类围湖造田。

（2）本书采用DEM高程数据建立三维水体模型，结果表明8 m水位处与基于圩田重建的芜申运河西段的新石器时代古丹阳大泽水域基本吻合。研究区历史文献中的古遗存分布数据显示该区新石器时代中期出现了人类文明，地理环境状况决定了人类活动范围，古遗存分布区域可分映出湖泊分布地区，其面积十分广阔，这一实验结果与DEM三维水体模型重建的水域范围基本一致。

（3）为验证上述结果的准确性，本书利用Landsat图像进行K-T变换提取水体含水量分级图，图中中等湿度和高于中等湿度区域与三维水体模型提取的水域范围基本重叠。不仅如此，地质资料进一步验证了古丹阳大泽初始水域范围，古丹阳大泽水域的第四纪沉积物基本为更新世和全新世沉积物，包括亚黏土、粉砂、细粉砂、粉细砂、淤泥等河湖相沉积物。受遥感图像资料和历史文献记载的限制，本书暂且无法给出历史时期古丹阳大泽的详细面积变化数值，但可以肯定其水域范围逐渐缩减这一趋势。

第八章 胥溪河下坝段 12.7 ka B.P. 以来沉积环境演变研究

8.1 研究内容和技术路线

进入 20 世纪以来，在人类社会迅速发展的同时，环境演变问题逐渐受到人类的重视。为了准确预测未来环境变化，须把握过去环境演化规律，通过分析地层沉积物环境代用指标来恢复过去的气候环境变化，发现环境演化规律，能够为预测未来地球环境变迁提供科学依据和类比模式（Eddy，1992；安芷生 等，2001）。1986 年国际科学联合理事会（ICSU）组织实施的国际地圈—生物圈计划（IGBP），以全球环境变化研究为核心，高度重视对大河流域的研究。我国在 2002 年把"长江流域环境变化、水资源演变与调控机理"列为"973"计划的重要支持方向，2003 年批准"长江流域水沙产输及其与环境变化耦合机理"项目立项，充分说明了进行大河流域环境演变及水资源演化规律研究的重要性。大河流域是人类文明的发源地和文化遗产集中分布区，对大河流域文化遗产的保护和开发利用是当前各国共同关注的课题，尤其是埃及对沿尼罗河流域分布的埃及古都卢克索（卡尔纳克、卢克索神庙和帝王谷、王后谷等）、开罗（吉萨金字塔、狮身人面像）及孟菲斯（斯芬克斯雕塑、萨卡拉阶梯金字塔及神庙）等的保护和旅游开发已取得举世瞩目的成就。

长江是世界大河之一，其下游的冲积平原是世界著名的三角洲，总面积达到 5.18 万 km^2。长江三角洲地区处于欧亚大陆与太平洋的海陆交接带，第四纪以来地层详细地记录了全球气候环境变化和区域环境变化。长江三角洲地区迄今已发现和发掘数百处新石器时代遗址，表明此地是中华文明的发祥地之一。长江下游的环境演变直接影响着人类的生存、发展、衰落和迁移，是研究中国环境演变与古文化发展之间关系的典型区域之一。芜申运河位于长江三角洲地区，是安徽芜湖至上海的一条古运河，全长 271 km，自西向东跨越青弋江、水阳江和太湖两个流域，分水岭为茅山山脉，河流东西两侧地势渐低。胥溪河是芜申运河的主航道，长 30.6 km，流域面积 225 km^2（图 8-1），目前正在疏浚拓宽之中。调查发现该运河流域有众多新石器时代遗址。其出土的崧泽文化、良渚文化时期精美的玉器、陶器和石器等，与安徽凌家滩遗址玉器、陶器和石器等新石器时代文化形式类型有密切传承关系，此流域是江淮地区与宁镇山地及太湖平原在新石器时代文化传播的重要通道，但一直未得到应有的重视和开发利用。对高淳剖面古河道沉积环境的研究，对了解长江三角洲地区的水系变迁和开发利用有重要意义，有助于认识胥溪河流域的环境演变，同时对研究新石器时代文化发展和传播有十分重要的环境背景意义。

  为了弄清地层剖面的沉积相变化特征，本章通过野外调查、实验室分析等方法，利用较高分辨率的 AMS^{14}C 测年数据和考古文物断代，结合粒度、磁化率、重矿、锆石微形态等确定古河道存在的年代，并在此基础上探讨胥溪河的沉积环境变化和水动力大小的变化，重建胥溪河流域下坝段沉积环境变化，为今后的环境演变研究提供基础数据。

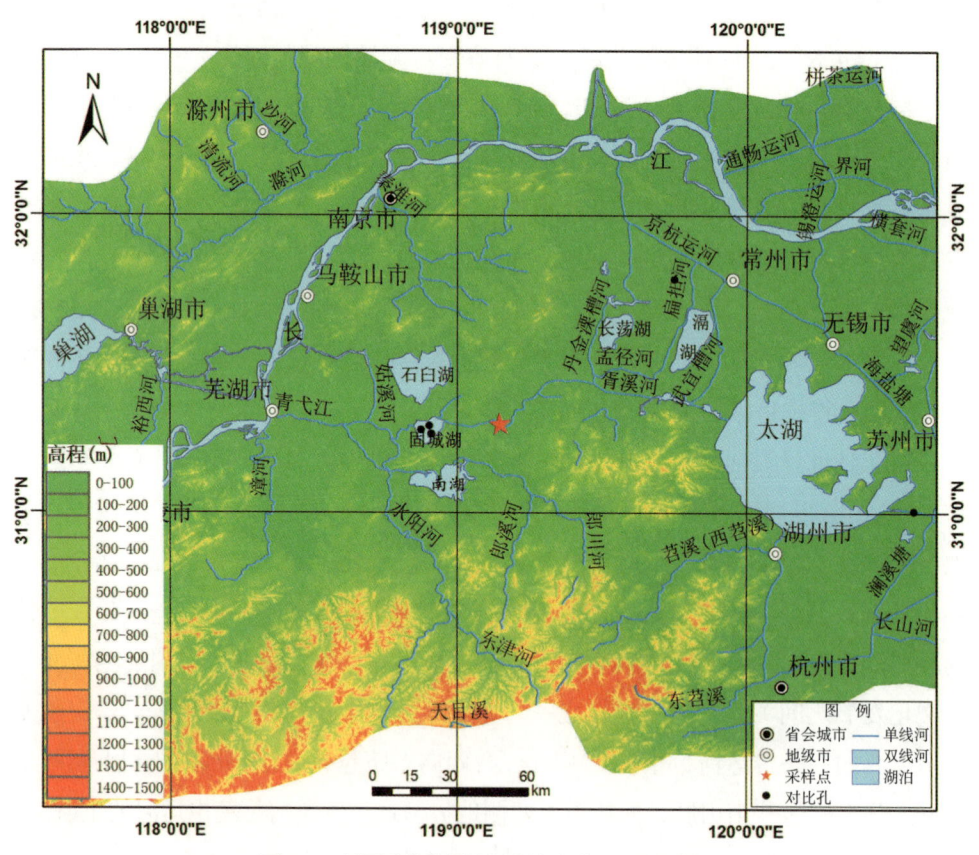

图 8-1 剖面采样位置及周边钻孔对比位置示意图

8.1.1 研究现状

由于受到区域构造运动的控制，以及气候变化、海面升降、水沙条件变化的影响，长江下游河道有过较大范围的摆动，我国学者历来对古中江的存在及其位置存在争议。《禹贡》记载："三江既入，震泽底定。"《周礼·职方》记载："东南曰扬州……其川三江。"可见春秋之前的历史文献记载"三江"位于长江下游，但并未指明"三江"的具体位置。长江三角洲属冲积平原，河道易埋塞、改道，到了汉朝就有学者对长江下游是否存有"三江"及"三江"位置存有异议。如《汉书·地理志》丹阳郡芜湖县记载："中江在西南，东至阳羡入海。"东汉人郑玄作《周礼注》，认为南江应是赣江，中江应是岷江，北江应是汉江。盛弘之《荆州记》记载："长江上游为南江，长江中游为中江，长江下游为北江，合称为'三江'。"到了近代，古中江问题同样引起了地学界的关注。丁文江（1926）在实地考察时发现河川谷狭隘，胥溪河河身比较平直，河流两岸黄土高耸，并且缺少冲积土，因此，认为胥溪河不是古代扬子江的分流，应是春秋时期伍子胥开凿的运河。胡焕庸等（1933）根据胥溪河两岸地形与堆积物特征，判断胥溪河东坝以上的上河和下坝以下的下河是天然河道，而两坝之间的中河为人工开凿的河道。徐近之等（1963）提出"中江是属于更新世中期的河流，其出口位于东坝和下坝间"。魏嵩山（1980）研究认为胥溪河原是一条天然河流，只是很早就被人类开发利用，到了五代以后，经过多次改造，最终成为运河。李泰来等（1991）研究认为"古长江原由芜湖向东，经高淳、溧阳、宜兴，入太湖，进而入海，但由于茅山山脉的抬升，河道逐渐淤积、堵塞，使得古长江在5000年前被迫改道，转为由芜湖向北经南京、镇江入海"。谭其骧先生主编的《中国历史地图集》中标注的古中江也是由芜湖经高淳、溧阳、宜兴注太湖而入海。潘凤英等（1993）根据野外实地考察、钻孔资料、沉积相、历史记载等证据，认为晚更新世末期至全新世早、中期时，芜、淳、溧、宜至太湖存在彼此沟通的天然河流，但文中指出它是晚更新世末期至全新世早、中期时的古瀨水，对徐近之等人提出是中更新世中期的长江下游入海河道，河口在今东坝、下坝间的古中江存在质疑。朱诚等（2005）根据野外调查、钻孔资料、沉积相、新石器时代遗址分布等认为在春秋吴国开凿胥溪运河之前，该处就存在规模较大的天然河流。

8.1.2 研究内容和技术路线

本章以苏南地区胥溪河流域自然剖面地层记录的沉积环境变化为主要研究内

容。技术路线如下（图8-2）。对地层沉积物进行AMS^{14}C测年，并结合考古断代，建立年代框架；对剖面地层岩性分析，运用粒度、磁化率、重矿和锆石微形态等环境代用多指标分析，建立研究区沉积地层框架和沉积环境，对比分析其他研究钻孔，揭示胥溪河下坝段12.7 ka B.P. 以来的沉积环境演变。

（1）粒度特征分析：通过对高淳剖面地层沉积物的粒度组成、平均粒径（Mz）、中值粒径（Md）、标准偏差（σ_1）、偏态（SK$_1$）、峰态（KG）、频率曲线、概率累计曲线以及C–M图等分析，判断地层的沉积环境及其水动力特征。

（2）磁化率分析：沉积物磁化率值与磁性矿物的种类、含量、矿物晶粒特征等有着密切关系，利用沉积物磁性特征可以进行物源识别、沉积环境信息的提取。

（3）重矿物分析：通过对高淳剖面地层剖面样品进行重矿物分析，明确重矿物的种类、含量、重矿物组合及重矿物指数，以揭示胥溪河东下坝段12.7 ka B.P. 以来沉积环境演变。

（4）锆石微形态分析：通过对地层剖面样品的锆石微形态磨圆度、晶型保留程度的好坏和颗粒大小分析，可以识别沉积物是否经过长途搬运，以此来判断沉积物沉积环境。

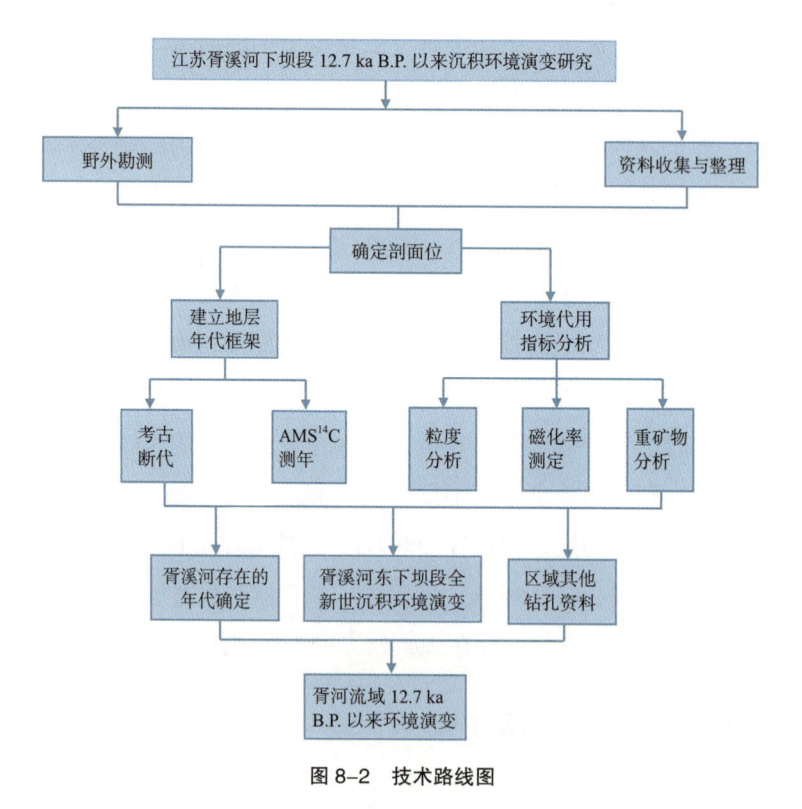

图8-2 技术路线图

8.1.3 研究过程

（1）准备工作（2014.04~2014.06）：查阅国内外有关晚更新世末期以来气候环境变化的文献资料，确定研究地点、研究思路和方法；收集胥溪河流域地貌、水文图和相关考古资料等。

（2）野外考察（2014.07，2014.12）：两次对胥溪河的实地考察均在高淳区文物保护管理所原所长濮阳康京先生的协助下进行。第一次在胥溪河拓宽之际于下坝段东约 2 km 处进行了剖面采样；第二次对采样点及周边地区进行详细考察并对采样点周边不同沉积环境进行采样。

（3）实验室分析（2014.07~2014.08）：在实验室内进行粒度、磁化率、重矿物、锆石微形态的鉴定与分析，结合 AMS^{14}C 和文物断代确定地层年代框架，建立反映河流沉积动力与沉积环境的指标体系。

（4）总结（2014.09~2015.03）：分析室内实验数据，并结合研究区及周边地区已发表的自然剖面环境替代指标，总结出胥溪河下坝段 12.7 ka B.P. 以来沉积环境演变特征。

8.1.4 研究完成的主要工作量

本章研究的工作量主要体现在资料收集、野外采样、实验室测试以及数据处理等方面。因胥溪河下坝段现于拓宽中而进行野外采样，样品采集用若干个 1 m 和 0.5 m 的不锈钢盒交错将剖面地层分段带回实验室（王坤华，2015）。之后根据研究目标对样品进行分样，实验室完成的测试主要有粒度、磁化率、重矿、锆石微形态鉴定等。工作量统计见表 8-1。

表 8-1　论文工作量统计表

工作内容	工作量	完成单位	完成人
野外考察	1 个剖面	南京大学区域环境演变研究所	朱诚，贾天骄，徐佳佳，陈刚
样品采集	308 个样品	南京大学区域环境演变研究所	朱诚，王坤华，谭艳，郭天虹，朱笑虹，贾天骄，曾蒙秀，徐佳佳，姚付龙，刘万青
AMS^{14}C	11 个样品	西安加速器质谱中心实验室	卢雪峰
粒度	137 个样品	南京大学粒度实验室	王坤华
质量磁化率	137 个样品	南京大学区域环境演变研究所	王坤华，郭天虹
重矿	23 个样品	南京大学区域环境演变研究所	廊坊市诚信地质服务有限公司
锆石	20 个样品	南京大学区域环境演变研究所	王坤华

8.2 研究概况

高淳位于江苏省西南端，皖南山区东北麓，地处北纬 31°13′~31°26′、东经 118°41′~119°12′。受溧高背斜、湖泊沉积作用及岩性影响，高淳地貌类型分为滨湖地区、胥溪河流域的平原和低山丘陵。高淳区境内西部是固城湖等湖积平原，地势较低，河网密度较大，向西通于长江。高淳区境内东部为低山丘陵，属茅山山脉的余脉，呈东北—西南走向，山势比较平缓，是太湖水系与水阳江、青弋江水系的分水岭，东部低山丘陵的河流向东流入太湖，河网密度较稀。

8.2.1 地质地貌

芜湖至南京、镇江一带属于长江下游破碎带沉降区，形成于中生代燕山运动后期。历史文献记载固城湖、丹阳湖和石臼湖在宋代以前是连在一起的，称古丹阳湖（窦鸿身 等，1983；吉磊 等，1993；高淳县志，2010）。三湖在构造上属于南京凹陷边缘，古生代以前为浅海相地层，侏罗系后为陆相层。中生代印支运动形成溧水—高淳背斜，燕山运动后期又使溧高背斜西北翼不断地断裂下沉，形成了西部的湖区凹陷盆地。该区断裂构造的遗迹，在地貌上固城湖东南部原始湖

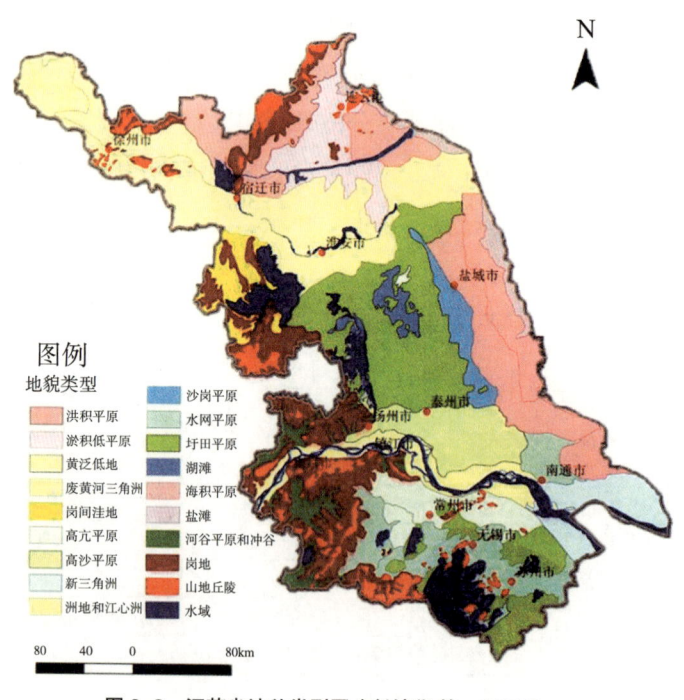

图 8-3 江苏省地貌类型图（彭镇华 等，2007）

岸线几乎成一条直线。在湖岸线以外，平行分布着马鞍山、十里长山等，山体在面向湖的一面多成 30° 以上的坡度，为明显断崖。固城湖、石臼湖凹陷形成后，仍处于缓慢下沉中，发源于皖南山地的水阳江、青弋江，直接注入这一地区并泄入长江。江水流入凹陷后，流速减慢，泥沙下沉，在凹陷的西部形成三角洲。三角洲逐渐发展，湖泊日益淤浅，湖面缩小，出现许多洲滩（图 8-3）。后洲滩逐渐扩大，形成了内陆湖盆沉积（高淳县地方志编纂委员会，2018）。

8.2.2 气候

江苏省气候受多种因素制约。因地处中纬度，全省一年四季分明，寒暑变化显著，是我国亚热带气候向北方暖温带气候的过渡地带。太湖以西的苏南地区属我国东部北亚热带季风气候区，夏季盛行东南风，太平洋的暖湿气团带来了丰沛的降水，气候温暖湿润。冬季盛行偏北风，气候较为寒凉干燥。春秋季为过渡季节，天气变化较为复杂。该区域冬夏长，春秋短，雨量充沛，光照充足，无霜期长。年平均气温 15~16℃，最冷月平均气温 2~4℃，最热月平均气温 28~29℃。全年无霜期为 240 天左右。年降水量 1000~1200 mm，降雨集中在 5~9 月，降雨年内年际变化较大（高淳县地方志编纂委员会，2018）。

8.2.3 土壤

高淳地区处在北亚热带向中亚热带过渡地带，在自然植被类型上属常绿树落叶阔叶林类型，在气候植被制约下的地带性土壤大部分为黄棕壤。在微地貌影响下滨湖、滨河地区因地势低洼，排水条件不良，地面经常积水或经常受地下水浸渍的地方以及湖泊周边形成湿生、水生植被，从而发育为沼泽土。在东部山地丘陵岗地上的成土母质主要是第四系以前不同地质时代岩层的风化残积物和坡积物，在此母质上发育成的土壤，土层较薄，质地粗疏。在湖盆和平原地区的成土母质主要由第四系沉积物组成，包括河流、湖泊沉积物，在这些沉积物上形成的土壤，大都发育为非地带性土壤。此外，人类活动将山地、平原开辟成农田，改变了原有土壤特性。平原地区由于长期栽培水稻，经历不断水耕熟化过程，发展成水稻土；旱作地区，由于自然植被的破坏，改变了土壤的水热条件和生物条件，发展成旱作土壤。

8.2.4 植被

由于气候、土壤因素的影响，高淳地区植被组成成分明显反映出过渡性特征。该区的常见森林植被为落叶阔叶林类型，南方亚热带的耐寒性树木和北方暖湿带耐热性树木都可在本地生长，树种资源比较丰富。但人类活动与农业生产对研究区的改造和植被影响很大，原生植被已遭破坏，逐渐被次生落叶阔叶林、人工林替代。针叶林地带性植被主要是以常绿针叶林为主，其中马尾松〔*Pinus massoniana* (Lamb.)〕与杉树〔*Cunninghamia lanceolata* (Lamb.) Hook.〕林分布广泛，不少为人工栽培。北亚热带和中亚热带落叶阔叶林主要为构树和黄檀，北亚热带常绿阔叶树呈零星分布于各地。

8.2.5 水文

高淳地区有水阳江、青弋江水系和太湖水系。水阳江、青弋江水系原属太湖水系，明洪武年间在东坝胥溪河上设石闸、筑坝，截断了该水系，使其不能入太湖，河水从姑溪、清水两河流倒流入长江。胥溪河为高淳区内主要河流，横贯县境，相传春秋时期伍子胥开凿此河。它连贯水阳江、青弋江水系和太湖水系两大水系，以东坝为分水坝，坝西为水阳江、青弋江水系，坝东为太湖水系。流域面积 225 km^2，胥溪河自固城湖口至东坝河段称上河，长 9.7 km，东坝、下坝间称中河，长 5 km，下坝以下至朱家桥河段称下河，长 15.3 km。高淳地表水位以固城湖和石臼湖观测为主，固城湖、石臼湖水位变化主要受流域来水和长江水位变化的影响。两湖水系承受源自皖南山区的河流补给，山区河流暴涨暴落的特性导致两湖水位变幅较大。此外，长江水位的高低关系到湖泊尾闾畅通与否，也影响湖泊水位的高低。固城湖、石臼湖最高水位一般出现在 7~8 月，最低水位出现在 12~ 次年 3 月，水位变幅一般在 2.5~6.8 m，最大可达 7 m 以上（高淳县地方志编纂委员会，2018）。

8.3 研究材料与方法

8.3.1 样品采集

采样剖面（北纬 31°18′，东经 119°7′）海拔约 6 m，位于高淳胥溪河下坝段向东约 2 km 处。作者对胥溪河共进行了两次采样，采样位置见图 8-4。2014 年 7 月 26 日，进行了第一次采样（图 8-5），样品采集使用盒装柱状样采样法，用若干个 0.5 m 和 1 m 长不锈钢盒交错层位将目标地层分段整体切割搬回（王坤华，2015）。该过程严格按照量测准、地层全、无污染、取样细、重视关键层并完成拍照等原则进行。为更进一步了解采样剖面的沉积相，2014 年 12 月 29 日，第二次对采样剖面进行了考察，对采样点附近的胥溪河洪水期和枯水期的河床、河漫滩及池塘进行采样（图 8-5）。根据地层岩性特征，并参照野外采样照片和剖面描述，将地层分为 9 层，具体岩性描述见表 8-2。

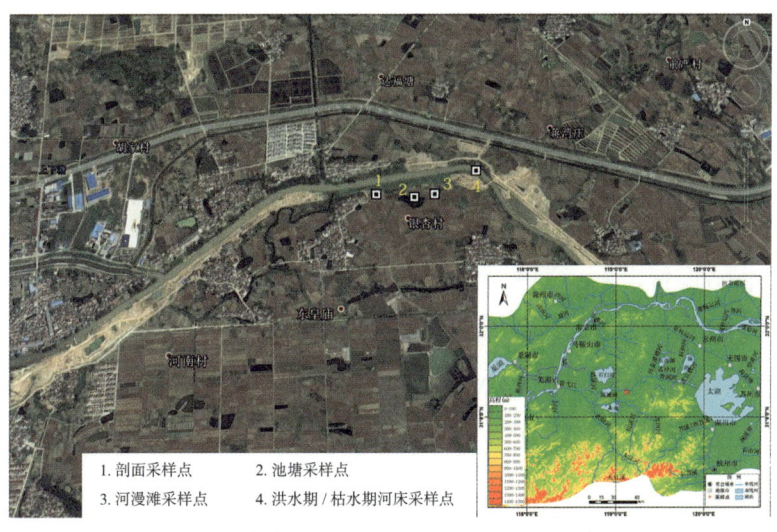

图 8-4 高淳剖面及周边不同沉积环境采样位置图

图 8-5 高淳剖面及周边不同沉积环境采样

表 8-2 高淳剖面岩性特征描述

柱状图	层位	深度（cm）	地层岩性特征
	1	235~170	灰色淤泥层
	2	320~235	灰黑色黏土层，含有宋代时期的陶瓷片
	3	381~320	灰褐色黏土层
	4	420~381	灰黄色粉砂层
	5	495~420	黄色淤泥层
	6	505~495	灰黄色粉砂层
	7	570~505	灰色淤泥层
	8	585~570	青灰色淤泥层
	9	620~585	黄土层

注：◀为 AMS^{14}C 采样位置

8.3.2 分析方法

1. 粒度分析

沉积物粒度可反映沉积物形成时的沉积环境和搬运方式等（Huang et al., 2009）。粒度分析是一种常用的碎屑沉积物分析手段，通过沉积物粒度参数、频度累计曲线、概率累计曲线、C-M 图等的分析，可判断沉积物的物源、搬运动力、沉积环境或沉积相等（成都地质学院，1976）。因此，对沉积物进行粒度分析具有十分重要的意义。

粒度分析在南京大学地理与海洋科学学院粒度实验室完成，实验步骤如下。

（1）去除有机质和碳酸盐：取适量样品放入烧杯，加入 10 ml 浓度为 10% 的 H_2O_2，搅拌均匀静置，静置时间至少为 1 个小时。随后放电热板上加热煮沸，使其充分反应，加热过程中注意用少许水冲洗烧杯壁，防止蒸干，直至没有气泡产生。再加 15 ml 浓度 10% 的 HCl，去除样品中的碳酸盐，将处理好的样品加满蒸馏水，静置 12 小时以上。

（2）分散：经上述步骤处理后，倒掉烧杯上部澄清的液体，加入已配好的约 10 ml 的 0.05 mol/L 的六偏磷酸钠（$Na_6O_{18}P_6$）分散剂，放入超声波震荡 10 分钟，使样品充分分散，然后用激光粒度仪 Mastersizer 2000 进行测试。

在分析沉积物粒度特征时，常用到的参数有平均粒径 M_z、中值粒径 M_d、分选系数 σ_1、峰态 K_G 和偏态 SK_1。

中值粒径 $Md=\phi_{50}$

平均粒径 $M_z=(\phi_{16}+\phi_{50}+\phi_{84})/3$

分选系数 $\sigma_1=(\phi_{84}-\phi_{16})/4+(\phi_{95}-\phi_5)/6.6$

偏态 $SK_1=(\phi_{84}+\phi_{16}-2\phi_{50})/2(\phi_{84}-\phi_{16})+(\phi_{95}+\phi_5-2\phi_{50})/2(\phi_{95}-\phi_5)$

峰态 $KG=(\phi_{95}-\phi_5)/2.44(\phi_{75}-\phi_{25})$

平均粒径反映沉积物颗粒的大小，公式中 $\phi16$、$\phi50$ 和 $\phi84$ 分别是累计曲线上累积含量分别达到 16%、50% 和 84% 的颗粒粒径值。中值粒径是在粒度概率累计曲线上频度为 50% 的 ϕ 值。分选系数反应沉积物颗粒大小的均匀程度，据此可判断沉积物搬运距离的远近。偏态是表示沉积物粗细的分布对称程度的指标，当 $SK_1=0$ 时，为正态频率曲线，粗细成分含量相等，当 $SK_1>0$ 时，属正偏态，粒度集中在细端部分，$SK_1<0$ 则属于负偏态，粒度集中在粗端部分。峰态是衡量频度曲线尖峰凸起程度的参数。以上各粒度参数之间存在密切的联系，在实际应用分析中，可通过粒度参数研究沉积物形成原因，但只有综合分析各粒度参数才能得到更好的研究结果。本章中采用的粒度参数分级标准如下（表 8-3）。

表 8-3 第四纪沉积物常用粒度分级标准（Folk and Word，1957）

标准偏差	变化范围（ϕ）	偏度 SK_1	变化范围	峰态 K_G	变化范围
分选极好	<0.35	极负偏	−1.0~−0.3	很宽平	<0.67
分选很好	0.35~0.5	负偏	−0.3~−0.1	宽平	0.67~0.9
分选好	0.5~0.7	近对称	−0.1~0.1	中等	0.9~1.11
分选中等	0.7~1.0	正偏	0.1~0.3	尖窄	1.11~1.5
分选差	1.0~2.0	极正偏	0.3z`1.0	很尖窄	1.5~3.0
分选很差	2.0~4.0			极尖窄	>3.0
分选极差	>4.0				

2. 磁化率分析

磁化率是反映物质被磁化难易程度的一种量度。磁化率的大小主要能敏感反映沉积物样品中磁性矿物特别是铁磁性矿物相对含量的高低变化（Thompson et al.，1980；史威 等，2007）。沉积物中的磁性变化因与磁性矿物的种类、含量、矿物晶粒特征及类质同象混入物或铁质包裹体等关系密切，其在一定程度上反映了该沉积物的物质来源、搬运营力和成土过程（史威，2007）。贾海林等（2004）认为水动力的大小影响沉积物中磁铁矿的含量，从而影响磁化率值的变化。因此，磁化率在一定程度上可以指示水动力的大小，并为判别沉积动力环境提供依据（吉云平，2007）。对非典型沉积环境下形成的堆积体（如文化层、灰坑等），影响磁化率值的因素就更为复杂。史威等（2007）在对重庆中坝遗址剖面磁化率异常与人类活动关系的研究中发现，磁化率出现的多次异常高值可能与高强度用火、大规模燃烧等有关。张强等（2001）、张芸等（2001，2004）运用磁化率分析重庆巫山张家湾遗址的环境变化，发现火烧及人类活动产生大量细颗粒磁性矿物是导致磁化率变化的主要原因。

本研究运用质量磁化率 χ（体积磁化率除以密度：$\chi=\kappa/\rho$，单位：SI，$m^3 \cdot kg^{-1}$）。磁化率测定在小于 1mT 的弱场中测定，Thompson 等（1986）认为这样可以防止外加场强度对磁化率值的干扰。质量磁化率的测定在南京大学地理与海洋科学学院环境磁学研究室完成，先将样品进行编号、称重，后将样品装入容量 10 ml 的特制圆柱形塑料样品盒内，然后将样品放入 KLY-3（卡帕桥）磁化率仪中测出质量磁化率 χ，测定精确度为 0.1 SI。

3. 重矿物分析

重矿物是指比重大于 2.86 的陆源碎屑矿物，如锆石、电气石、绿帘石、石榴石等。重矿物在岩石中的含量很少，一般不超过 1%。重矿物耐磨蚀，比较稳定，能够较多地保留在母岩中。因此，对碎屑重矿物进行鉴定分析，根据其矿物组合、矿物微形态可以确定沉积物的来源、搬运途径，利用重矿物分析重建古环境有着重要意义（徐馨 等，1992；王中波，2006）。

重矿物鉴定在河北省廊坊市地质服务有限公司地质矿产实验室内完成，实验误差为 3%-5%，实验步骤如下。

（1）筛样：用去离子水和过氧化氢将样品浸泡两天，后用筛子（0.125~0.063 mm）筛选，再用去离子水清洗样品 2 到 3 次，最后在低于 60℃ 的恒温箱中将样品烘干，并称其重量。

（2）重液分离：将烘干后的样品放入装有三溴甲烷的分离仪中，充分地搅拌、静置，直到矿物不再下沉。将轻矿物和重矿物分离出来，然后再用酒精将其冲洗后烘干、称重。

（3）磁性分选：将重矿物均匀地铺在玻璃板上，用薄纸包裹的强磁铁在重矿物上缓慢移动，反复多次操作将磁性矿物全部吸出，然后将分离出的磁性矿物和无磁性矿物分别称重，放入样品袋中。

（4）显微镜鉴定：将分选出的轻矿物、重矿物（磁性组和无磁性组）在显微镜下鉴定。

8.4 高淳剖面地层环境指标结果分析

8.4.1 高淳剖面年代测试结果分析

为建立采样剖面的年代框架，本书根据岩性特征对地层样品进行 AMS^{14}C 取样，共采集到 11 个地层中的全样，送往中国科学院地球环境研究所加速器质谱中心进行测年。采样过程中发现在 349~230 cm 地层有宋代时期的瓷器，且集中在 290~260 cm 处，判断此段为宋代文化层。244 cm 和 172 cm 处的测年数据分别为 1430 ± 111 a B.P. 和 4070 ± 92 a B.P.，均早于宋代地层。422 cm 处的测年数据为 6880 ± 97 a B.P.，根据前面的粒度分析可知 437~420 cm 处河流水动力很小，基本处于静水沉积环境，测年数据与这一时期的气候环境不匹配。492 cm 处测年数据为 4847 ± 22 a B.P.，根据粒度资料分析可知 505~437 cm 处河流水动力达到整个剖面的最大值，与这一时期的气候环境能够很好地对应。另外，王苏民等（1996）在对江苏固城湖 15 ka B.P. 以来的环境变迁与古季风关系探讨的研究中，发现 GS1 钻孔缺失 6 ka B.P. 以来的地层；薛滨等（1998）在《太湖晚冰期—全新世气候、环境变化的沉积记录》一文中，认为 5700~4900 a B.P. 地球化学、微体古生物等各项指标发生突变，地层存在沉积间断。所以可推测 7600~4847 a B.P. 期间沉积地层可能存在间断。故认为在 492 cm 处的测年数据 4847 ± 22 a B.P. 是可靠的。姚书春等（2007）在《全新世以来江苏固城湖沉积模式初探》中，利用光释光和 ^{14}C 校正年代及地层深度对比，认为 8~7 ka B.P. 的固城湖沉积物相对快速沉积，本剖面在该时期的沉积速率也相对较快，两者较一致。W. Chang（1996）在东太湖的黄褐色硬黏土层（组成太湖基底的黄土层）顶部 ^{14}C 测年数据为 15885 ± 170 a B.P.。AMS^{14}C 采样点位于下蜀黄土（晚更新世时期堆积）之上约 7 cm 的 578 cm 处，测年数据为 33932 a B.P.，故推测本剖面在 578 cm 处测年可能偏老。综上，能够得出测年结果中有 3 个地层年代存在倒置，1 个地层年代偏老，本剖面可采用 7 个测年数据。测年数据采用 5568 a 半衰期进行年龄计算，AMS^{14}C 测年数据（表 8-4）经 CALIB 6.1.1 树轮校正，建立了高淳剖面 12.7 ka B.P. 以来的沉积年代序列（图 8-6）。文中 ^{14}C 日历年龄从公元 1950 年向前算起，表示为 cal. a B.P.。

表 8-4　高淳剖面 AMS^{14}C 测年数据及其年代校正

采样编号	采样深度(cm)	实验室编号	^{14}C 年代(a B.P.)	1σ 树轮校正年代	2σ 树轮校正年代	1σ 中值年代(cal. a B.P.)	2σ 中值年代(cal. a B.P.)
HJQ1	172	XA11666	3725 ± 36	2041 B.C.（49.40%）2094 B.C.	2024 B.C.（97.09%）2208 B.C.	4021 ± 26	4070 ± 92
HJQ2	244	XA11667	1538 ± 58	433 A.D.（46.69%）494 A.D.	413 A.D.（100%）635 A.D.	1490 ± 30	1430 ± 111
HJQ3	280	XA11668	1130 ± 27	915 A.D.（79.72%）968 A.D.	861 A.D.（96.54%）987 A.D.	1012 ± 27	1030 ± 63
HJQ4	317	XA11669	1218 ± 29	772 A.D.（100%）870 A.D.	765 A.D.（81.70%）887 A.D.	1133 ± 49	1128 ± 61
HJQ5	385	XA11670	2959 ± 29	1215 B.C.（82.77%）1129 B.C.	1270 B.C.（91.26%）1108 B.C.	3126 ± 43	3143 ± 81
HJQ6	422	XA11671	6026 ± 38	4965 B.C.（68.29%）4893 B.C.	5023 B.C.（98.62%）4829 B.C.	6912 ± 65	6880 ± 97
HJQ7	492	XA11672	4258 ± 25	2900 B.C.（100%）2883 B.C.	2915 B.C.（98.83%）2872 B.C.	4845 ± 8	4847 ± 22
HJQ8	504	XA11673	6721 ± 31	5663 B.C.（100%）5620 B.C.	5680 B.C.（82.74%）5613 B.C.	7595 ± 21	7600 ± 34
HJQ9	526	XA11674	7353 ± 29	6250 B.C.（66.56%）6208 B.C.	6262 B.C.（92.17%）6088 B.C.	8183 ± 21	8129 ± 87
HJQ10	566	XA11675	10845 ± 50	10828 B.C.（100%）10679 B.C.	10935 B.C.（100%）10651 B.C.	12435 ± 199	12747 ± 142
HJQ11	578	XA11676	29400 ± 110	31965 B.C.（100%）32581 B.C.	31613 B.C.（100%）32644 B.C.	34227 ± 308	33932 ± 365

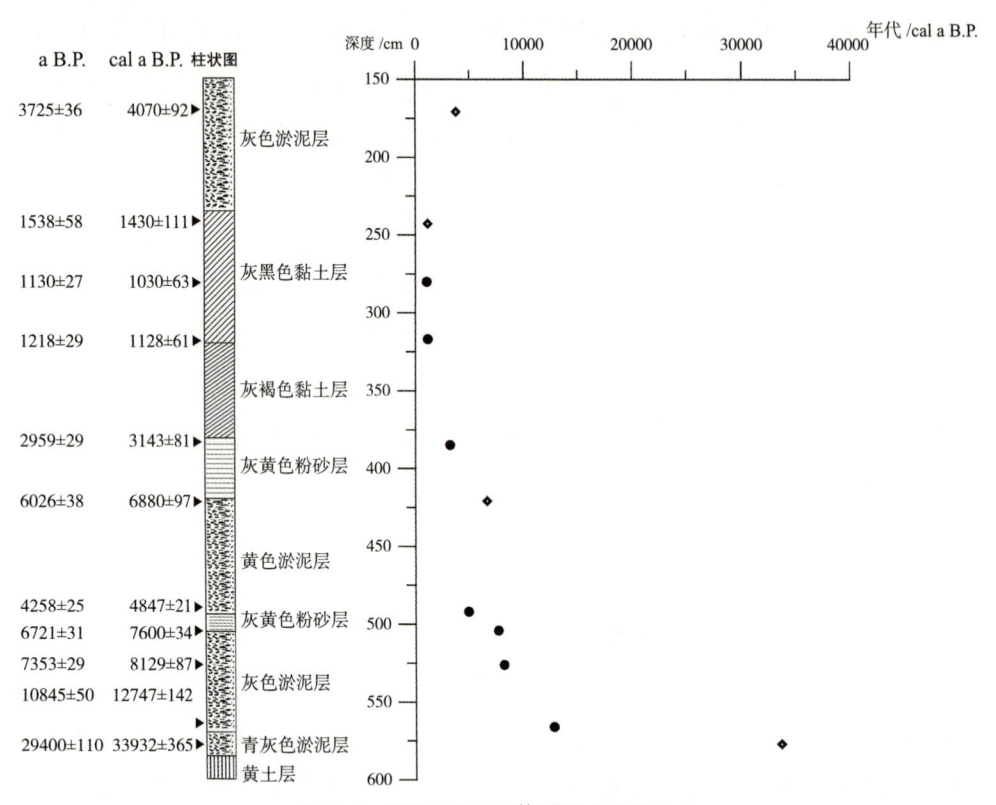

图 8-6　高淳剖面 AMS^{14}C 测年数据及分布

8.4.2 高淳剖面粒度结果分析

1. 粒度组成

粒径分级采用了如下的标准：砂（>63 μm）、粗粉砂（32~63 μm）、中粉砂（16~32 μm）、细粉砂（8~16 μm）、极细粉砂（4~8 μm）、黏土（<4 μm）。

从高淳剖面沉积物组成看（图 8-7），黏土的含量最小，平均百分含量为 7.91%，在 3.75%~17.53% 变化；整体来看，粉砂含量最大，平均可达 73.61%，变化范围为 35.4%~90.30%，其中，极细粉砂、细粉砂、中粉砂和粗粉砂平均百分含量分别为 6.89%、13.01%、25.96%、27.74%；砂的变化最大，平均百分含量只有 18.49%，变化范围为 1.1%~59.9%。但在具体岩性地层分层中又表现出不同的粒度组成含量，其中 1 层、2 层和 3 层上部（347~170 cm，约 2.5 ka B.P.~明清时期）沉积物中粉砂含量占绝对优势，平均百分含量为 82.08%，范围为 62.1%~90.3%，黏土平均百分含量为 9.67%，范围为 4.84%~17.53%，砂平均百分含量为 8.25%，范围为 1.1%~33%。在 3 层底部和 4 层（420~347 cm，3.8~2.5 ka B.P.）中，沉积物含量中虽粉砂含量仍占大部分比例（平均含量为 70.1%，范围为 53.7%~81.8%），但黏土含量稍减（平均含量为 6.58%，范围为 3.75%~9.22%），砂含量则有所增加（平均含量为 23.31%，范围为 9.9%~42.5%）。在 5 层的上半层（437~420 cm，约 4.2~3.8 ka B.P.）中，沉积物粉砂含量又有所上升（平均含量为 78.02%，范围为 75.6%~82.7%），但黏土含量基本保持不变（平均含量为 6.79%，范围为 5.35%~8.39%），砂含量则有所下降（平均含量为 15.18%，范围为 9.3%~19%）。在 5 层下半层和 6 层（505~437 cm，约 7.6~4.2 ka B.P.）中，沉积物粉砂含量在整个地层中含量最少（平均含量为 54.12%，范围为 35.4%~73%），黏土含量仍基本保持不变（平均含量为 6.13%，范围为 4.39%~8.54%），砂含量达到最高（平均含量为 39.75%，范围为 20.4%~59.9%）。在 7 层（570~505 cm，约 12.7~7.6 ka B.P.）中，粉砂含量又有所上升（平均含量为 74.48%，范围为 49.4%~87.4%），黏土含量基本保持不变（平均含量为 6.71%，范围为 4.79%~8.78%），砂含量则有所下降（平均含量为 18.82%，范围为 5.2%~45.8%）。在 8 层（578~570 cm，晚更新世末 ~12.7 ka B.P.）中，粉砂含量又有所下降（平均含量为 68.63%，范围为 66.4%~70.5%），黏土含量基本保持不变（平均含量为 7.69%，范围为 6.8%~9.02%），砂含量则有所上升（平均含量为 23.7%，范围为

图 8-7 高淳剖面粒度组成

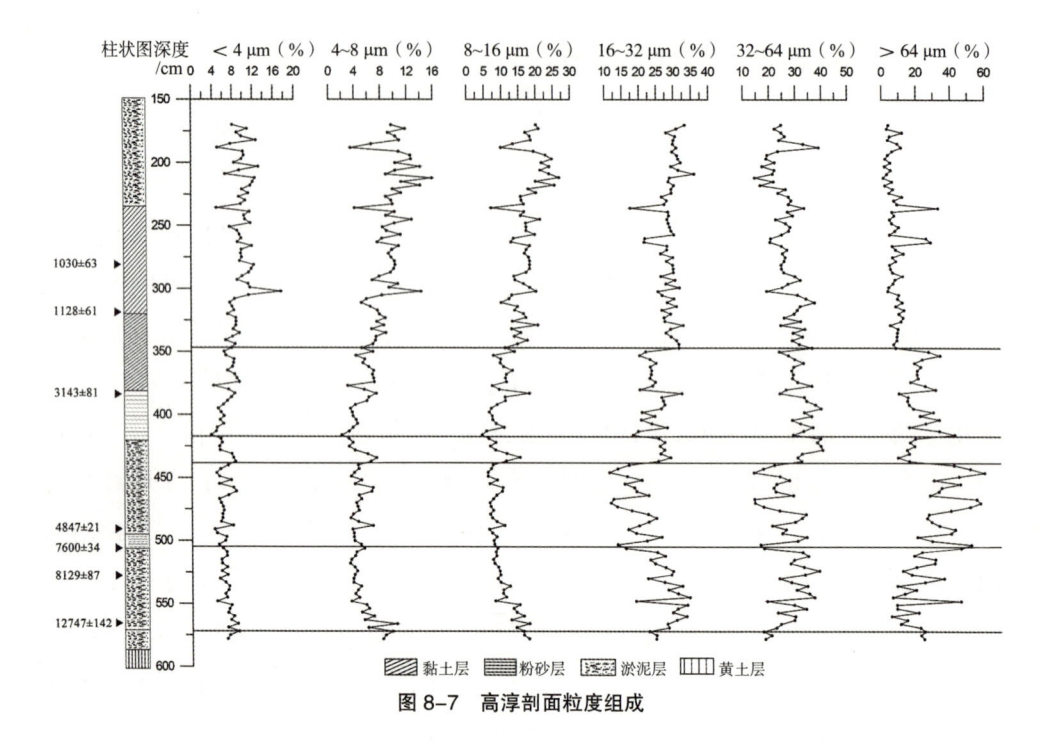

22.3%~24.6%）。

  粒度组成变化在一定程度上可以反映河流沉积动力的变化，细颗粒组分增多代表了河水动力降低，粗颗粒成分增多代表河水动力增强。对比表 8-5 可以看出，在地层 578~570 cm 处，粒度组成以细粉砂、中粉砂、粗粉砂和砂为主要组成部分，且砂的含量比较多，其组分含量在枯水期河床和洪水期河床之间，说明这一阶段的水动力条件中等。在 570~505 cm 处，粒度组成以中粉砂、粗粉砂和砂含量为主，其组成成分含量与池塘沉积类似，但中粉砂、粗粉砂和砂等粗颗粒含量比池塘含量高，又因其中砂和粗砂比上一阶段高，砂的含量比上一阶段略低，反映出其水动力条件中等。在 505~437 cm 处，粒度组成以粗粉砂和砂为主，且砂的含量占绝对优势，其黏土、粉砂及砂含量与洪水期河床沉积极其类似，反映出这一阶段水动力条件较强。在 437~420 cm 处，粒度组成以中粉砂和粗粉砂为主，且粗粉砂占绝对优势，其粒度组成成分含量接近池塘，但其粗粉砂的含量高于池塘，砂的含量略低于池塘，说明这一阶段水动力较弱，接近于静水沉积。在 420~347 cm 处，粗粉砂含量降低，砂的含量增高，其粒度组成成分含量与枯水期河床沉积类似，反映这一阶段水动力条件增强。在 347~170 cm 处，粒度组成以细粉砂、中粉砂和粗粉砂为主，砂的含量很低，粒度组分含量与现代河漫滩沉积极其类似，反映这一阶段水动力比较弱，基本处于静水沉积环境。

表 8-5　高淳剖面各地层及周边不同沉积类型粒级含量

地层（cm）	黏土（%）	极细粉砂（%）	细粉砂（%）	中粉砂（%）	粗粉砂（%）	砂（%）
347~170	9.67	9.34	17.20	28.99	26.55	8.25
420~347	6.58	4.97	9.47	23.88	31.78	23.31
437~420	6.79	5.12	10.22	26.92	35.75	15.18
505~437	6.13	4.54	7.70	18.11	23.77	39.75
570~505	6.67	4.85	11.01	27.84	29.58	20.05
578~570	7.69	8.93	16.77	24.07	18.87	23.7
枯水期河床	10.03	8.20	12.16	19.18	20.94	29.49
洪水期河床	6.76	6.23	9.20	14.18	15.53	48.10
河漫滩	10.27	9.43	17.07	28.64	26.18	8.41
池塘	10.21	8.05	13.04	24.30	26.84	17.56

2. 粒度参数特征

根据沉积物粒度参数可判断沉积物的沉积环境和搬运动力等（成都地质学院，1976）。在实验所得到的各种参数中，本文选择平均粒径 M_z、中值粒径 M_d、分选系数 σ_1、偏态 SK_1 和峰态 K_G 五个参数进行沉积环境和沉积动能的分析（图 8-8）。

平均粒径代表粒度分布的集中程度，它一般取决于物源区的粒度分布情况，中值粒径量度代表沉积物颗粒的平均大小，平均粒径和中值粒径都可用来反映搬运营力的平均动能（成都地质学院，1976）。沉积物的平均粒径介于 3.09~6.32Φ，中值粒径分布介于 2.64~6.18Φ。平均粒径和中值粒径与粒度组成相似，表现出 347~170 cm、420~347 cm、437~420 cm、505~437 cm 和 580~505 cm 五个分段，五个层段间的平均粒径和中值粒径约集中分布在 5.58Φ、4.87Φ、5.07Φ、4.2Φ 和 4.96Φ。分选系数代表沉积物整体的均匀程度，沉积物的分选系数介于 1.15~2.8，反映沉积物分选差或很差。偏态指示沉积物粗细分布的对称程度，沉积物在 347~170 cm 处的偏度介于 −0.33~0.38，主要表现为正偏和极正偏，少数样品（7 个）为近对称，极少数（3 个）为负偏或极负偏。在 580~347 cm 处，偏态介于 −0.32~0.35，其中包含了极负偏、负偏、近于对称、正偏和极正偏五种偏态等级，但主要表现为负偏、近于对称、正偏。峰态反映粒度频率曲线的尖锐程度，本章所研究的剖面沉积物的峰态介于 0.69~1.91，峰态整体处在中等或尖窄，少部分为宽平或很尖窄。

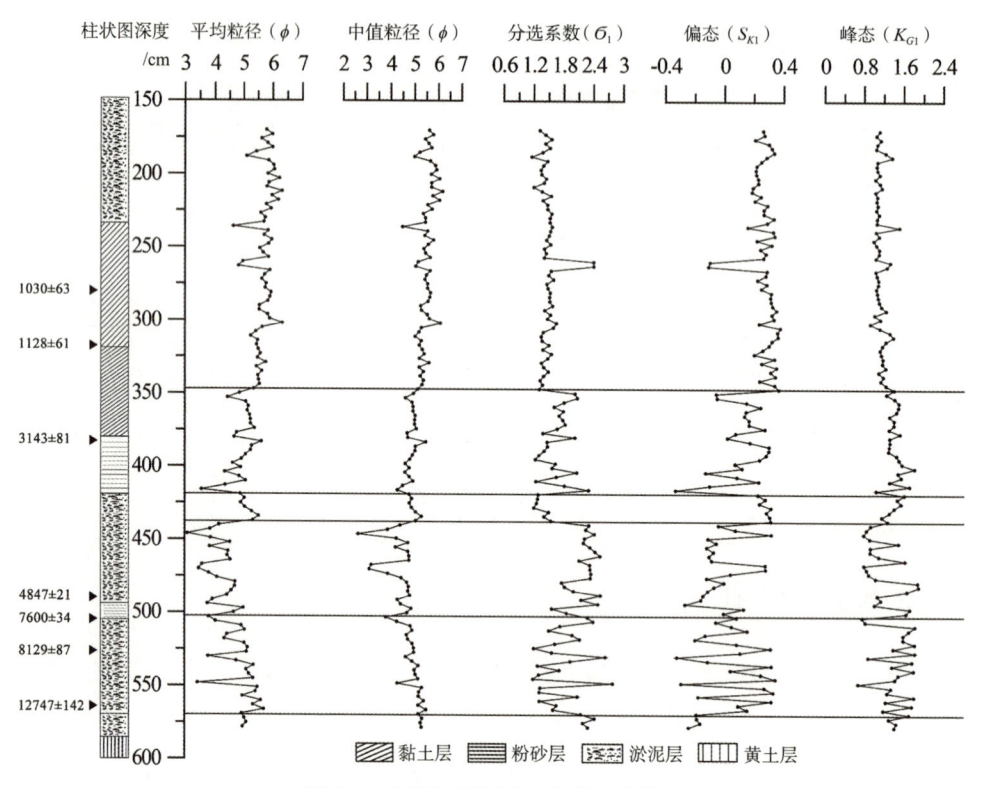

图 8-8　高淳剖面地层沉积物粒度参数

对比表 8-6 可以看出，在地层 578~570 cm 处，平均粒径和中值粒径分别为 5.0Φ 和 5.3Φ，颗粒大小中等，分选系数为 2.31，分选很差，与枯水期河床最为相似，反映河流的平均搬运营力中等。在 570~505 cm 处，平均粒径和中值粒径分别为 4.9Φ 和 4.98Φ，与枯水期河床相似，颗粒比上一阶段略大，分选系数为 1.75，分选差，说明此阶段河流的平均搬运营力增加，沉积物经过了较为远距离的搬运。在 505~437 cm 处，平均粒径和中值粒径分别为 4.13Φ 和 4.28Φ，与洪水期河床相似，但其颗粒大小比其他阶段大，反映此时河流的平均搬运营力最强。此段的分选系数为 2.22，分选很差，反映出此阶段的水动力条件相对不稳定。在 437~420 cm 处，平均粒径和中值粒径分别为 5.16Φ 和 4.99Φ，颗粒小，分选系数为 1.37，分选较其他阶段好，与池塘沉积最为类似，反映河流的平均搬运营力很小，水动力条件稳定。在 420~347 cm 处，平均粒径和中值粒径分别为 4.89Φ 和 4.85Φ，颗粒增大，分选系数是 1.68，分选差，反映河流的平均搬运营力增强。在 347~170 cm 处，平均粒径和中值粒径分别为 5.68Φ 和 5.48Φ，颗粒最细，分选系数为 1.48，分选差，各特征值与现代河漫滩极其相似。

表 8-6 高淳剖面各地层分段及周边不同沉积类型特征值

地层	平均粒径(Φ)	中值粒径(Φ)	分选系数(σ_1)	偏态	峰态
347~170	5.68	5.48	1.48	0.27	1.13
420~347	4.89	4.85	1.68	0.12	1.44
437~420	5.16	4.99	1.37	0.29	1.37
505~437	4.13	4.28	2.22	−0.01	1.19
570~505	4.90	4.98	1.75	0.06	1.48
578~570	5.00	5.30	2.31	−0.2	1.40
枯水期河床	5.09	4.98	2.06	0.13	1.03
洪水期河床	3.52	4.15	3.10	−0.17	0.67
河漫滩	5.73	5.49	1.53	0.28	1.11
池塘	5.45	5.19	1.82	0.20	1.28

3. 粒度频度分布曲线

粒度频率曲线是判断沉积环境的重要手段之一，其峰态特征可以反映沉积作用形式的变化（赵强，2003）。频率曲线有单峰、双峰甚至多峰等形态。从理论上讲，单一物源的沉积物粒度频率曲线为单峰形态，两种或两种以上物质来源的沉积物粒度频率曲线为双峰或多峰形态（戴东林，1976）。

从高淳剖面地层沉积物的粒度频度分布曲线可以发现（图 8-9），沉积物呈单峰和双峰形态。该孔 170-580 cm 分为 5 个沉积阶段（旋回），其中 1、2 层和 3 层上部（347~170 cm，约 2.5 ka B.P.~明清时期）沉积物频度分布曲线与河漫滩沉积物频度曲线相似（图 8-10），都为单峰曲线，粒级集中在 4~10Φ，细颗粒物质较粗颗粒物质多，小于 4Φ 的粗颗粒物质含量不大（图 8-9a、b）。3 层下部和 4 层（420~347 cm，3.8-2.5 ka B.P.）沉积物粒度频度分布曲线与枯水期河床沉积物频度曲线相似（图 8-10），表现为双峰形态，细端为主峰，粗端为次主峰，其主峰粒级集中在 4~6Φ，次主峰粒级集中在 1.5~2.5Φ，小于 4Φ 的粗颗粒物质含量有所增加。5 层上半部（437~420 cm，约 4.2~3.8 ka B.P.）沉积物粒度频度分布曲线与池塘沉积物粒度分布曲线相似（图 8-10），为单峰曲线，粒级集中在 3~10Φ，但是小于 4Φ 的粗颗粒物质含量减少了。5 层下半部和 6 层（505~437 cm，约 7.6~4.2 ka B.P.）沉积物粒度频度分布曲线表现为双峰形态，仍是细端为主峰，粗端为次主峰，主峰粒级集中在 4~6Φ，次主峰粒级集中在 0~2.5Φ，小于 4Φ 的粗颗粒物质含量达到最高。7 层和 8 层（578~505 cm，约 12.7~7.6 ka B.P.）沉积物粒度频度分布曲线与上一沉积阶段（505~437 cm）相似，只是小于 4Φ 的粗颗粒物质含量稍有减少。

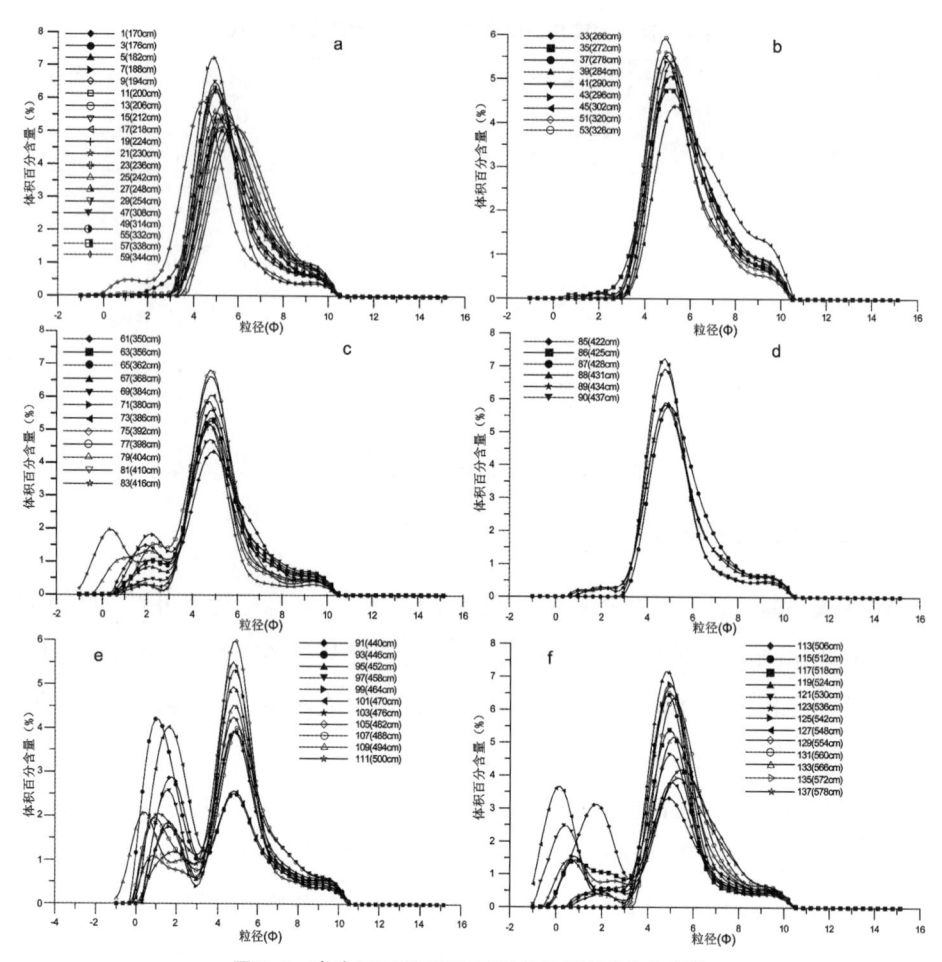

图 8-9　高淳剖面分层段沉积物的粒度频度分布曲线

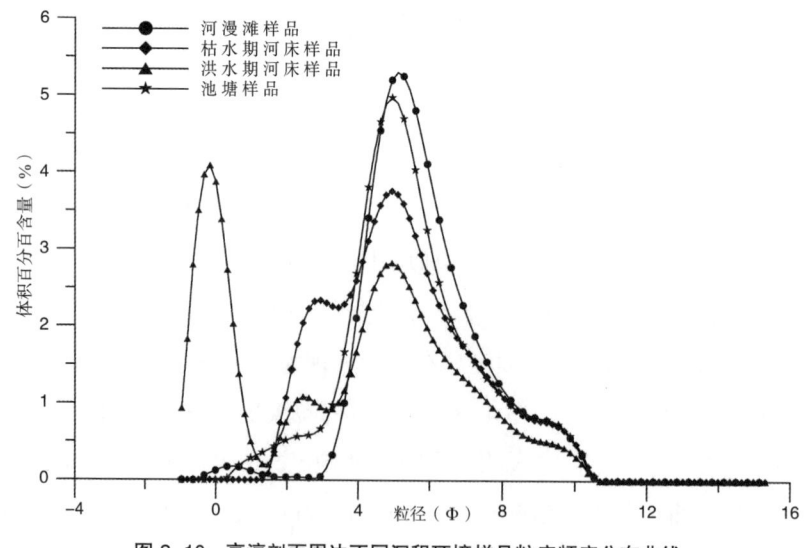

图 8-10　高淳剖面周边不同沉积环境样品粒度频度分布曲线

4. 概率累积曲线

在概率累积曲线上，悬移、跃移和推移三种组分呈现出几个直线段，其中，悬移组分位于细粒段，跃移组分位于中粒段，推移组分位于粗粒段。根据概率累积曲线可判断分析沉积环境特征及搬运状态。

高淳剖面地层沉积物具体部分样品粒度概率累积曲线见图 8-11，从图上

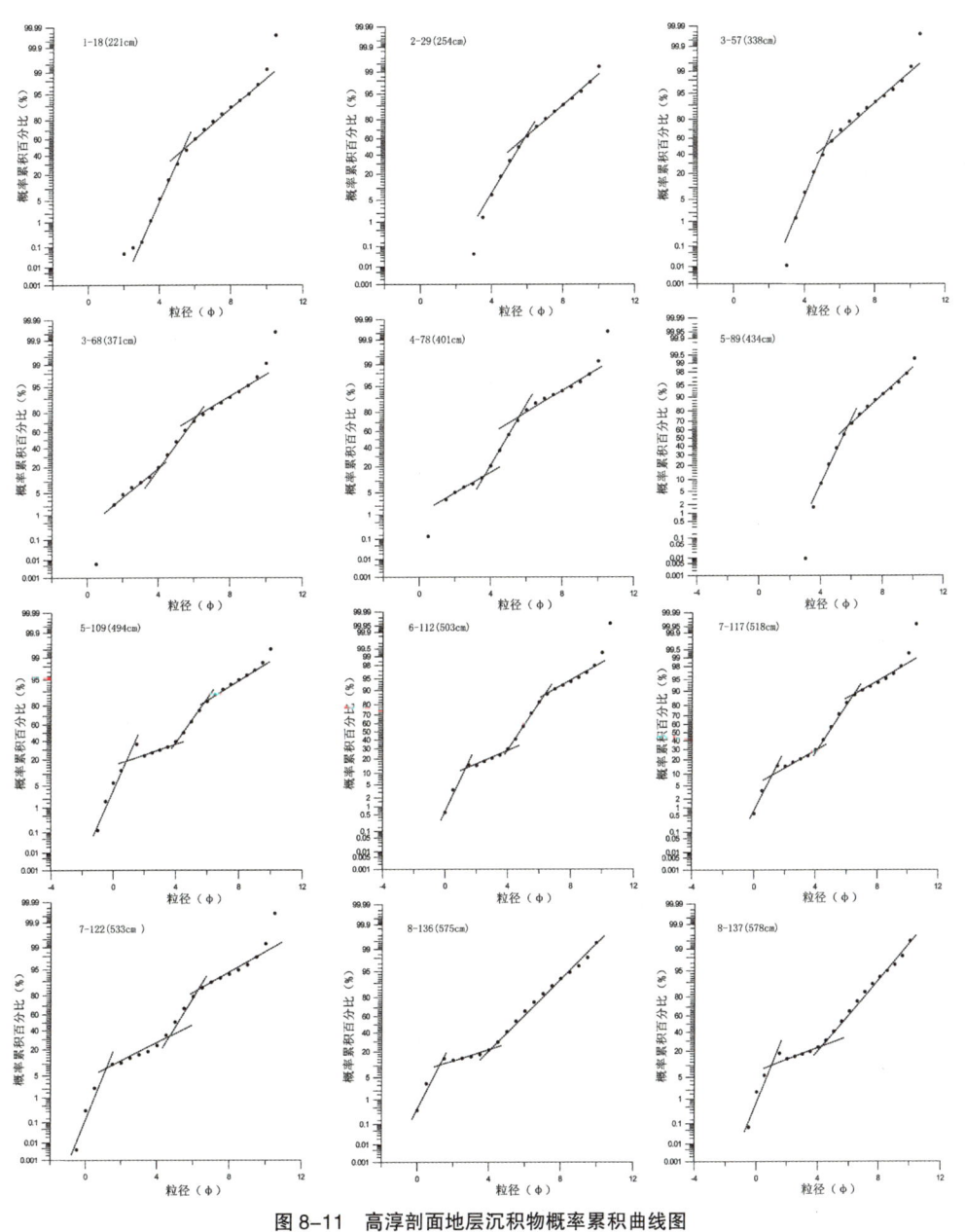

图 8-11　高淳剖面地层沉积物概率累积曲线图

可以看出多数沉积物样品推移、跃移组分都很少，悬移组分较多。1~3层上部（347~170 cm，约 2.5 ka B.P.~ 明清时期）沉积物为悬移二段式，细切点在 3.5Φ 左右，跃移组分很少，悬移所占比例较大，为 99% 左右，两个悬移质的总体分选性前一个较好，后一个中等。3层下部和4层（420~347 cm，约 3.8~2.5 ka B.P.）沉积物为三段式，一跃移和二悬移，细切点在 4Φ 左右，悬移组分较多，占 80%~90%，跃移分选中等，两个悬移质的总体分选性一般前一个较好，后一个中等。5层上部（437~420 cm，约 4.2~3.8 ka B.P.）沉积物为悬移二段式，细切点在 4Φ 左右，两个悬移质的总体分选性前一个较好，后一个中等。5~7层（570~437 cm，约 12.7~4.2 ka B.P.）沉积物为四段式。8层（578~570 cm）沉积物为三段式。5~8层推移、跃移和悬移物质分明，粗切点在 1Φ 左右，细切点在 4Φ 左右，推移组分增加，占 10%~18%，跃移组分减少，占 10%~20%，悬移组分增加，占 62%~80%，推移组分选较好，跃移分选较差，两个悬移质的总体分选性一般前一个较好，后一个中等。

采样点高淳剖面周边不同沉积环境的概率累计曲线见图 8-12。

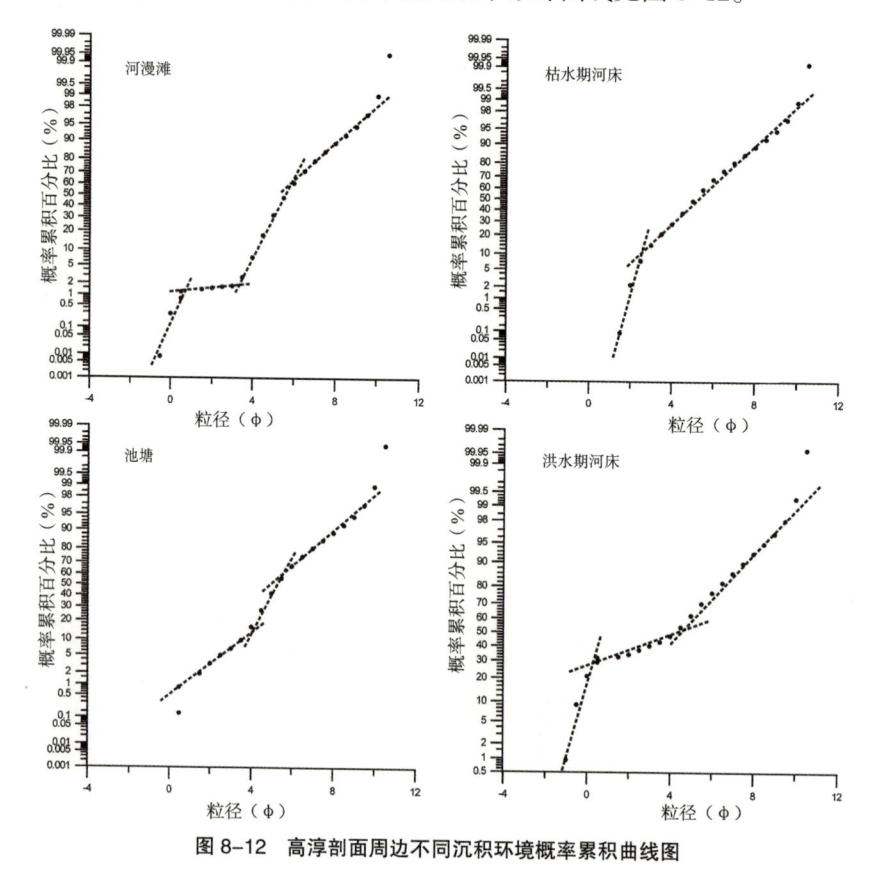

图 8-12　高淳剖面周边不同沉积环境概率累积曲线图

河漫滩：四段式，一推移，一跃移，二悬移。能够搬运的最粗粒径为 –0.5Φ 左右，粗截点为 0.5Φ 左右，细截点为 4Φ 左右，推移占 1.5% 左右，跃移占 1% 左右，悬移占 97.5% 左右。

枯水期河床：二段式，一推移，一跃移，缺少悬移组分。能够搬运的最粗粒径为 1.8Φ 左右，粗截点为 2.5Φ 左右，推移占 10% 左右，跃移占 90% 左右。

池塘：三段式，一跃移，二悬移，缺少推移组分。能够搬运的最粗粒径为 0.5Φ，细截点为 4Φ 左右，跃移占 16% 左右，悬移占 84% 左右。

洪水期河床：三段式，一推移，一跃移，一悬移。能够搬运的最粗粒径为 –1Φ，粗截点 0Φ 左右，细截点为 4Φ 左右，推移占 30% 左右，跃移占 14% 左右，悬移占 56% 左右。

综上可以看出，在地层 347~170 cm 和 437~420 cm 处，其概率累积曲线与河漫滩概率累积曲线特征相似；在 420~347 cm 和 570~437 cm 处，其概率累积曲线与池塘概率累积曲线特征相似；在 580~570 cm 处，其概率累积曲线与洪水期河床概率累积曲线特征相似。

5. C–M 图

C–M 图是利用粒度参数 C 和 M 制成的图，C 是从累积曲线粗端算起，含量在 1% 处的颗粒直径，它表示介质搬运的最大动能；M 是累积曲线在 50% 处的颗粒直径，代表了介质搬运的平均动能（徐馨，1992）。利用 C–M 图可以判断沉积环境特征。高淳剖面的 C–M 图见图 8–13。

347~170 cm 地层 C 值介于 60~110 μm，M 值介于 10~30 μm，中值粒径比较稳定，样品分布较集中，样品接近于位于静水沉积区，反映此阶段的水动力很弱。420~347 cm 地层样品处于 S–R 段，属均匀悬浮，C 值介于 110~1000 μm，M 值介于 20~50 μm，C 值和 M 值都增加，说明搬运的最大动能和平均动能增加，中值粒径比较稳定，样品分布较集中，总体反映水动力条件增强。437~420 cm 地层较薄，样品数量少，不具有统计意义，这里不做分析。505~437 cm 地层样品散落在 C–M 图中 S–R、R–Q 段，少数样品存在 Q–P 段，表明该阶段水动力条件为河流或牵引流。580~505 cm 地层样品散落在 S–R、R–Q，少数样品存在 Q–P 段，动力条件为河流或牵引流。

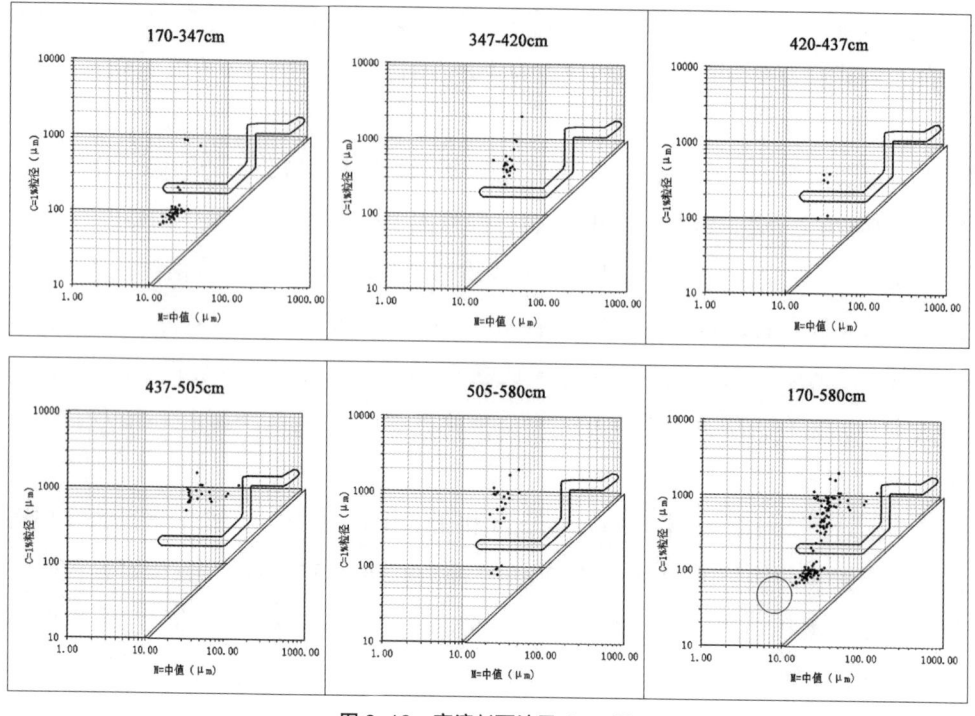

图 8-13　高淳剖面地层 C-M 图

8.4.3 高淳剖面磁化率结果分析

磁化率是表征沉积物磁性特征的参数之一，磁化率值的变化可以反映环境变化（Thompson，1986；王俊达，1992；王心源，2008）。

高淳剖面地层样品的质量磁化率随深度变化的曲线见图 8-14。从该图可以看出磁化率大小波动较为明显，平均磁化率为 9.70 SI，范围在 0.0067~135.46 SI。347~170 cm（约 2.5 ka B.P.~明清时期）地层磁化率曲线在前后两段都基本平稳，而在 299~239 cm（宋代文化层）出现异常高值，平均值达到 26.74 SI，范围在 6.11~135.46 SI。239~170 cm 和 347~299 cm 地层平均磁化率为 6.55 SI，范围在 4.62~9.97 SI。420~347 cm（3.8~2.5 ka B.P.）地层磁化率较平稳，呈现小幅度的高低振荡，平均磁化率为 5.67 SI，范围在 3.93~10.39 SI。437~420 cm（约 4.2~3.8 ka B.P.）地层磁化率较平稳，呈现出略有上升的趋势，平均磁化率为 4.80 SI，范围在 4.44~5.52 SI。505~437 cm（约 7.6~4.2 ka B.P.）地层磁化率比之前的自然地层高，平均磁化率为 10.42 SI，范围在 4.96~22.06 SI。570~505 cm（12.7~7.6 ka B.P.）地层磁化率较低，平均磁化率为 4.34 SI，范围在 3.31~6.56 SI。578~570 cm 地层平均磁化率为 10.21 SI，范围在 7.23~12.97 SI。剖面岩性特征与磁化率值的变化

图 8-14 高淳剖面磁化率随深度变化曲线图

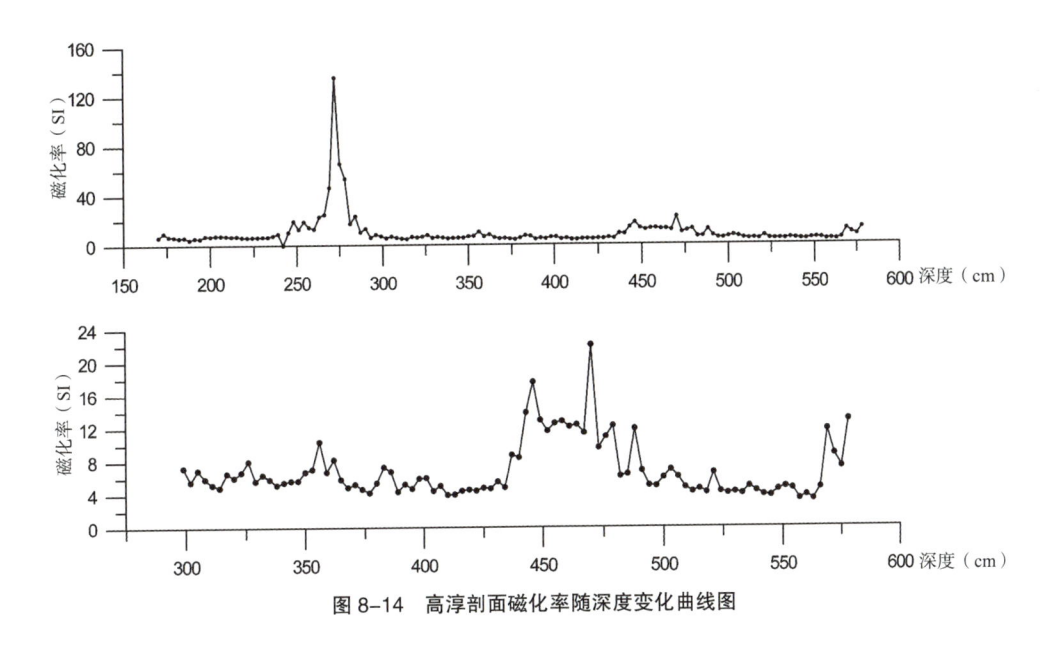

表明，在粗颗粒沉积物中，磁化率值变化较大，细颗粒沉积物中磁化率值变化不大，均处于低值状态。

将高淳剖面的磁化率与中值粒径（μm）进行对比可以看出（图 8-15，表 8-7），299~239 cm 地层磁化率的高低波动与中值粒径之间基本没有相关性，以 420 cm 和 505 cm 深度为界，磁化率值的变化与中值粒径间的对应关系有明显的变化。420 cm（239~170 cm、347~299 cm、420~347 cm）处以上，当磁化率出现谷值时，中值粒径出现峰值。在深度 505~420 cm，磁化率值与中值粒径的对应关系发生了变化，当磁化率出现峰值时，中值粒径出现峰值。在深度 505 cm 以下，磁化率波动变化与中值粒径的对应关系呈现与前段相反的对应关系。

将磁化率与粒度数据进行计算处理后，发现除 299~239 cm 段外，磁化率与粒度数据存在相关性（表 8-8）。239~170 cm、347~299 cm 段，磁化率与中值粒径之间为负相关，相关系数为 -0.221；磁化率与粒度粒级中的极细粉砂、细粉砂的百分含量呈正相关（分别为 0.389、0.335），与粗粉砂呈现负相关（-0.424）。在 420~347 cm 段，磁化率与中值粒径之间为负相关，相关系数为 -0.317；磁化率与粒度粒级中的黏土、极细粉砂、细粉砂的百分含量呈正相关（分别为 0.525、0.416、0.362），与粗粉砂呈现负相关（-0.416）。在 437~420 cm 段，磁化率与中值粒径之间呈正相关，相关系数为 0.405；磁化率与粒度粒级中的黏土、砂的百分含量成正相关（分别为 0.566、0.596），与中粉砂、粗粉砂呈现负相关

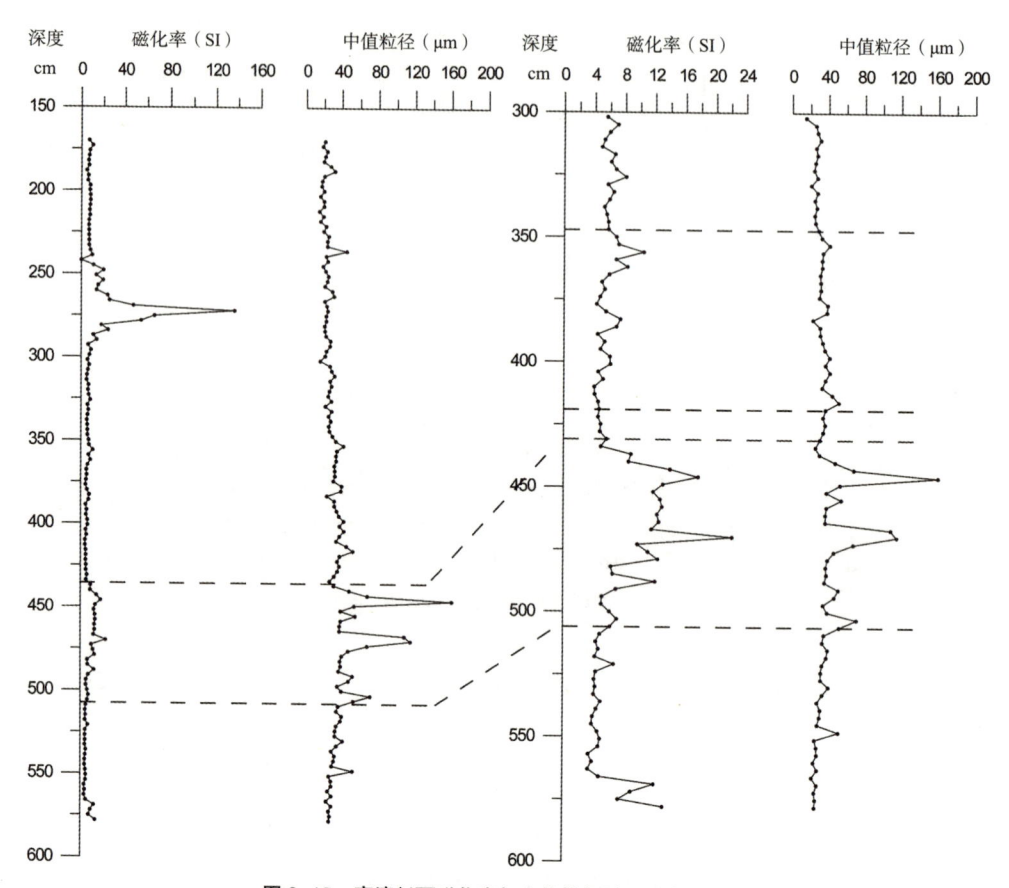

图 8-15　高淳剖面磁化率与中值粒径随深度变化曲线

（-0.712、-0.717）。在 505~437 cm 段，磁化率值与中值粒径呈正相关，相关系数为 0.584；磁化率与粒度粒级中砂的百分含量呈正相关（0.483），与中粉砂、粗粉砂呈现负相关（-0.532、-0.510）。在 578~505 cm 段，磁化率与中值粒径之间呈正相关，相关系数为 -0.272；磁化率与粒度粒级中极细粉砂、细粉砂的百分含量呈正相关（分别为 0.501、0.475），与粗粉砂呈负相关（-0.559）。

表 8-7　磁化率与中值粒径的相关性

深度分段（cm）	239~170、347~299	299~239	420~347	437~420	505~437	578~505
相关系数	-0.221	0.004	-0.317	0.405	0.584	-0.272

表 8-8　磁化率与各粒级的相关性

深度分段（cm）	黏土	极细粉砂	细粉砂	中粉砂	粗粉砂	砂
239~170 347~299	0.232	0.389	0.335	-0.118	-0.424	-0.059
299~239	-0.173	0.008	0.067	-0.147	-0.079	0.099
420~347	0.525	0.416	0.362	0.054	-0.416	-0.108

续表

深度分段（cm）	黏土	极细粉砂	细粉砂	中粉砂	粗粉砂	砂
437~420	0.566	0.295	−0.015	−0.712	−0.717	0.596
505~437	0.085	0.154	−0.171	−0.532	−0.510	0.483
578~505	0.20	0.501	0.475	−28.3	−0.559	0.176

8.4.4 高淳剖面沉积物重矿物结果分析

1. 重矿物含量及形态特征

高淳剖面 23 个沉积物样品中（表 8-9）已鉴定出的重矿物有锆石、白钛石、金红石、赤褐铁矿、钛铁矿、电气石、榍石、绿帘石、锐钛矿、黄铁矿、角闪石、透闪石、蓝晶石、石榴石、方铅矿、文石、辰砂、雄黄 18 种（表 8-10），其中蓝晶石、石榴石、方铅矿、文石、辰砂、雄黄等仅在个别样品中出现，且含量极少。主要重矿物形态特征如下。

锆石：浅、深玫瑰色，黄色，次棱角、棱角柱状、次滚圆柱状、粒状，有些晶体光亮洁净，有些略显粗糙，晶体内含细小气固包体，是重矿物中平均含量最多的矿物种，含量变化范围为 13.06%~46.14%，平均值 30.22%。

钛铁矿：黑色，粒状，不透明、玻璃光泽，平均含量居第二位，含量为 4.7%~41.08%，平均 28.44%。

锐钛矿：黄、褐、灰、蓝色，粒状、半透明、油脂光泽，含量范围 4.62%~26.53%，平均值 9.63%。

绿帘石：黄绿色，粒状，透明、玻璃光泽，含量范围 2.78%~11.68%，平均值 6.79%。

赤褐铁矿：褐黑、褐红色，粒状，不透明、金属光泽，含量范围 1.01%~18.42%，平均值 6.16%。

白钛石：黄色、灰色，粒状，不透明、土状光泽，含量范围 2.13%~15.79%，平均值 5.72%。

金红石：褐红、黑红色，粒状、柱状，半透明、金刚光泽，含量范围 1.42%~9.39%，平均值 4.54%。

黄铁矿：暗黄色，球粒状，不透明、金属光泽，含量范围 0~19.63%，平均值 2.6%。

榍石：浅黄色，扁粒状，透明、金刚光泽，含量范围 0.12%~7.73%，平均值 2.48%。

电气石：茶褐色，粒状、柱状，透明、玻璃光泽，含量范围0~3.49%，平均值1.7%。

透闪石：白色，柱状，透明、玻璃光泽，含量范围0~2.95%，平均值1.35%。

角闪石：绿色，柱状，透明、玻璃光泽，含量范围0~3.07%，平均值1.22%。

表8-9 高淳剖面重矿物分析基本情况

样品编号	样品深度（cm）	样品重量（g）	分析用量（g）	重矿物重量（mg）	重矿物含量（1/10000）	重矿物颗粒数
1	198	195	195	6.350	0.325	994
2	228	105	105	6.380	0.608	1113
3	249	150	150	6.390	0.426	1020
4	261	195	195	6.310	0.324	1082
5	279	255	255	14	0.549	985
6	309	99	99	5.354	0.541	842
7	339	135	135	6.30	0.467	1182
8	354	240	240	39.70	1.654	1132
9	366	255	255	55	2.157	1064
10	390	247.5	247.5	13.025	0.526	1043
11	402	270	270	60.4	2.237	999
12	417	382.5	382.5	31.94	0.835	1109
13	438	172.5	172.5	13.8	0.8	1112
14	462	232.5	232.5	122	5.247	917
15	486	210	210	68.95	3.283	886
16	498	322.5	322.5	63.9	1.981	963
17	504	277.5	277.5	82	2.955	1318
18	519	217.5	217.5	13.51	0.621	1050
19	531	435	435	21.79	0.501	991
20	543	232.5	232.5	5.73	0.246	958
21	561	382.5	382.5	15.5	0.405	1031
22	570	217.5	217.5	7.94	0.365	234
23	579	322.5	322.5	10.18	0.316	400

表8-10 高淳剖面重矿物的组成

稳定性	主要矿物(>10%)	次要矿物（1%-10%）	少量（<1%）
最稳定	锆石	金红石、白钛石、锐钛矿、电气石	
稳定	钛铁矿	榍石、赤褐铁矿	蓝晶石
较稳定		绿帘石、透闪石	石榴石
不稳定		黄铁矿、角闪石	方铅矿、雄黄、辰砂、文石

2. 高淳剖面的重矿物垂向分布特征

高淳剖面鉴定出的18种重矿物中平均含量大于1%的有锆石、金红石、钛铁矿、白钛石、锐钛矿、电气石、榍石、赤褐铁矿、绿帘石、透闪石、黄铁矿、角闪石。重矿物种类在剖面地层中变化不大，主要重矿物组成稳定。从图 8-16 可以看出，锆石在每个样品中含量都很高，基本没有明显的变化；钛铁矿只有在 578~570 cm 段含量相对较低，其余地层中含量都较高；锐钛矿从地层底到顶部有逐渐降低的趋势；电气石在 578~570 cm 段缺失，在 570~347 cm 段含量变化不大，在 347~198 cm 段有降低的趋势；赤褐铁矿在 578~570 cm 段含量最少，在 347~198 cm 段含量最多；黄铁矿在 578~570 cm 段含量较多，在 347~198 cm 段有一个异常高值，其余地层都较底部含量略低；蓝晶石和透闪石在 570~347 cm 段呈零星分布，在 578~570 cm 段、347~198 cm 段缺失；角闪石和方铅矿在地层中零星分布。

3. 高淳剖面的重矿物组合特征及其特征指数

将鉴定出的所有矿物进行有序聚类（Tilia 软件），根据剖面的重矿物组合特征和重矿物百分比的 CONISS 分析结果，将重矿物图谱划分为 4 个矿物带，其他指标分带参考重矿物组合划带（图 8-16）。

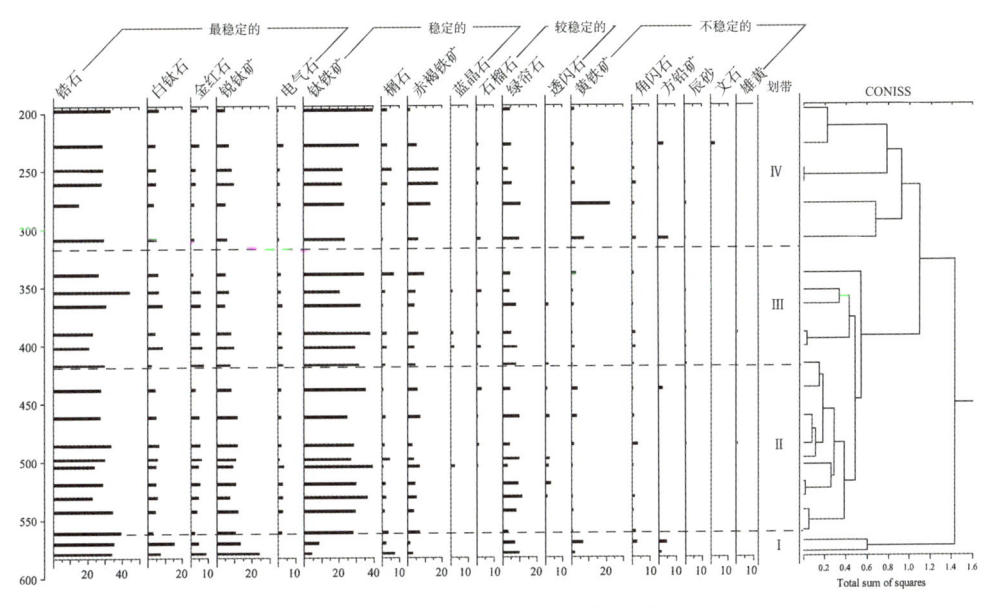

图 8-16 高淳剖面重矿物聚类分析图

按由老到新的顺序，将重矿物组合特征简述如下。

带 I（约晚更新世末 ~12.7 ka B.P.，579~570 cm）矿物组合以锆石、锐钛矿、白钛石、绿帘石、金红石、黄铁矿为主，钛铁矿、榍石、赤褐铁矿、角闪石、方铅矿等矿物含量较少，电气石、石榴石、辰砂、文石、蓝晶石、透闪石、雄黄等矿物缺失。锆石在本阶段含量为33.75%~35.04%，平均34.40%，为最高值段。锐钛矿平均含量为18.62%，仅次于锆石。自生矿物黄铁矿平均含量为3.40%，比阶段Ⅱ、Ⅲ都高，可以反映当时沉积速率相对较高。另外，也可能与局部还原的沉积环境相关。该带以稳定矿物（最稳定、稳定）为主，平均含量高达83.71%；不稳定矿物含量较低，在15%以内，W所代表的风化强度为5.49（表8-11），电气石、石榴石、辰砂、文石、蓝晶石、透闪石、雄黄等矿物缺失，反映此阶段的化学风化作用很强，但与其他阶段分化程度相比，风化作用相对较弱。

表8-11 带Ⅰ重矿物含量分布及指数

重矿物	最低值(%)	最高值(%)	平均值(%)	重矿物	最低值(%)	最高值(%)	平均值(%)	指数	最低值(%)	最高值(%)	平均值(%)
锆石	33.75	35.04	34.40	黄铁矿	1.50	6.41	3.40	H	79.91	87.50	83.71
钛铁矿	4.25	8.55	6.40	角闪石	0	2.56	1.28	G	12.50	20.09	16.29
锐钛矿	13.25	24.00	18.62	方铅矿	1.50	4.27	2.89	W	3.98	7.00	5.49
绿帘石	6.84	9.50	8.17	榍石	2.14	7.00	4.57	ZTR	39.32	42.25	40.78
白钛石	7.00	15.38	11.20	金红石	4.27	8.5	6.39	GZi	0	0	0
赤褐铁矿	1.28	3.00	2.14								

注：H，不稳定+较稳定；G，最稳定+稳定；W（风化系数），=H/G；ZTR，重矿物成熟度；GZi，石榴石指数。

带Ⅱ（约12.7~3.8 ka B.P.，570~420 cm）矿物组合以锆石、钛铁矿、锐钛矿、绿帘石、白钛石为主，金红石、赤褐铁矿、榍石、电气石、黄铁矿、透闪石、角闪石等矿物含量较少，方铅矿、石榴石、辰砂、蓝晶石、雄黄等矿物很少见。锆石在本阶段含量为22.50%~39.08%，平均29.62%。钛铁矿分布也较连续，平均含量为30.86%，仅次于锆石。金红石、赤褐铁矿、榍石分布连续，但含量低，平均为2%~5%。该带矿物以稳定矿物（最稳定、稳定）为主，平均含量可达87.80%；不稳定矿物的含量较低，在13%以内，W所代表的风化强度为8.83（表8-12），为四个阶段最高值，反映出气候条件较好，化学风化比较强，不稳定的矿物保留较少。

表8-12 带Ⅱ重矿物含量分布及指数

重矿物	最低值(%)	最高值(%)	平均值(%)	重矿物	最低值(%)	最高值(%)	平均值(%)	指数	最低值(%)	最高值(%)	平均值(%)
锆石	22.50	39.08	29.62	电气石	0.62	3.34	2.00	H	82.99	93.55	87.80
钛铁矿	24.54	39.30	30.86	黄铁矿	0	3.24	1.10	G	6.45	17.01	12.20

续表

重矿物	最低值(%)	最高值(%)	平均值(%)	重矿物	最低值(%)	最高值(%)	平均值(%)	指数	最低值(%)	最高值(%)	平均值(%)
锐钛矿	7.47	12.21	10.22	角闪石	0.29	2.93	1.06	W	4.88	16.18	8.83
绿帘石	2.66	11.30	6.85	透闪石	0	2.86	1.21	ZTR	40.78	39.32	42.25
白钛石	2.90	6.43	4.70	方铅矿	0	2.43	0.27	GZi	0.25	8.88	2.19
金红石	2.33	6.13	4.28	石榴石	0.10	2.70	0.65				
赤褐铁矿	2.48	7.09	4.86	辰砂	0	0.68	0.33				
榍石	0.23	4.26	1.72	蓝晶石	0	2.12	0.24				
雄黄	0	0.23	0.03								

注：H，不稳定+较稳定；G，最稳定+稳定；W（风化系数），=H/G；ZTR，重矿物成熟度；GZi，石榴石指数。

带Ⅲ（约 3.8~2.5 ka B.P.，420~347 cm）矿物组合以钛铁矿、锆石、锐钛矿、绿帘石、白钛石、金红石、赤褐铁矿为主。其中钛铁矿在 20.32%~38.06% 范围内，平均值为 31.07%，为最高值段。锆石在本阶段含量为 21.12%~44.35%，平均 29.27%，略有下降。金红石、赤褐铁矿、榍石、电气石、石榴石有所增加，黄铁矿、角闪石有所增加，蓝晶石、透闪石、辰砂、方铅矿呈零星分布。该带矿物以稳定矿物为主，平均含量可达 88.41%；不稳定矿物的含量较低，在 12% 以内；风化系数为 8.24（表 8-13），比带Ⅱ风化系数小，反映出此阶段的化学风化作用有所减弱。

表 8-13 带Ⅲ重矿物含量分布及指数

重矿物	最低值(%)	最高值(%)	平均值(%)	重矿物	最低值(%)	最高值(%)	平均值(%)	指数	最低值(%)	最高值(%)	平均值(%)
钛铁矿	20.32	38.06	31.07	石榴石	0.38	2.65	1.30	H	83.68	91.20	88.41
锆石	21.12	44.35	29.27	黄铁矿	0.48	2.45	1.19	G	8.80	16.32	11.59
锐钛矿	4.98	9.81	7.17	角闪石	0.27	1.82	1.06	W	5.89	11.58	8.24
绿帘石	3.98	8.11	6.21	蓝晶石	0.00	1.80	0.69	ZTR	29.53	51.59	36.68
白钛石	2.07	8.36	5.86	透闪石	0.00	1.80	0.58	GZi	8.23	27.74	18.23
金红石	1.44	7.30	5.35	辰砂	0.00	0.90	0.44				
赤褐铁矿	3.50	9.14	5.12	方铅矿	0.00	0.29	0.09				
榍石	0.28	6.85	2.51	雄黄	0.00	0.19	0.03				
电气石	1.50	2.71	2.06								

注：H，不稳定+较稳定；G，最稳定+稳定；W（风化系数），=H/G；ZTR，重矿物成熟度；GZi，石榴石指数。

带Ⅳ（约 2.5 ka B.P.~明清时期，347~198 cm）该带矿物组合以锆石、钛铁矿、赤褐铁矿、锐钛矿、绿帘石、黄铁矿为主。锆石在本阶段含量为14.92%~33.50%，平均27.34%，钛铁矿含量为21.63%~39.84%，平均26.87%，可见锆石和钛铁矿的含量都有所下降。锐钛矿、绿帘石、石榴石基本没有变化，白钛石、金红石、电气石有所下降，而赤褐铁矿和黄铁矿有所增加。该带矿物以稳定矿物为主，含量为82.66%；不稳定矿物含量较低，在18%以内；W为7.40（表8-14），不稳定矿物含量有所增高，说明本阶段的沉积物接受的近源物质增多。

表8-14 带Ⅳ重矿物含量分布及指数

重矿物	最低值(%)	最高值(%)	平均值(%)	重矿物	最低值(%)	最高值(%)	平均值(%)	指数	最低值(%)	最高值(%)	平均值(%)
锆石	14.92	33.50	27.34	榍石	0.12	5.20	2.57	H	64.12	92.45	82.66
钛铁矿	21.63	39.84	26.87	方铅矿	0.00	5.58	1.65	G	7.55	35.84	17.34
赤褐铁矿	1.01	18.04	10.10	角闪石	0.63	2.38	1.50	W	1.79	12.25	7.40
锐钛矿	4.73	10.17	6.97	电气石	0.50	3.05	1.26	ZTR	17.97	37.53	31.52
绿帘石	3.04	10.36	6.20	石榴石	0.50	2.14	1.19	GZi	9.48	40.96	19.35
黄铁矿	1.08	22.44	6.06	文石	0.00	2.34	0.39				
白钛石	3.25	6.44	4.64	辰砂	0.00	0.91	0.34				
金红石	1.62	4.85	2.91								

注：H，不稳定+较稳定；G，最稳定+稳定；W（风化系数），=H/G；ZTR，重矿物成熟度；GZi，石榴石指数。

由此可见，重矿物组成成分在沉积地层中相似：主要由锆石、金红石、钛铁矿、白钛石、锐钛矿、电气石、榍石、赤褐铁矿、绿帘石、透闪石、黄铁矿、角闪石12种矿物组成。主要重矿物组成稳定，且其矿物组合比较相似，这说明研究区自晚更新世末以来物源没有发生变化。但阶段Ⅰ、Ⅱ、Ⅲ和Ⅳ重要重矿物（黄铁矿、电气石、石榴石、赤褐铁矿等）含量、特征指数明显不同，说明沉积物沉积环境发生变化。

4. 锆石微形态的分析结果

锆石是常见于河流沉积物中的重矿物之一，主要产于酸性或碱性火成岩与片麻岩中，原生形态主要是四方双锥形，比重较大（4.6~4.7），硬度为7.5，抗磨损相对较强，表面微形态特征是判断沉积物沉积性质的重要依据（朱诚 等，2005，2010）。锆石的微形态特征（如磨圆度、球度、晶形的保留程度等）在某种程度上标志着它们的搬运情况，可作为划分地层、对比不同沉积环境地层和反映水动力变化的一种重要依据（吴立，2013）。磨圆度、球度、晶形保留程度较好的锆石，冲刷搬运磨损程度较轻，多沉积在供给源附近；磨圆度、球度、晶形保留程度较差的锆石，冲刷搬运磨损程度较重，指示其经历了长途搬运。本章研究选取重矿物中的锆石，以其表面微形态和颗粒大小比较分析判断沉积物沉积性质与环境。

高淳剖面有 23 个样品进行了重矿物鉴定分析和锆石挑选，但由于原有锆石较少，又因作者工作失误致使锆石颗粒丢失，导致在 198 cm、570 cm 和 579 cm 处的锆石不具有统计意义，故共有 20 个样品进行了锆石形态和颗粒大小的统计。图 8-17 是高淳剖面地层沉积物中的锆石微形态特征，在锆石鉴定过程中发现，大部分锆石颗粒表面已经有不同程度的磨蚀，锆石晶体的晶面，特别是柱面，比

图 8-17　高淳剖面沉积物中锆石微形态特征

较难区分。为了根据锆石的磨损程度来判别其搬运情况和地层的沉积环境，故将样品按磨圆度、球度等把锆石形态分为浑圆柱状、浑圆状、四方双锥或复四方双锥、四方柱四类，其中四方双锥和复四方双锥不做区分。

从表8-15可以看出20个样品中锆石形态以四方双锥或复四方双锥为主，含量中等，平均含量为73.06%，范围为53.94%~85.89%，呈浑圆柱状、浑圆状、四方柱状形态的含量偏少。其中浑圆柱状平均含量为18.24%，范围为5.42%~30.94%；浑圆状平均含量为3.33%，范围为1.01%~8.20%；四方柱平均含量为5.37%，范围为1.04%~8.11%。在561~462 cm段，浑圆柱状平均含量为23.81%，范围在12.63%~30.91%，和其他阶段比较，含量较高且比较稳定，说明这一阶段的锆石经历了水流的长途搬运，具有一定程度的磨圆特征，反映出这一阶段的水动力相对较强。在438~354 cm段，浑圆柱状平均含量为18.29%，范围在9.53%~30.94%，含量较上一阶段低，且变化幅度大，反映出这一阶段的水动力相对上一阶段较弱，沉积环境不稳定。在339~228 cm段，浑圆柱状平均含量为10.77%，范围在5.42%~18.75%，含量最低，除深度228 cm和309 cm两处的锆石含量高于本阶段其他样品外，其余样品锆石含量基本稳定，说明这一阶段的水动力条件最弱，沉积环境相对稳定。

表8-15 高淳剖面孔沉积物样品锆石晶体微形态分析结果

深度(cm)	浑圆柱状		浑圆状		四方双锥或复四方双锥		四方柱		总颗粒数	合计(%)
	颗粒数	百分比(%)	颗粒数	百分比(%)	颗粒数	百分比(%)	颗粒数	百分比(%)		
228	42	17.00	11	4.45	176	71.26	18	7.29	247	100
249	24	9.27	5	1.93	209	80.69	21	8.11	259	100
261	9	5.42	3	1.81	141	84.94	13	7.83	166	100
279	28	7.05	4	1.01	341	85.89	24	6.05	397	100
309	18	18.75	4	4.17	73	76.04	1	1.04	96	100
339	18	7.11	7	2.77	217	85.77	11	4.35	253	100
354	95	30.94	18	5.86	173	56.35	21	6.84	307	100
366	45	9.53	6	1.27	397	84.11	24	5.08	472	100
390	41	12.02	5	1.47	271	79.47	24	7.04	341	100
402	118	27.00	22	5.03	284	64.99	13	2.97	437	100
417	48	18.11	9	3.40	198	74.72	10	3.77	265	100
438	37	12.13	4	1.31	248	81.31	16	5.25	305	100
462	109	24.17	28	6.21	287	63.64	27	5.99	451	100
486	123	22.82	14	2.60	367	68.09	35	6.49	539	100
498	126	26.69	19	4.03	302	63.98	25	5.30	472	100

续 表

深度 (cm)	浑圆柱状		浑圆状		四方双锥或 复四方双锥		四方柱		总颗 粒数	合计 （%）
	颗粒数	百分比（%）	颗粒数	百分比（%）	颗粒数	百分比（%）	颗粒数	百分比（%）		
504	97	26.08	23	6.18	239	64.25	13	3.49	372	100
519	47	12.63	7	1.88	296	79.57	22	5.91	372	100
531	62	28.44	3	1.38	146	66.97	7	3.21	218	100
543	43	18.70	4	1.74	173	75.22	10	4.35	230	100
561	98	30.91	26	8.20	171	53.94	22	6.94	317	100

8.5 讨论与结论

8.5.1 高淳剖面沉积环境演变过程

通过对高淳剖面进行的 AMS^{14}C 测年、粒度、磁化率和重矿物鉴定及锆石微形态分析，并结合地层岩性分析，首次确定了古河道存在的年代，并较为准确和全面地重建了胥溪河流域下坝段 12.7 ka B.P. 以来沉积环境变化过程。

阶段Ⅰ：晚更新世末~12.7 ka B.P.（578~570 cm），粒度组成以砂、粗粉砂、中粉砂为主，平均粒径为 5.0Φ，分选很差，沉积物概率累积曲线呈三段式，推移、跃移、悬移物质分明，频率曲线表现为双峰形态。通过与剖面周边洪水期河床、枯水期河床、池塘、河漫滩等不同沉积环境的粒度组成、粒度参数、粒度分析图等的比较，判断这一阶段为典型的河道沉积环境。沉积物来源较复杂，能够搬运较为粗大的颗粒进行沉积，同时也可以说明此阶段沉积动力相对较强。磁化率值相对高一些，与粒度组分的极细粉砂、细粉砂和粗粉砂相关性较强，体现为沉积物越细，磁化率值越高。重矿物组合中以稳定矿物（最稳定、稳定）为主，不稳定矿物的含量较低，在 15% 以内，风化系数为大，风化作用较强，但是与其他阶段比较，为四个阶段最低值，反映出风化作用与其他阶段相比较弱。沉积地层为青灰色，说明水位较深，为还原环境。

阶段Ⅱ：12.7~7.6 ka B.P.（570~505 cm），粒度组成与上一阶段相似，仍以砂、粗粉砂、中粉砂为主，平均粒径为 4.9Φ，沉积物整体比上一阶段略粗，分选差，沉积物概率累积曲线为一推移、一跃移、二悬移的四段式，频率曲线表现为双峰形态，反映沉积物来源为两种或两种以上。通过与高淳剖面反映的周边洪水期河床、枯水期河床、池塘、河漫滩等不同沉积环境的粒度组成、粒度参数、粒度分析图等的比较，判断阶段Ⅱ与阶段Ⅰ的沉积环境一样，为河道沉积，平均粒径和中值粒径比阶段Ⅰ略粗，反映阶段Ⅱ河流的平均搬运能力增强。此段粒度参数波动频繁，变幅较大，说明阶段Ⅱ的沉积环境相对不稳定。磁化率值相对阶段Ⅰ低一些，与粒度组分的极细粉砂、细粉砂和粗粉砂相关性较强，与中值粒径呈负相关，体现为沉积物粒度越细，磁化率值越高。重矿物组合中以稳定矿物（最稳定、稳定）为主，不稳定矿物的含量较低。锆石形态虽然仍以四方双锥或复四方双锥为主，但是浑圆柱状的锆石所占比例相对较高，反映沉积物经过了较长距离的搬运。沉积地层颜色为灰色，磁化率在这个剖面中最低，说明水位仍较深，为还原环境。

阶段Ⅲ：7.6~4.2 ka B.P.（505~437 cm），粒度组成以砂、粗粉砂为主，平均粒径为4.13Φ，沉积物颗粒明显比上一阶段更粗，分选很差，沉积物概率累积曲线为一推移、一跃移、二悬移的四段式，推移质含量比阶段Ⅱ高，频率曲线表现为双峰形态，反映沉积物来源为两种或两种以上。通过与高淳剖面周边洪水期河床、枯水期河床、池塘、河漫滩等不同沉积环境的粒度组成、粒度参数、粒度分析图等的比较，判断此阶段为河道沉积环境，平均粒径和中值粒径比其他阶段粗，反映阶段Ⅲ河流的平均搬运能力最强。阶段Ⅲ分选较差，颗粒粗，说明阶段Ⅲ的水动力条件较强。磁化率值相对较高，与粒度组分的中粉砂、粗粉砂呈负相关，与砂呈正相关，与中值粒径呈正相关，体现为沉积物粒度越粗，磁化率值越高。重矿物组合中仍以稳定矿物为主，不稳定矿物含量较低，反映出此阶段的风化作用强。此阶段锆石形态与阶段Ⅱ相似，虽以四方双锥或复四方双锥为主，但浑圆柱状的锆石所占比例相对较高，反映沉积物经过了较长距离的搬运。沉积地层颜色由灰黄色变为黄色，说明水位变浅，为氧化环境。

阶段Ⅳ：4.2~3.8 ka B.P.（437~420 cm），粒度组成以粗粉砂和中粉砂为主，平均粒径为5.16Φ，沉积物颗粒明显变细，分选差，沉积物概率累积曲线为跃移、悬移二段式，缺少推移组分，频率曲线表现为单峰形态，反映沉积物来源单一。通过与高淳剖面周边洪水期河床、枯水期河床、池塘、河漫滩等不同沉积环境的粒度组成、粒度参数、粒度分析图等的比较，判断此阶段水动力条件极弱，基本处于静水沉积环境。磁化率值相对阶段Ⅲ低，与粒度组分的黏土和砂呈正相关，与中粉砂和粗粉砂呈负相关，与中值粒径呈正相关，体现为沉积物粒度越粗，磁化率值越高。重矿物组合中仍以稳定矿物为主，反映出化学风化比较强，不稳定的矿物保留较少。此阶段呈浑圆柱状形态的锆石所占比例比阶段Ⅱ和阶段Ⅲ都低，也反映出阶段Ⅳ的水动力较弱。沉积地层颜色为黄色，说明水位浅，为氧化环境。

阶段Ⅴ：约 3.8~2.5 ka B.P.（420~347 cm），粒度组成以砂、粗粉砂和中粉砂为主，平均粒径为 4.89Φ，沉积物颗粒比阶段Ⅳ粗，分选差，沉积物概率累积曲线为一跃移、二悬移的三段式，频率曲线表现为双峰形态，反映沉积物来源为两种或两种以上。通过与高淳剖面反映的周边洪水期河床、枯水期河床、池塘、河漫滩等不同沉积环境的粒度组成、粒度参数、粒度分析图等的比较，此阶段仍为河道沉积环境，平均粒径和中值粒径比阶段Ⅳ粗，反映阶段Ⅴ河流的平均搬运能力增强。磁化率值与阶段Ⅳ相比变化不大，与粒度组分的黏土、极细粉砂和细粉砂呈正相关，与粗粉砂呈负相关，与中值粒径呈负相关，体现为沉积物粒度越细，磁化率值越高。矿物组合变化不大，仍以稳定矿物为主，不稳定矿物含量较低。此阶段锆石浑圆柱状形态所占比例较阶段Ⅳ高，且变化幅度大，反映出这一阶段的水动力相对上一阶段变强，沉积环境相对不稳定。沉积地层颜色由灰黄色递变为灰褐色，说明水位逐渐变浅，为氧化环境。

阶段Ⅵ：约 2.5 ka B.P.~明清时期（347~170 cm），粒度组成以粗粉砂和中粉砂为主，平均粒径为 5.68Φ，沉积物颗粒最细，分选差，沉积物概率累积曲线为二悬移式，频率曲线表现为单峰形态，反映沉积物来源单一。通过与高淳剖面反映的周边洪水期河床、枯水期河床、池塘、河漫滩等不同沉积环境的粒度组成、粒度参数、粒度分析图等的比较，判断此阶段为河漫滩沉积环境，平均粒径和中值粒径比其他阶段细，反映阶段Ⅵ河流的平均搬运能力最弱。磁化率值在这一阶段又分为三小段，其中 299~239 cm 为文化层，受人类扰动比较严重，这段磁化率值与粒度组成没有相关性，239~170 cm 和 347~299 cm 的磁化率与粒度组分的极细粉砂和细粉砂呈正相关，与粗粉砂呈负相关，与中值粒径呈负相关，体现为沉积物粒度越细，磁化率值越高。矿物组合变化不大，仍以稳定矿物为主，但不稳定矿物含量有所增高，说明本阶段的沉积物接受的近源物质增多。此阶段锆石浑圆柱状形态所占比例大部分都在 10% 以下，只有两个样品的锆石浑圆柱状形态比例在 15% 以上，反映出这一阶段的整体水动力较弱。沉积地层颜色为灰褐色、灰黑色和灰色，说明氧化环境增强。

8.5.2 高淳剖面沉积环境演变过程分析

根据高淳剖面的 AMS[14]C 测年、岩性特征、粒度、磁化率、重矿物、锆石微形态等环境代用指标的综合分析，本节结合区域其他钻孔资料（图 8-18）对胥溪河下坝段晚更新世末以来的沉积环境演变过程进行探讨。

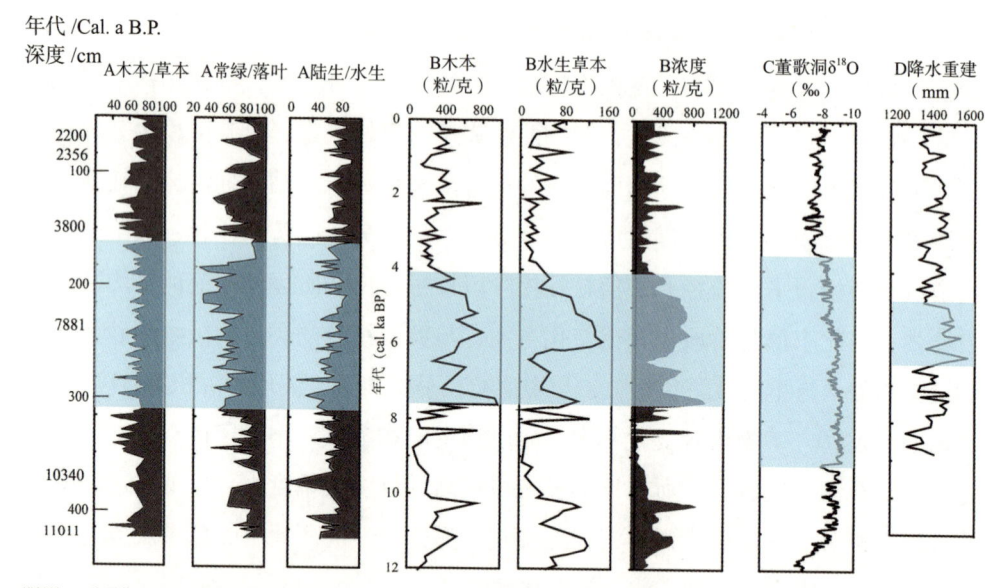

阴影：暖湿期。A 平望孢粉（李冰，2014）；B 大九湖孢粉（朱诚 等，2006，2008）；C 董哥洞 δ¹⁸O（张美良，2004）；D Δδ¹⁸O 重建降水量（Hu，2008）。

图 8-18　区域钻孔环境代用指标记录对比

在晚更新世末至 12.7 ka B.P.，据岩性和粒度分析，通过对高淳剖面反映的周边洪水期河床、枯水期河床、池塘、河漫滩等不同沉积环境的粒度特征比较，判断这一时期为典型的河道沉积环境，沉积物来源较复杂，经过了一定距离的搬运，能够搬运较为粗大的颗粒进行沉积，同时也可以说明此阶段沉积动力相对较强；沉积地层为青灰色，说明水位较深，为还原环境。陈吉余等（1959）、申洪源等（2004）认为晚更新世末期以来，海面呈大幅度下降趋势，侵蚀基准面不断降低，使得在太湖流域的冲积黄土上发育一系列由流水切割而成的古河道。王苏民等（1996）通过对固城湖 GS1 孔研究，揭示 15~13 ka B.P. 固城湖地区木本花粉含量增加，出现了青冈栎等常绿种，COHMAP Members（1998）研究认为，15 ka B.P. 左右夏季风在固城湖区明显增强，随之带来的降水也增多。根据高淳剖面 AMS^{14}C 测年数据、岩性特征及多环境代用指标综合分析可知，古河道正是在这样的背景下形成的。

12.7~7.6 ka B.P. 为全新世早期，沉积物的平均粒径和中值粒径比阶段 I 略粗，反映此阶段胥溪河的平均搬运能力增强。粒度参数波动频繁，变幅较大，说明阶段 II 的沉积环境相对不稳定。锆石形态以浑圆柱状所占比例相对较高，反映沉积物经过了较长距离的搬运。沉积地层颜色为灰色，磁化率较低，说明水位仍较深，为还原环境。羊向东等（1996）研究认为，在 10.5~7.0 ka B.P. 海面迅速上升，研究区夏季风效应不断增强，温度和降水呈明显增加的趋势，但仍不乏波动。舒军武等（2008）通过利用磁化率、粒度和孢粉资料对太湖平原西北部的卜弋桥 Zk01 孔进行综合分析，揭示太湖平原西北部全新世古河道在 11~9.5 ka B.P. 期间古河道水动力较强，气候较暖湿。朱诚等（2003）通过研究长江三角洲和宁绍平原 7.0~4.2 ka B.P. 遗址空间分布，认为 10~7 ka B.P. 为高海面期。王苏民等（1996）、羊向东等(1996)通过对 GS1 钻孔孢粉组合展开研究，揭示了固城湖在 11.0~7.2 ka B.P. 气候温暖湿润，但不是很稳定，有所波动。李冰（2014）通过研究平望孔孢粉，认为在 11.0~5.8 ka B.P. 陆生草本花粉含量持续减少，水生湿生花粉的含量不断增加，气候环境逐渐变为暖湿。张美良等（2001）利用董哥洞石笋碳氧同位素进行研究，发现 $\delta^{18}O$ 值在 11.4~9.2 ka B.P. 趋于负偏，$\delta^{13}C$ 趋于偏重或偏正，反映东亚夏季风相对强盛，气温升高，有效降水相对较小，但比前期 15.4~11.4 ka B.P. 降水增多。Hu 等（2008）通过对湖北和尚洞和贵州董哥洞石笋 $\delta^{18}O$ 进行记录，重建了全新世以来降水变化过程，结果显示 8.2~6.4 ka B.P. 降水较今高 3%。李枫等（2013）通过对湖相沉积剖面 JZ-2010 进行元素 Rb、Sr、Ti 含量分析，并结合 Rb/Sr、粒度参数和磁化率变化特点，揭示了 12.76 ka B.P. 以来江汉平原的干湿变化。在 12.76~4.42 ka B.P.，江汉平原气候温暖湿润，其中前期气候（12.76~9.06 ka B.P.）不稳定，后期（9.06~7.9 ka B.P.）江汉平原气候逐渐稳定，降水和湿度持续增加。综上可知，11~7.5 ka B.P. 东亚夏季风不断增强，气温升高，有效降水不断增大，该时期气候不太稳定，但总体温暖湿润。胥溪河在 12.7~7.6 ka B.P. 期间水动力增强、沉积环境相对不稳定的特征与这一时期的气候环境特征一致。

7.6~4.2 ka B.P. 为全新世大暖期，胥溪河沉积环境发生了较大的变化，沉积物砂组分含量和磁化率含量呈大幅上升，且变化剧烈，锆石形态与阶段Ⅱ相似，虽以四方双锥或复四方双锥为主，但浑圆柱状的锆石所占比例相对较高，说明该时期河流水动力明显增强，沉积物经过了较长距离的搬运。此阶段沉积地层颜色由灰黄色变为黄色，为氧化环境。羊向东等（1996）发现固城湖地区在全新世早期与中期的过渡时段（7.2~6.6 ka B.P.）青冈栎、枫香等减少，桦、榆等增多，说明研究区在此阶段的夏季风仍很强，但强度减弱，气温降低，降水减少，至 6.6 ka B.P. 青冈栎减少，枫香、冬青等也大幅减少，反映温度下降，之后，常绿植被增加，夏季风略有增强，气候环境好转。舒军武等（2007）通过对太湖平原西北部全新世以来植被演替变化进行研究，认为在 9.5~3.9 ka B.P. 植被为中亚热带性质的常绿阔叶林，植被覆盖好，气候暖湿。李冰（2014）对平望孔孢粉的研究显示在5.8~4.0 ka B.P.陆生草本花粉含量减小，水生草本花粉含量增大，表明研究区气候环境为暖湿。朱诚等(2006，2008)对大九湖的研究显示在7.530~4.051 ka B.P.孢粉浓度在整个剖面中达到最大，木本花粉所占比例占绝对优势，木本植物中的针叶树花粉含量较少，阔叶树种占优势，为木本植物花粉百分含量最高段，中旱生草本花粉含量有所下降，孢粉组合特征反映了中全新世温暖湿润的气候特征。张美良等（2004）对董哥洞石笋的研究显示$\delta^{18}O$和$\delta^{13}C$在9.2~3.3 ka B.P.明显偏负，说明东亚夏季风相对较强，气温高，有效降水增大，揭示该时期气候稳定，总体气候温暖湿润，只有在4.7~4.6 ka B.P.出现短暂的凉干。Hu等（2008）利用对和尚洞和董哥洞石笋$\delta^{18}O$鉴定分析的结果揭示了6.4~5.0 ka B.P.为全新世降水量最大时期，较今高出约8%。李枫等（2013）研究认为江汉平原在7.9~4.42 ka B.P.处于全新世以来最湿润期，江汉湖群不断扩张。高淳剖面多指标显示7.6~4.2 ka B.P.期间，河流水动力在整个剖面中最强，可能与全新世大暖期东亚夏季风增强、高温强降水有关。

4.0~3.8 ka B.P.胥溪河沉积物颗粒明显变细，分选差，沉积物概率累积曲线为二悬移式，缺少推移组分，频率曲线表现为单峰形态，反映河流沉积动力变小，沉积物来源单一。此阶段浑圆柱状形态的锆石所占比例比阶段Ⅱ和阶段Ⅲ都低，反映出这一时期胥溪河的水动力较弱，接近于静水沉积。史威等（2008）通过对太湖地区多剖面地层学的分析认为，良渚晚期变为干凉气候。李枫等（2012）认为江汉平原在4.42~2.7 ka B.P.气候不稳定，在4.42~4.0 ka B.P.经历显著的干旱事件，4.0 ka B.P.后环境又快速转向偏湿。平望孔、大九湖孢粉数据指示在4.0 ka B.P.前后存在一个转折点，气候环境逐渐变为温暖偏干，湿度有所降低。高淳剖面在4.2~3.8 ka B.P.河流水动力很弱，基本为静水沉积，可能也是因为受这一时期的气候环境的影响。

3.8~2.5 ka B.P.沉积物颗粒比阶段Ⅳ粗，分选差，沉积物概率累积曲线为一跃移二悬移，频率曲线表现为双峰形态，此阶段锆石浑圆柱状形态所占比例较阶段Ⅳ高，且变化幅度大。通过与高淳剖面周边洪水期河床、枯水期河床、池塘、河漫滩等不同沉积环境的粒度组成、粒度参数、粒度分析图等的比较，此阶段仍为河道沉积环境，河流的平均搬运能力增强，沉积环境也不稳定，沉积物来源为两种或两种以上。吉磊等（1993）通过对固城湖浅钻岩芯沉积物岩性所反映的环境特征以及同位素、粒度、有机质含量、有机质$\delta^{13}C$和孢粉等各项环境指标的分析，推测固城湖在3.6~2.5 ka B.P.为高湖面时期，气候温暖湿润。胥溪河水动力条件的变化与固城湖在这一时期的湖面变化具有很好的一致性。

2.5 ka B.P.~ 明清时期，胥溪河沉积环境发生了变化，沉积物颗粒最细，分选差，沉积物概率累积曲线为二悬移式，频率曲线表现为单峰形态，反映沉积物来源单一。通过与高淳剖面周边洪水期河床、枯水期河床、池塘、河漫滩等不同沉积环境的指标比较，判断此阶段为河漫滩沉积环境。吉磊等（1993）认为在2.5~1.0 ka B.P.固城湖面大幅度下降，气候环境为温凉略干，同时认为固城湖自2.5 ka B.P.以来，环境变化除受气候变化、泥沙淤积等自然因素影响外，人类活动的影响已成为湖泊环境演变的主导因素。杨怀仁等（1985）、景存义（1989）认为当海面回升到太湖外冈一线时，太湖平原上河流的河床比降会变小，水流减缓。潘凤英等（1993）认为到全新世中期时，随着胥溪河两侧低山丘陵和皖南山地新构造上升运动强度的增大，侵蚀剥蚀作用加强，泥沙淤积日盛，河道趋于淤浅缩小。综上可以从胥溪河的沉积环境由原来的河道沉积变为河漫滩沉积推测其河道发生了改变，这正好与春秋时期伍子胥奉命开凿胥溪河相对应。此外，我们在这一阶段299~239 cm处发现有大量的宋代瓷器，说明胥溪河在宋代已被广泛利用。

根据高淳剖面的 AMS^{14}C 测年、岩性特征、粒度、磁化率、重矿物、锆石微形态指标综合分析，以及与剖面周边洪水期河床、枯水期河床、池塘、河漫滩等不同沉积环境的指标比较，本研究揭示了胥溪河自晚更新世末~2.5 ka B.P.河流水动力经历了较强—增强—最强—变弱—增强的阶段；通过与区域气候变化对比，揭示了河流水动力的强弱变化在一定程度上响应了气候的冷暖、干湿变化。在2.5 ka B.P.左右，沉积环境由河道沉积变为河漫滩沉积，可能受气候变凉干和人类活动的影响，泥沙淤积日盛，河道趋于淤浅缩小，胥溪河发生了改道，其改道原因可能与伍子胥开凿运河有关。

8.5.3 胥溪河与古中江的关系

朱诚等（2005）通过对胥溪河流域的多次调研和搜集的相关研究资料的分析，认为在胥溪河开凿成运河之前，此地就存在较大的河流，只是当时的研究缺乏对古河床沉积物的测年数据，故不能确定古中江的位置及其存在年代。本书在前人的研究基础上，利用胥溪河拓宽工程，重新对胥溪河一带进行了实地调查，在调查中发现河流沉积相地层之下为更新世时期的下蜀黄土，表明古河道是在下蜀黄土形成之后（即晚更新世以后）形成。根据AMS^{14}C测年可知古河道在12.7 ka B.P.已经存在，所以界定古河道的形成年代为晚更新世末至12.7 ka B.P.这段时间范围内。

据王苏民等(1996)对固城湖的环境变迁研究,认为大约15 ka B.P.固城湖开始成湖,气候环境条件改善,季风降水明显增加,这与古河道形成年代相吻合。

胥溪河流域在构造上属南京凹陷,受燕山运动断裂作用的影响,溧高背斜西北翼不断下沉,产生湖区凹陷盆地。此后,这一地区一直在缓慢下沉中(朱诚 等,2000)。古代文献记载的古丹阳湖正好位于此处,研究区的地质构造和地貌特征与《禹贡》记载的中江位置是一致的。此外,朱诚等(2000)认为长江以南中更新世时期的地带性气候土壤——网纹红土在芜湖以东部分缺失且沿胥溪河流域分布的现象可能与第四纪时期长江古河道的摆动有关(图8-19,图8-20)。

图8-19 沿青弋江—水阳江—固城湖—胥溪河一带向东连续分布的网纹红土

图8-20 高淳双塔砖瓦厂工地的网纹红土

另根据高淳区文物保护管理所原所长濮阳康京多年的实地调查发现，以东坝为界在胥溪河东坝以西的河南岸约 1 km、东坝以东胥溪河北岸 1 km 范围内的地表下有厚度数十米的淤泥层，说明古中江在胥溪河一带是可能存在的。在此次实地调研中发现，在离采样剖面东北约 300 m 处有一新石器时代遗址，但是还没有正式发掘，韩志勇在地层剖面中发现了一件崧泽文化时期的黑皮陶，这一发现表明在 5000 年前胥溪河一带就已经有古人类居住。此外，胥溪河流域存在春秋时期以前的多处新石器时代遗址，如 1997 年在胥溪河和固城湖附近发现的最早新石器时代遗址——高淳薛城遗址，以及包括崧泽—良渚—东周时期的朝墩头遗址。这些均可证明在春秋吴国开挖胥溪运河之前，此处就存在天然的河流。

综上所述，古河道在 12.7 ka B.P. 就已经存在，粒度指标指示的河流水动力变化反映出古河道的水动力整体不大，但根据胥溪河流域地质地貌特征、地带性土壤、地表下数十米的淤泥层以及胥溪河流域的新石器时代遗址，古中江在胥溪河一带是存在的。

8.5.4 主要结论

（1）根据高淳剖面的 AMS^{14}C 测年、岩性特征、粒度、磁化率、重矿物、锆石微形态指标综合分析，以及与剖面周边洪水期河床、枯水期河床、池塘、河漫滩等不同沉积环境的指标比较，本研究揭示了胥溪河自晚更新世末~2.5 ka B.P.，河流水动力经历了较强—增强—最强—变弱—增强的阶段；通过与区域气候变化对比，本研究揭示了河流水动力的强弱变化在一定程度上响应了气候的冷暖、干湿变化。

（2）在 2.5 ka B.P. 左右，沉积环境由河道沉积变为河漫滩沉积，可能受气候变凉干的影响，泥沙淤积日盛，河道趋于淤浅缩小，古河道发生了改道，其改道原因可能与伍子胥开凿运河有关。

（3）通过 AMS^{14}C 测年并与宋代文化层年代对应，结合高淳剖面岩性特征分析，首次确定古河道在 12.7 ka B.P. 就已经存在。粒度指标指示的河流水动力变化，反映出古河道的水动力整体不大，但根据胥溪河流域地质地貌特征、地带性土壤、地表下数十米的淤泥层以及胥溪河流域的新石器时代遗址，推测古中江在胥溪河一带可能是存在的。

本书选择古今学者关注的胥溪河流域展开研究，通过对高淳剖面沉积记录与该区域多个典型钻孔的对比分析，利用较高分辨率的 AMS^{14}C 测年数据和考古文物断代，结合粒度、磁化率、重矿、锆石微形态等首次确定了古河道存在的年代，并较为准确和全面地重建了胥溪河流域下坝段 12.7 ka B.P. 以来沉积环境变化。通过对高淳剖面古河道沉积环境的研究，补充和丰富了对胥溪河流域全新世以来的沉积环境变化的认识，对了解长江三角洲地区的水系变迁和利用有重要意义，有助于认识胥溪河流域的环境演变，同时对研究新石器时代文化发展和传播有十分重要的环境背景意义。

下篇

第九章 新石器时代人类遗址时空分布特征研究

与旧石器时代零星断续的人类遗存相比，芜申运河沿线地区的新石器时代考古学文化可谓"群星璀璨"，这些地区已被证明是中国乃至世界最早的人类文明起源地之一，在人类文明发展史上占有一席之地。马家浜文化、崧泽文化、良渚文化是芜申运河沿线地区新石器时代的主流文化，是本书的重点研究对象，由于钱山漾文化、广富林文化时间交错，本书将其合并成一期文化进行讨论，并称之为"钱山漾—广富林文化"。

本书依据《中国文物地图集·江苏分册》《中国文物地图集·安徽分册》《中国文物地图集·上海分册》和《中国文物地图集·浙江分册》，利用 ArcGIS 地理信息系统软件的数据分析与管理功能，综合运用 GIS 数字地形分析、卫星影像分析、空间叠置分析、水文分析、地图制图等功能，制作研究区新石器时代不同期的遗址分布图，进而进行数理统计分析，揭示研究区各期考古学文化的时空演变特征。

为了深入剖析研究区遗址分布的地域分异规律，本书在常规地貌分区基础上，将整个研究区细划为七大区域，构成这些分区的边界类型有：长江下游河岸线、黄山和天目山的长江—太湖流域边界线、经纬线。七大分区位置及面积如下。

Ⅰ区，简称苏南西区，指皖江主航道以东以南的区域，分区东、西、南三面分别以东经118°、119°经线和北纬31°纬线为界，行政区域涉及江苏省南京市、安徽省芜湖市和马鞍山市，总面积约 7623 km^2，占全区总面积的 12.86%。

Ⅱ区，简称苏南中区，指南京—镇江之间长江主航道以南地区，分区东、西、南三面分别以东经119°、120°经线和北纬31°纬线为界，行政区域涉及镇江、常州、宜兴、溧阳、溧水、高淳等区域，土地总面积约 12825 km^2，占全区总面积的 21.63%。

Ⅲ区，简称太湖区，指太湖东北侧至长江主航道之间的矩形区域，东、西、南三面分别以东经120°、121°经线和北纬31°纬线为界，行政区域涉及苏州、无锡、常州三市，总面积约 9933 km^2，占全区总面积的 16.75%。

Ⅳ区，简称苏沪区，指东经121°经线以东到东海的三角形区域，行政区域以上海市为主，涉及苏南、浙北的一部分地区，总面积约6058 km²，占全区总面积的10.22%。

Ⅴ区，简称杭嘉湖区，指太湖以南杭嘉湖平原所在区域，南起长江流域边界，东、西、北三面分别以东经121°、120°经线和北纬31°纬线为界，行政区域涉及浙北的杭州、嘉兴和湖州三市，总面积约6506 km²，占全区总面积的10.97%。

Ⅵ区，简称皖浙交会区，南起长江流域边界，东、西、北三面分别以东经120°、119°经线和北纬31°纬线为界，行政区域涉及皖浙两省交界的广德、宁国、临安、安吉等区域，总面积约8250 km²，占全区总面积的13.92%。

Ⅶ区，简称皖南区，南起皖南长江流域边界，东、西、北三面分别以东经119°、118°经线和北纬31°纬线为界，行政区域涉及皖南的铜陵、南陵、宣城三市，总面积约8089 km²，占全区总面积的13.65%。

9.1 马家浜文化时期（7~5.8 ka B.P.）

马家浜文化时期对应新石器时代中期，绝对年代为7.0~5.8 ka B.P.，时段大致与宁绍平原的河姆渡文化同期。图9-1为马家浜文化时期的遗址分布图。图中除皖南地区的7处遗址被标记为新石器中期之外，其余54处遗址均被明确标记为马家浜文化时期遗址。

9.1.1 马家浜文化遗址地域分布特点

由图9-2可知，马家浜文化时期人类遗址具有两个显著特征。

（1）遗址数目少

包括皖南地区7处新石器中期遗址，整个研究区有61处遗址，平均密度仅为10.1处/万 km²。

（2）地域分布不平衡

马家浜文化遗址主要分布于环太湖平原及其西南部山麓，其中太湖以东、以北地区尤甚，其余地区分布零散。各分区遗址数目及平均密度可见表9-1和图9-2。

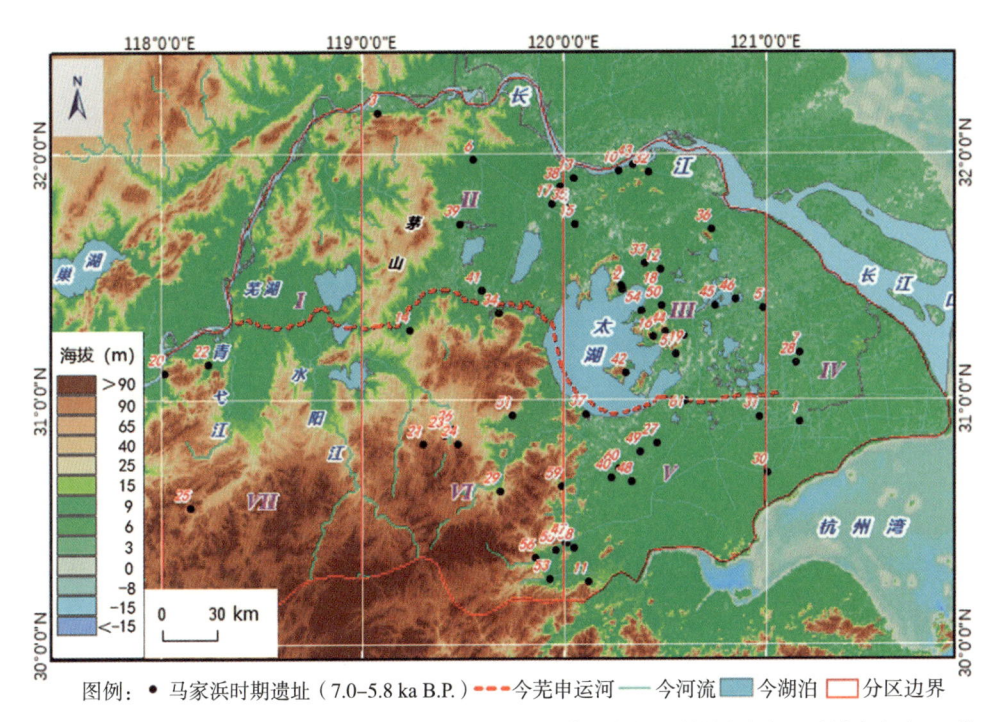

图例：● 马家浜时期遗址（7.0~5.8 ka B.P.） ---今芜申运河 ——今河流 ■今湖泊 □分区边界

1. 查山（4）；2. 赤马嘴（4）；3. 丁沙地（127）；4. 丁堰（5）；5. 东河（2）；6. 凤凰山（7）；7. 福泉山（3）；8. 葛埭桥（5）；9. 洪口墩（4）；10. 健康（8）；11. 老和山（23）；12. 彭祖墩（6）；13. 前栗山（4）；14. 神墩（11）；15. 圩墩（4）；16. 乌龟墩（18）；17. 新岗（5）；18. 杨柳墩（4）；19. 越城（6）；20. 洞山（29）；21. 粮长（100）；22. 缪墩（6）；23. 磨盘山（70）；24. 莫村（227）；25. 四鼓墩（67）；26. 周家（45）；27. 广福（4）；28. 崧泽（3）；29. 安乐（22）；30. 大坟塘（9）；31. 大往（4）；32. 东山村（7）；33. 东亭（4）；34. 骆驼墩（6）；35. 潘家塘（2）；36. 钱底巷（4）；37. 邱城（4）；38. 箬帽顶（4）；39. 三星村（4）；40. 塔地（5）；41. 西溪（7）；42. 俞家渡（3）；43. 长山（3）；44. 笔架山（4）；45. 草鞋山（5）；46. 绰墩（3）；47. 官庄（7）；48. 含山（48）；49. 洪城（4）；50. 华山（6）；51. 江家山（5）；52. 梅园里（8）；53. 南湖（12）；54. 平江山（5）；55. 吴家埠（7）；56. 小古城（13）；57. 徐巷（3）；58. 荀山（7）；59. 营盘山（12）；60. 渔林村（3）；61. 袁家埭（4）。

注：（）括号内数字为海拔高程（单位：m）

图 9-1 马家浜文化时期遗址分布图（7.0~5.8 ka B.P.）

表 9-1 马家浜文化时期遗址分区统计表

分区编号	遗址数目（处）	分区面积（km²）	平均密度（处/万 km²）
I	2	6712.49	3.0
II	8	12825.32	6.2
III	25	9932.70	25.2
IV	4	6472.87	6.2
V	11	7093.84	15.5
VI	10	7939.73	12.6
VII	1	8308.45	1.2
合计	61	59285.42	10.3

在七大分区中，太湖所在的 III 区遗址数目最多（25 处），密度最大（25.2 处/万 km²），且遗址高度集中于邻近太湖的今"苏锡常"一带。此外，遗址数目较多的为杭嘉湖平原及皖浙交界的 V 区和 VI 区，分别有 11 处和 10 处遗址，

图 9-2 马家浜文化时期遗址分区统计图

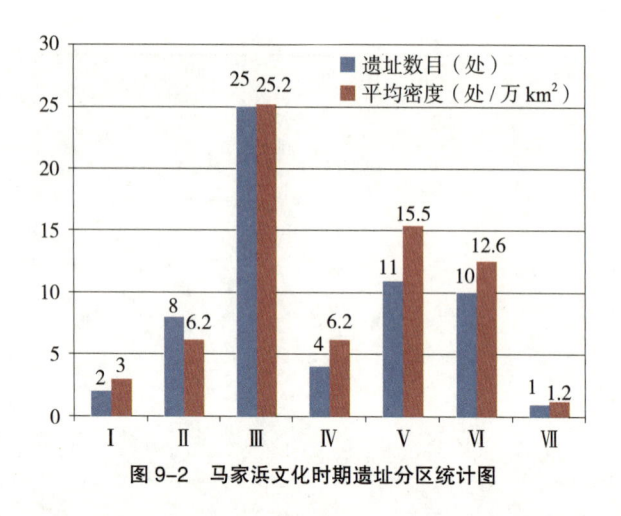

平均密度分别为 15.5 处 / 万 km^2 和 12.6 处 / 万 km^2。遗址数目最少的为"宁马芜"所在的 I 区和地处偏远的皖南 VII 区,仅分别有 2 处和 1 处遗址。

9.1.2 马家浜文化遗址的地貌特征

远古时期,人类生产力水平低,聚落选址受自然条件影响。研究发现,新石器时代,人类聚落主要分布于今芜申运河沿线的高岗台地,以躲避低地洪水的侵扰。本书在《中国文物地图集》图文资料基础上,利用高分辨率数字高程模型(DEM),采用地理信息系统提供的相关技术方法,经过空间叠置分析,获得了马家浜、崧泽、良渚、钱山漾—广富林文化遗址的海拔高度统计信息(表 9-2)。

表 9-2 新石器中晚期考古学文化遗址的高程信息统计表

文化分期	高程分级（m）						合计
	0~5	5~10	10~15	15~20	20~50	>50	
马家浜文化时期	32	14	4	1	5	5	61
占比（%）	52.46	22.95	6.56	1.64	8.20	8.20	100
崧泽文化时期	65	31	5	1	6	4	112
占比（%）	58.04	27.68	4.46	0.89	5.36	3.57	100
良渚文化时期	66	86	13	1	23	1	190
占比（%）	34.74	45.26	6.84	0.53	12.11	0.53	100
钱山漾—广富林文化时期	29	40	5	0	8	1	83
占比（%）	34.94	48.19	6.02	0.00	9.64	1.20	100
三期合计	192	171	27	3	42	11	446
占比（%）	43.05	38.34	6.05	0.67	9.42	2.47	100

由表 9-2 可知，马家浜文化时期人类遗址主要分布于海拔 15 m 以内的高岗台地，遗址数目达 50 处，约占本期遗址总数的 82%。其中海拔 0~5 m 的遗址占遗址总数的 52.5%。海拔高于 15 m 的遗址仅 11 处，占遗址总数的 18%。上述遗址所处海拔高程统计值，充分说明在当时的生产力水平下，古人聚落选址具有典型的"避水又近水"的特点。一方面，聚落分布于高岗台地，可在一定程度上避开汛期频发的洪水，另一方面，相对高差并不大的台地地形，具备靠近河流水源地、取水便利的条件，可谓一举两得。

9.2 崧泽文化时期（5.8~5 ka B.P.）

崧泽文化是在马家浜文化基础上形成的考古学文化，文化延续时间长，前后持续 800 年。崧泽文化时期的遗址分布可见图 9-3，图上遗址共计 112 处。

9.2.1 崧泽文化遗址地域分布特点

由图 9-3 可知，马家浜文化时期古人类遗址具有两个明显特征。

（1）遗址数目明显增多

遗址由马家浜文化时期 61 处增加到崧泽文化时期 112 处，平均密度由之前 10.3 处/万 km^2 突增至本期 18.9 处/万 km^2。遗址剧增区域主要集中于宁镇到嘉兴一线的太湖平原东北部，另外杭嘉湖平原西部、宁镇丘陵区也有一定增长。

（2）遗址空间分布格局及地域分布不平衡

对比图 9-3 和图 9-6，崧泽文化时期遗址空间分布格局仍维持之前马家浜文化时期的状态，稠密区主要分布于太湖近岸及其以东的湖荡平原、杭嘉湖平原东部，密度比先前进一步增加。除皖南Ⅶ区与前期相比没有变化之外，其余地区遗址数目均有所增加。本期各分区遗址数目及平均密度可见表 9-3 和图 9-4。

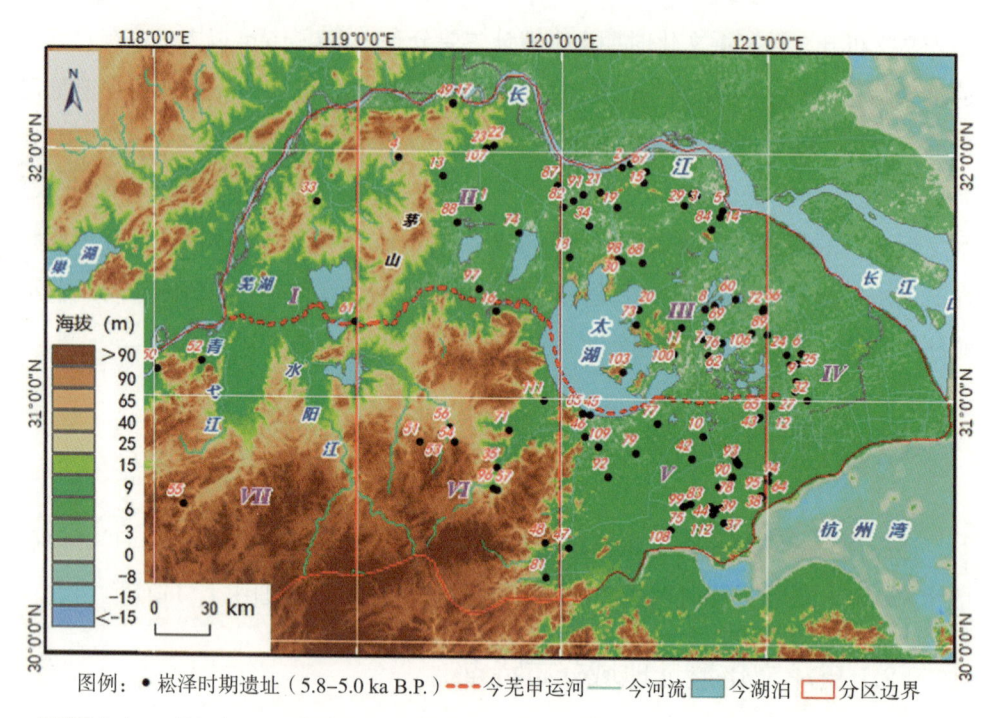

1. 北渚荡（4）；2. 滨江（2）；3. 蔡墩（3）；4. 城山头（24）；5. 程家坟（4）；6. 福泉山（3）；7. 郭新河（1）；8. 后巷（4）；9. 机山（5）；10. 嘉兴双桥（5）；11. 金墩（7）；12. 金鸡墩（5）；13. 金山坟（4）；14. 龙墩（4）；15. 龙爪墩（5）；16. 骆驼墩（6）；17. 磨盘墩（7）；18. 磨盘（4）；19. 南楼（5）；20. 平江村（5）；21. 秦望山（7）；22. 戎家山（15）；23. 三城巷（8）；24. 寺前（7）；25. 崧泽（3）；26. 崧泽村北（7）；27. 汤庙村（4）；28. 乌墩（2）；29. 西张（4）；30. 锡山（6）；31. 徐家湾（3）；32. 姚家圈（4）；33. 昝庙遗址（9）；34. 张村青墩（0）；35. 安吉窑墩（13）；36. 海宁（4）；37. 海盐龙潭港（5）；38. 海盐西塘桥王坟（6）；39. 海盐县百步镇农丰村仙坛庙（5）；40. 湖州吴兴（5）；41. 嘉兴大桥乡南河浜（6）；42. 嘉兴大桥乡南子村大坟（7）；43. 嘉兴姚庄（5）；44. 桐乡普安桥（5）；45. 吴兴北·临太湖（2）；46. 吴兴常潞钱山漾（6）；47. 余杭良渚镇荀山东坡（8）；48. 余杭瓶窑镇西北吴家埠（21）；49. 左湖（10）；50. 洞山遗址（29）；51. 粮长遗址（100）；52. 缪墩遗址（6）；53. 磨盘山遗址（70）；54. 莫村遗址（227）；55. 四鼓墩遗址（67）；56. 周家遗址（45）；57. 安乐（22）；58. 曹墩（6）；59. 草鞋山（5）；60. 绰墩（3）；61. 朝墩头（15）；62. 澄湖（4）；63. 大坟（5）；64. 大坟塘（9）；65. 大往（4）；66. 东河（2）；67. 东山村（7）；68. 东亭（4）；69. 独墅湖（4）；70. 枫杨树（4）；71. 高门楼（42）；72. 红峰村（3）；73. 虎山（2）；74. 姬山（6）；75. 金家浜（5）；76. 九里（0）；77. 蠡泽村（5）；78. 刘家墩（5）；79. 马腰（4）；80. 南河浜（5）；81. 南湖（12）；82. 潘家塘（2）；83. 普安桥（5）；84. 钱底巷（5）；85. 邱城（4）；86. 雀墓桥（5）；87. 箬帽顶（5）；88. 三星村（4）；89. 少卿山（5）；90. 石圹头（6）；91. 寺前（3）；92. 塔地（5）；93. 陶墩（6）；94. 图泽（5）；95. 王坟（5）；96. 乌石岩（17）；97. 西溪（7）；98. 仙蠡墩（9）；99. 小六旺（6）；100. 徐巷（5）；101. 杨家车（6）；102. 窑墩（5）；103. 俞家渡（3）；104. 张陵山（3）；105. 长山（3）；106. 赵陵山（3）；107. 枕头山（11）；108. 朱家兜（7）；109. 独市（3）；110. 漂母墩（5）；111. 清明山（6）；112. 仙坛庙（5）。

注：（ ）括号内数字为海拔高程（单位：m）

图 9-3　崧泽文化时期遗址分布图（5.8~5.0 ka B.P.）

表 9-3 崧泽文化时期遗址分区统计表

分区编号	遗址数目（处）	分区面积（km²）	平均密度（处/万 km²）
I	4	6712.49	6.0
II	13	12825.32	10.1
III	37	9932.70	37.3
IV	11	6472.87	17.0
V	35	7093.84	49.3
VI	11	7939.73	13.9
VII	1	8308.45	1.2
合计	112	59285.42	18.9

由表 9-3 和图 9-4 可见，七大分区的遗址数目、平均密度直方图呈典型"双峰"状。太湖所在的 III 区遗址数目仍然最多（37 处），密度居第二位（37.3 处/万 km²），该区遗址主要分布于太湖东北侧今"苏锡常"一带。其次杭嘉湖平原对应的 V 区有 35 处遗址，平均密度高达 49.3 处/万 km²。遗址数目最少的 VII 区仅有一处遗址，I 区仅有 4 处遗址。其他分区遗址均为 11~13 处。

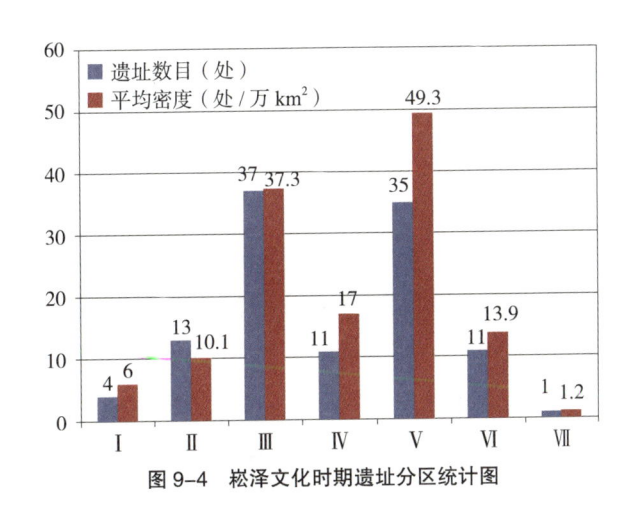

图 9-4 崧泽文化时期遗址分区统计图

9.2.2 崧泽文化遗址的地貌特征

由表 9-2 可知，崧泽文化时期遗址主要分布于海拔 10 m 以内的高岗台地，合计遗址数目达 96 处，约占本期遗址总数的 85.7%。其中海拔 0~5 m 的遗址数目最多，达 65 处，占本期遗址总数的 58%。海拔大于 15 m 的遗址仅 11 处，仅占本期遗址总数的 9.8%。这组数据说明，崧泽文化时期，人类适应低地环境的能力比之前已有所增强，聚落选址出现了向低海拔部位迁移的趋势。另外，在澄湖湖底海拔 –5~0 m 处存在该时期遗址，说明该时期东海海面较低。

9.2.3 崧泽与马家浜文化的直接传承关系

在分析早晚两期文化遗址的空间位置演变及其传承关系时，有人曾提出"叠置系数"这一定量指标（黄宁生，1996；郑朝贵 等，2008；肖阳，2019）。其定量公式可概括为：

$$C_{a/b} = \frac{n}{N}$$

其中，$C_{a/b}$ 为叠置系数。n 为晚期文化 b 遗址存在早期文化 a 遗址的数目，N 为早期文化 a 的遗址总数。$C_{a/b}$ 值越大，说明晚期文化对早期文化遗址的继承性越高，反之则越低。

叠置系数虽能反映晚期遗址对早期遗址的继承性，但因为该定量指标的计算结果为 0.0~1.0 的系数（小数），比较抽象，直观性不强。因此，本书提出了"遗传率"和"继承率"两个相互关联的定量指标，分别用于表示早期文化向晚期文化的遗传占比，以及晚期文化对早期文化的继承占比。分别以公式表示：

$$C_{a/b} = \frac{n}{N_a}$$

$$C_{b/a} = \frac{n}{N_b}$$

其中，$C_{a/b}$ 为遗传率（%），$C_{b/a}$ 为继承率（%）。N_a、N_b 分别为早期、晚期文化的遗址总数，n 为两期文化均包含且空间位置重叠的遗址数目。

计算早晚两期文化的遗传率和继承率，最关键的问题是如何获得两期文化遗址点的重叠数目，即两期文化遗址占据同一地理位置的遗址数目。这一问题可通过 GIS 软件的空间叠置分析工具来解决。本书利用 ArcGIS 软件提供的空间叠置分析工具，生成两期遗址点的地理位置"交集"，经数理统计分析，获得两期文化遗址点的重复数，即 n 值，然后代数求解，获得 $C_{a/b}$ 和 $C_{b/a}$。

依此原理，可计算并揭示研究区崧泽文化、马家浜文化之间的传承率。

（1）马家浜文化的遗传性

研究区马家浜文化遗址共计 61 处，经 ArcGIS 空间叠置分析，其中有 29 处遗址直接延续至崧泽文化时期，据此计算，马家浜文化遗址的"直接遗传率"为 47.5%。然而到了崧泽文化时期，共有约 52.5% 的前期遗址未能延续下来。

（2）崧泽文化的继承性

研究区崧泽文化遗址共有112处，其中29处直接继承于马家浜文化，具有直接传承关系。经计算，崧泽文化遗址的"直接继承率"为25.9%，其余83处、占比约为74%的本期遗址为新增遗址。

由图9-5和图9-6可见，崧泽文化遗址的新增区域主要集中于东经120度以东的Ⅲ区、Ⅴ区以及Ⅳ区的西部，这反映了环太湖平原依旧是遗址的优势分布区。

崧泽文化直接继承马家浜文化的遗址共计29处，它们分别为安徽四鼓墩、粮长、莫村、磨盘山、周家、洞山、缪墩遗址，江苏俞家渡、徐巷、骆驼墩、平江山、东河、草鞋山、绰墩、西溪、东亭、钱底巷、三星村、潘家塘、箬帽顶、东山村、长山遗址，上海福泉山遗址，浙江南湖、安乐、塔地、大坟塘、大往、邱城遗址。这些遗址中，70%以上的海拔高度介于2~9 m，其地理位置及分布状况见图9-6。

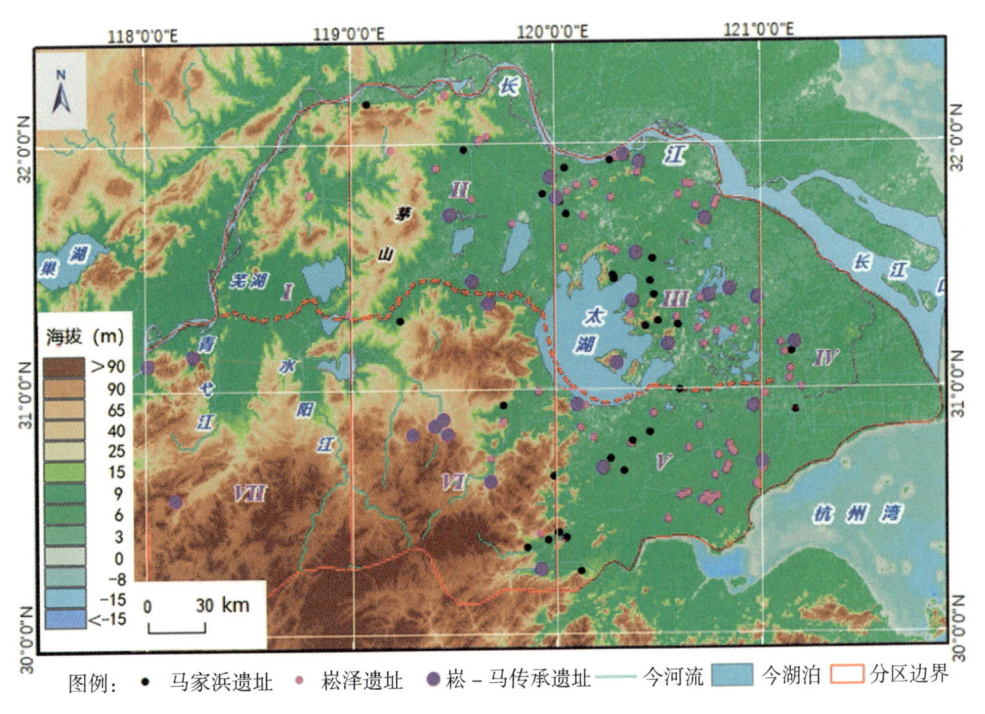

图例： ● 马家浜遗址　● 崧泽遗址　● 崧-马传承遗址　— 今河流　■ 今湖泊　▭ 分区边界

注：紫色符号代表具有直接传承关系的遗址

图9-5　马家浜—崧泽文化遗址传承关系图

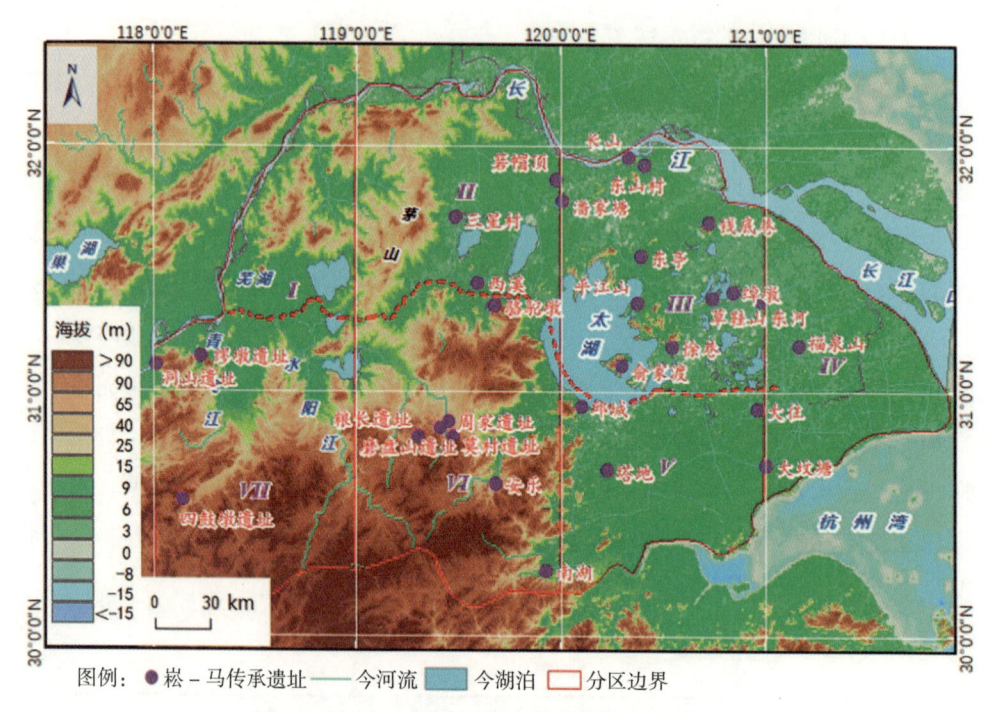

图 9-6 马家浜—崧泽文化 29 处直接传承遗址分布图

9.3 良渚文化时期（5~4 ka B.P.）

在新石器时代晚期（5~4 ka B.P.），长江三角洲南部的新石器文化与前期相比获得了巨大发展，良渚文化（5~4 ka B.P.）、钱山漾文化（4.4~4.2 ka B.P.）、广富林文化（4.4~4 ka B.P.）承前启后，交错发展，拉开了中华五千年文明史的序幕。

良渚文化是环太湖平原继崧泽文化之后又一重要的新石器时代文化，因其于浙江余杭良渚遗址发现而得名。研究发现，良渚文化将长江下游的新石器文化推向高峰，是当时中国最先进、最强势的新石器考古学文化。

9.3.1 良渚遗址地域分布特点

良渚文化时期遗址分布情况见图 9-7。由图 9-7 可知，良渚文化及其后续文化期遗址具有以下特征。

（1）遗址数目和分布密度显著增加

研究区内遗址数目由前期的 112 处增加到本期的 190 处，平均密度由前期的 18.6 处/万 km² 突增至 31.5 处/万 km²。

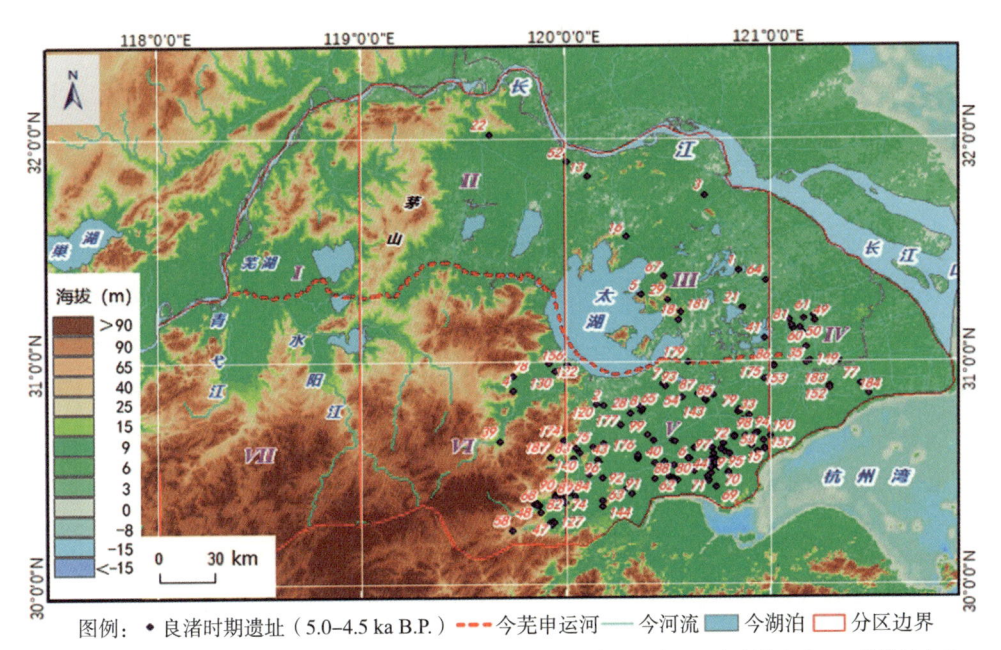

第九章 新石器时代人类遗址时空分布特征研究

图例：● 良渚时期遗址（5.0~4.5 ka B.P.） ---今芜申运河 —今河流 ▨今湖泊 ▢分区边界

1. 绰墩（3）；2. 独市（3）；3. 枫杨树（4）；4. 高门楼（42）；5. 虎山（2）；6. 金家浜（5）；7. 蠡泽村（5）；8. 马腰（4）；9. 漂母墩（5）；10. 普安桥（5）；11. 雀墓桥（5）；12. 石圹头（6）；13. 寺墩（3）；14. 陶墩（6）；15. 王坟（5）；16. 仙蠡墩（9）；17. 小六旺（6）；18. 徐巷（3）；19. 杨家车（6）；20. 窑墩（5）；21. 张陵山（3）；22. 枕头山（11）；23. 朱家兜（7）；24. 白坟（6）；25. 百亩山（9）；26. 柏士庙（6）；27. 柏树庙（8）；28. 宝塔漾（3）；29. 笔架山（4）；30. 扁担山（32）；31. 卞家舍（10）；32. 钵衣山（7）；33. 步云（6）；34. 蔡家坟（7）；35. 查山（3）；36. 陈家门（6）；37. 大墩岗（5）；38. 大山（38）；39. 大树墩（14）；40. 店街塘（6）；41. 淀山湖底（0）；42. 东涉村（7）；43. 董家墩（6）；44. 都家（6）；45. 反山（38）；46. 丰泉桥（6）；47. 凤凰山（9）；48. 凤凰山（20）；49. 凤溪（3）；50. 福泉山（3）；51. 高北山（38）；52. 高城墩（4）；53. 高墩（6）；54. 高家汇（5）；55. 高坎地（41）；56. 高山（38）；57. 葛家村（9）；58. 观音墩（28）；59. 官庄（7）；60. 广富林（5）；61. 果园村（3）；62. 河石（7）；63. 横宁（3）；64. 红峰村（38）；65. 洪城（4）；66. 后头山（29）；67. 华山（7）；68. 化城（11）；69. 黄板桥（6）；70. 黄道湖（5）；71. 黄婆庙（6）；72. 黄姑庵（6）；73. 黄泥口（29）；74. 黄泥山（29）；75. 辉山（6）；76. 汇观山（7）；77. 江海（6）；78. 江家山（5）；79. 蒋庵（5）；80. 蒋家山（6）；81. 解新村（6）；82. 金地上（29）；83. 金鹅山（5）；84. 金鸡山（7）；85. 金桥（5）；86. 金山坟（4）；87. 郎嘉桥（5）；88. 李园（7）；89. 里山（11）；90. 良渚（34）；91. 凉亭下（6）；92. 临平山（9）；93. 刘家浜（5）；94. 刘家坟（6）；95. 刘家（5）；96. 六墓里（6）；97. 龙潭港（5）；98. 陆家坟（6）；99. 陆家庄（5）；100. 罗村（9）；101. 马金口（38）；102. 马厩庙（6）；103. 马桥（3）；104. 馒头山（29）；105. 毛竹山（38）；106. 茅山（9）；107. 梅园（6）；108. 梅园里（8）；109. 庙前（6）；110. 磨子山（11）；111. 莫家桥（7）；112. 南村汇（6）；113. 南高岗（7）；114. 南湖（12）；115. 南庄（6）；116. 念亩圩（9）；117. 千步村（3）；118. 前山（7）；119. 钱家浜（6）；120. 钱山漾（3）；121. 清凉（4）；122. 清明山（9）；123. 三号桥（9）；124. 三水湾（5）；125. 桑树头（41）；126. 沙岭头（26）；127. 上湖村（11）；128. 上林庵（7）；129. 上山头（6）；130. 邵家浜（4）；131. 邵家村（6）；132. 邵母桥（13）；133. 沈家埭（7）；134. 沈家石桥（7）；135. 沈家塘（22）；136. 审塘（5）；137. 圣堂（13）；138. 师姑山（11）；139. 石安畈（45）；140. 石白山（59）；141. 石前圩（6）；142. 石头山（6）；143. 石头山（6）；144. 水田畈（6）；145. 寺前（6）；146. 崧泽（4）；147. 苏家村（7）；148. 台山（13）；149. 汤庙村（4）；150. 桃子村（6）；151. 陶春桥（9）；152. 亭林（4）；153. 涂山墩（4）；154. 湾里村（6）；155. 王家庄（10）；156. 卫角头（2）；157. 乌龟坟（5）；158. 五林（4）；159. 小古城（13）；160. 小黄山（5）；161. 小竹园（7）；162. 新安（6）；163. 秀才桥（5）；164. 徐家桥（5）；165. 许家兜（7）；166. 堰马（9）；167. 杨墩（5）；168. 杨家大桥（6）；169. 杨梅湾（7）；170. 姚家簖（6）；171. 姚家墩（9）；172. 姚家圈（31）；173. 伊家桥（6）；174. 营盘山（12）；175. 应家港（4）；176. 鱼船埭（8）；177. 渔林村（6）；178. 元子汇（5）；179. 袁家埭（4）；180. 赞山（7）；181. 张墓村（6）；182. 张堰（8）；183. 张堰口（3）；184. 柘林（5）；185. 支家桥（6）；186. 雉山坳（9）；187. 仲家村（26）；188. 周家湾（5）；189. 朱村坟（38）；190. 朱皇庙（5）。

注：（ ）括号内数字为海拔高程（单位：m）

图9-7 良渚文化时期遗址分布图（5.0~4.0 ka B.P.）

（2）遗址数目及空间分布格局变化明显

本期遗址空间分布主要表现为西北少、东南多的特点，大部分遗址集中于太湖以南的杭嘉湖平原和太湖以东的湖荡平原地区，尤以前者为甚。

（3）遗址分布地域不平衡状况明显加剧

本期各分区遗址数目统计见表9-4，遗址数目及平均密度统计图见图9-8。由图9-8和表9-4对比分析可知，良渚文化遗址稠密区已由前期的太湖以东及以北的湖荡平原（Ⅲ区），转移到了太湖以南的杭嘉湖平原区（Ⅴ区），其遗址分布数目及密度显著增加，空间上呈"致密"分布状态，反映在各区分布数目及密度的分布图，也已由前期明显的"双峰态"再度转回到先前的"单峰态"，杭嘉湖平原所在的Ⅴ区组成了突出的"尖锐单峰"。

表9-4 良渚文化时期遗址分区统计表

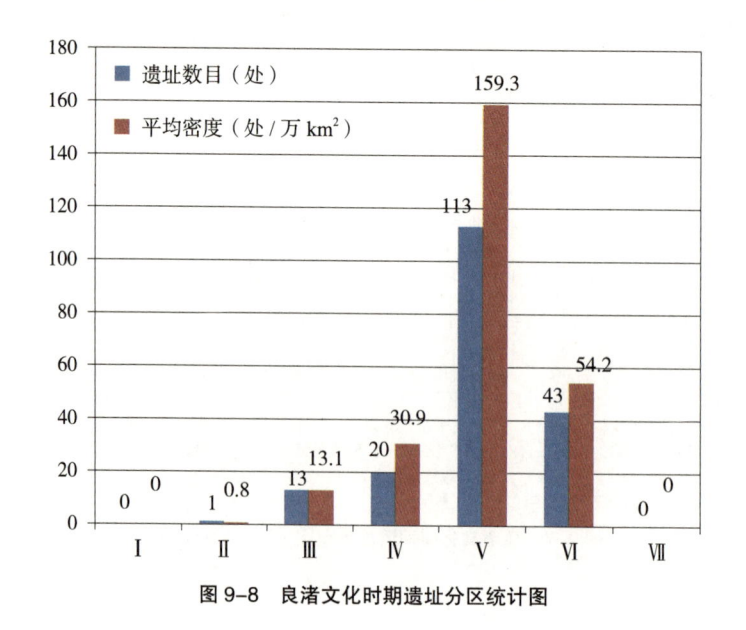

分区编号	遗址数目（处）	分区面积（km²）	平均密度（处/万km²）
Ⅰ	0	6712.49	0.0
Ⅱ	1	12825.32	0.8
Ⅲ	13	9932.70	13.1
Ⅳ	20	6472.87	30.9
Ⅴ	113	7093.84	159.3
Ⅵ	43	7939.73	54.2
Ⅶ	0	8308.45	0.0
合计	190	59285.42	32.0

图9-8 良渚文化时期遗址分区统计图

七大分区的遗址数目、平均密度图均呈"单峰态"。杭嘉湖平原对应的 V 区遗址数目最多（113 处），平均密度最大（159.3 处/万 km^2）。杭嘉湖平原以西的 VI 区遗址数目次之（43 处，平均密度 54.2 处/万 km^2）。太湖所在的 III 区、上海所在的 IV 区分别有 13 处和 20 处遗址，平均密度为 13.1 处/万 km^2 和 30.9 处/万 km^2。太湖西北侧的 II 区，仅有 1 处遗址，I 区和 VII 区没有遗址分布。

9.3.2 良渚文化时期遗址的地貌特征

由表 9-2 可知，良渚文化时期人类遗址主要分布于海拔 10 m 以内的高岗台地，遗址数目达 152 处，约占本期遗址总数的 80%，其中海拔 5~10 m 的遗址数目最多，达 86 处，约占本期遗址总数的 45.3%。海拔 10~15 m 和 20~50 m 的遗址分别有 13 处和 23 处，分别占本期遗址总数的 6.8% 和 12.1%。可见在良渚文化时期，人类聚落选址低海拔位置（低于 15 m）的情况略有减少，地处高地的聚落有所增多，说明这一时期人类适应不同海拔地貌部位的能力有所增强。另外在淀山湖和澄湖湖底发现的 -5~0 m 低于海平面的遗址表明良渚文化时期东海仍处于低海面时期。

9.3.3 良渚与崧泽文化的直接传承关系

（1）崧泽文化的遗传性

研究区内崧泽文化共计 112 处遗址，经 ArcGIS 空间叠置分析，发现有 29 处遗址延续到了良渚文化时期，据此推算崧泽文化遗址的"遗传率"为 25.9%，有 74.1% 的遗址在良渚文化时期消亡。

（2）良渚文化的继承性

研究区内良渚文化遗址共计 190 处，其中共有 29 处继承于崧泽文化，具有直接传承关系。经计算，良渚文化遗址的"继承率"仅为 15.3%，其余 84.7% 的遗址为本期新增遗址。

良渚文化遗址的新增位置高度集中于杭嘉湖平原所在的 V 区，另外与之毗邻的 IV 区和 VI 区也有所增加。与此相反，研究区西北部江南西区 I 区原有的崧泽遗址在良渚文化时期几乎全部消失（图 9-9）。

良渚文化直接继承了 29 处崧泽遗址，它们分别为江苏蠡泽村、徐巷、张陵山、虎山、红峰村、绰墩、仙蠡墩、枫杨树、寺墩、枕头山，上海崧泽村北、崧泽、福泉山，浙江南湖、朱家兜、漂母墩、小六旺、窑墩、杨家车、金家浜、普安桥、王坟、石圹头、陶墩、雀墓桥、马腰、独市、高门楼、清明山遗址。这 29 处遗

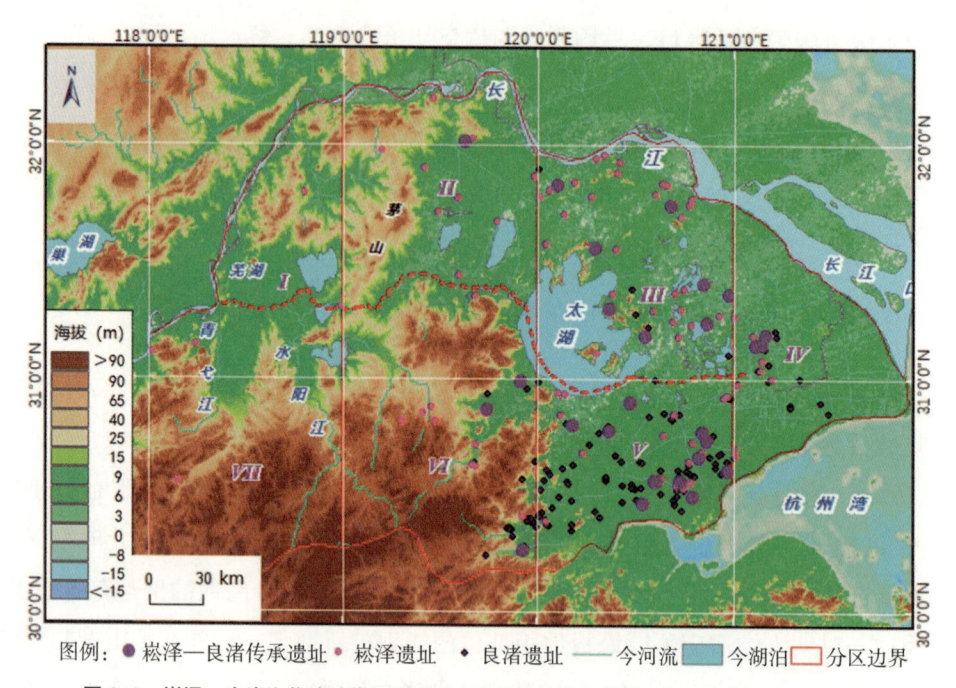

图例：● 崧泽—良渚传承遗址　● 崧泽遗址　◆ 良渚遗址　—— 今河流　▨ 今湖泊　▢ 分区边界

图9-9　崧泽—良渚文化遗址传承关系图（紫色符号代表两期之间具有直接传承关系）

址所处海拔高程除了浙江高门楼（42 m）、南湖（12 m）和江苏枕头山（11 m）之外，其他遗址海拔高程均在9 m以下。崧泽、良渚文化具有直接传承关系的遗址，其地理位置及分布状况如图9-10所示。

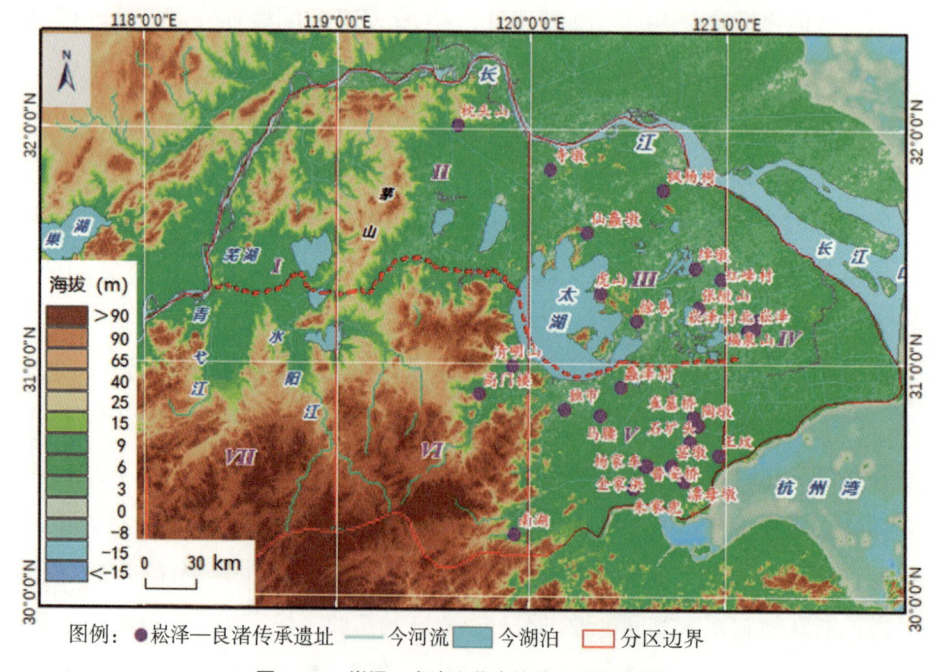

图例：● 崧泽—良渚传承遗址　—— 今河流　▨ 今湖泊　▢ 分区边界

图9-10　崧泽—良渚文化直接传承遗址分布图

9.3.4 马家浜、崧泽、良渚文化之间的直接传承关系

根据以上统计数据,马家浜、崧泽、良渚文化时期共有363处遗址,其中各期位置不重叠的遗址占据绝大多数,而位置发生重叠的遗址仅有4处,说明以上三期考古学文化遗址很少具有直接传承关系(图9-11)。三期文化具有直接传承关系的4处遗址分别为浙江南湖遗址、江苏徐巷遗址、绰墩遗址、上海福泉山遗址。这4处遗址除了南湖遗址所处高程为12 m外,其余高程均为3 m。

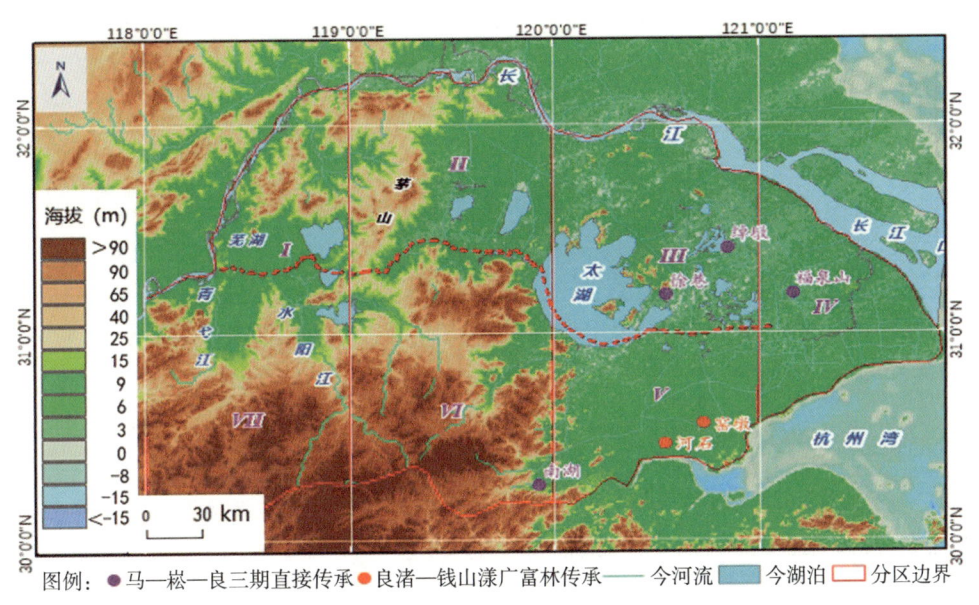

图例:●马—崧—良三期直接传承 ●良渚—钱山漾广富林传承 —— 今河流 ▨ 今湖泊 ▭ 分区边界

图9-11 马家浜—崧泽—良渚文化遗址传承关系图(三期文化均具有传承关系的遗址)

9.4 钱山漾—广富林文化时期(4.4~4 ka B.P.)

钱山漾—广富林文化是环太湖平原继良渚文化之后出现的两期局部性新石器时代晚期文化,与前期高度发展的良渚文化相比,这两期考古学文化在器物形制等方面已表现出衰落迹象。彭亚君(2013)详细讨论了4.0 ka B.P.前后气候变化及其对良渚文明衰落的影响,其实此时期应该为钱山漾—广富林文化期。

9.4.1 钱山漾—广富林文化遗址地域分布特点

钱山漾—广富林文化延续约600年,期间文化遗址分布情况如图9-12。由图9-12可知,本期文化遗址具有以下特征。

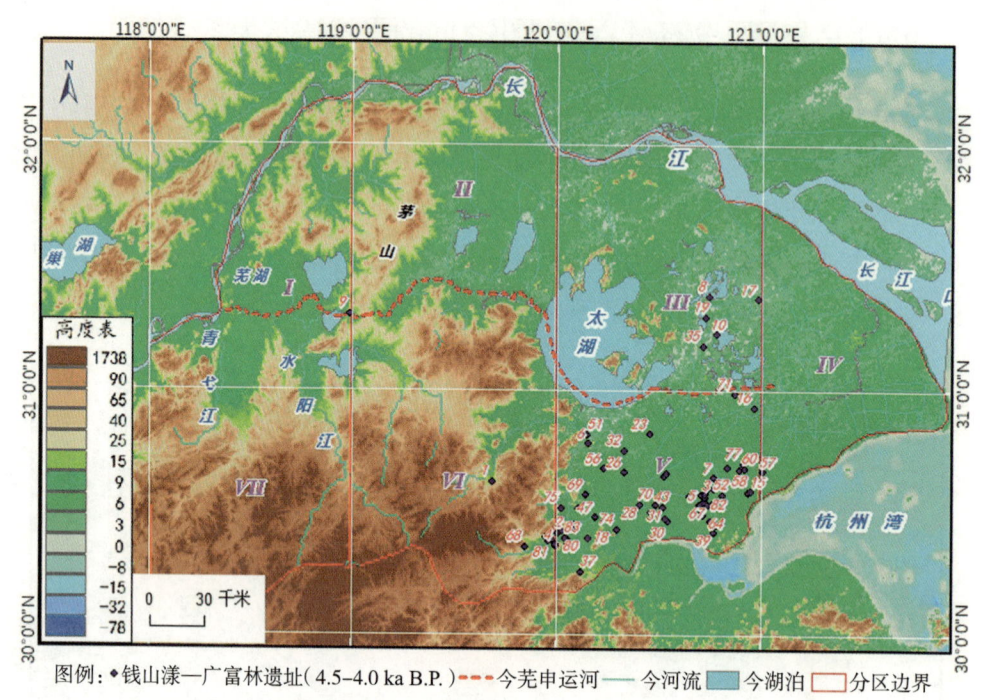

图例：◆钱山漾—广富林遗址（4.5-4.0 ka B.P.）---今芜申运河 ——今河流 ■今湖泊 □分区边界

1.安乐（22）；2.白虎山（10）；3.白墙里（6）；4.白元畈（38）；5.北亚山（6）；6.蔡家斗（9）；7.曹墩（6）；8.草鞋山（5）；9.朝墩头（15）；10.澄湖（4）；11.崔家场（5）；12.达泽庙（6）；13.大坟（5）；14.大坟塘（9）；15.大庙村（6）；16.大往（4）；17.东河（2）；18.独山（5）；19.独墅湖（4）；20.凤凰基（7）；21.高地（6）；22.邬家岭（5）；23.广福（4）；24.横圩里（7）；25.果园桥（6）；26.含山（48）；27.韩家浜（6）；28.何城庙（6）；29.河池头（38）；30.河石（7）；31.荷叶地（7）；32.花城（4）；33.金家墩（7）；34.九虎庙（6）；35.九里（0）；36.老坟头（6）；37.老和山（26）；38.刘家墩（6）；39.龙尾山（6）；40.甪窦湾（9）；41.罗秋浜（5）；42.洛阳村（9）；43.落晚（6）；44.毛家渡（5）；45.茅庵里（7）；46.莫角山（6）；47.南扒山（5）；48.泥塘镇（6）；49.棋盘坟（6）；50.三官墩（5）；51.上塔圩（3）；52.烧箕浜（7）；53.沈家村（38）；54.盛家村（32）；55.石塘桥（5）；56.塔地（5）；57.图泽（5）；58.魏家村（6）；59.闻家山（45）；60.倭坟墩（5）；61.吴家埠（7）；62.五郎堰（5）；63.西安寺（13）；64.西汇（6）；65.西南山（6）；66.下高桥（4）；67.仙坛庙（5）；68.香下村（5）；69.新村（7）；70.新地里（5）；71.新港（3）；72.荀山（7）；73.严家桥（7）；74.羊年（9）；75.羊尾巴山（62）；76.姚坟（7）；77.姚家村（6）；78.姚家汇（5）；79.窑墩（5）；80.瑶山（12）；81.钟家村（14）；82.周家浜（5）；83.朱村兜（7）。

注：（ ）括号内数字为海拔高程（单位：m）

图9-12 钱山漾—广富林文化时期遗址分布图（4.4~4.0 ka B.P.）

（1）遗址数目和分布密度显著降低

研究区内遗址数目由前期190处锐减至本期83处，平均密度也由前期32处/万 km^2 减少至本期13.8处/万 km^2。

（2）遗址数目及空间分布格局变化明显

遗址空间分布主要表现为西北少、东南多的特点，且高度集中于太湖以南的杭嘉湖平原地区，而太湖以东湖荡平原区的遗址与前期相比已明显减少，太湖西北侧的遗址则寥寥无几。

（3）遗址分布地域不平衡状况进一步加剧

本期各分区遗址数目参见表9-5，数目及平均密度统计图见图9-13。

由图 9-13 和表 9-5 对比分析可知，钱山漾—广福林文化遗址的稠密区出现于太湖以南的杭嘉湖平原区（V区），但遗址分布数目及密度与前期相比已明显降低。各区遗址分布数目及密度分布也已由前期明显的"双峰态"再度返回更早的"单峰态"，且杭嘉湖平原所在 V 区构成了突出的"尖锐单峰"（图9-13）。

表 9-5 钱山漾—广福林文化时期遗址分区统计表

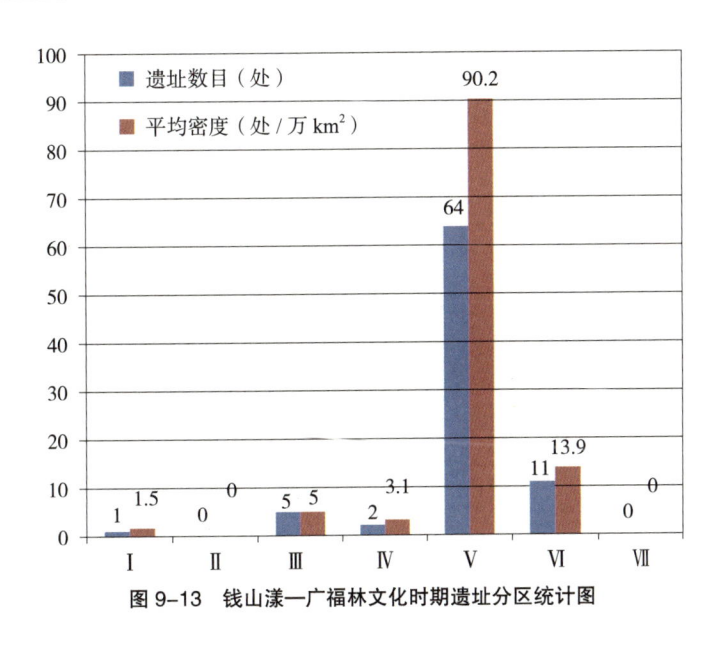

分区编号	遗址数目（处）	分区面积（km²）	平均密度（处/万 km²）
I	1	6712.49	1.5
II	0	12825.32	0.0
III	5	9932.70	5.0
IV	2	6472.87	3.1
V	64	7093.84	90.2
VI	11	7939.73	13.9
VII	0	8308.45	0.0
合计	83	59285.42	13.8

图 9-13 钱山漾—广福林文化时期遗址分区统计图

七大分区的遗址数目、平均密度图呈现"单峰态"。杭嘉湖平原对应的 V 区遗址数目最多（共 64 处遗址），平均密度最大（90.2 处/万 km²）。杭嘉湖平原以西的 VI 区次之，有 11 处遗址，平均密度 13.9 处/万 km²。太湖西北侧的 II 区和皖南对应的 VII 区无遗址分布，其余分区则遗址较少。

由表 9-2 可知，钱山漾—广福林文化时期人类遗址主要分布于海拔 10 m 以内的高岗台地，两者合计达 69 处遗址，约占本期遗址总数的 83.1%，其中海拔

5~10 m 的遗址数目最多，达 40 处，约占本期遗址总数的 48.2%。海拔 10~15 m 和 20~50 m 的遗址分别有 5 处和 8 处，分别占本期遗址总数的 6% 和 9.6%。可发现在钱山漾—广福林文化时期，人类聚落处于低海拔位置（低于 10 m）的情况较为普遍，而地处 10 m 以上高地的聚落数目有所减少，反映了人类对 4.2 ka B.P. 气候干冷、洪水频发事件的适应情况。

综合分析芜申运河沿线新石器时代中晚期四大文化发展期人类对地貌的适应性，可以发现在研究区总计 446 处遗址中，地处 0~10 m 高程区间的遗址数目高达 363 处，占比高达 81.4%，其次 20~50 m 海拔区间的遗址有 42 处，占比为 9.4%，其他区间的遗址数目和占比均较小。新石器时代中晚期，人类已经逐步适应了芜申运河沿线广泛分布的河湖湿地环境，为了防洪、取水的双重需求，聚落主要占据湖荡平原区的高岗台地。

9.4.2 钱山漾—广富林与良渚文化的直接传承关系

（1）良渚文化的遗传性

研究区内良渚文化共计 190 处遗址，经 ArcGIS 空间叠置分析，仅有 2 处遗址直接延续到了钱山漾—广富林文化时期（图 9-11），"遗传率"极低，占比不足 1.1%。

（2）钱山漾—广富林的继承性

研究区内钱山漾—广富林文化共计 83 处遗址，其中仅 2 处遗址直接继承于良渚文化。经计算，钱山漾—广富林文化遗址的"继承率"仅为 2.4%。

上述两组数据表明，钱山漾—广富林文化虽源于良渚文化，但受气候变迁等因素制约，良渚时期的聚落大多数已消失，遗址减少、密度下降，反映了本期文化的繁盛程度已大不如前。

9.4.3 马家浜、崧泽、良渚、钱山漾—广富林文化的直接传承关系

经 ArcGIS 空间叠置分析，发现在新石器时代中晚期，马家浜、崧泽、良渚、钱山漾—广富林四期之间，完全没有能够贯穿始终实现全时段传承的文化遗址，这充分说明新石器时代气候波动、自然环境演变对人类聚落选择具有极大的制约性，"聚落频迁，居无定所"是长江三角洲南部地区先民们的生活常态。

9.5 各期文化单向传承关系

经过对马家浜文化、崧泽文化、良渚文化、钱山漾—广富林文化自老到新单向传承率的分析计算，得到如下汇总表（表9-6）。

表9-6 芜申运河沿线地区新石器时代遗址传承率统计表

文化分期	传承关系	遗址数目（处）	传承数目（处）	传承率（%）
马家浜文化	继承率（%）	61	—	—
	遗传率（%）	61	29	47.5
崧泽文化	继承率（%）	112	29	25.9
	遗传率（%）	112	29	25.9
良渚文化	继承率（%）	190	29	15.3
	遗传率（%）	190	2	1.1
钱山漾—广富林文化	继承率（%）	83	2	2.4
	遗传率（%）	83	—	—

由表可知，马家浜文化的遗传率为47.5%，意味着有近一半的遗址遗传到了崧泽文化时期。崧泽文化的继承率和遗传率均为25.9%，意味着大约有1/4的遗址保持了传承关系，传承关系稳定。良渚文化往前的继承率为仅15.3%，主要是由于本期遗址数目显著增多，计算基数增大；遗传率仅为1.1%，主要原因大概是后期文化遭遇环境突变事件，造成原有遗址大量消亡。钱山漾—广富林文化的继承率为2.4%，比良渚文化的遗传率有所提高，除了上述原因之外，气候突变导致遗址数目和计算基数减少也是主要因素。

第十章　新石器时代区域环境演变节律研究

芜申运河线长面广，地域辽阔，依据其地貌类型，可将其划分为四大地貌分区（图10-1）：一，环太湖平原区，分布于太湖周边，北以长江为界，南邻杭州湾，西以茅山、宜溧山脚线为界，东达东海海岸线，面积 32128.35 km²，占研究区总面积的 54.19%；二，水阳江下游平原区，西邻长江皖江段，东界茅山山脉，南北夹峙于皖南山地和宁镇丘陵之间，面积 4868.38 km²，占研究区总面积的 8.21%；三，宁镇丘陵区，位于区域西北部，地形以低山丘陵为主，面积 4696.36 km²，占研究区总面积的 7.92%；四，皖南山地区，集中分布于研究区西南部，面积 17591.33 km²，占研究区总面积的 29.67%。本章将重点讨论环太湖平原、水阳江下游平原这两个代表性区域，并将杭嘉湖平原纳入环太湖平原区的讨论范围。

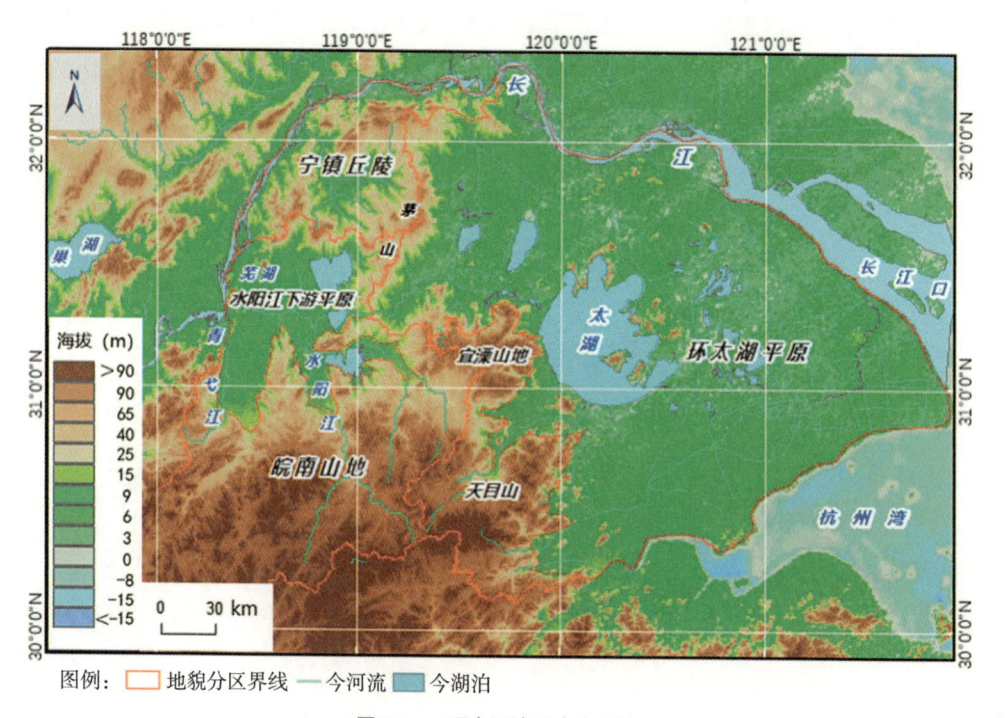

图 10-1　研究区地形地貌区划图

10.1 环太湖平原的环境演变节律

环太湖平原位于长江三角洲东南部,北起长江下游河道,南达杭州湾北岸,西起茅山、宜溧山地坡麓线,东达东海海岸线,地面海拔高程 3~5 m,是远古中华文明的重要起源地之一,也是研究区环境考古较深入的区域(图 10-2)。本区全新世环境深受地质地貌、气候变化、海面升降等多因素影响,地貌既是过去环境变化的结果,也是未来自然演化的基础,而气候变迁、海面变化则是推动本区地理环境演变的主要驱动力。

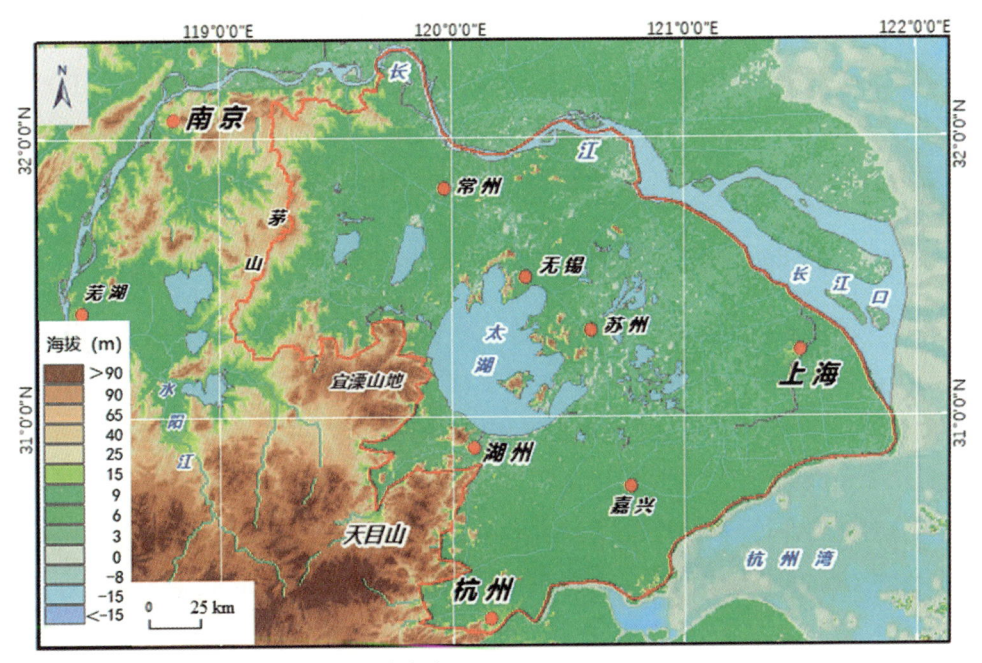

图 10-2 环太湖平原区地理位置图

10.1.1 环境演变的地质地貌基础

环太湖平原低地是长江三角洲的重要组成部分,平原以太湖为中心,西部为低矮的茅山山前冲洪积扇,东部为湿地广布的湖荡平原,南部邻接坦荡的杭嘉湖平原,其地貌结构最早奠基于燕山运动时期。第三纪以来,本区地体下沉,地表堆积了薄厚不等的河流相冲积物。晚更新世末次冰盛期,全球海面大幅度下降,陆地面积扩大,本区东侧浅海大陆架出水成陆,在今太湖湖荡平原的冲积黄土基底上发育了一系列古河道与局部洼地(陈吉余,1959)。全新世早期,太湖以北、以东、以南地区曾发育了两大丘状台地,北部台地以苏州、无锡为中心,南部台地以嘉兴为中心。与台地地形相反，在今苏州一带，存在一条东北走向西南的规模较大的低洼地带，成为全新世早期高海面时海水侵入太湖平原的主要通道之一。以当今数字高程模拟（DEM）为基础，通过GIS水文模拟发现，当海面上升超过3 m，海水便能够通过上述低洼通道（尤其是浏河河道）上溯到太湖盆地（附图2-1）。

10.1.2 气候事件推动的环境演变节律

纵观全球，全新世气候总体表现为干湿冷暖交替式变化，极端的气候变化事件往往给人类文明带来灾害性后果，全新世早中期8.2 ka B.P.、4.2 ka B.P.气候事件最具代表性。8.2 ka B.P.气候事件发生时，环太湖平原地区鲜有人类活动，推测为全新世高海面所致，因而该事件并未给人类造成很大影响。然而，4.2 ka B.P.气候事件正值良渚文化后继者钱山漾—广富林文化发展期，事件带来的负面影响十分显著（刘浴辉 等，2013），直接造成考古学文化步入低潮期。

10.1.3 海面升降引起的环境演变

以往研究表明，海面升降与气候变化密切相关。海面升降引发海侵和海退，必然引起滨海地带陆地水文环境的巨大变化，进而影响人类活动。然而，由于缺乏确切证据，世界各地对全新世海面变化规律的认识尚存较大争议。朱诚等（2003）对长江三角洲和宁绍平原一万年来的高海面问题进行了系统梳理，认为全新世早期东海可能存在过高海面，但全新世中期最有可能为低海面。多年来国际学术界在全新世海面变化研究方面一直存在着Morner、Shepard、Fairbrige三种假说，三种假说总体上都认为末次冰期结束后，13 ka B.P.以来的世界海面是逐渐上升的，大约在4 ka B.P.左右最终达到了现今的海面高度。其中Morner（1980）认为6~4.5 ka B.P.为全新世高海面时期，大约高于现代海面3.7 m，并认为进入全新世以来，虽然全球海面发生了多次明显波动，但总体趋势表现为持续上升（图10-3）。

马家浜、崧泽、良渚文化等遗址在空间上无法分布。因为图10-3曲线表明在距今7~4 ka B.P.期间，其海面相对高程在 −5 m~0 m，那么马家浜、崧泽、良渚、钱山漾—广富林文化的先民祖辈只能在海水底下生存。实际上，新石器时代中期（7~4 ka B.P.）世界海面表现为"先降后升""类似正弦曲线式"起伏变化，除了5.7~4.8 ka B.P.期间的海面稍高于现代海面之外，其余时段海面均比当今低。该曲线表明理论上马家浜文化时期应对应于低海面，人类遗址的空间分布范围此时应十分广泛，至少应覆盖上海东部和杭州湾沿海。但图9-1反映的遗址分布情况显

注：图中阴影部分对应于新石器时代中晚期

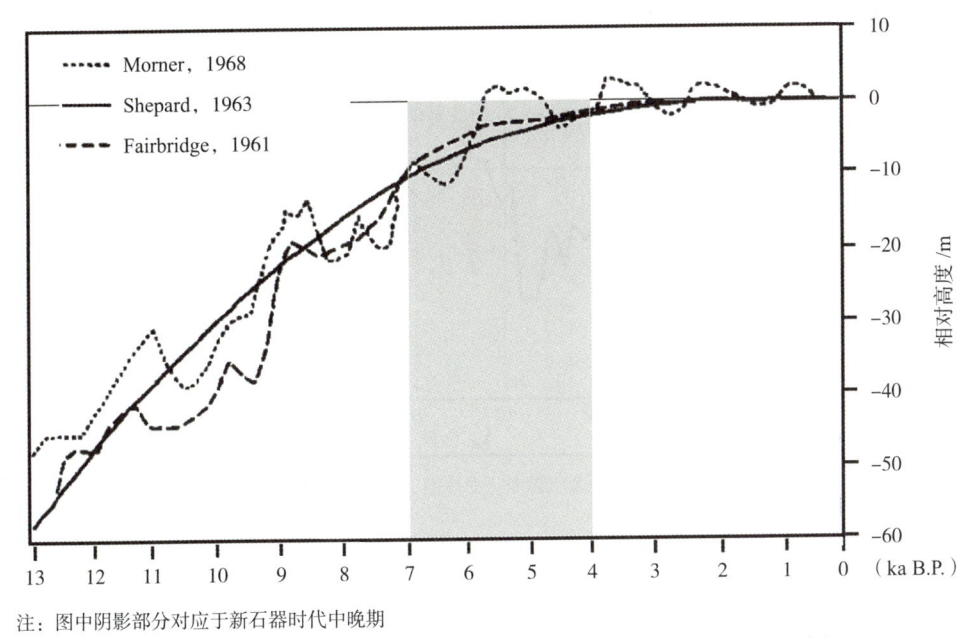

图 10-3　13 ka B.P. 以来世界海面波动曲线图〔据 Morner（1980）改绘〕

然并非如此，实际上以上两处沿海地带并无遗址分布。这一情况说明，中国华东沿海新石器时代中晚期的海面变化可能远比世界范围的海面升降运动更为复杂。

Houghton 等人（1990）根据对格陵兰冰芯同位素比率进行分析获得的自 18 ka B.P. 以来地球表面温度变化规律，似乎也支持了全新世高海面的观点，其研究认为 7~4 ka B.P. 是全新世大暖期最盛期（Holocene Maximum），受气温上升影响，两极地区冰体消融加速，引发全新世海面上升，出现了所谓"高海面"，由此得出其全新世高温可能对应高海面的推论。

中国环太湖平原所处的长江三角洲南部地区，自有人类定居时起，就曾发生过频繁而明显的海面升降运动。如果将此曲线反映的所谓"世界高海面"部分对应时段与华东沿海崧泽文化期人类遗址的分布格局做比对，似乎能解释该时期"确实"遭遇了因"高海面"引发的"海侵事件"，该时段人类遗址的分布范围（图9-3）确实没有占据上海东部沿海低地。然而，通盘分析阴影段曲线的走势，却无法合理解释"低海面"应伴随的"海退事件"对该地区人类遗址分布的影响。图 10-4 所反映的 18 ka B.P. 以来，世界地表气温变化曲线的全新世曲线变化态势与图 10-3 很相似，说明气温变化可能是推动全球海面变化的主导因素。

事实上，以太湖为中心的环太湖碟形洼地地貌早在 6.5~5.0 ka B.P. 就已定型（景存义，1989），湖盆洼地最东界可达上海西部的冈身一带，而冈身以东的上海东

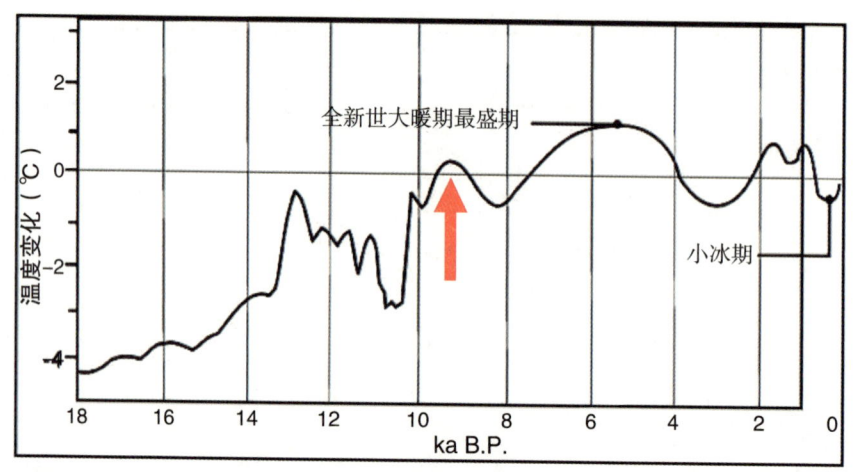

● 芜申运河所经古中江流域环境考古研究

图 10-4 18 ka B.P. 以来世界地表气温变化曲线图〔据 Houghton 等（1990）改绘〕

部地区直到 3.0 ka B.P. 才转海为陆，这一情况说明冈身一带至少在 3.0 ka B.P. 之前曾经为古海岸线。

从图 10-5 显示的环太湖平原沉积物类型的分布状况看，环太湖平原西侧为南北向绵延的低山丘陵，由茅山、宜溧山地和天目山等组成，长期遭受水力侵蚀，是众多河流和平原泥沙物质的源地。北部以常州为中心的沿江地带，地表物质以河流沉积相为主，反映了长江及沿岸水系对地貌的深刻影响。东部西北—东南走

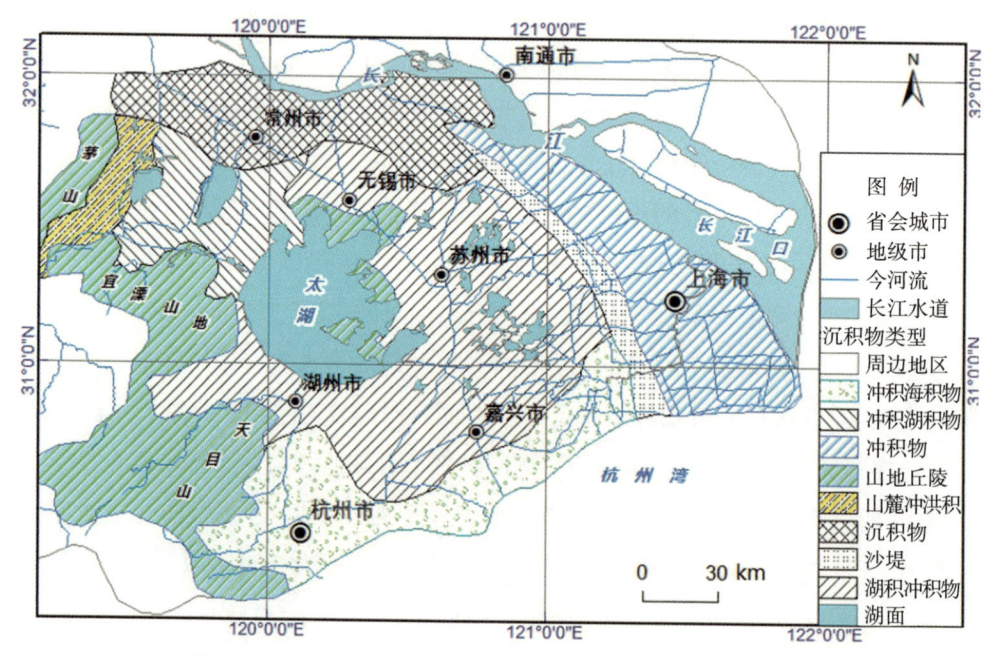

图 10-5 环太湖平原沉积物类型分布图〔据景存义（1989）改绘〕

向的冈身沙堤，是古海岸线的重要标志。冈身东侧以上海为中心的沿海地带，地表覆盖着新生的陆相冲积物，说明该地过去多次受海侵事件影响，成陆历史较短。杭嘉湖平原南部的杭州湾沿岸，地表物质以河流沉积物和海洋沉积物为主，反映此区过去多次遭受海侵影响，成陆历史较短。太湖周边地带地表组成物质以湖泊沉积物和河流沉积物为主，反映了浅蝶型构造盆地河流—湖泊共同作用的结果。环太湖地区上述物质组成及分布所反映的地质地貌格局，极大地制约着新石器时代的人类活动，导致当时大部分人类聚落只能占据地势较高的台地。

世界海面变化的影响因素复杂多样，关于长江三角洲外海海面如何变化的问题在我国学术界至今尚未取得共识。赵希涛等（1992）认为我国东部沿海全新世海面有过7次明显的高低波动，高海面出现于7.5~4 ka B.P.，其中最高海面时期（6.5~4 ka B.P.）海面可高于现今2~3 m。严钦尚等（1987）认为10 ka B.P.时海面尚停留在 −60 m，海水未进入江北三角洲地区，6.5~5.5 ka B.P.江北三角洲已成前三角洲—浅海景观。杨怀仁等（1984）认为，全新世以来中国东部海面升降有5次较明显的波动，末次冰期结束后，海面迅速上升，大约在距今7~6.5 ka B.P.期间海侵达到了最大范围，且海面高度接近现代水平。王富葆（1982）认为距今约5 ka B.P.、3.5 ka B.P.、2.6 ka B.P.和1.1~0.7 ka B.P.间海面较高，而6.3~5.6 ka B.P.、4.5~4 ka B.P.和3 ka B.P.前后海面较低，海面升降变幅约为3~4 m。以往，我国许多学者根据海岸带贝壳堤的分布及其常规^{14}C测年分析结果，得出全新世中期存在高海面的结论，且大多认为高海面出现于7~5 ka B.P.。但半个多世纪以来的考古发现却得出了与地学家相反的结论，即7 ka B.P.以来新石器时代遗址在太湖四周的分布是连续且逐渐增多的，根据考古器物类型排比法结合考古地层层序和遗址中埋藏古树、木炭的^{14}C测年法所确定的新石器时代遗址绝大多数位于地学家过去认为的高海面海水淹没区，由此可反证这一时期的东海海面应为低海面（朱诚 等，2003）。

10.1.4 环境演变对人类遗址的影响

申洪源等（2004）认为，新石器时代环太湖平原地区形成了一个连续而完整的文化体系。研究发现，在马家浜文化时期（7.0~5.8 ka B.P.）本区地貌表现为大起伏的切割平原，沼泽水域分布广泛，人类聚落只能选择丘状台地中心、斜坡顶部以及河岸顶部。在崧泽文化早期（5.8~5.5 ka B.P.），海退作用明显，海岸线东扩，陆地扩大，人类聚落数目明显增加，分布范围明显扩大；在崧泽文化晚期（5.5~5.0

ka B.P.），海面再度上升，海进陆退，本区江河水位和地下水位同时上涨，河流排水受阻，水域扩大，人类聚落被迫向高亢地貌部位迁移。在良渚文化—钱山漾文化时期（5.0~4.2 ka B.P.），海面下降，陆域扩大，本区地下水位降低，河流下切活跃，太湖以东平原低地原有湖泊逐渐演变为小型洼地和沼泽，适宜的气候及地貌条件有利于人类在平原低地落脚，聚落密度明显增加，良渚文化呈现出前所未有的繁荣景象，标志着中华远古文明的形成。在广富林文化期（4.4~4.0 ka B.P.），受 4.2 ka B.P. 气候事件及海侵事件的共同影响，本区旱涝灾害明显增多，宜居空间大幅缩减，致使考古学文化步入低潮期。

此外，如今在太湖、阳澄湖、澄湖的湖底均发现了崧泽文化、良渚文化时期的遗址和大量古水井，充分说明 4.0 ka B.P. 前后东海海面较低，太湖水域小，今太湖以东的湖泊群尚未形成（朱诚 等，2016）。

10.2 水阳江下游平原的环境演变过程

水阳江下游平原位于研究区西南部（图 10-6），平原面积虽小于环太湖平原区，但与后者相似，其在全新世中期也同样经历了"沧海桑田式"的环境演变。

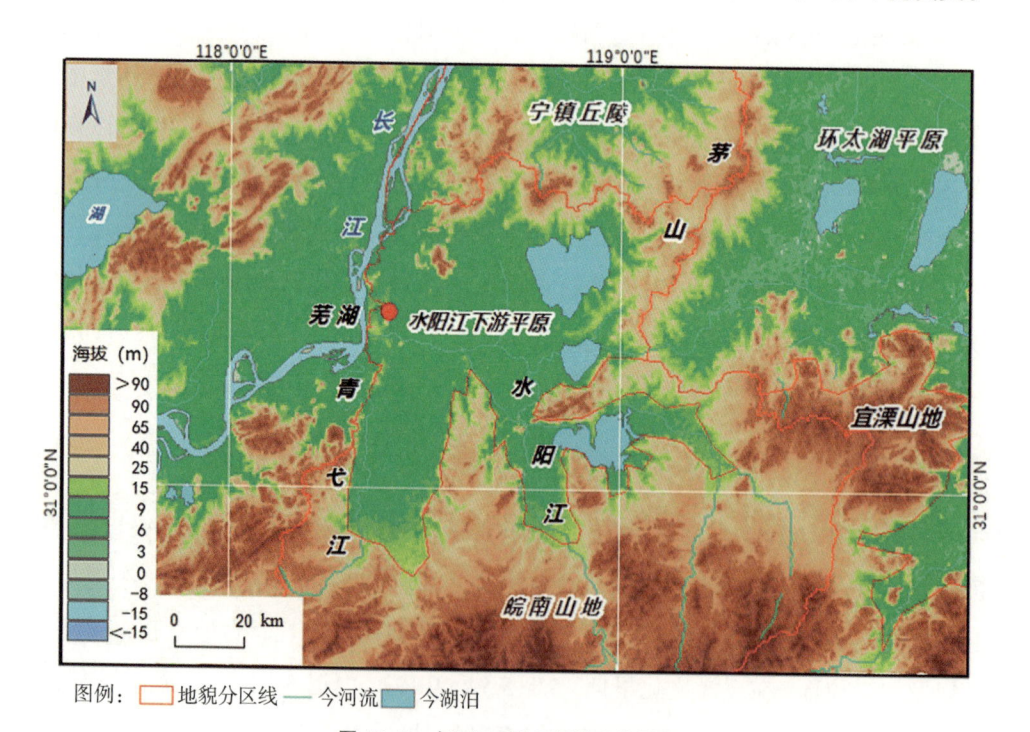

图 10-6 水阳江下游平原地理位置图

据历史文献记载，今日地势低平、湿地广布的水阳江下游平原过去曾长期被浩瀚无垠的"古丹阳大泽"所占据，只是到了人类历史时期，受河流泥沙淤积和人类围湖造田的双重作用，古丹阳大泽才逐渐缩小直至消亡。

10.2.1 古丹阳大泽演变过程模拟

1. 文献记载的古丹阳大泽演变

古丹阳大泽亦称丹阳湖，因秦置丹阳县而得名。先秦以前长期保持薮泽状态，面积辽阔。此后来自长江、水阳江和青弋江的泥沙不断淤积，水域渐浅，古中江由泽而生，穿泽而过，沟通吴楚。到了西汉和东汉时期，古中江淤塞，湖水外排受阻，泽区面积扩大，水域最大时面积可达 3000 km^2，成为皖南山洪的汇集之所和长江之水东流入"海"（实为震泽）的便捷通道。今丹阳、石臼、固城、南漪四湖，以及当涂、宣城、芜湖、溧水、高淳等区（县）沿湖圩区，过去均在古丹阳大泽的覆盖范围内。

今水阳江下游平原的地质构造基础为燕山运动时期因断裂而成的局部洼地。第四纪以来，著名的高（淳）—溧（水）背斜西翼外侧地体下沉，地势低洼，河湖入侵，古丹阳大泽形成，水域辽阔，人类历史时期因长江及源于黄山—天目山的河流洪水挟带泥沙长期淤积，导致大泽水面萎缩，逐渐演变为一系列薮泽洼地。

在古丹阳大泽存续期，水域面积的年际、季节变化较为明显。夏秋季节，每当古中江淤塞、排水不畅，古丹阳大泽便是汪洋一片，及至冬春季节水位下降，滩地广布，水域面积明显缩小。秦汉以后，随着人口增加，尤其军屯兴起，沿湖滩地由零星围垦逐步发展为连片圩区，导致古丹阳大泽逐渐萎缩。古丹阳大泽的消亡主要有两大诱因：一是长江以及来自天目山系的水阳江和来自黄山山系的青弋江所携带泥沙的长期淤积，造成河流三角洲不断向湖心推进，湖底淤浅，水域渐缩；二是历史时期大规模的围圩造田运动，逐步"消灭了"大部分薮泽仅存的水面。

据《高淳县志》《芜湖县志》《当涂县志》等地方志记载，古丹阳大泽筑圩工程最早可追溯至三国时代，当时在固城湖西侧，建成了湖区最早的相国圩，到了唐宋时期，围圩造田运动达到顶峰。据统计，宋代时古丹阳大泽有圩千余口，其中仅当涂一县就有 472 处。到了新中国成立之初，丹阳湖区面积尚存 184 km^2 连片水面，沼泽广布，水鸟成群，鱼类洄游，自然环境尚优。至 20 世纪 60~70 年代，丹阳湖区展开了迄今为止最后一期围垦，1966 年、1969 年、1970 年、1971~1974 年分别围垦了 20 km²、47.3 km²、10.2 km²、134.52 km²。长期的围湖造田使古丹阳大泽演变为现存的少数几个湖泊，如今丹阳湖仅存运粮河水面，真正意义的"丹阳湖"已不复存在。

2. 以历史洪水位反演古丹阳大泽范围

蒋小芳（2019）以 30 m 空间分辨率 DEM 作为数据源，利用 Global Mapper 的 3D 分析工具建立了丹阳大泽的三维水体模型，将水位设置为 6~10 m，得到了一组水体覆盖图，但并未对如何形成这套淹没区做更深入的分析（图 10-7）。

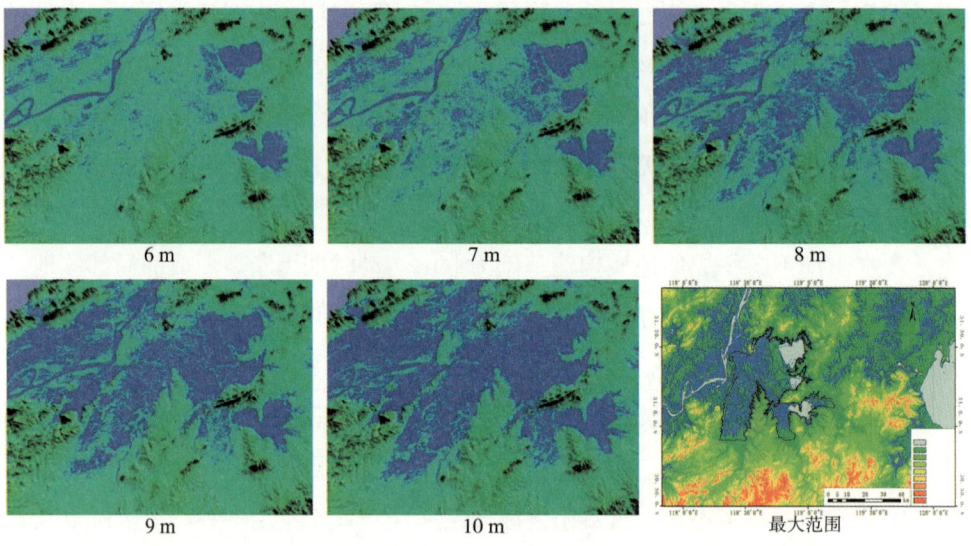

图 10-7　古丹阳大泽区域不同设计水位淹没范围图〔据蒋小芳（2019）改绘〕

本书以 Google earth 提供的数字高程模型（DEM）为基础，经格式转换，得到了 4.7 m 空间分辨率的 DEM，并以此为数据源，对古丹阳大泽的水体淹没范围进行了更细致的模拟，以现代地面高程和长江芜湖港历史最高洪水位 12.87 m（芜湖市地方志编纂委员会，2009）作为水位限值，经过水文模拟得到一组洪水淹没图（图 10-8）。

由图 10-8 可见，当模拟水位设定为最低水位 5.5 m 时，大泽干涸，湖面分裂；当模拟水位设定为较高水位 11 m 时，则长江皖江水道与石臼湖、固城湖、南漪湖等原来分散的湖泊连成一片，呈现出面积广阔的"水乡泽国"景观，水域面积接近 3000 km²，与历史文献推测的最大水面相当，同时比当今太湖水面面积多出 570 km²。

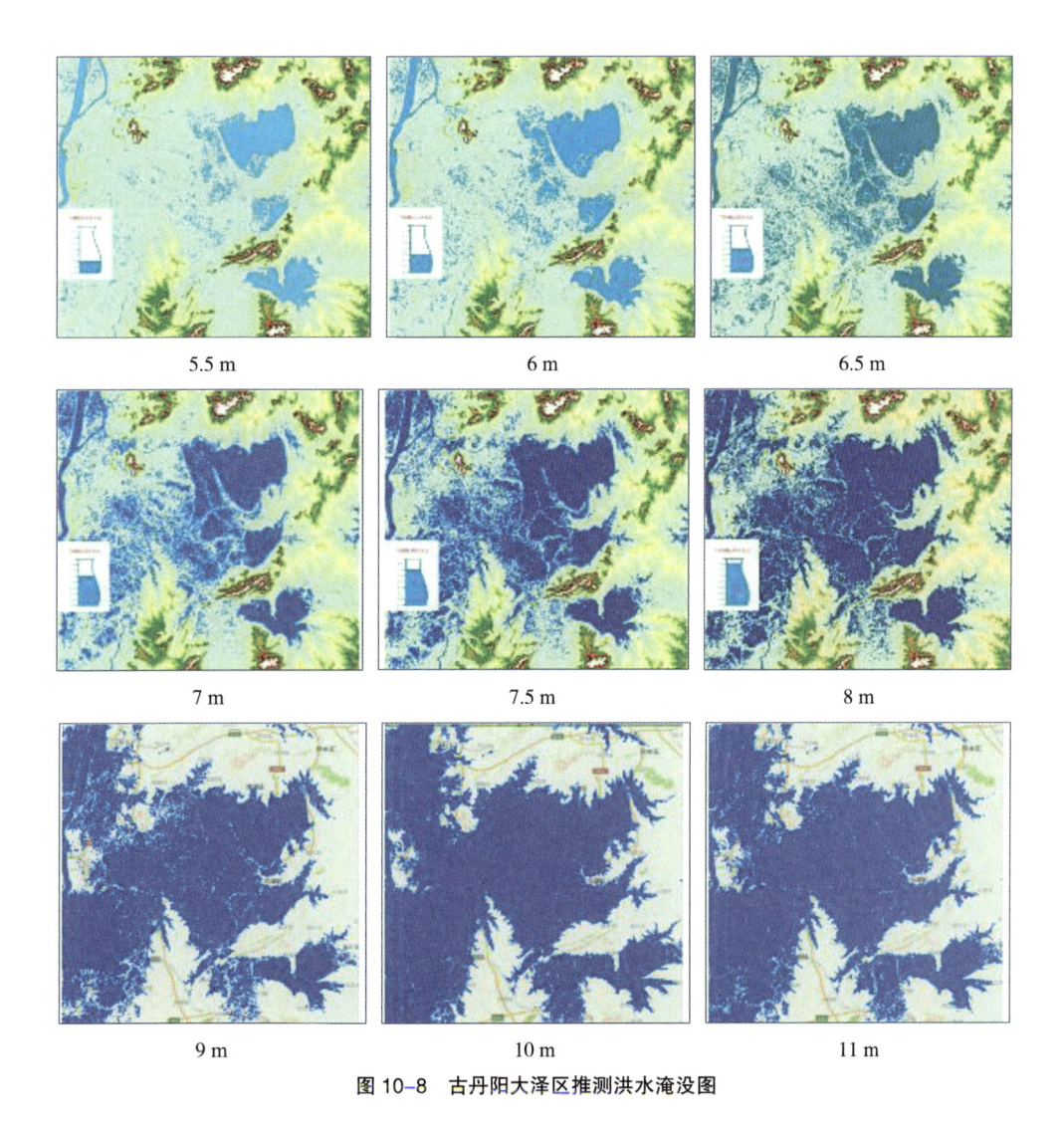

5.5 m	6 m	6.5 m
7 m	7.5 m	8 m
9 m	10 m	11 m

图 10-8 古丹阳大泽区推测洪水淹没图

据《芜湖市志》记载（芜湖市地方志编纂委员会，2009），当长江水位达 9.7 m 时，芜湖部分地区外水出现下水道倒灌现象，雨季排水不畅时，极易积涝成灾。据记载，323~1948 年，芜湖共遭受水灾 70 次；1426~1949 年，芜湖共遭受水灾 53 次，平均每十年一次。著名的大禹治水"导中江"就发生在芜湖一带。20 世纪记录的两次最高水位，一次发生于 1931 年，达 11.87 m，另一次发生于 1954 年，达 12.87 m。金家年（1988）对丹阳湖的历史变化进行了研究，详细论述了古丹阳大泽因围湖造田而逐渐萎缩直至最终消亡的过程。

10.2.2 古丹阳大泽消亡的环境效应

古丹阳大泽消亡经历了一个相对漫长的过程，其最终消亡时间并没有一个确切的时间点。如果以大规模围圩造田运动作为最终导致大泽消亡的直接原因，则其年代大致可推断为 20 世纪 70 年代，也就是迄今为止最后一期大规模围圩造田运动结束的年代。古丹阳大泽的消亡引发了一系列环境效应：一，从根本上改变了湖区原有的水陆环境，导致水域面积极度缩小，现仅存几处面积不大的湖泊；干陆及水田面积极度扩张，为人类农业生产和定居创造了良好条件。二，区域水陆比例关系的根本性改变必然加剧当地及周边地区旱涝灾害，当源于黄山—天目山的河流洪水到来，或是当长江中游洪峰涌入，纵横交织的圩埂会阻碍洪水下泄，造成水位拥塞高启，最终冲毁圩埂，淹没村庄和农田，引发严重涝灾；另一方面，由于水面萎缩，缺少大片水域的自然调蓄，当旱季河流出现超低水位时，区域大片农田缺乏水源补给，往往又引发严重旱灾。三，由于自然水面缩小，破坏了内陆流域原本良好的水文循环机制，导致局域性降雨减少，更易引发伏旱。四，古丹阳大泽消亡，水域退却，干陆广布，导致源于黄山—天目山的河流进一步向长江推进，下游河网加密，为古代胥溪河和现今芜申运河的修建创造了条件。

10.3 与水阳江相关若干问题的探讨

如上所述，古丹阳大泽消亡后，源于黄山—天目山的河流青弋江、水阳江的下游河段不断向长江伸进，逐渐汇流形成东西向新生河，河道西起长江芜湖港，向东蜿蜒连通固城湖，最终与固城湖东北口外的胥溪河相连。

10.3.1 古中江与胥溪河的关系

据芜湖博物馆介绍，古中江又称"中江水道"，是指长江经芜湖至太湖的一条重要水道，其中胥溪河至南溪河段相传为吴国伍子胥开凿的人工运河，又称"胥溪河"。运河建成后，成为春秋吴国重要的军事与经济交通要道，是吴国当时最重要的经济命脉，同时也孕育了芜湖当世的繁荣。而姚付龙（2017）通过对古籍、近现代学者学术观点的考证，认为今高淳境内的胥溪河是荆溪水系的干流，古中江是芜湖至太湖之间的一条自然河流，其自西而东流程为：芜湖港、青弋江—水阳江下游河道、运粮河、固城湖、胥溪河、荆溪河、南溪河、太湖（古称阳羡海）。

有关古中江是否能够切穿东坝分水岭的问题，争议较多（丁文江，1926；任美锷 等，1933；潘凤英，1993）。有一部分学者对高淳地区存在古中江持怀疑态度，其依据是东坝地区地势较高，古中江无法越过此处流向太湖。到底如何，作者所在研究团队于 2018 年春季曾针对此做过专门调查，经过专家访谈、实地勘查、钻孔取样、年代测定，基本确定史前时期的古中江应该能够穿过今东坝分水岭所在位置，并沿荆溪河、南溪河东流汇入太湖，其基本依据有地层学依据和地貌与水文学依据两个。其中，地层学依据在前文已详细论述（章节 2.2.4），此处不再赘述。

古中江早已消亡，历史时期的胥溪河到底什么模样，之前很难讲清楚。根据"将今论古"的环境考古学思路，经过实地调查，结合 DEM 数字地形分析和水文水系模拟，获得如下新见解。

（1）自然状态下的胥溪河受东坝分水岭地形制约，原本归属长江水系，干流源自东坝分水岭，自东向西注入固城湖（图 10-9）。

（2）相传春秋吴国伍子胥开凿了运河，打通了分水岭，就是利用了东坝分水岭垭口处特殊地形（图 10-10）。

（3）东坝分水岭凿开后，胥溪河东延西伸，最终演变为一条准东西方向的人工运河，为芜湖至太湖间的航运提供了极大便利。东坝至下坝间多级水闸的修

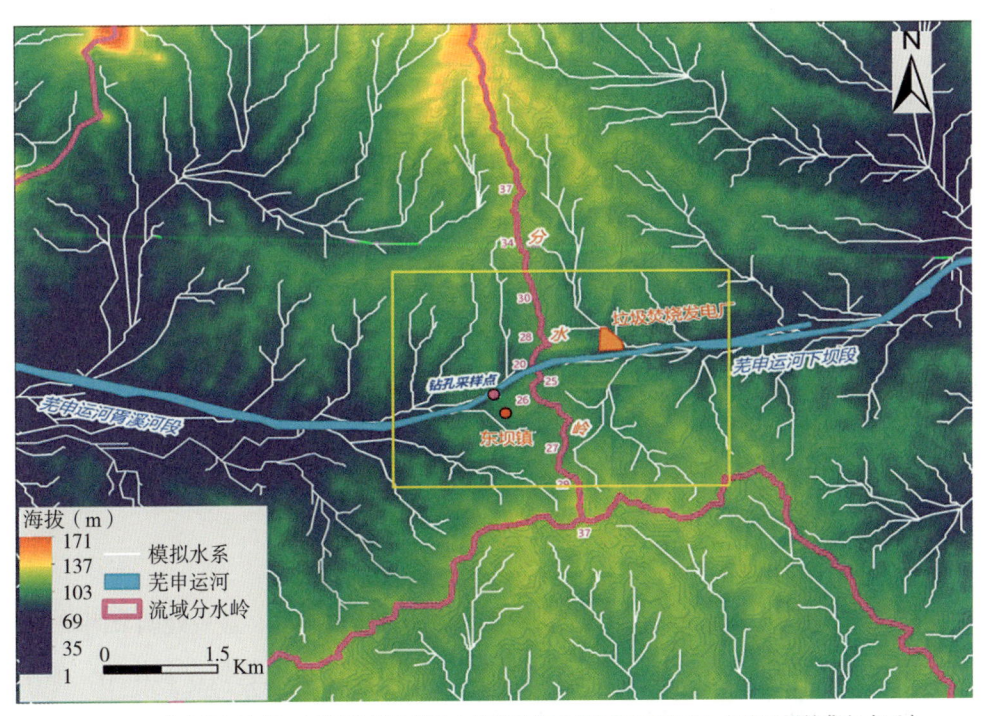

图 10-9　芜申运河东坝—下坝段的地貌及水系模拟图（黄框区显示了分水岭两侧的背向水系）

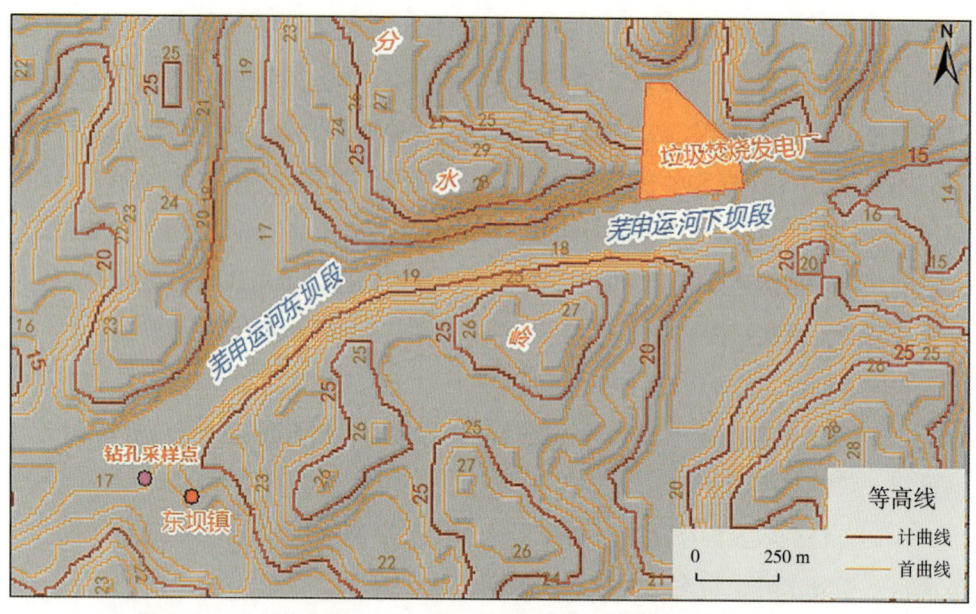

图 10-10　运河凿穿东坝分水岭垭口局部地形图（黄框为运河切穿分水岭处）

建，进一步增强了运河的航运与洪涝调节功能。

由图 10-9 和图 10-10 可见，在东坝镇以东有一条特征明显的南北走向的地貌分界线——东坝分水岭。自然状态下，分水岭东西两侧分属不同流域，西侧为胥溪河流域，属长江水系，东侧为荆溪河流域，属太湖水系。

10.3.2 芜申运河工程的关键节点

如前所述，芜申运河芜太段基本与历史记载的古中江走向一致，属整个运河的核心地段，有几个关键的航运节点可能会对水上旅游线路的规划产生一定影响。主要节点包括：芜湖港、杨家湾船闸、东坝—下坝船闸、东坝水道、湖东水道。

（1）长江芜湖港

芜湖港位于古中江（芜申运河芜太段）与长江的交汇口，中江塔和中江桥为古中江（芜申运河）起点处最显著的两个地标性建筑物，中江桥位于中江塔东南侧，为古中江真正的起始点。自起点向东，现存河道岸坡由浆砌石砌筑而成，河水较深，水面行船，是典型的人工运河，与青弋江下游河道衔接。

（2）杨家湾船闸

杨家湾船闸位于南京市高淳区官溪河口的杨家湾村以北，是一处调节固城湖、官溪河水位的重要设施。该船闸建于1973年，仅对低水位起到控制作用，船闸规模小，结构简单，设备陈旧，汛期完全无法拦挡洪水。因船闸和节制闸均属四类建筑，安全隐患明显，后经论证后决定重建。新闸位于原闸下游，两者相距约3 km，下闸首中心与节制闸中心相距207 m。提标改造完成后，杨家湾船闸已经成为芜申运河中游段非常重要的水工节点。

（3）东坝—下坝船闸

2020年1月12日，随着来自安徽的四艘运砂船缓缓有序进入闸室，历经4年多的施工，南京市首座复线船闸——芜申线下坝复线船闸正式建成通航。下坝复线船闸位于下坝集镇，坐落于胥溪河之上，属正在升级改造的芜申运河南京段航道的重要节点工程。

（4）西氿—东氿绕行水道

古中江下游南溪河流经宜兴市区时，原本直接串接西氿、团氿和东氿，但是为了避免水面交通对城区居民生活产生干扰，芜申运河修建时，专门规划设计和建设了所谓的"芜申运河绕氿段"，即从南溪河入西氿后向北接出，绕行团氿和东氿后重归原路径，避开了宜兴市北部的重点规划区。

（5）湖东水道

芜申运河东段亦称太申运河段，因西出太湖，故可称为"湖东水道"。芜申运河湖东水道自西向东流经苏州吴江区和上海松江区，终于太阳岛旅游度假区附近黄浦江上游水道——茅河河道，全长102.8 km，是沟通太湖、黄浦江和长江口的重要水上通道。

10.4 长三角新石器时代以来海面变化环境考古研究

10.4.1 长三角海面变化前人研究状况

芜申运河位于长江三角洲地区。长三角是世界公认的六大城市群之一（上海交通大学城市科学研究院，2014），是我国现代化建设的龙头和深化改革的前沿阵地，也是我国城镇化发展速度最快、经济总量规模最大、最有发展潜力的地区之一。

从政府间气候变化专门委员会（IPCC，2013）公布的全球海面上升速率看（图10-11），与我国其他地区相比，长三角地区海面上升最为显著（1978~2007年为78~115 mm）。有关长三角沿海海面变化，前人对贝壳堤和自然沉积地层曾做过不少研究（江苏省文物工作队，1962；邹厚本 等，1964；王富葆，1982；杨

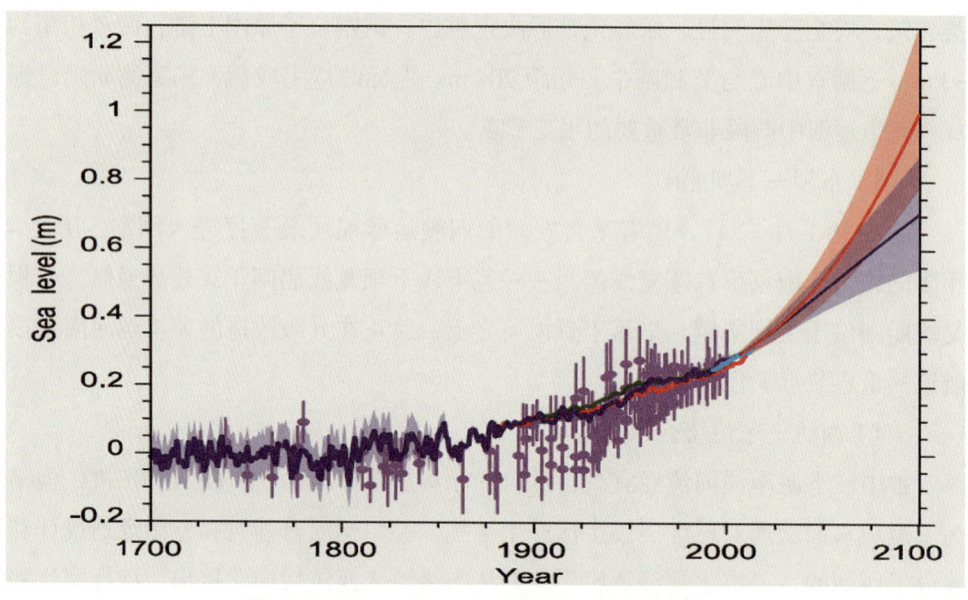

图 10-11　IPCC（2013）公布的全球海面上升速率

怀仁 等，1984；邵虚生，1987；严钦尚 等，1993；赵希涛 等，1992a，1992b，1994；Michael et al.，1997；林留根 等，2003；林留根，2003）。前人主要根据对海岸带贝壳堤分布及其常规 ^{14}C 测年来研究海面变化，虽然观点不一致，但得出的结论总体上倾向于长三角存在新石器时代高海面，且大多数认为高海面出现于 7~5 ka B.P.。2003 年以前，作者曾觉得赵希涛先生对我国海面变化研究的结论可能更为准确，因为他的海面变化研究论文是发表在我国权威专业期刊《中国科学》和《海洋学报》上，他认为我国华东沿海全新世海面有过 7 次明显的高低波动，高海面为 7.5~4 ka B.P.，6.5~4 ka B.P. 期间海面可高出现今 2~3 m（赵希涛 等，1992a，1992b，1994）。

10.4.2　本书的前期研究

2002~2003 年，本书将长三角 205 处新石器时代主要遗址根据 1:5 万军用地形图和 1937 年日本军用地形图绘制在有经纬度和海拔高程的地形图上，结果显示我国考古界半个世纪以来的考古发现似乎在证明着与地学家完全相反的结论。即，考古界根据考古器物类型排比结合考古地层层序和遗址中埋藏古树与木炭的 ^{14}C 测年确定的长三角 205 个新石器时代主要遗址，其中绝大多数是分布在地学家划定的 7~4 ka B.P. 高海面海水淹没区（图 10-12~图 10-14）（朱诚 等，2003）。

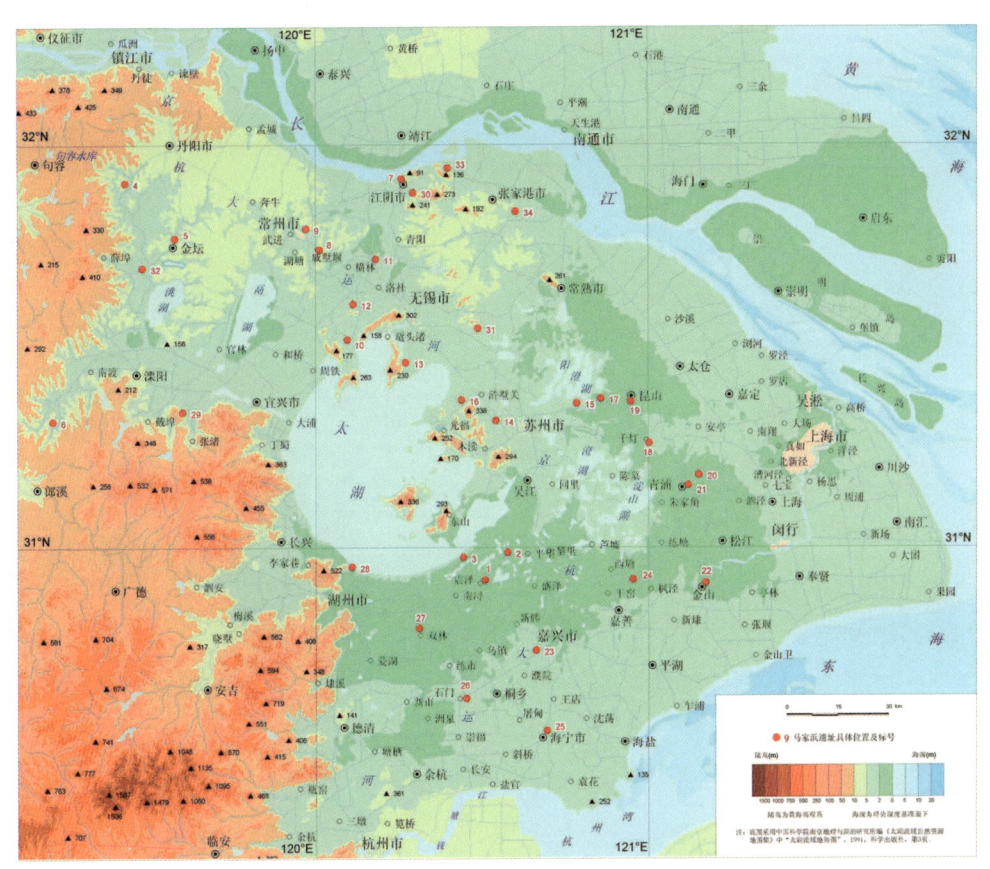

1. 吴江震泽桃源算墟庙广福村(0~2); 2. 吴江梅堰袁家埭(0~2); 3. 吴江庙港(0~2); 4. 丹阳九里镇香草河(2~5); 5. 金坛县城北偏东2.5 km(2~5); 6. 溧阳孔村(2~5); 7. 江阴北门外(2~5); 8. 常州戚墅镇南大运河南岸圩墩(5~10); 9. 武进青龙潘家塘(2~5); 10. 武进雪堰城里村(2~5); 11. 无锡玉祁郑家塘(2~5); 12. 无锡陆区桥新溪镇(2~5); 13. 无锡葛埭桥(2~5); 14. 苏州枫桥(2~5); 15. 苏州唯亭草鞋山(2~5); 16. 苏州通安(2~5); 17. 昆山正仪镇(2~5); 18. 昆山千灯镇少卿山(2~5); 19. 昆山火车站南(0~2); 20. 上海青浦重固镇西侧福泉山(2~5); 21. 上海青浦城东偏北5 km崧泽(0~2); 22. 上海金山(0~2); 23. 浙江嘉兴南偏西7.5 km 马家浜(2~5); 24. 浙江嘉善姚庄(0~2); 25. 浙江海宁(2~5); 26. 浙江桐乡罗家角(2~5); 27. 浙江归馆双林镇(0~2); 28. 浙江湖州吴兴邱城(0~2); 29. 宜兴归迳陆干唐南骆驼墩(5~10); 30. 江阴绮山夏家村祁头山(2~5); 31. 锡山鸿声管家桥彭祖墩(5~10); 32. 金坛西岗三星村(2~5); 33. 张家港东山村(2~5); 34. 张家港许庄(2~5)。
注: ( )括号内数字为海拔高程(单位: m)

图10-12　7~5.8 ka B.P. 马家浜文化34处遗址具体地点及海拔高程(朱诚 等, 2003)

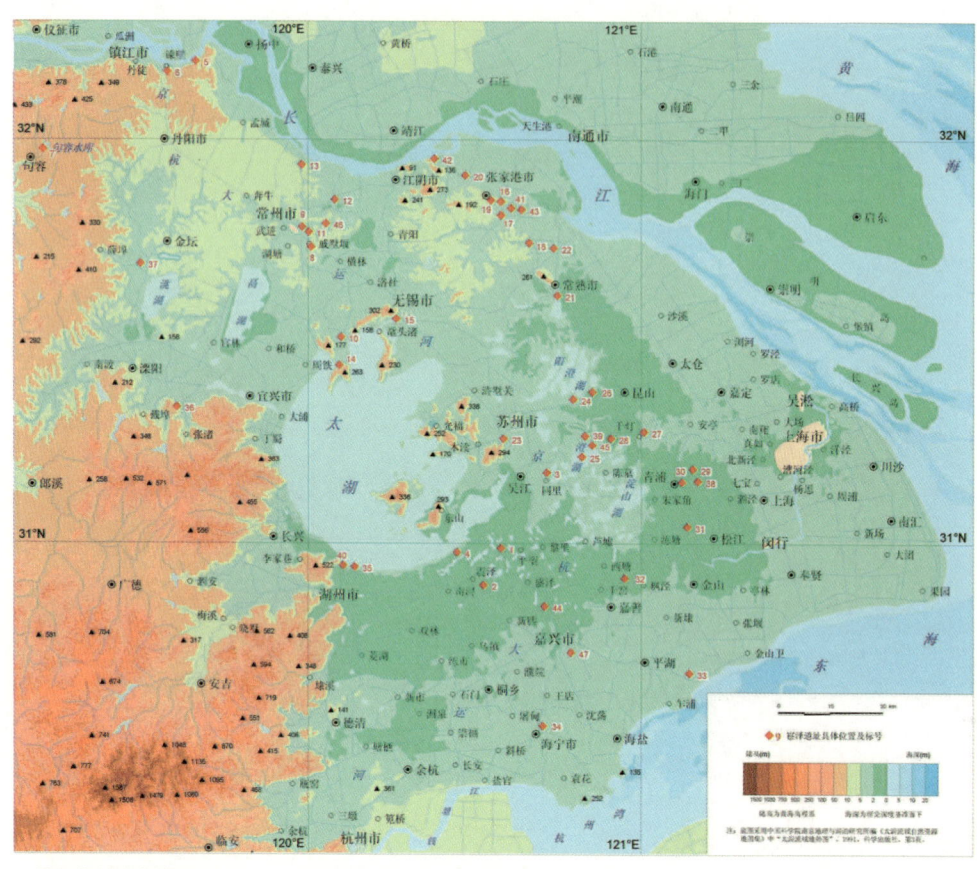

1. 吴江梅堰袁家埭（0~2）；2. 吴江震泽彭家里村（0~2）；3. 吴江同里（2~5）；4. 吴江庙港（0~2）；5. 丹徒大港镇（2~5）；6. 镇江谏壁（2~5）；7. 句容县句容水库（10~50）；8. 常州戚墅镇南大运河南岸圩墩（5~10）；9. 武进青龙潘家塘（2~5）；10. 武进雪堰城里村（2~5）；11. 武进潞城（2~5）；12. 常州郑陆三皇庙寺墩（2~5）；13. 武进百丈（5~10）；14. 无锡马山（2~5）；15. 无锡梁溪河仙蠡村（2~5）；16. 沙洲鹿苑（5~10）；17. 沙洲塘桥（2~5）；18. 沙洲港口（2~5）；19. 沙洲乘航（2~5）；20. 沙洲后塍高桥村（2~5）；21. 常熟琴南朱泾村（2~5）；22. 常熟谢桥新光钱底巷（2~5）；23. 苏州行春桥石湖北越城（2~5）；24. 苏州唯亭草鞋山（2~5）；25. 苏州澄湖湖底（−5~0）；26. 昆山正仪镇北（0~2）；27. 昆山千灯镇东北（2~5）；28. 昆山赵陵吴淞江南岸（0~2）；29. 上海青浦重固镇西福泉山（0~2）；30. 上海青浦城东崧泽村北（0~2）；31. 上海松江小昆山（0~2）；32. 浙江嘉兴姚庄（0~2）；33. 浙江平湖黄姑云港大队（2~5）；34. 浙江海宁（2~5）；35. 浙江吴兴北、临太湖（2~5）；36. 宜兴归迳陆平唐南骆驼墩（5~10）；37. 金坛西岗三星村（2~5）；38. 上海青浦崧泽（0~2）；39. 苏州用直西南 2 km（2~5）；40. 浙江湖州吴兴邱城（0~2）；41. 张家港许庄（2~5）；42. 张家港东山村（2~5）；43. 张家港徐家湾（2~5）；44. 嘉兴双桥（0~2）；45. 苏州张陵山（2~5）；46. 武进东青乌墩（5~10）；47. 嘉兴曹庄南湖浜（2~5）。

注：（ ）括号内数字为海拔高程（单位：m）

图 10-13　5.8~5.0 ka B.P. 崧泽文化 47 处遗址具体地点及海拔高程（朱诚 等，2003）

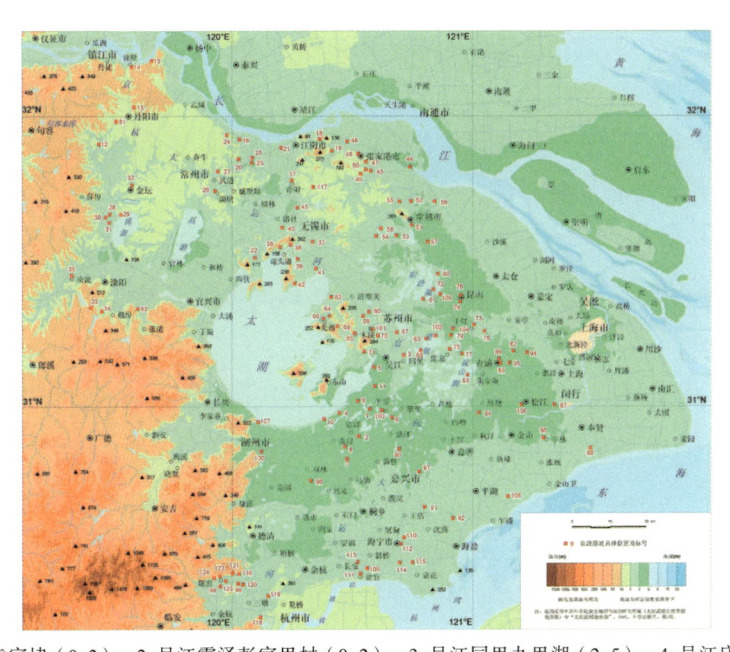

1. 吴江梅堰袁家埭（0~2）；2. 吴江震泽彭家里村（0~2）；3. 吴江同里九里湖（2~5）；4. 吴江庙港（0~2）；5. 吴江湖滨团结村大三瑾（0~2）；6. 吴江平望胜墩唐湾里（0~2）；7. 吴江震泽桃源杏花大队（0~2）；8. 吴江震泽青云八字塘（0~2）；9. 吴江横土扇亭子湾（2~5）；10. 吴江七都（2~5）；11. 吴江苑坪王焰村（0~2）；12. 丹阳九里镇香草河（0~2）；13. 丹徒大港镇磨盘墩（5~10）；14. 镇江谏壁烟袋山（2~5）；15. 丹阳火车站北王家山（5~10）；16. 江阴石庄高城墩（2~5）；17. 江阴青阳南楼草新河（2~5）；18. 江阴山观望海墩（2~5）；19. 江阴周庄陶城（2~5）；20. 江阴横土（2~5）；21. 江阴夏港璜塘（2~5）；22. 武进雪堰城里村（2~5）；23. 武进郑陆三皇庙寺墩（2~5）；24. 武进百丈天落塘（2~5）；25. 武进郑陆桥（2~5）；26. 武进湖塘金鸡墩（2~5）；27. 常州新闸新港（2~5）；28. 金坛社头水面大队（2~5）；29. 金坛洮西西湖大队（2~5）；30. 金坛罗村北干河（2~5）；31. 金坛指前东岗（2~5）；32. 金坛城北中桥（2~5）；33. 溧阳茶亭杨家边（5~10）；34. 溧阳沙河东陵砂矿（5~10）；35. 溧阳南渡（2~5）；36. 无锡梁溪河仙蠡墩（2~5）；37. 无锡锡山（2~5）；38. 无锡梅园环湖7桥（2~5）；39. 无锡东绛金城湾（2~5）；40. 无锡洛社张镇大队（2~5）；41. 无锡红旗乡（2~5）；42. 无锡南泉乡（2~5）；43. 无锡堰桥漳泾大队（2~5）；44. 沙洲鹿苑徐湾村（0~2）；45. 沙洲塘桥桑墩（2~5）；46. 沙洲港口凤凰山麓（5~10）；47. 沙洲许庄（2~5）；48. 沙洲后塍高桥烟墩（2~5）；49. 沙洲杨舍（2~5）；50. 沙洲塘市（2~5）；51. 常熟琴南尚湖（2~5）；52. 常熟谢桥新光钱底巷（2~5）；53. 常熟莫城凌桥黄土山（0~2）；54. 常熟张桥嘉菱荡（2~5）；55. 常熟大义枫杨村（2~5）；56. 常熟梅李北乙墩（2~5）；57. 常熟梅市汽车站（0~2）；58. 常熟练塘马木大队（2~5）；59. 苏州枫桥白虎墩（2~5）；60. 苏州虎丘六球桥（2~5）；61. 苏州唯亭草鞋山（2~5）；62. 苏州通安华山（2~5）；63. 苏州澄湖湖底（-5~0）；64. 苏州东渚平江山（2~5）；65. 苏州木渎金山笔架山（2~5）；66. 苏州光福虎丘桥（2~5）；67. 苏州郭巷尹山桥黄泥山（2~5）；68. 苏州车坊瑶盛大姚山（2~5）；69. 苏州藏书篁村岭脚下（2~5）；70. 苏州上方山（2~5）；71. 苏州横泾（2~5）；72. 昆山正仪镇北绰墩（2~5）；73. 昆山千灯镇东北少卿山（2~5）；74. 昆山火车站南荣庄（0~2）；75. 昆山陈墓镇东北大东窑厂（2~5）；76. 昆山县政府后院（0~2）；77. 昆山陈墓淀山湖围垦区西（2~5）；78. 昆山石浦施家埭（2~5）；79. 昆山大市姜里老庙（0~2）；80. 昆山巴城龙滩湖（2~5）；81. 丹阳市西南凤凰山（2~5）；82. 上海青浦重固镇福泉山（0~2）；83. 上海青浦西南淀山湖底（-5~0）；84. 上海青浦蒸淀镇涂山墩（2~5）；85. 上海青浦城东涉村（0~2）；86. 上海金山亭林镇西（2~5）；87. 上海马桥（2~5）；88. 上海奉贤镇柘林（2~5）；89. 上海青浦罗家角解放村（2~5）；90. 浙江嘉兴双桥（0~2）；91. 浙江嘉兴余新曹墩（2~5）；92. 浙江嘉兴新篁支家乔（2~5）；93. 宜兴归泾陆平唐南骆驼墩（5~10）；94. 上海青浦凤溪（0~2）；95. 上海青浦崧泽（0~2）；96. 湖州花城（2~5）；97. 浙江嘉兴雀幕桥（2~5）；98. 浙江余杭良渚镇西良渚遗址（2~5）；99. 浙江余杭安溪长命桥反山（2~5）；100. 浙江湖州运河南岸钱山漾（0~2）；101. 苏州越城（2~5）；102. 苏州甪直西南2 km张陵山（2~5）；103. 吴江梅堰龙南（0~2）；104. 昆山赵陵山（0~2）；105. 昆山黄泥山（2~5）；106. 上海青浦汤庙村（0~2）；107. 浙江湖州邱城（0~2）；108. 浙江平湖邱墩（2~5）；109. 海宁郭店莲花乡千金角（2~5）；110. 海宁狮岭俭步桥（0~2）；111. 海宁盐官盛家埭（0~2）；112. 海宁碳石郶家岭（2~5）；113. 海宁周王庙荷叶地（2~5）；114. 海宁马桥达泽庙（2~5）；115. 海宁谈桥三官墩（2~5）；116. 余杭安溪瑶山（2~5）；117. 江阴璜塘（5~10）；118. 杭州和山（2~5）；119. 杭州水田畈（2~5）；120. 余杭良渚镇庙前（2~5）；121. 余杭安溪葛家村口山（2~5）；122. 余杭瓶窑汇观山（5~10）；123. 余杭莫角山遗址（2~5）；124. 余杭吴家埠（2~5）。

注：（ ）括号内数字为海拔高程（单位：m）

图10-14 5~4 ka B.P. 良渚文化124处遗址具体地点及海拔高程（朱诚 等，2003）

本书在研究中发现，这 205 处遗址在马家浜、崧泽、良渚文化期间，位于海拔 0~2 m 的有 58 处，位于海拔 5 m 以下的有 175 处。在海拔 2~5 m 的太湖地区，7~4 ka B.P. 的新石器遗址是连续分布的，此发现证明长三角在 7~4 ka B.P. 应该是低海面而不是高海面（朱诚 等，2003）。

仔细分析发现，前人研究海面变化存在的问题如下。

（1）过去的研究主要采用的是常规碳十四测年的误差（解决办法：海相层 AMS^{14}C 测年）

（2）用贝壳堤判定高海面的误区（解决办法：典型遗址的海相层研究）

（3）1∶5 万地形图 5 m 等高距的误差（解决办法：卫星定位系统的统一高程测量）

（4）未与人类遗址时空分布格局和经纬度以及海拔高程进行对比验证（解决办法：应关注考古发掘的遗址分布证据，以事实为证）

从沿海地区考古地层中寻找过去海面变化的证据，将对探讨芜申运河以及长三角地区气候波动与海面变化的关系及其对聚落形态、文化变迁影响的人地关系提供十分重要的线索（图 10-15，图 10-16）。

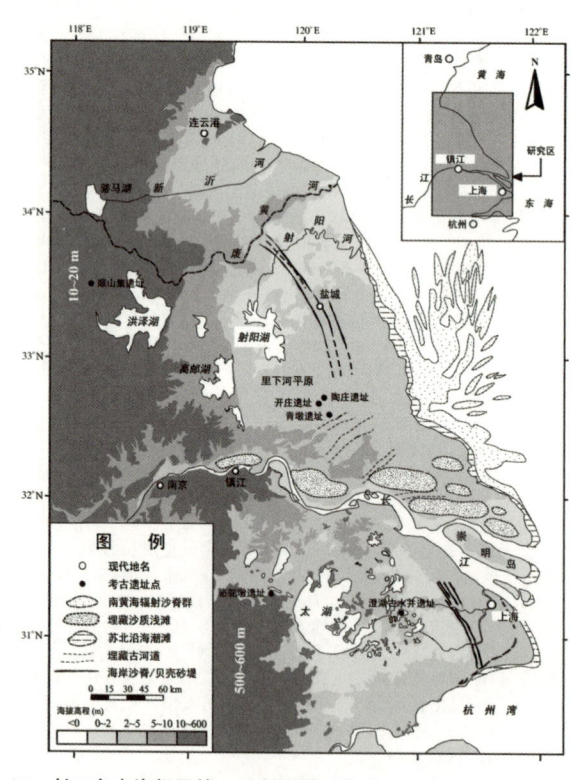

图 10-15 长三角有海相层的 5 处新石器时代遗址分布图（朱诚 等，2016）

| 藤花落遗址地层剖面照片 | 泗洪顺山集遗址发掘现场 | 骆驼墩遗址 |
| 宜兴西溪遗址 | 阜宁停翅岗遗址 | 海安青墩遗址 | 张家港东山村遗址 |

图 10-16　长三角 7 处有海相层的典型新石器时代遗址

研究发现，宜兴骆驼墩遗址 7~5.8 ka B.P. 马家浜文化层之下的泥炭层具有与压扁卷转虫和近亲卷转虫相似种等的海相微体古生物有孔虫证据，前人研究（王益友 等，1979，1983）充分证明该遗址在 9.0~7.2 ka B.P. 处于海相环境（Li Lan et al.，2009）。

通过对江苏海安青墩、东台陶庄和开庄、宜兴骆驼墩遗址以及上海马桥遗址

全球卫星定位系统 GPS-CORS（Continuous Operational Reference System，连续运行参考站系统）与全站仪相结合测量海相层的海拔高程

图 10-17　在东台陶庄遗址用卫星定位的全站仪测量各时代地层海拔标高

地层进行的 GPS-CORS 系统卫星定位海拔高程测量、AMS^{14}C 测年以及海相微体古生物鉴定分析（图 10-17~图 10-20），发现图 10-18 的蓝色部分为 13~7 ka B.P. 海相微体古生物化石层位，但在对 7 ka B.P. 以来的地层样品鉴定中未发现海相有孔虫证据，这表明了长三角 13~7 ka B.P. 是高海面时期，自 7 ka B.P. 以来是低海面时期。

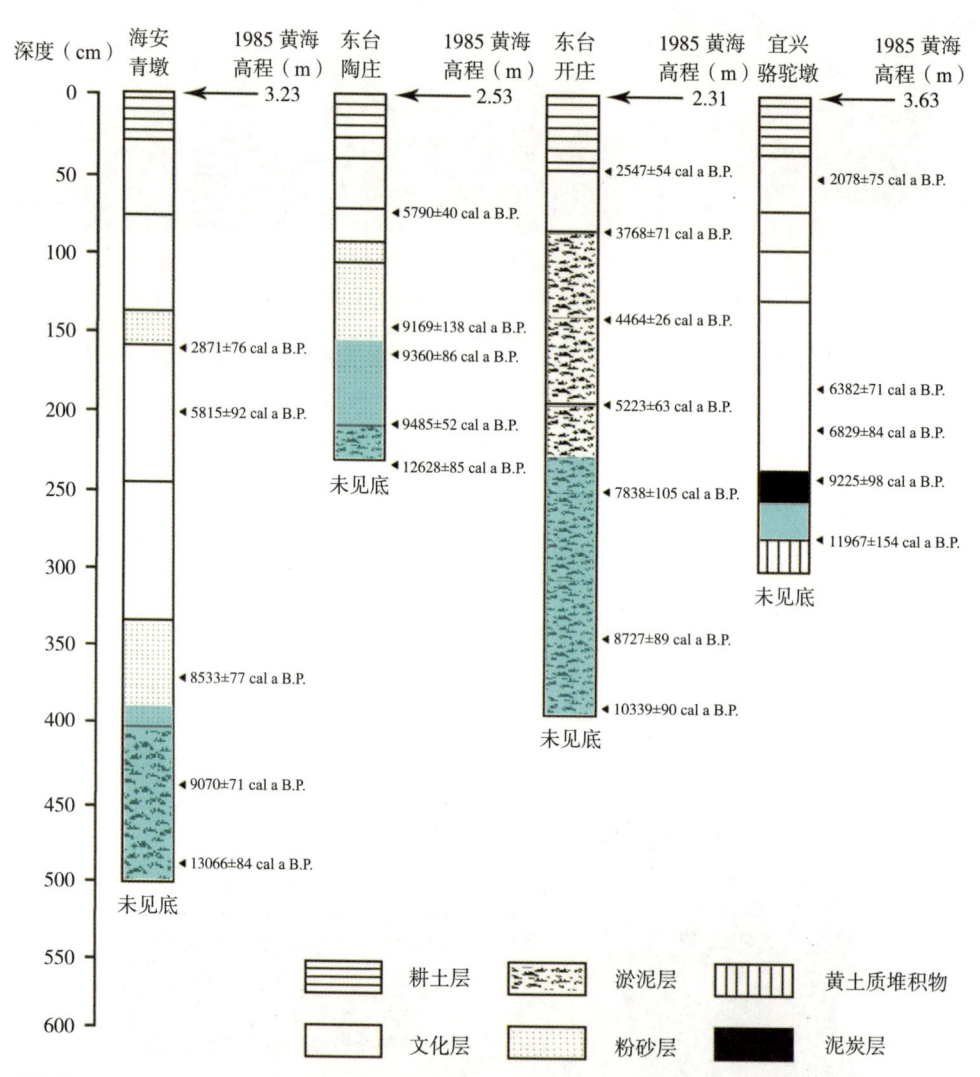

图中 ^{14}C 日历年代采用 2σ 树轮校正结果（朱诚 等，2016），蓝色部分为发现海相微体古生物化石层位。

图 10-18　江苏青墩、陶庄、开庄和骆驼墩遗址剖面全新世海相地层记录柱状图

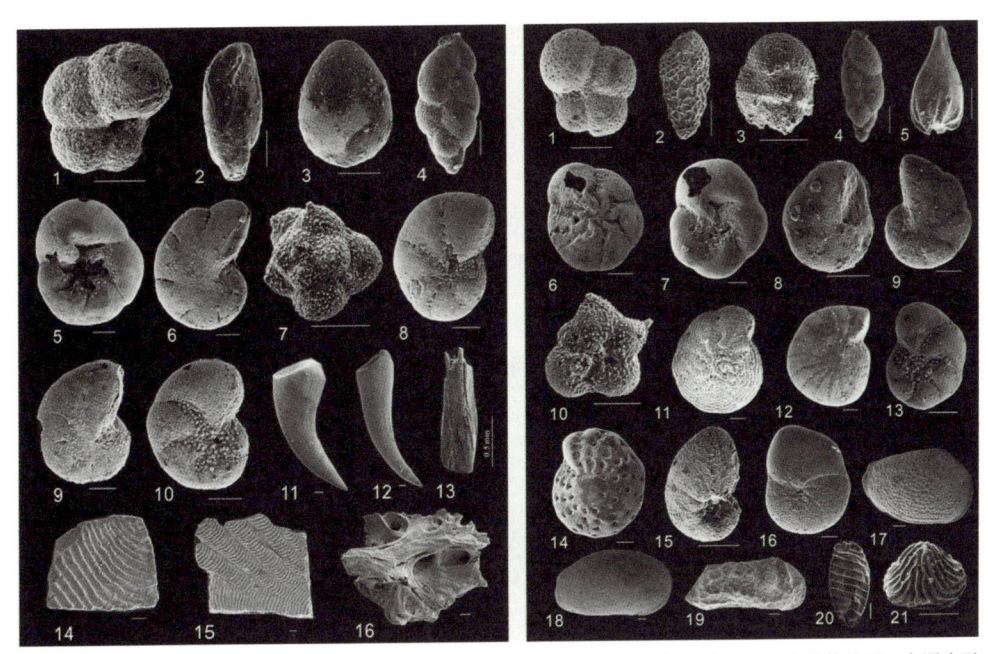

第十章 新石器时代区域环境演变节律研究

左图为青墩遗址剖面中发现的浮游有孔虫（1）、底栖有孔虫（2~10）和动物骨屑（11~16）微体化石。右图为开庄遗址剖面中发现的浮游有孔虫（1）、底栖有孔虫（2~17）、海相介形虫（17~19）、轮藻（20）和水蕨孢子（21）微体化石，右图中标尺长 100 μm。

图 10-19　青墩和开庄遗址剖面中发现的微体化石（朱诚 等，2016）

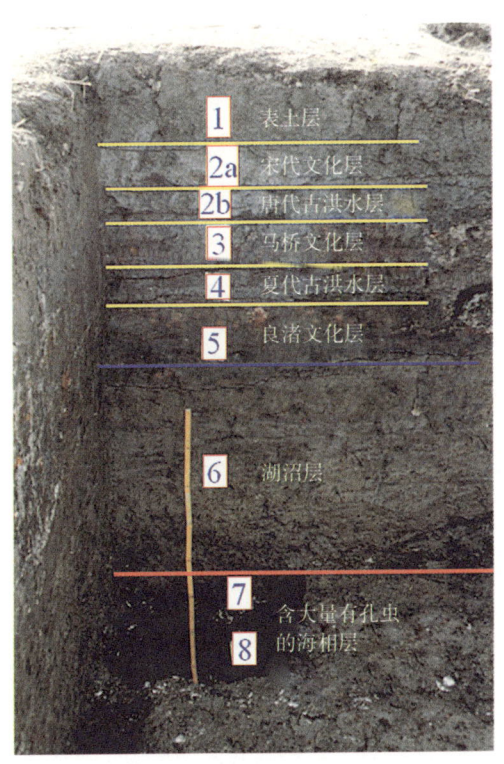

图 10-20　上海马桥遗址地层中的海相层和古洪水层（朱诚 等，1996）

247

10.4.3 苏州澄湖湖底古水井揭示的全新世低海面时代

1. 太湖地区湖底的古水井证据

2000 年以来,苏州考古研究所对新加坡工业园区所在的澄湖湖底 34 万 m² 进行发掘(苏州博物馆,2007),发现存在 402 口 7 ka B.P. 至宋代的古水井、古村落和 20 块古水稻田遗迹。

澄湖,又称陈湖或沉湖,属于太湖东部的湖荡平原区,位于淀山湖西北,北穿吴淞江与阳澄湖相通。湖水面积为 45 km²,长度为 10.4 km,最大宽度为 6.8 km,平均深度为 1.83 m。全湖略呈三角形,湖区地势西部和西北部稍高,南部和东南部稍低,故湖面作西北—东南方向倾斜,因此河流大多由西和西北方向注入湖泊,经东和东南方向排出,流入淀山湖辗转入黄浦江。江苏考古界近年在太湖地区澄湖、淀山湖和独墅湖湖底考古发掘中发现 7~3 ka B.P. 的古水井达数百口之多(李开封,2014),其中多数为良渚文化时期的水井,古水井分布以海拔 5 m 以下的东太湖平原地区(即澄湖、淀山湖和独墅湖一带)最为密集(图 10-15)。根据对苏州澄湖和独墅湖两处遗址古水井深度标高的初步研究(苏州博物馆,2007;朱青,2009),发现崧泽文化时期其枯水期地下水位约在 -1.8~-1.5 m;良渚文化时期枯水期地下水位最低低于 -2.5 m。苏州市博物馆考古部 1974 年和 2003 年两次对发掘区面积 34 万 m² 的澄湖湖底进行发掘,发现有古水井 402 口(图 10-21、图 10-22),其中崧泽文化至宋代的水井有 219 口,但未对这些古水井与海面变化的关系进行过系统深入的探讨。

a. 澄湖湖底古水井、古村落及古稻田发掘现场照片

第十章 新石器时代区域环境演变节律研究

b. 澄湖湖底 2003 年考古发掘时发现的部分古水井照片：
1. 良渚文化土井（IIJ10）；2. 汉代陶井圈；3. 唐代水井 IIJ88 口部；4. 六朝陶圈与砖结合的水井（J143）；5. 唐代砖井（IIJ88 井壁）；6. 唐五代水井（IVJ159）。

图 10-21 澄湖湖底考古发掘区发现的部分古水井

图 10-22 澄湖湖底古水井和遗址灰坑 1:1000 分布图

2. 古水井的环境意义

前人研究表明，太湖地区的古水井与地下水位以及井口标高与海面高度之间都有密切的关系（申洪源 等，2004；史威 等，2008；朱青，2009；朱诚 等，2014）。根据对苏州澄湖湖底62处古水井井口和井底GPS-CORS系统的精确测量发现，在崧泽文化时期（5.8~5.0 ka B.P.）、良渚文化时期（5.0~4.0 ka B.P.）、夏商周和战国时期，古水井的井口大都位于1985黄海高程 −1~0 m，井底大都在 −3~−2 m；六朝和宋代古水井的井口曾低于 −1 m，井底曾低于 −4 m（图10-23）。水井的深度可以反映水井所在地的地下水位情况（申洪源 等，2004；史威 等，2008；朱青，2009；朱诚 等，2014），间接指示海面变化。古水井井口和井底标高证实了该区自新石器马家浜文化时期至宋代的大部分时间段并不存在高过现代海面的高海面时期，而澄湖的形成是在宋代或宋代之后。

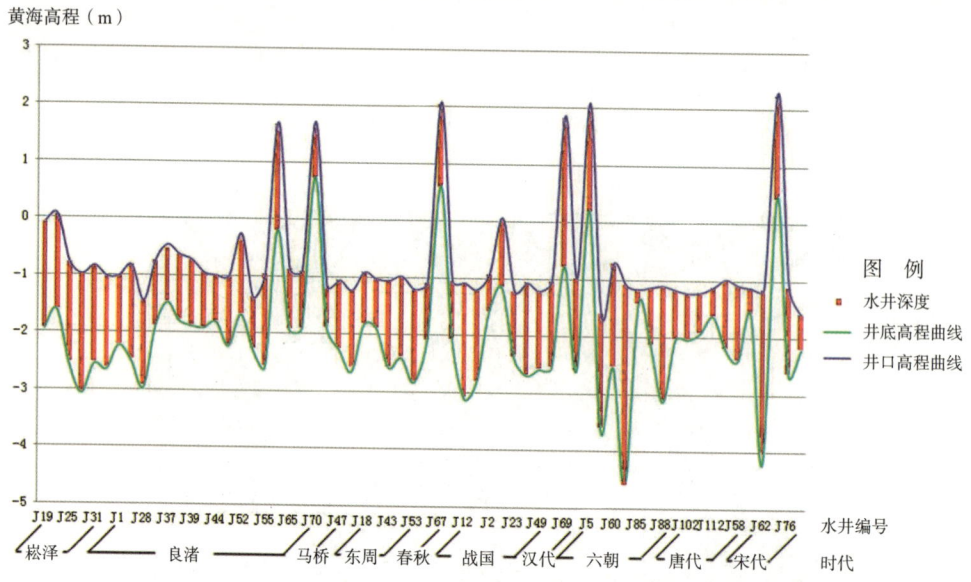

图10-23 澄湖湖底62处古水井井口和井底1985黄海高程分布（朱诚 等，2016）

对澄湖湖底102处灰坑顶部和底部GPS-CORS系统的精确测量亦证实了上述结果（图10-24）。在崧泽文化时期、良渚文化时期、夏商周和战国时期，灰坑顶部大都位于1985黄海高程 −2~−1 m，井底大都在 −2 m左右；而六朝和唐代灰坑顶部曾低于 −1.5 m，灰坑底部曾低于 −3 m。澄湖中的灰坑遗迹时代亦从新石器时期一直延续到宋代。上述发现结合前述海面变化考古地层记录的分析表明，江苏南部苏州地区在5.8 ka B.P.直至宋代的大部分时间为低海面时期，澄湖是在宋代以后才逐渐演变为湖泊的。

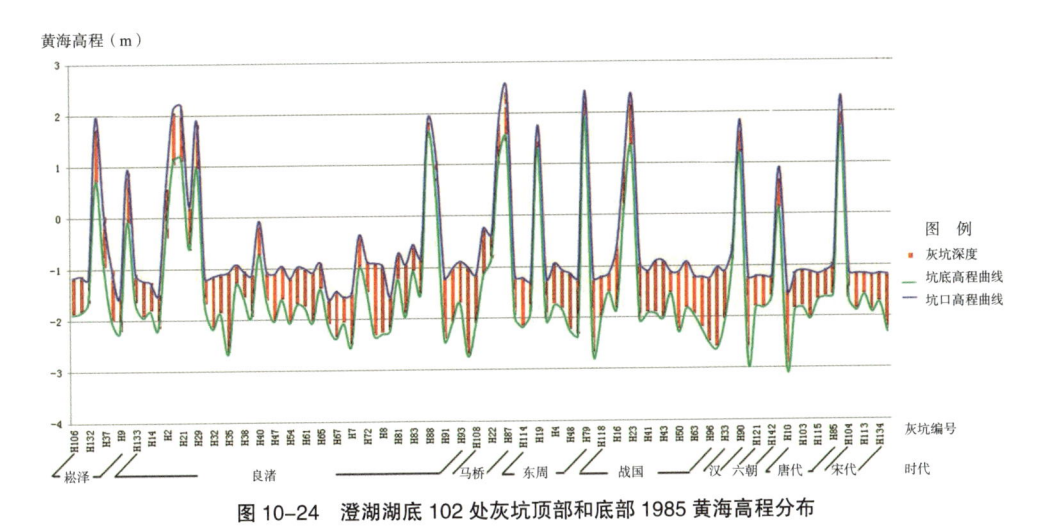

图 10-24　澄湖湖底 102 处灰坑顶部和底部 1985 黄海高程分布

10.4.4　长三角 7 ka B.P. 以前海侵成因分析

1. 海啸成因的可能性分析

就长三角江苏省境内缺少 7 ka B.P. 以前的新石器遗址原因而言,历史资料、国外研究成果以及 2004 年 12 月底印度洋海啸、2011 年日本"3·11"地震海啸给我们的启示是:还必须考虑诸如海啸这样的成因调查和解释。据史料统计(宋正海,1992),从公元前 47 年(汉初元二年)至 1862 年(清同治元年)共 1908 年间,中国东部沿海经历的海啸多达 142 次,平均约每 13 年就经历 1 次。

表 10-1　中国东部沿海海啸部分历史记录表(宋正海,1992)

时　间	地点	内容提要	资料来源
47 B.C.	山东沿海	正月戊午,齐地震,北海水溢。	康熙《青州府志卷》21
47 B.C.	山东	七月诏,一年中,地再动,北海水溢流,杀人民。	《前汉书·元帝纪》
146 A.D.	山东	五月,海水溢,乐安、北海,溺杀人物。	《后汉书·五行志》
1011 A.D.	江苏	十一月,楚、泰州潮水害田,人多溺者。	《宋史·五行志》
1217 A.D.	浙江	冬,浙江涛溢,圮庐舍,覆舟,溺死者甚众。	《宋史·五行志》
1270 A.D.	山东	地震,海水溢。	乾隆《潍县志》卷 6
1276 A.D.	福建	七月……海水日三潮。	民国《福建通志·福建通纪·宋》
1324 A.D.	浙江	秋八月二十七日夜,大风,地震海溢。	《温州府志》卷 6
1326 A.D.	上海	十一月,崇明洲三沙镇海溢,漂民居五百家。	《元史·五行志》
1348 A.D.	浙江	正月十八日,钱塘江潮较八月更高数丈。松江民舍皆被不测之漂,一时移民者甚众。	《山居新话》卷 2
1403 A.D.	广东	五月……南海、番禹潮溢。	《明史·五行志》

续 表

时 间	地 点	内容提要	资料来源
1458 A.D.	上海	海溢漂没万八千余人。	光绪《南汇县志》卷22
1655 A.D.	江苏	正月，盐城海溢，人民溺死无算。	《清史稿》卷40
1693 A.D.	山东	春二月，寿光海水溢，坏田庐，毙人畜甚众。	咸丰《青州府志》卷63
1781 A.D.	台湾	四、五月间，时甚晴霁，忽海水暴吼如雷，巨涌排空，水涨数十丈，近村人居被淹，皆攀缘而上至屋，自分必死。不数刻，水暴退。	道光《台湾采访册·祥异》
1845 A.D.	河北	四月，海啸，上溢二十余里，渔舍尽没。	光绪《永平府志》卷31
1862 A.D.	浙江	七月二十二日夜，东北有彗星流入海中，光芒闪烁，声若雷鸣，潮为之沸。	光绪《镇海县志》卷37

2. 由地震或海底火山崩塌等引起的海啸事件

另据国外学者研究发现，全新世初至 7 ka B.P. 是太平洋和大西洋海啸高发期（Discovery Communications，1997）。当时太平洋多数海啸起源于夏威夷群岛东南角，这些火山岛由太平洋海底热流喷出的岩浆造成，由于新生的岩体结构松散，火山岛每隔约数千年就会发生大崩塌，数十亿吨岩块在几分钟内沉入数千米深的海底，引发几百米高巨浪的海啸，使环太平洋带的人类文明遭受灭顶之灾。

苏格兰地质考古学家也发现了苏格兰东海岸 7000 年前的海啸地层（Discovery Communications，1997）。研究表明，当时的海啸淹没了挪威、设得兰群岛和冰岛海岸，并由蒙特罗斯市北部穿越该市并深入内陆数千米，往南造成新石器时代苏格兰沿岸部落的灭绝。

因此，长三角地区中心低洼的碟状地形很可能会在遭受海啸袭击之后，长期滞留海水，造成长期高海面的假象。

10.4.5 主要结论

（1）通过考古地层学和钻孔海相有孔虫鉴定，发现在本区各遗址地层中，海相有孔虫均出现在马家浜文化层之下的地层中，在 7 ka B.P. 以来的地层中未能发现海相有孔虫的存在。这一现象表明，本区新石器时代海侵应发生在 10~7 ka B.P.。从史料和国外同行研究看，7 ka B.P. 前的高海面可能与太平洋海底火山崩溃引起的海啸有关（Discovery Communications，1997）。

（2）从长三角地区 205 处新石器时代遗址时空分布、江苏省 7 处典型遗址中海相层高分辨率的测年和高精度海拔高程测量、古水井分布情况等可发现：自农业文明以来，长三角 10~7 ka B.P. 应是高海面，7~4 ka B.P. 是低海面时期，4 ka

B.P. 以来是人口逐渐增多、水旱灾害频繁的时期（朱诚 等，2003，2016），在江苏省发现的7.8 ka B.P.之前的顺山集遗址分布于海拔32 m处就是这一推论的证明。要弄清该区全新世海面变化对人类影响的过程，还需要对更多遗址海相层进行高精度测年和统一标高的测量。根据对苏州澄湖湖底62处古水井和102处灰坑顶部及底部卫星定位GPS-CORS系统的测量，发现自崧泽文化和良渚文化时期（5.8~4 ka B.P.）至夏商周和战国时期，澄湖湖底古水井井口和灰坑顶部大都位于1985黄海高程 −2~0 m，井底和灰坑底部多在 −3 m左右；在六朝至宋代古水井的井口和灰坑顶部曾低于 −1 m，古水井的井底和灰坑底部曾低于 −4 m。上述发现结合侵蚀基准面（海面）的分析表明，苏州地区在5.8 ka B.P.至宋代的大部分时间为低海面时期，苏州澄湖是在宋代以后才逐渐演变为湖泊的。

（3）日本和美国是世界上海啸灾难最严重的国家。1703年日本沿海发生的海啸引起大洪水，导致10万余人丧生。1897年，由地震引起的海啸波高达24 m，造成2~7万人死亡。2004年印度洋海啸和2011年日本"3·11"大地震导致的海啸已拉开了21世纪自然灾害带给人类"腥风血雨"的序幕。如前所述，自公元前47年（汉初元二年）至1862年（清同治元年）共1908年间，中国东部沿海经历的海啸就多达142次。因此，海啸对长三角地区短周期海面高程变化的影响是值得高度重视的。

（4）从长三角海面变化研究的问题看，以往仅靠对海岸带贝壳堤高程的分布和常规 ^{14}C 测年来推测新石器时代以来的海面高程变化规律是不够的。环境考古只有以人为本，重视史地时空分布、人类遗址时空分布和人地关系的研究，并与遗址地层和海相有孔虫分布的 AMS^{14}C 加速器测年等年代学、沉积地层学等紧密结合，才能获得正确的学术研究成果，从而促进海岸带可持续发展并造福于人类。

第十一章 芜申运河流域新石器时代文化遗产开发利用研究

从史前人类遗址的分布格局上看，芜申运河沿线太湖以东遗址稠密区有沿芜太运河（芜申运河西段的别称）经古中江流域向西传播的态势。通过对运河沿线出土玉器等文物的对比，大致可以证明太湖流域先进的玉器文化其实最有可能来源于安徽的凌家滩遗址。根据运河沿线当今地形地貌、河湖水文的特点综合分析，可以推断芜申运河沿线遗址玉文化与安徽凌家滩遗址玉文化是一脉相承的。当时来自皖江以西的凌家滩文化虽有大江阻隔，但每逢旱季或枯水季节，窄浅的水面可能无法阻碍两岸人员和物资交流。曾经浩瀚的古丹阳大泽以及大泽东侧低矮的东坝分水岭，也都无法真正成为大江两岸、太湖东西文化交流的障碍。

芜申运河沿线地区新石器时代文化丰富而灿烂，不同地域之间长期的文化碰撞与交流，不断推动着区域文化向前发展，为后世留下了丰厚、多元的文化遗产。

11.1 文化遗产的类型与分布

11.1.1 文化遗产类型概述

环太湖平原低地是芜申运河沿线新石器时代文化演绎的核心区域，马家浜、崧泽、良渚文化的发展中心均位于此地。各期文化承前启后，为该区域带来了极其丰厚的文化遗产。

新石器时代的文化遗产按材质类型可分为石器、陶器、金器、银器、玉器、骨器、织物等。从运河沿线新石器时代出土器物的材质及形态等方面剖析，可揭示各期考古学文化特征。

1. 马家浜文化遗产及考古学文化特征

马家浜文化遗址出土的器物以陶器和石器最具代表性。常见的陶器有釜、鼎、豆、罐、瓮、盆、钵等，一般为素面，夹砂陶、泥质红陶是马家浜文化的显著标志。石器磨制得较为精细，以锛最为典型。除了陶器和石器之外，玉器也有出土，常见的类型有璜和玦。

遗址是器物的载体，马家浜文化时期最具代表性的遗址有宜兴骆驼墩、西溪遗址，溧阳神墩遗址，高淳薛城遗址。这些遗址均分布于今芜申运河沿线，出土器物具有明显的地域特征，其中以"平底陶器"最为典型，大量的平底陶器与环太湖平原及周边的文化遗址相比，在器型上明显不同。

马家浜文化的正式命名是著名考古学家夏鼐先生在长江下游新石器时代文化学术讨论会上正式提出的（夏鼐，1977），然而该文化的学术地位在正式定名之前却经历了一番波折。有学者坚持认为所谓马家浜文化其实就是青莲岗文化的类型之一（吴山菁，1973），否定其独立性。后来随着考古遗址的不断发掘和研究，学术界才对该文化有了更为深入的了解。

马家浜文化因浙江嘉兴马家浜遗址的发掘而得名，后续研究发现该文化的辐射范围较广，东到海岸线，南达杭州湾，西抵宁镇丘陵，北至江淮地区（张之恒，1988）。进入 21 世纪，随着芜申运河沿线宜兴西溪、骆驼墩遗址，溧阳神墩遗址的陆续发掘，人们逐步认识到马家浜文化发展其实也存在着明显的地域差异，这在其代表性陶器——陶釜的器型上得到充分体现。研究表明，出土于太湖以西、以北地区的陶釜，其器型以平底为主，但出土于太湖以东、以南的陶釜，其器型却以圜底为多（俞嘉馨，2008）。这两个器型不同的陶釜虽然分布区域不同，但各自所在区域也都存在对方类型的陶釜，充分说明虽有地域差异，但也有相互交流与渗透。马家浜文化正是在这种相互交流与碰撞的过程中逐渐走向融合，展现出统一的考古学文化面貌。

马家浜文化绵延千余年，早期出土的石器、骨器等生产工具相对比较粗糙，晚期则较为精致，器型逐渐趋于规范（樊育蓓，2011）。早期出土的红褐陶，器型主要有釜、豆、盆、罐、碗等，到了晚期，出土器物主要以红陶、泥质黑陶、夹砂灰陶等器型为主。虽与早期类似，但种类却更加丰富（郑建明，2007）。

2. 崧泽文化遗产及考古学文化特征

崧泽文化因其最早在上海市青浦区崧泽村被发现而得名，遗址地处今上海市青浦区赵巷镇崧泽村，1957 年首次被发现，是崧泽文化最典型的代表。遗址所在地是上海地区最早出现人类活动的地方，被誉为"上海之源"。"崧泽"原指"吴淞江流域湿地中的一块高地"，在 7 ka B.P. 前后，随着海面下降，上海海岸线向东推移，陆地范围扩大，地体相对抬升，河流下切，水域面积缩小。这种陆地环境有利于人类活动，像"崧泽"这种水边高地便成为当时"上海人"定居的首选之地。

崧泽文化存续期为 5.8~5.0 ka B.P.，是上海地区第一个以地名命名的新石器文化。自 1961 年起，上海对崧泽遗址先后进行了 5 次发掘，出土了大量珍贵文物，取得了影响深远的考古成就。1977 年，该遗址被正式确定为上海市第一批重点文物保护单位。2004 年，考古学家对崧泽遗址进行了第五次发掘，共清理出墓葬 7 座，其中 6 座墓葬的葬式为单人仰身直肢葬，另 1 座墓葬的葬式为俯身直肢葬。其中俯身葬墓中的遗留头骨保存较完整，经鉴定属上海地区最早的先民遗骨，被称为"上海第一人"。2013 年，崧泽遗址跻身为全国第七批重点文物保护单位。

以往研究表明，崧泽文化时期正值中国新石器母系社会向父系社会过渡阶段，时间大致与北方著名的"华胥国"同期。该文化主要分布于环太湖平原低地，出土器物以灰陶为主要标志，因当时出现了快速旋轮制陶技术，陶器的器型更加规整，器壁更为匀薄。同时，葬式基本已由前期的俯身葬转变为仰身直肢葬。

学者对于崧泽文化的认知过程与之前的马家浜文化极为相似。因为该文化上承马家浜文化，下接良渚文化，且与周围其他文化也保持着密切联系与交往，所以最初也并未被认作是环太湖平原新石器时代文化序列中的独立类型，也曾被作为青莲岗文化江南类型来对待。20 世纪 70 年代，吴山菁（1973）根据崧泽遗址文化遗存将其归为青莲岗文化江南类型一期，也有人认为它应当属于马家浜文化（夏鼐，1977；牟永抗 等，1978），还有人认为其当属良渚文化早期（吴汝祚 等，1996）。在 20 世纪 80 年代，汪遵国（1980）发现崧泽文化与马家浜文化既有联系又有区别，区别成分更多，因此建议把崧泽文化从其他文化类型中分离出来，独立定名为"崧泽文化"。这一提议在当时得到广泛响应，此后该文化便正式成为继马家浜文化之后可与之并列的新石器时代文化类型。

对于崧泽文化的分期，至今尚存较大争议。有学者从地层学角度建议将崧泽文化分为三期（黄宣佩，1984）。有学者从出土陶器特征角度出发，建议分四期（王仁湘，1984）。也有学者综合地层学和出土文物考虑，建议分为两期（刘斌，1996）。有学者从器型和纹饰变化角度出发，依据地层关系校验，建议分作四期（郭明，2004）。甚至个别学者划分得更细，建议分作五期（黄文浩，2008）或五期七段（许鹏飞，2015）。崧泽文化分期至今尚有争议，但主流观点还是以分三期为多。

第十一章 芜申运河流域新石器时代文化遗产开发利用研究

崧泽文化的分布范围大致与马家浜文化一致,以环太湖平原为中心,但崧泽文化的分布范围比马家浜文化更为广泛,遗址主要分布于太湖以东、以南和东南地区,尤其是杭州湾以北的杭嘉湖平原,遗址分布最为密集。相反,太湖以西遗址分布则很少。

崧泽文化的出土陶器主要为夹砂红褐陶、红陶和灰陶,器型以鼎、釜、豆、壶、罐、盆居多;器物的纹饰以素面纹饰为主,器物的肩、腹、底常见各种图案(黄文浩,2008)。

崧泽遗址博物馆是长江三角洲地区可与黄河流域半坡遗址博物馆相提并论的遗址博物馆,展示内容基本反映了 6 ka B.P. 前后长江下游古人类的生活面貌。该博物馆是上海市"十二五"重点文化项目之一,于 2012 年开建,2014 年建成后

图 11-1 崧泽遗址出土的古墓葬

图 11-2 崧泽遗址出土的典型文物(竹编纹带盖陶罐)

正式对外开放。博物馆造型别致,设计人员将其打造成为古村落外形,将村落、小桥、流水和庭院巧妙地组合到博物馆之中。图11-1、图11-2是崧泽遗存墓葬、文物类型的典型代表。

3. 良渚文化遗产及考古学文化特征

良渚遗址位于今杭州市余杭区良渚街道、瓶窑镇及湖州市德清县三合乡境内。1936年,在浙江西湖博物馆工作的施昕更先生在此地发现了多处史前人类遗址。1959年,以良渚遗址为代表的"良渚文化"被正式确认。1970年以来,苏、沪和浙三省(市)相继在此地取得了重大考古发现。经深入研究,逐步厘清了良渚文化时期人类在物质生活、聚落形态、组织结构、等级分化、精神信仰和文明进程等方面的基本面貌,终使其成为中国境内、长江下游新石器时代最重要的考古学文化。20世纪80年代后,良渚遗址及周边陆续发现了反山、瑶山、汇观山、莫角山、塘山、卞家山、良渚古城等一大批文化遗址,引起了国内外考古学界的高度重视。

良渚遗址是全国重点文物保护单位,规划面积111 km^2,保护区面积42 km^2。遗址格局完整,遗存类型丰富,能够完整地揭示中华文明起源时期人类社会的基本形态,为中华五千年文明史提供了最直接、最完整和最重要的考古物证。与世界范围属同一时期的古埃及、古巴比伦文明相比,良渚古城规模宏大(内城约3 km^2,外城约6.3 km^2),外围拥有庞大的水利系统,影响面积达100 km^2,无论规模还是内涵,实属罕见,堪称"世界第一城"。

1986年,随着反山遗址的发现,浙江良渚和瓶窑再次蜚声海内外。反山、瑶山、莫角山、塘山、文家山、卞家山等100多处遗址如同埋藏于地下几千年的珍珠,陆续出土面世,尤其是良渚古城的发现,更像是将散落于乡野的珍珠串成了项链。2007年后,随着良渚古城考古发掘和研究的不断深入,良渚遗址群的空间格局、功能分区,以及大量遗存的内涵日渐清晰。至2010年,良渚古城的外城得到确认;2015年,良渚古城的外围水利系统得以发现。

多年的考古发现,使人们对良渚古城遗址规模、内涵、布局、价值等有了整体认识——良渚古城是分布最密集、遗存类型最丰富、等级最高、规模最大和结构最复杂的一处良渚文化时期遗址群。尤其是在空间布局上,良渚古城充分显示了经过精心规划且具有明确功能分区的带有早期国家都城性质的空间聚落形态。良渚遗址的考古成果不仅改写了中华文明史,也改写了世界文明史,为全面提升中华民族的文化自信心提供了强有力证据。长期以来,中央和地方政府均高度重视良渚遗址的保护工作,习近平总书记曾两次实地视察,并七次就良渚遗址的保护、申遗等工作做了重要批示和指示。

良渚文化遗址的出土器物繁多,陶器、玉器、石器、骨器应有尽有,其中以独特的陶器、精美的玉器和丝麻织品为典型代表。这一时期出土的陶器一般以夹细砂灰黑陶、泥质黑皮陶为主,多为轮制,素面磨光,有鼎、竹节把豆、贯耳壶盘、带流杯等。

大量精美玉器的出土是良渚文化的最显著特征,出土的玉器数量可占到出土总量的一半,而且种类繁多,制作工艺精湛,成为与北方红山文化出土玉器齐名的中国新石器时代精美玉器的代表。在良渚文化早期,常见的玉器有玉珠、玉镯和玉璜,均属装饰类玉器。到了文化发展中期,玉器种类更加丰富,尤其在余杭地区,最常见的有玉琮和玉璧,器型皆为礼器。至良渚文化晚期,玉器种类更多,制作水平更高,其中玉钺成为该时段最常见的玉器类型之一(王仁湘,1984;殷志强,1988;张之恒,1988;顾冬红等,2009;夏颖,2011)。

良渚文化时期出土的石器主要以石锛、有肩穿孔石斧、三角形穿孔石犁为多,制作技术比崧泽文化期更为精致,穿孔技术得到了发展,管穿法较为常见。

良渚文化时期环太湖平原的社会经济已初具规模,且代表了当时中国南方最高水平(朔知,2000)。比如,良渚遗址出土了丝织品,说明中国是世界上使用丝织品最早的国家(张之恒,1988)。上述出土器物涉及生产生活、社会管理、礼仪制度、手工技艺等方面,表明此时中国已跨入文明时代和早期国家的门槛。

与马家浜、崧泽文化相同,良渚文化的地域辐射范围依然是环太湖平原,尤其是环太湖平原东部、南部、东南部和东北部,这里遗址最为密集,相反,环太湖平原西部和北部的遗址分布相对稀少。张之恒(1988)认为,良渚文化的影响范围不仅在于环太湖平原,实际上范围要更为宽广,江西北部、广东北部、江淮、湖北西部、安徽潜山、苏北、山东南部等地区都出土有与良渚文化出土器物相似的器物,可见良渚文化的影响之大。

从研究历程看,20世纪80年代良渚文化研究迎来了"黄金期",尤其是反山、瑶山遗址的发掘,使良渚文化的学术地位得到进一步巩固和提升,引起了国内外考古学界的广泛关注。与新石器时代其他考古学文化一样,良渚文化在分期上也曾出现争议,有人(邹厚本 等,2000;龚良 等,2009)认为应划分为龙南、反山、瑶山及寺墩三种类型,也有人(朔知,2000,2015;张之恒,1988)认为应当分

图 11-3　俯瞰良渚古城规模宏大的城址

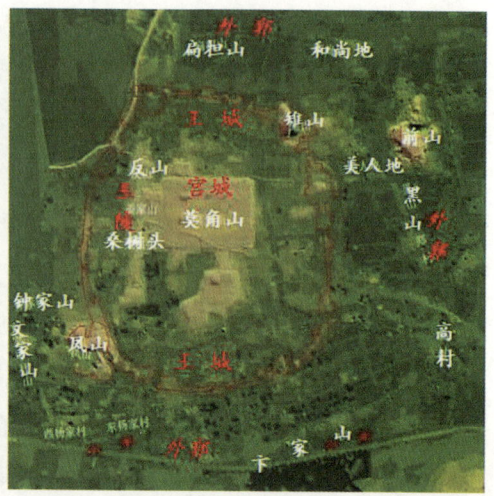

图 11-4　良渚古城城址区

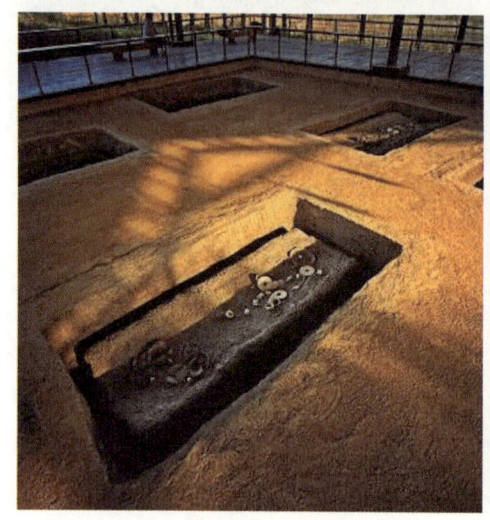

图 11-5　反山遗址及聚落复原图

图 11-6　反山 20 号墓出土的成组玉锥形器

为三期或四期。

良渚文化时期最具影响力的考古发现包括良渚古城城址、古城外围遗址群、古城外围庞大的水利系统、反山遗址、瑶山遗址等（图 11-3~图 11-7）。

（1）良渚古城城址

良渚城是良渚古城遗址的核心，也是体现古城文明价值的主要载体，位于大遮山与大雄山之间河网密集带。城址由宫殿区（面积 39 hm²）、内城区（含宫殿区，面积 280 hm²）、外城区（面积 351 hm²）组成，呈向心式三重结构，古河道串联其间。宫殿区位于城址中央，共有三座独立宫殿台基、沙土广场、大型粮仓以及 35 座房基遗址，推测为良渚文化时期最高统治者居住和活动的中心场所。内城由

图 11-7　瑶山 11 号墓出土玉器

墙体合围，设有 8 座水城门、1 座陆城门。外城由 17 处断续分布的台地构成，呈半闭合式轮廓。

（2）外围遗址和庞大的水利系统

在良渚城址周边，分布着大量同期遗存，城址内外的同期遗存与城址一起构成了城郊分野的基本空间形态，突显出古城的显赫地位。外围水利系统被推测为良渚古城建设时统一规划的城市水源管理工程，由谷口高坝、平原低坝及山前长堤等 11 条人工坝体和天然山体、溢洪道等部件构成。经粗略估算，整个外围水利系统的核心部件——人工水库的面积约为 13 km^2，库容高达 6000 万 m^3，其水利工程规模之大在当时难以想象，它是迄今为止中国发现最早的史前大型水利工程，也是世界范围内发现最早的水工系统之一。

（3）反山遗址

反山遗址是一处修建于良渚遗址区人工营建的独立高台上的高等级墓地，位于良渚古城内城西北部，邻近莫角山。墓地共发现了 11 座墓葬，均为竖穴土坑墓，南北两排分列，等级最高的 12 号墓位于南排中央位置。从其墓葬规模和出土文物的品质上分析，当属王陵。

反山墓地出土的随葬品极为丰富、规格也很高、制作工艺精良，这是良渚文化遗址中绝无仅有的。遗址出土的器物不仅类型多样，玉、石、陶、象牙、嵌玉漆器等器物应有尽有，数量达 1200 余件之多。其中，玉器出土量占绝对优势，占比可达 90% 以上，玉器种类多，纹饰精细，工艺精美，代表了新石器时代玉文化的最高水平。

（4）瑶山遗址

瑶山遗址位于良渚城外东北方向约 5 km 处，处于山丘顶部，是由祭坛和高等级墓葬复合而成的遗址，时间上属良渚文化早期。

瑶山祭坛是先于墓地和城址建造的重要祭祀场所，顶部平整，呈方形，有内外三重土色，四周建有石坎，应是用于祭祀天地、神灵、祖先和观天象的场所。祭坛上共清理出 13 座良渚墓葬，均为竖穴土坑墓，分南北两排埋葬，其中南排 7 号墓和北排 11 号墓居中，等级最高。共出土随葬品 754 件（组），其中包括玉器 678 件（组）。

11.1.2 文化遗产分布

芜申运河沿线拥有多期灿烂的新石器时代考古学文化，发掘出大量的新石器时代文物，是本区文化遗产的主要来源。从遗址分布的地域差异分析，环太湖平原的东部和南部（江苏东南部、上海西部、浙江北部）的遗址分布最为密集，发掘出土的各类文物大量汇聚于当地博物馆，以用于科研、展示和宣传。各大城市都有非常重要的大型综合性博物馆，部分地区还拥有影响深远的遗址（原址）博物馆。这些博物馆保存着形形色色的文物遗产，成为本地区传播中华优秀传统文化的重要平台。

1. 芜申运河沿线重要博物馆的文物馆藏概况

（1）上海博物馆

上海博物馆位于上海市中心人民广场南侧黄浦区人民大道 201 号，"天圆地方"式的建筑内设 11 个专馆、3 个展厅，陈列面积 2800 m^2，主要收藏和展示来自上海地区及全国其他文化区的出土文物，以单一器物类型方式展示。新石器时代文物基本上都与历史时期的文物按单一器物类型混杂在一起进行展示，其中新石器时代最具代表性的是崧泽遗址出土的本土文物。展示的器物中玉器最让人印象深刻，类型包括玦、琀、镯、璜、璧、琮等。随着文明进步，历史时期的玉器类型更多，制作更加精美。

（2）苏州博物馆

苏州是长江下游新石器时代文化的集中分布区，马家浜、崧泽、良渚文化绵延数千年，留下了非常丰富的文化遗产。苏州市博物馆成立于 1960 年，现馆址原为太平天国忠王府，为首批全国重点文物保护单位，馆内有国内保存最完整的太平天国时期历史建筑。博物馆收藏了大量来自苏州市境内各遗址出土的文物，馆内专门设有史前陶器、玉器展厅，展示了新石器时代成熟的稻作技术、先进的制陶技术和制玉器技术。马家浜文化时期的红陶钵、红陶壶、红陶甗、粗砂陶三足器、红砂陶鬲，崧泽文化时期的刻纹黑皮陶罐、黑皮陶尊、灰陶壶、梅花足灰陶折腹罐，良渚文化时期的彩绘陶罐、黑皮陶罐、红陶石耘田器、双耳陶罐、灰陶圈足豆、刻划水波纹折腹罐、穿孔石斧等具有代表性的器物被集中展示。

（3）高淳博物馆

高淳博物馆位于南京市高淳区淳溪镇石臼湖南路 7 号，建筑面积 5500 m²，馆藏文物 30000 余件，其中重要文物 2000 余件。馆内二楼开辟的专门展区，展示了来自高淳区境内出土的新石器时代文物，尤其是以"薛城遗址"为代表的马家浜文化时期的文物。史前文化展馆布设于博物馆二楼，力图反映本地区早期先民居住形态和社会生活，从聚落的原始社群生活到高墙壁垒的早期城市都有展示，集中展现当时人类对居住环境的选择、利用和构筑，以及与自然资源密切相关的生产生活、纷争战争等早期文化现象。薛城遗址和朝墩头遗址是当地最具代表性的古遗址，出土的文物颇丰。为了充分展示古人生活实景，馆内专门打造了古人生活场景展示区，形象地展示了过去人类的生活场景。在器物展示区，两处遗址出土的大量先民生活用器很多，包括彩陶罐、黑陶罐、圈足带流罐、双系陶罐、三足黑皮陶罐、带把灰陶罐、四足双层方陶鼎、陶杯、陶盉、陶纺轮等。陶纺轮的出土，反映了这里很早就有了初级的编织业态。此外，为了更加真实地展示先民的生活状态，在高淳区淳溪镇薛城十村薛城遗址原址上还专门修建了"薛城遗址博物馆"。

（4）芜湖博物馆

芜湖博物馆位于安徽芜湖市鸠江区仁和路与中江大道交叉口，建筑面积 6500 m²，展品 10000 余件。收藏了大量来自芜湖市境内及周边地区出土的新石器时代文物。史前文化专区全面介绍了芜湖新石器时代最具有代表性的遗址——缪墩遗址、蒋公山遗址、莲塘遗址和月堰遗址。出土文物以图片、实物、视频多媒体等多种形式展示，新石器时代文物常见的有陶罐、陶豆、陶鬹、陶盘、陶壶、陶碗、陶鼎等人类早期炊饮生活用具。这些文物馆藏介绍可使人全面了解当地新石器文化的发展脉络。新石器时代早期的文物地方特色浓郁，到了晚期良渚文化时期，则与太湖地区器物差异缩小，反映了新石器时代晚期两地文化交流甚密。

11.2 文化遗产开发利用的原则与理念

博物馆是传承与保护文化遗产的重要平台，以往博物馆规划和建设存在许多问题，为了更高效地传播中华优秀传统文化，未来芜申运河沿线在博物馆规划建设中应当吸取先前的经验与教训，切实遵循文化传承理念、经济适应性、人地和谐理念和可持续发展理念。

11.2.1 文化传承理念

以弘扬中华文明、传承中华传统文化精髓为理念，依托本地区丰富的文化旅游资源，做好博物馆建设和旅游开发规划，对于促进苏南地方经济，尤其是苏西南地区经济发展至关重要。

11.2.2 经济适应性原则

芜申运河沿线东、西部经济发展水平差异明显，在制定文化旅游资源开发建设规划时，应密切把握各地区的经济适应性，遵循"地区一盘棋"思路，可以经济相对落后地区为规划建设重点，通过制定合理的政策，充分吸纳经济发达地区的资金和人力参与经济开发、做好帮扶工作，尽快提升落后地区的旅游基础设施，为全面开展文化旅游、提振地方经济奠定良好基础。据苏皖沪浙四省市统计年鉴，2015 年，在长三角地区 26 个城市的 GDP 排名中，约有三分之一的城市地处芜申运河所在的苏南地区（表 11-1），充分反映了本地区经济发展水平，该地区的文化遗产保护应与当前发达的社会经济地位相适应。

表 11-1　2015 年"长江三角洲"城市群 16 城市的 GDP 排名

序号	地市级行政区	土地面积（km²）	2015 年 GDP（亿元）	2014 年 GDP（亿元）	名义增量（亿元）	名义增速（%）	常住人口（万人）	人均 GDP（元）
1	上海市	6340	24964.99	23560.94	1404.05	5.96%	2415.27	103363
2	苏州市	8657	14504.07	13760.89	743.18	5.40%	1061.60	136625
3	杭州市	16596	10053.58	9206.16	847.42	9.20%	901.80	111483
4	南京市	6587	9720.77	8820.75	900.02	10.20%	823.59	118029
5	无锡市	4627	8518.26	8205.31	312.95	3.81%	651.10	130829
6	宁波市	9816	8011.49	7610.28	401.21	5.27%	782.50	102383
7	南通市	10549	6148.40	5652.69	496.71	8.77%	730.00	84225
8	合肥市	11445	5660.27	5180.56	479.71	9.26%	779.00	72661
9	常州市	4372	5273.15	4901.87	371.28	7.57%	470.10	112171

续 表

序号	地市级行政区	土地面积（km²）	2015年GDP（亿元）	2014年GDP（亿元）	名义增量（亿元）	名义增速（%）	常住人口（万人）	人均GDP（元）
10	绍兴市	8279	4619.69	4265.88	353.81	8.29%	496.80	92989
11	盐城市	16931	4212.50	3835.62	376.88	9.83%	722.85	58276
12	扬州市	6591	4016.84	3697.91	318.93	8.62%	448.36	89590
13	泰州市	5787	3655.53	3370.89	284.64	8.44%	464.16	78756
14	台州市	9411	3558.13	3387.38	171.75	5.04%	604.90	58822
15	嘉兴市	3915	3517.06	3352.60	164.46	4.91%	458.50	76708
16	镇江市	3840	3502.48	3252.44	250.04	7.69%	317.65	110262

11.2.3 人地和谐理念

"人地和谐"是中国传统文化的重要理念，我们在构建社会主义和谐社会的今天，推崇和谐文化，应该充分借鉴中华传统文化中的和谐理念与思想。古代圣贤在人与自然关系上主张"天人合一"，寻求人与自然和谐相处的途径。普遍认为，人是自然的产物，是自然界的重要组成部分，人只有顺应自然、尊重自然，才有可能实现人地和谐。

人地和谐目标的实现，离不开生态文明建设。如今，在中国最发达的长三角地区推进生态文明建设，最重要的目标是构建生态文明体系。习近平总书记在2018年召开的全国生态环境保护大会上提出，要加快构建生态文明体系，并对生态文化体系、生态经济体系、目标责任体系、生态文明制度体系、生态安全体系做了精辟的阐释。

在上述建设生态文明的五大体系中，生态文化建设是建设生态文明的灵魂与支柱。良好的生态文化体系应当包含人与自然和谐发展、共存共荣的生态意识、价值取向和社会适应。习近平指出，"要加快建立健全以生态价值观念为准则的生态文化体系"，就是要牢固树立尊重自然、顺应自然、保护自然的生态价值观，把生态文明建设置于更加突出地位，从根本上减少人对自然的破坏。在处理人地关系时，要始终坚守生态价值观，坚持将"以人为本"的原则贯穿于生态文化体系建设的全过程中。尊重自然、保护自然，最终的目的也是为了实现人类自身的生存与发展。

要建立健全以生态价值观念为准则的生态文化体系，就应当大力倡导生态伦理和生态道德观，提倡先进的生态价值观和生态审美观，注重对人民群众的舆论引导，在全社会大力倡导绿色消费新模式，引导人们牢固树立绿色、环保、节约的文明消费理念,崇尚勤俭节约的生活方式。只有当低碳环保理念真正深入人心,绿色生活方式成为大众习惯,生态文化价值才能真正能够得以体现,生态文明建设才真正有了灵魂。

11.2.4 可持续发展理念

可持续发展理念最早于1987年世界环境与发展委员会在其报告《我们共同的未来》中正式提出,对指导日后全球发展起到极为重要的作用。可持续发展所要解决的核心问题包括人口问题、资源问题、环境问题与发展问题。核心思想是人类应协调人口、资源、环境和发展之间的关系,在不损害他人及后代利益的前提下,追求社会经济的协调发展。可持续发展共包含17个目标:无贫穷,零饥饿,良好健康与福祉,优质教育,性别平等,清洁饮水和卫生设施,经济适用的清洁能源,体面工作和经济增长,产业、创新和基础设施,减少不平等,可持续城市和社区,负责任消费和生产,气候行动,水下生物,陆地生物,和平、正义与强大机构,促进目标实现的伙伴关系。

11.3 芜申运河沿线博物馆规划建设方略

博物馆作为传播优秀传统文化的"容器",是文物荟萃、名副其实的文化旅游资源,观赏线路、展示形式和内容决定其对游客的吸引力,设计观赏线路和内容展示规划、创新展示方法、丰富展示内容当为增强博物馆魅力的必由之路。博物馆不仅应当成为完好保存珍贵文物的场所,更应当成为开展全民科普教育、传承宣教优秀传统文化的课堂。博物馆的发展既要重视传统综合性馆舍的建设,更要重视遗址(原址)博物馆的开发与保护。两者结合不仅有助于丰富博物馆的类型,增强博物馆参观体验的趣味性与吸引力,而且可为游客提供多样化、更贴近自然的文化体验。

11.3.1 综合性博物馆规划建设方略

综合性博物馆是以学习、教育、娱乐为主体的公共设施,也是展示自然和人类文化遗产实物的公共场所,其功能一般包括文物征集、典藏、陈列和研究,主要功能是对具有科学性、历史性或艺术价值的物品进行分类。博物馆在本质上是一种为公众提供科学知识、科普教育和艺术欣赏的文化教育机构或建筑物,它属于非营利的永久性机构,免费对公众开放,为社会发展提供文化食粮和公共服务。

1. 综合性博物馆建设现状

芜申运河沿线及周边综合性博物馆数目繁多,馆藏文物丰富,按规模大小及级别可分为省市级博物馆、地市级博物馆和市县级博物馆。

当前,省市级主要博物馆包括上海博物馆、上海历史博物馆、上海自然博物馆、南京博物院、南京市博物馆、浙江省博物馆、杭州市博物馆;地市级博物馆主要包括常州市博物馆、苏州市博物馆、无锡市博物馆、芜湖博物馆、马鞍山博物馆、嘉兴市博物馆和湖州博物馆等;市县级博物馆主要包括高淳博物馆、宜兴市博物馆、溧阳市博物馆和吴江博物馆等。应该指出,上述博物馆已发挥了爱国主义教育的重要作用,但还存在一些值得探讨的问题。

2. 综合性博物馆存在的主要问题

在前期调查基础上,通过对芜申运河沿线博物馆现状进行分析,发现主要存在下列共性问题。

(1)对博物馆的功能及价值认识不足。

(2)缺乏将博物馆纳入旅游观赏对象的意愿与办法。

(3)忽略了当前社会对深度参与文化旅游的需求,造成以博物馆作为观赏对象的专项旅游完全缺失。

(4)综合性博物馆藏品的展示方式千篇一律,展示方式缺乏新意和创造性。

(5)史前文化展示未能充分反映文物与史前文化起源的关系。

(6)未能客观具体地反映器物出土地的历史脉络与时空特点。

3. 综合性博物馆规划建设方略

针对上述问题,本书提出以下改进方略。

(1)博物馆陈列厅(室)的开辟或提升改造均应在科学规划基础上经专家审核,由专业人员来组织实施。

(2)每一处博物馆均应开辟史前文化展示专厅(室),并在科学研究与详细规划基础上,分门别类地展示当地新石器时代以来的文物,突出展示地方文化的优良基因。

(3)对场馆面积充足的博物馆,建议依据最具代表性的遗址,应尽可能仿造文物赋存的原始生态环境，将文物与地貌、地层、水文环境等的天然关系"真实地"呈现出来，并适当增加考古发掘体验元素，激发游客的兴趣。

（4）博物馆史前文物专厅（室）展台的布设及文物展出次序应能化抽象为具象，能够充分展现当地新石器文化的特质，突出文脉逻辑，展现人地关系，从而以更自然的方式实现文化宣传。

（5）应充分利用运河沿线各博物馆极其丰富的文物遗产，加强文物交流，积极组织巡展，给原本静态无声的文物增加动态传播的功能，促使其学会"走路和说话"，从而最大限度地发挥文物的文化传播功能。

11.3.2 遗址（原址）博物馆规划建设方略

遗址博物馆是在遗址空间基础上建立的个性化博物馆，以它所在的遗址及遗址内的遗物和遗迹作为藏品结构和陈列展览的核心与基础。遗址博物馆的建造，其目的是为了保护文化遗产，并向人们展示考古学研究的成果。打造芜申运河沿线"珍珠串般"的遗址博物馆是扩大文化遗产保护宣传和推动传统文化传承的必由之路。以遗址、遗迹和遗物折射的历史文化作为旅游吸引物，采取文化游与乡村生态游相结合方式，做好旅游基础设施规划，侧重旅游线路设计，为游客提供省时省力、高效有趣的旅游体验，对于提升芜申运河沿线文化旅游资源的品位，刺激旅游消费，推动地区社会经济健康、稳定、可持续发展大有裨益。

1. 遗址博物馆建设现状

当前芜申运河沿线代表性遗址博物馆有上海松江区广富林遗址博物馆、南京高淳区薛城遗址博物馆等。

（1）上海松江区广富林遗址博物馆

广富林遗址博物馆位于上海市西南部松江区方松街道的广富林遗址公园内，与广富林郊野公园隔河相对，是一座"漂浮在水上"的遗址博物馆。广富林遗址于1959年被发现，考古证实其为4 ka B.P.遗址，时代与环太湖平原的良渚文化时期相当，被称为"广富林文化"，是上海地区晚于崧泽文化的又一新石器本地文化。

（2）南京高淳区薛城遗址博物馆

薛城遗址博物馆位于南京高淳区淳溪镇西北约10 km的薛城村薛十自然村。遗址距今已有6300余年历史，占地总面积6 hm^2，后修建为原址博物馆。遗址于

1997年被发现，是南京市域内面积最大、年代最早的文化遗址，考古发掘出土大量文物，包括115具人骨架，以及玉器、陶器、石器等文物。

（3）上海崧泽遗址博物馆

崧泽遗址博物馆位于上海青浦区赵巷镇崧泽村，总占地面积1.3 hm^2，总建筑面积3680 m^2，该遗址博物馆于2014年正式对公众开放。通过对遗址区墓葬的多次考古发掘，发现这里是上海人最初的家园。上海崧泽遗址一系列的重大考古发现，证明了上海地区有能力创造灿烂的新石器时代文化，考古发掘揭示了上海悠久的文脉与传承。崧泽遗址被评为"20世纪全国百项重大考古发现"之一，其在新石器考古学界的地位可见一斑。

（4）杭州良渚遗址博物馆

良渚遗址博物馆位于浙江杭州余杭区良渚镇，1992年开工建设，1994年正式对外开放，占地总面积9000 m^2，总建筑面积约1000 m^2。博物馆主楼共两层，内设有序厅和三个专题展厅，共展示良渚文化时期文物400余件。2021年9月30日，该博物馆已成功跻身世界文化遗产名录，驰名中外。其所展示的良渚文化已被证实是中华"多元一体"五千年文明的先行者。

2. 遗址博物馆存在的主要问题

在前期调查基础上，通过对运河沿线各遗址博物馆的调查，发现当前主要存在两个突出问题。

（1）遗址博物馆的数目过少

芜申运河沿线现有遗址博物馆仅4座，且分布相当分散，不足以承担优秀传统文化高效传播的责任。

（2）部分遗址博物馆的管理现状堪忧

以南京高淳区薛城遗址博物馆为例，前期调查发现该博物馆园区面积虽大，但园内设施年久失修，景物配比极不协调，访客寥寥，与薛城遗址应有的考古学地位形成鲜明反差。

3. 遗址博物馆规划建设方略

针对上述问题，本书提出以下解决方略。

（1）针对遗址博物馆地域分布不平衡状态，适当增加太湖以西地区博物馆的数目，加强环太湖平原马家浜文化时期的遗址博物馆建设力度，提升该区遗址

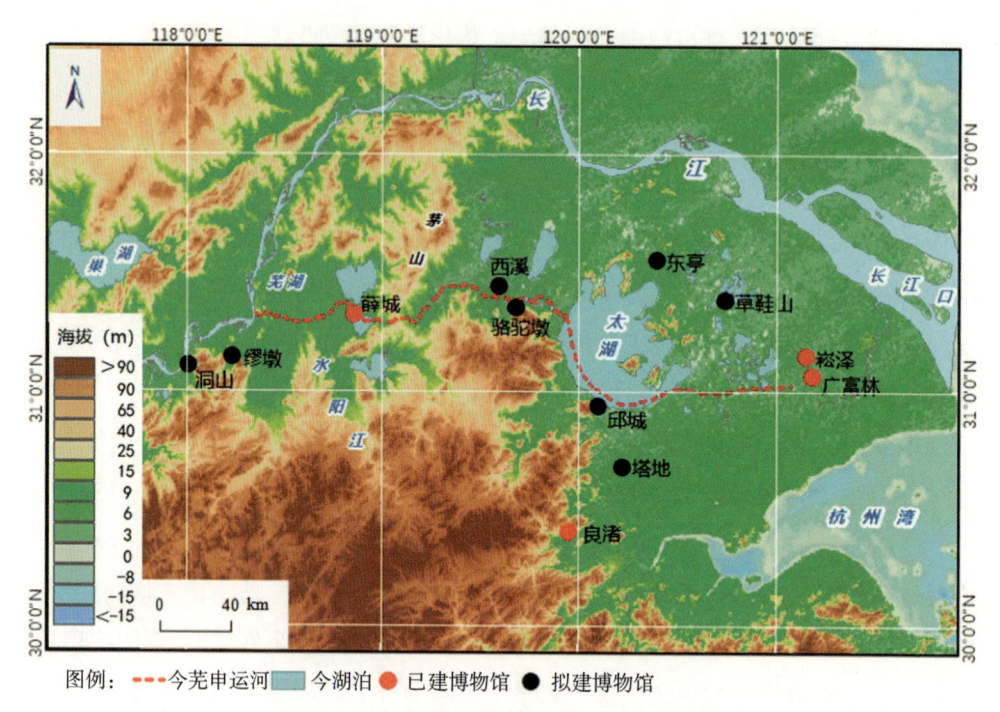

图 11-8 芜申运河沿线遗址博物馆总体规划图

博物馆的分布密度。建议在芜湖市周边选择缪墩、洞山遗址规划建设原址博物馆；在太湖以西选择西溪、朝墩头、骆驼墩遗址规划建设原址博物馆；在太湖东北侧选择草鞋山、东亭遗址规划建设原址博物馆；在太湖以南选择邱城、塔地遗址规划建设原址博物馆（图 11-8）。

（2）在新建和提升改造遗址博物馆的过程中，切实做好前期规划工作，真正将"保护当头，生态优先"理念贯彻始终，追求一种"景中有我，我融景中"的人地和谐状态。

（3）将运河沿线未来可能出现的重大考古发掘与遗址博物馆建设相结合，尽量减少投资负担，以达到事半功倍的效果。

由图 11-8 可见，黑色符号代表本书提议的拟建遗址博物馆，建议分近期（2021~2025 年）和远期（2025~2030 年）两个阶段推进规划建设工作。近期优先建设缪墩、骆驼墩、邱城、草鞋山等 4 个遗址博物馆，远期建设其余 4 个遗址博物馆。由于薛城、崧泽遗址博物馆建成年代已久，建议近期安排修缮提升。

11.4 文化遗产开发利用方略

旅游资源是指能够激发旅游者产生旅游动机，为旅游活动所利用，并由此产生经济效益、社会效益和环境效益的自然因素、社会因素和其他因素。旅游资源按性质可划分为自然旅游资源、人文旅游资源两大类。前者由各种自然环境、自然要素、自然物质、自然现象构成，自然景观是对它的泛称，凡是能够吸引人注意、产生兴趣，具有观赏、游览、休息或疗养价值的资源，均可归入自然旅游资源范畴。后者由各种社会环境、社会生活、历史、文化、民族风情和物质生产所构成，泛称人文景观。人文景观中凡具有特色，能够成为旅游者游览、观赏对象的资源，均可纳入人文旅游资源范畴。

文化是相对于自然而言。文化的内涵，从动态角度考察，是指人类社会发展的过程及状态；从静态角度分析，则是指人类在某一时期社会生活的状态。历史文化是指在人类社会发展进程中所创造的不同阶段文化和不同领域文化的总和，它能够满足人们对过去人类生活状态的好奇心，因此历史文化可以被视为名副其实的旅游资源，是典型的人文旅游资源。

如前所述，芜申运河沿线横跨江南中部，不仅拥有得天独厚的自然资源，而且人文资源也极为丰厚，沿江沿地区经济发展水平高，具有深度开发文化遗产资源的先天条件。本书以长三角南部为背景，以芜申运河一线为纽带，将文化遗产置于更广泛的人文旅游资源范畴内进行讨论，提出了一套旨在促进区域文化游、生态游、乡村游的规划构思。

11.4.1 文化遗产开发利用总体规划

从安徽芜湖到上海松江的芜申运河串接了芜湖、高淳、溧阳、宜兴、吴江、松江等地，沿线文化旅游资源丰富、博物馆众多。本次规划主要从文化旅游线路和代表性节点城市两个方面入手（图11-9）。

如图11-9所示，规划共设计了6条文化旅游线路、7个旅游节点，分别对线路及节点进行了旅游规划。

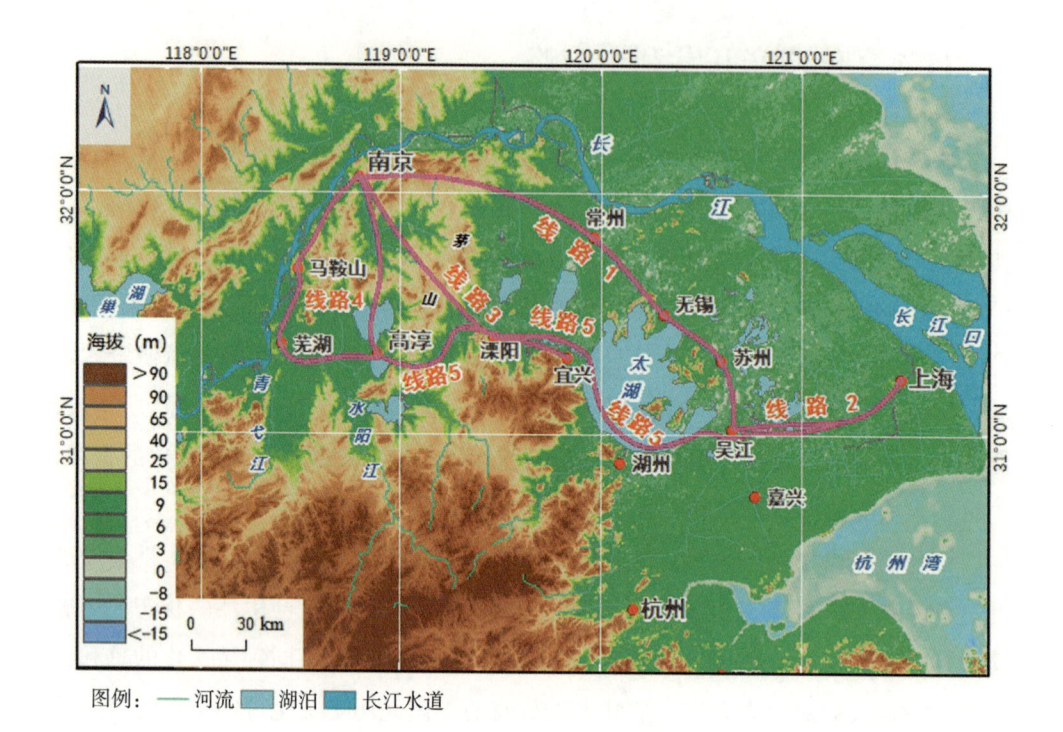

图 11-9　文化遗产开发利用总体规划图

1. 文化旅游线路专项规划

根据文化旅游资源分布状况，本书为运河沿线划分了六条重要旅游线路，分别为：线路1——苏锡常宁线（以南京为起点，向东南串联常州、无锡、苏州三市）；线路2——吴沪线（西起江苏吴江，东达上海）；线路3——宜溧宁线（以南京为起点，向东南串接溧阳、宜兴二市）；线路4——淳芜马宁线（以南京为起点，向南辐射高淳、芜湖和马鞍山）；线路5——芜太运河段（西起安徽芜湖，向东串联高淳、溧阳、宜兴和太湖）；线路6——太申运河段（西起太湖，中经吴江，东达松江）。

（1）线路1——苏锡常宁线

该线路以南京为枢纽，由西北向东南伸展开来，串接苏锡常三座重要节点城市，是江南东部长三角地区交通最繁忙，经济最发达的一条线路。

旅游现状：旅游品牌以"华东六市五日游"为核心产品，以城市风貌欣赏、江南古镇游览为特色。博物馆资源丰富，但缺乏文化旅游产品设计。

规划重点：面向广大游客，整合优化博物馆展示内容，尤其要突出新石器时代文化脉络的展示，以便将博物馆作为观赏对象纳入旅游品牌。

（2）线路2——吴沪线

该线路西起苏州市吴江区，东至长三角地区最发达城市上海。

旅游现状：作为苏锡常通往上海的辅线，旅游业西冷东热。

规划重点：以文化旅游为重点，充分利用吴江区北靠苏州，东趋上海的区位优势，挖掘地方文化底蕴，突出"吴文化"地域特色，以史前人类遗址、历史时期古城古镇为品牌，设计文化旅游产品，提升旅游业在地方经济发展中的地位。

（3）线路3——宜溧宁线

该线路以南京为枢纽节点，由西北向东南伸展开来，串接芜太运河沿线的溧阳、宜兴两座重要节点城市，并沿太湖西岸南下，远达浙江杭嘉湖平原。

旅游现状：与苏锡常宁线相比，本线路节点稀疏，经济及旅游发展水平低。宜、溧两城虽近，但因行政隶属不同，削弱了两市人文亲和力，致使该线旅游产品竞争力弱，发展受限。

规划重点：加大市内博物馆和原址博物馆的建设力度，打造以宜兴陶瓷文化为核心的旅游品牌，围绕西溪、骆驼墩两座遗址，打造遗址博物馆，提升史前考古学文化品位。

（4）线路4——淳芜马宁线

该线地处江苏、安徽两省交界，线路以南京为枢纽，线路呈闭合环状。

旅游现状：交通线单一，路网稀疏，经济欠发达，旅游业发展潜力大。因行政归属不同，受经济水平限制，淳、芜、马三座城市旅游相互依存度低，缺乏文化旅游拳头产品。

规划重点：借助沿线江南水乡丰富的自然旅游资源，结合历史上"吴头楚尾"的丰厚文化积淀，打造以乡村游、生态游为主导的自然人文综合性旅游新品牌，营建遗址博物馆，提升区域文化品位。

（5）线路5——芜申运河线（含芜太段、太申段）

该线路可作为上述四条线路的末端连接线。该线路以太湖为分界，可分为东西两段，分别为芜申运河芜太段和太申段。该线路当属整个区域线路规划的重心。

旅游现状：该线路串接芜湖、高淳、溧阳、宜兴、吴江，受行政隶属和交通条件限制，缺乏全局性旅游线路基础设施。随着未来芜申运河全线贯通并运营，这一现状将会得以改善。

规划重点：以芜申运河整修为契机和纽带，以文化游、乡村游、生态游为侧重，大力扩建和营造城区博物馆及原址博物馆，展示史前人类文明丰富的文化底蕴，充实文化旅游资源内涵。

2. 重要旅游节点规划

分析各旅游线路贯穿的旅游节点,从空间分布上呈现"157式"空间格局。

"1"是指一个枢纽:即江苏省会城市南京。

"5"是指五大方向:指由南京向南、向东南辐射出来的四个方向,再加上东西向的芜申运河本身。

"7"是指七个节点:除枢纽节点城市南京之外,苏南地区重要节点还包括高淳、溧阳、宜兴;常州、无锡、苏州和吴江。

(1)节点1——苏州市节点规划

苏州市区位与资源优势:东临上海,南接嘉兴,西抱太湖,北依长江。博物馆与旅游景点资源丰富。苏州市博物馆位于市区东北街204号,占地1.07 hm^2,建筑面积1.9万 m^2,是一座综合性博物馆。

重点规划:强化对传统文化的传承,丰富博物馆对史前遗址发掘环境及器物的展示内容,满足游客好奇心;结合当前考古工作,在市区太湖之滨遴选2个具有代表性的史前遗址发掘地,规划建设原址博物馆。整合旅游线路,引导游客体验丰富多彩的文化游。

(2)节点2——无锡市节点规划

无锡市区位与资源优势:北倚长江,南濒太湖,东接苏州,西连常州。人文旅游资源丰富。无锡市博物院位于太湖广场中央,钟书路100号,占地0.7 hm^2,建筑面积6.7万 m^2,是一座综合性地方历史艺术博物馆,馆藏品达3万多件。

重点规划:加强博物馆对史前遗址发掘环境及器物的展示内容,不断满足游客需求;结合当前考古工作,在市区周边遴选1~2个具有代表性的史前遗址发掘地,规划建设原址博物馆,提升文化旅游体验。

(3)节点3——常州市节点规划

常州市区位与资源优势:北倚长江,西连镇江,东南接苏州。境内人文旅游资源丰富。常州市博物馆位于市区龙城大道1288号,是一座综合性地方博物馆,馆藏品达3万多件。

重点规划:加强常州市博物馆对史前遗址发掘环境及器物的展示内容,满足游客需求;结合当前考古工作,在市区周边遴选1~2处具有代表性的遗址发掘地,规划建设原址博物馆,整合旅游线路,引导游客体验丰富多彩文化旅游资源。

（4）节点4——吴江区节点规划

吴江区位与资源优势：位于江苏省东南隅，西倚太湖，南接嘉兴，东接上海，北连苏州城。境内考古遗址广布，吴文化气息浓郁。吴江博物院坐落于区文化广场旁，是一座地方性综合博物馆，馆藏文物达2.1万余件。

重点规划：结合当前考古工作，力争在市区及周边遴选1个具有代表性的考古遗址发掘地，规划建设原址博物馆，提高游客对考古文化的体验。

（5）节点5——宜兴市节点规划

区位与资源优势：位于无锡市西南隅，东倚太湖，南邻长兴，西接溧阳，北连无锡。境内考古遗址多，陶瓷文化气息浓郁。宜兴博物馆坐落于解放东路388号，建筑面积2.5万m^2，是一座规模宏大的地方性综合博物馆，是无锡境内仅次于无锡市博物院的场馆。宜兴陶瓷蜚声海内外，开辟有专题博物馆。

重点规划：结合当前考古工作，在市区周边遴选2个具有代表性的遗址发掘地，规划建设原址博物馆，吸引游客对区域文化的向往。

（6）节点6——溧阳市节点规划

溧阳市区位与资源优势：位于常州市西南端，东连宜兴，南邻朗溪、长兴，西接高淳，北连金坛。境内自然旅游资源丰富，文化旅游资源相对欠缺。

重点规划：以在建的溧阳博物馆为依托，充分吸收境内外博物馆器物陈列展示中的先进经验，做好展示规划。在市区周边遴选1~2个有代表性的考古遗址发掘地，规划建设原址博物馆，增加博物馆密度，尽力增强游客对本土考古学文化的体验。

（7）节点7——高淳区节点规划

高淳区位与资源优势：位于省区西南端，四周分别与安徽当涂、宣州，江苏溧阳，溧水相邻。境内考古遗址多，"吴头楚尾"文化气息浓郁。高淳博物馆位于淳溪镇石臼湖南路7号，建筑面积5500 m^2，馆藏文物6000余件。博物馆陈列以"水绿山青，风高民淳"为主题，展示历史人文。除此之外，境内还有薛城遗址博物馆。

重点规划：在东坝规划建设芜太运河博物馆，同时依据高淳区遗址分布遴选1~2个有代表性的考古发掘地，规划建设特色博物馆，充分挖掘和展现地方人文旅游资源优势。

11.4.2 文化精品走廊建设规划

（1）走廊1——"苏锡常吴"文化走廊规划

该走廊地处芜申运河沿线地区太湖东岸，串接苏州、无锡、常州、吴江4个节点，现代化水平高，同是历史上吴文化的发祥地。线路沿途古城古镇、特色乡村、古人类遗址众多，文化旅游资源丰富，发展生态游、水乡游、文化游条件得天独厚。规划重点任务是加强市域现存博物馆提升改造；辐射带动周边原址博物馆、旅游节点及旅游线路规划建设；构建吴文化特色旅游设施网络，推动地方旅游业升级（图11-10）。

（2）走廊2——"宜溧淳芜"文化走廊规划

该走廊沿芜太运河呈东西向展布，地处芜申运河沿线地区中西部，串接芜湖、高淳、溧阳、宜兴4个节点。除太湖之滨的宜兴市之外，线路沿途经济发展水平不高，但历史上曾为"吴头楚尾"之地，沿线古城古镇、特色乡村、古人类遗址较多，文化旅游资源丰富，发展生态游、乡村休闲游、文化游的潜力巨大。规划重点任务是加强市域现存博物馆的提升改造，使展示内容向新石器时代文化倾斜；做好周边原址博物馆、旅游节点及旅游线路规划建设；营造"吴头楚尾"文化旅游基础设施网络，激发地方文化旅游发展潜力，为地方社会经济可持续发展提供新动力。

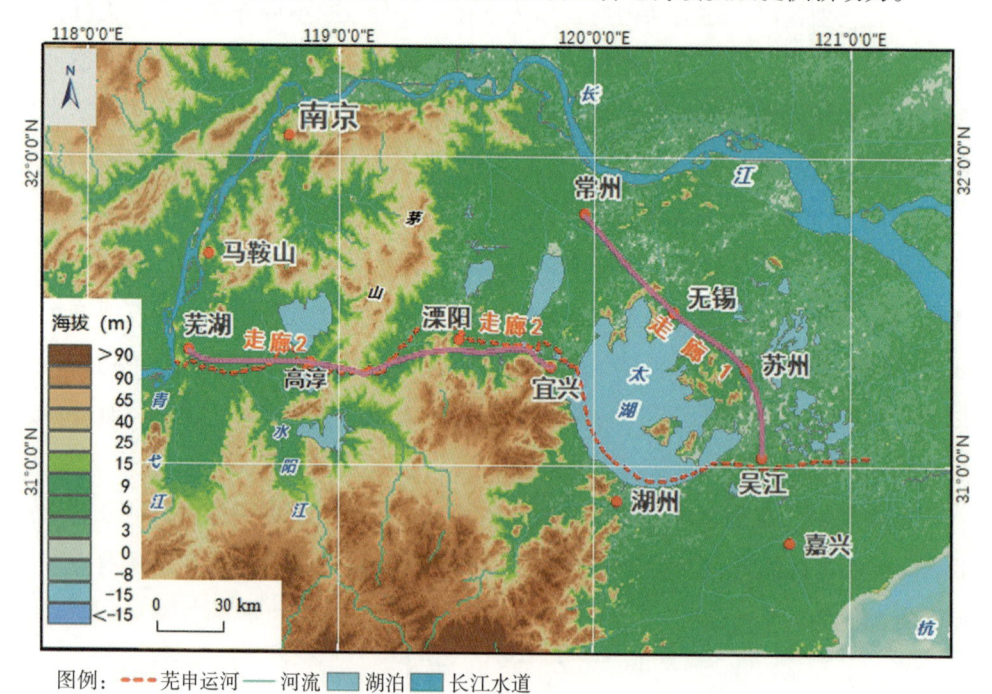

图11-10 "苏锡常吴"和"宜溧淳芜"文化走廊规划图

第十二章 结论与展望

12.1 结论

12.1.1 古中江流域

本书通过钻探和搜集地质资料及野外调研、考察证实了古中江在太湖西部的流向,依据高淳自然沉积剖面、磨盘山遗址剖面高分辨率的古气候代用指标重建了古中江流域全新世以来的古气候演变过程,详细介绍了古中江流域的考古学文化及发掘出土器物的特点,结合主要遗址的时空分布特点,明确了古中江流域全新世以来的气候变化过程及古中江在新石器时代文化传承和发展中的作用,从新的角度探讨了古中江流域人类活动与气候环境演变的动态变化,为区域环境考古工作增加了新的素材。

(1)通过钻孔资料的地质剖面图和野外考察实地勘测证实高淳区东坝镇不是阻挡古代中江东流入太湖的分水岭,古代中江可以流经并通过此地,黏土层中埋藏的卵石即是古代河流流经此处的证据。由于此地崩塌、滑坡等地质灾害频发,古代中江在此过程中被逐渐淤塞,甚至断流,最后成为埋藏型的古河道。安徽省芜湖市至马鞍山市当涂县黄池镇为其源头,沿地势低洼地带经江苏省南京市高淳区杨家湾顺固城湖一带茅山断裂带凹陷区进入固城湖,自固城湖湖口流出后沿芜申运河南岸流动,东坝镇是其拐点之一。古中江以东坝镇为对称中心,东坝镇以东沿芜申运河北岸流动,流经茅山断裂带形成的凹陷区到达江苏省常州市溧阳市,自南渡镇起沿溧阳市"南河"南岸流动,进入西沉、团沉、东沉,最后注入太湖。古代由于此区域地势低洼、河网密集,自然状态下呈河湖不分的状态,因此古中江并非严格意义上的河流,而是一段为"河",一段为"湖"。

(2)通过对古中江流域高淳自然剖面沉积地层孢粉、腐殖化度、烧失量、元素地球化学、粒度等气候代用指标的鉴定分析,综合对比野外考察所观察到的剖面沉积特征以及磨盘山遗址剖面古气候变化过程可知:早全新世时期

（13200~8000 cal. a B.P.），反映气候冷暖程度的 PCA-1 指示气候较为温暖，反映气候干湿程度的 PCA-2 指示气候较为湿润，但存在波动，属于冷干向暖湿转变的过渡期。该时期旱生草本植物含量占优，以蒿属和禾本科植物为主，特别是在 12500~11000 cal. a B.P.、8400~8000 cal. a B.P. 这两个时间段适应冷干气候的榆属含量增加，落叶栎含量急剧减少，根据各古气候记录的结果推断应为"YD"事件和"8.2 ka"事件。在中全新世时期（8000~4400 cal. a B.P.）PCA-1 偏负，PCA-2 也偏负，指示气候温暖湿润。落叶栎、常绿栎花粉的含量高并且较为稳定，常绿树种成分的含量稳中有升，是全新世气候最适宜的阶段。晚全新世时期（4400 cal. a B.P.~今）以温凉湿润为主，并且在初期有"4.2 ka"事件的记录。乔灌木花粉的含量与早全新世时期相似，禾本科和蒿属的含量之和与前两个时期相差不大。在 4400~4000 cal. a B.P. 期间落叶栎、常绿栎、榆属和蒿属花粉含量波动明显，这在 PCA 分析曲线中也可以得到证实，此次事件在突变时间和气候特征等方面均可以与"4.2 ka"事件相对应。

（3）高淳剖面孢粉分析鉴定结果表明古中江流域全新世以来存在三次明显的气候突变，根据其气候特征和发生时间可以判定与"YD"事件、"8.2 ka"事件、"4.2 ka"事件相吻合，其中"8.2 ka"事件、"4.2 ka"事件对人类文明有着较大影响。两次气候突变事件在古中江流域持续时间都不长，约 400 年左右。"8.2 ka"气候突变事件主要是由北美冰盖前缘后退，大量淡水注入北大西洋致使温盐环流减弱造成的；造成"4.2 ka"事件的主要原因可能是锋面系统在此滞留时间缩短，东亚季风降水受制于来自大陆的干冷气团和热带海洋的暖湿气团相互作用的锋面系统，锋面滞留时间缩短会造成降水减少，或许这正是良渚文化衰落、上海马桥文化兴起的原因之一。

（4）古中江是新石器时代长江以南环太湖流域文化、宁镇地区文化与长江以北凌家滩文化交流的重要传播通道。马家浜文化时期人类征服自然、利用自然的能力较低，活动范围较小，马家浜文化的传播仅限于长江以南地区，沿古中江最远处到达古代丹阳大泽边缘、高淳附近。马家浜文化后期气候温暖湿润程度降低，逐渐向温凉湿润转变，并且有一定的波动，甚至在某些时段还伴有极端事件发生，此时古中江源头古丹阳大泽的水位降低，许多的沼泽之处露出成为陆地，为长江南岸和北岸文化交流与传播提供了便利的交通条件。此时主要是南京地区的北阴阳营玉器文化和太湖流域的崧泽陶器文化沿古中江向长江以北的凌家滩文化所在区域传播。之后凌家滩文化空前繁荣，特别是玉器文化进一步发展，玉器文化在凌家滩文化所在区域经过短暂的繁荣之后又开始沿古中江一线向太湖流域转移、传播，在良渚文化所在区域被继承和发展，凌家滩玉器文化最终融入良渚文化中去并被良渚玉器文化所超越，自此太湖流域的玉器文化在中国史前玉器文化中占有重要地位。

12.1.2 芜申运河西段

本书通过遥感数据研究芜申运河西段的水体变迁，并在此基础上探寻水体变迁的主导因素，进一步探究芜申运河西段新石器时代古丹阳大泽的水域形态，为未来研究该区的文化传播提供了翔实的地理环境数据，同时为该区的水环境管理提供了详细的参考资料。

（1）基于遥感数据定量分析芜申运河西段湖泊群水域面积变迁及其驱动因子。本书主要采用1950年以来文献资料中记载的水域范围和1973~2017年的Landsat遥感数据以及部分ALOS PALSAR雷达数据，研究新中国成立后的水体变迁，并结合历史文献资料分析验证遥感图像的提取结果。研究发现，1950年研究区的湖泊群总面积高达720 km^2，1973年的水域范围降至576.515 km^2，此后水域范围持续缩减，20世纪80年代前的水域面积缩小趋势极为显著。研究区的历史文献资料详细记录了该区人类围湖造田的情况，1950~1980年是围湖筑圩的高峰期，建圩联圩、并圩盛行。ALOS PALSAR雷达图像的L波段穿透性能极强，纹理信息较为丰富，在感知地下埋藏水体方面具有显著优势。雷达数据和Landsat光学图像融合后提取的水体信息显示现存湖泊周边农田存在大量细小水体。20世纪80年代之前水体面积变化受制于历年来大范围的围湖筑圩，以人为因素为主导，人类活动致使水域范围迅速缩减。1980年以后，当季风较强且厄尔尼诺事件发生强度较大时，研究区的水域面积达到峰值，比较典型的年份是1984、1988、1991、1994、1997、1998、2002、2004、2006、2007、2009、2015年，但1980~1990年的水体面积仍处于波动下降状况。1980~1990年是由人为因素向自然因素转变的重要时期，1990年后水域面积趋于稳定，变化幅度较小，表明1990年之后自然因素是水域变迁的主要影响因子。自然驱动力相比于人为作用力导致的水体变化幅度更小。

（2）采用环境考古方法探寻芜申运河西段古丹阳大泽新石器时代的水域范围。本书综合DEM数据、GIS矢量化的古遗存分布数据、历史时期圩田资料、地质资料和湿度分级图来推测芜申运河西段古丹阳大泽新石器中期的水域范围。

研究区的遗存分布数据显示古丹阳大泽自形成至魏晋时期湖泊面积较广，人类活动较少，古遗存的分布与环境考古的气候替代性指标重建的气温和降水数据基本吻合，主要受制于自然因素；魏晋时期至宋代人类活动渐趋频繁，人类开始围湖造田，湖泊变迁是自然原因和人类围湖造田的综合结果；宋代是人类活动的高峰期，宋代至1980年的水体变迁主要受制于人类活动。采用ArcGIS软件对DEM数据进行数字地形建模分析，生成古丹阳大泽区域的高程分布图，图中8 m水位线的水域面积与新石器时代的遗存包围地区基本一致。新石器时代中期，在8 m水位线覆盖地区几乎没有发现人类遗存，气候指标数据显示此时的气候温暖湿润，季风降雨丰沛，湖泊蓄水量大，遗存分布于湖泊周边的高地；新石器时代晚期降水减少，但是在8 m水位线覆盖地区发现的古遗存依然稀少。此后湖区面积受到三国之后的历朝历代统治者围湖造田政策的影响逐渐萎缩，历朝历代的圩田基本分布于8 m水位线覆盖地区。地质资料显示古丹阳大泽自形成以来一直收纳皖南山区河流带来的泥沙，该区的沉积物类型基本为第四纪河湖相冲积物。Landsat图像在水体湿度方面应用广泛，经过缨帽变换后获得的湿度等级图表明了现今的石臼湖、固城湖、南漪湖及其周边地区湿度较高，高湿度地区位于古丹阳大泽复原区域内部。

通过遥感定量分析技术和古遗存环境考古手段分析芜申运河西段的水域范围变迁，发现多学科交叉集成对于地学问题的深入分析具有极其重要的意义，遥感科学为历史水体的研究提供了实际的数据支撑和技术支持，数字化的古遗存直观显示了不同时期的人地关系状况，为环境考古研究的向前发展提供了推动力，对重建当时水体范围具有重要意义。光学遥感图像和雷达遥感图像的融合提高图像的分辨率，综合了不同遥感图像的优越性，有助于进一步分析水域范围变迁的驱动力。

12.1.3 芜申运河流域新石器时代文化遗产开发利用

本书"急国家之所急，研国家之所需"，紧紧围绕国家"长江三角洲""长江经济带"发展战略，以芜申运河流域新石器时代文化遗产开发利用为主线，系统阐述了全新世中期环境演变、人类遗址时空演绎的主要特征及文化传承关系，探讨了以博物馆规划建设为核心的新石器时代文化遗产开发利用方略。根据对历史的考证，论证了长三角沿海预防海啸的重要性。

（1）在人类文明早期发展阶段，气候和自然环境变化较为频繁，气候波动、海侵海退事件等均会给考古学文化发展造成影响。在7.0~4.0 ka B.P.，今芜申运河流域气候曾发生明显变化，导致自然环境与资源、人类聚落分布形态也随之发生了明显波动，多期考古学文化在这种波动中螺旋式发展，为后世留下了丰富多彩的文化遗产。

（2）环太湖平原是研究区新石器时代考古学文化演绎的主战场。马家浜文化时期（7.0~5.8 ka B.P.），在大起伏切割平原之上，沼泽水域广布，人类聚落稀少，且主要分布于丘状台地的中心、斜坡及河岸的顶部。崧泽文化早期（5.8~5.5 ka B.P.）人类聚落数量显著增加，分布范围明显扩大，崧泽文化晚期（5.5~5.0 ka B.P.）人类聚落出现向较高海拔位置转移的趋势。良渚文化—钱山漾文化时期（5.0~4.2 ka B.P.）自然环境好转，有利于人类活动，聚落密度明显增大，区域考古学文化呈现前所未有的繁荣景象。广富林文化时期（4.4~4.0 ka B.P.）受"4.2 ka"气候事件影响，旱涝灾害增多，人类活动空间受限，考古学文化出现衰落迹象。

（3）水阳江下游流域南、北、东三面被山地丘陵围绕，西侧毗邻长江。全新世以来，该区地体下沉，自然环境呈现"江泛湖荡，河湖不分"状态，古丹阳大泽的长期存在极大地制约了人类活动空间，造成聚落数目稀少，且仅分布于湖边高地。进入人类历史时期，古丹阳大泽在自然沉积和人类大规模围圩造田运动的双重作用下逐渐消亡，如今仅存石臼湖、固城湖、南漪湖等少数几处湖泊，广阔水域已不复存在。

（4）苏州博物馆考古部1974年和2003年发掘发现澄湖湖底有崧泽文化至宋代的古水井402口，还有大量水稻田，这些古水井的井口大都位于1985黄海高程 −1~0 m，井底大都在 −3~−2 m，古井内有文物。古水井井口和井底标高证实了芜申运河流域自崧泽文化时期至宋代并不存在高过现代海面的高海面，而澄湖是在宋代或宋代之后才形成的（朱诚 等，2016；苏州博物馆，2007）。

（5）从自然地理学视角出发，借助地层分析、地貌与水文模拟等手段，对史前时期的古中江演变进行了专题研究，证实了古中江原本是一条自然河流，由西向东连通长江与太湖，后因东坝至下坝段淤塞而断流，分别被分水岭两侧的胥溪河和荆溪河所取代。东坝分水岭是修建人工运河的"卡脖子"工程，历史时期的芜太运河、近期修建的芜申运河都是在清除了东坝分水岭附近的淤塞河道之后，才将西侧长江水系与东侧太湖水系连通在一起。

（6）芜申运河沿线地区的新石器时代考古学文化一脉相承，各期文化遗址之间存在直接的传承关系。研究表明，马家浜文化、崧泽文化、良渚文化的直接遗传率为47.5%、25.9%、1.1%，崧泽文化、良渚文化、钱山漾—广富林文化的直接继承率为25.9%、15.3%和2.4%，马家浜、崧泽、良渚等三期文化之间仅有10处遗址保持着直接传承关系，而马家浜、崧泽、良渚、钱山漾—广富林等四期文化之间也仅有2处遗址存在直接传承关系。可见在新石器时代中晚期，受区域自然环境波动事件影响，人类早期文化发展也经历了波折，但始终保持着其固有的延续性。

（7）芜申运河沿线新石器时代文化遗产丰富多彩，那些被列入重点文物保护单位的遗存以及从考古遗址中发掘出来的宝贵文物，均可向世人展示新石器时代文化的基本面貌。以遗址、遗迹和遗物折射的历史文化面貌作为旅游吸引物，采取文化游、乡村游、生态游相结合方式，做好文化旅游基础设施规划，注重旅游线路设计，为游客提供厚重、新颖的文化旅游体验；以遗址博物馆规划建设作为文化遗产开发利用的重要途径，创新馆藏文物展示形式，激发文化旅游资源潜力，对于全面提升芜申运河流域文化旅游资源品位，振兴地方旅游业，以及运河流域经济的可持续发展具有重要意义。

12.2 创新点

（1）通过对高淳自然沉积剖面和磨盘山遗址剖面的环境变化和人类活动记录的综合研究，较为系统和全面地重建了古中江流域全新世以来的古气候变化和人类生活的古环境变迁。通过对孢粉、烧失量、腐殖化度、地球化学元素等古环境代用指标的对比和分析，发现在古中江流域存在三次较为明显的气候突变事件，气候突变事件对文化的繁荣、交流和发展有着重要的影响。

（2）古中江流域是人类活动较早的区域，有着发达的史前文化，目前的研究主要集中于遗址的时空分布，区域内文化（马家浜文化、崧泽文化、良渚文化）的兴起与消失相关问题，区域间（长江以南地区与长江以北地区）文化的交流、继承与发展问题，但对于文化之间交流通道的研究则较少涉及。本书对全新世以来位于长江以南太湖地区的马家浜文化、崧泽文化、良渚文化、北阴阳营文化与长江以北的凌家滩文化从出土器物的角度出发进行了对比，发现江南文化类型与江北文化类型有着密切的关联，不同文化的器物之间呈现出继承与发展并创新的特点。在不同时期不同文化的影响力不同，古中江对此区域文化的传承和发展起到了重要作用，为重要的文化交流通道之一。

（3）古中江存在与否及走向问题一直是学术界争论的热点，地理学界和考古学界的众多学者从各自研究领域都对其进行了多次研究，但一直存在争议。其争论的焦点在于固城湖以东地势略高，上游长江水源能否通过此界点。本文通过对收集到的大量钻孔资料进行对比和分析证实了其存在性，并根据钻孔资料砾石层、砂层的分布状况结合野外考察结果提出了古中江的走向。

（4）探索多源遥感数据的融合分析与定量解译手段，系统揭示了芜申运河西段水域长时段历史变迁情况。本研究通过 Landsat 图像和 ALOS PALSAR 图像结合历史文献资料研究得出芜申运河西段湖泊群变迁规律，既充分利用雷达图像的后向散射特性，弥补了光学图像易受地上植被影响的缺陷，也充分利用雷达图像纹理信息，避免了易于造成地物类别混淆的问题，利于提高水体分类的精度。使用融合后图像识别的精度明显优于单独利用光学或雷达图像的。

（5）以古遗存分布数据为中心，结合 DEM、古气候波动、历史地理文献等多重证据，综合开展对芜申运河西段水域变迁及其成因的环境考古分析。根据该区新石器时代以来的 1523 处古遗存，采用环境考古方法重建了芜申运河西段古丹阳大泽水域范围，发现遗存分布与古丹阳大泽水域变迁之间存在极大的关联性，并发现在古丹阳大泽区域存在多次气候波动事件，气候波动事件对文化的发生、发展、交流和传播有着重要的影响。新石器时代以来古遗存的分布有效地体现了不同时期水域范围的增减，有助于厘清无文字记载时期影响文化发展的环境因素，能够在一定程度上促进长江中下游文化发展和传播的环境背景研究，进而解决该区的人地关系问题。

（6）在理论方面，本书运用遥感和 GIS 方法研究和发现了今芜申运河流域马家浜、崧泽、良渚文化之间的时空分布特征、传承关系及其对环境变化的适应特征。针对各期考古学文化之间的传承关系，提出了"遗传率"和"继承率"的概念，并结合实例对马家浜、崧泽、良渚和钱山漾—广富林文化的传承关系进行定量分析，揭示了新石器时代以来人与自然的关系。研究发现，在芜申运河区共有 446 处新石器时代遗址，地处 0~10 m 高程区的遗址数高达 363 处，占比 81.4%，在 20~50 m 海拔区的遗址有 42 处，占比 9.4%，其他区间的遗址数目和占比均较少。在新石器时代中晚期，人类已逐步适应河湖湿地环境，为了防洪、取水的双重需求，聚落主要占据湖荡平原区的高岗台地。

（7）在技术层面，综合运用地层分析、GIS 空间分析、数理统计等方法，深入探讨了东坝分水岭在区域地貌与水系演化进程中的重要作用，明确了古中江、胥溪河、芜太运河、芜申运河四者之间的逻辑关系。同时通过洪水模拟,揭示了水阳江下游古丹阳大泽的水域范围及消亡进程,显示了多学科技术方法在解决地学复杂问题方面的优势。

(8)对江苏宜兴骆驼墩、海安青墩、东台陶庄和开庄遗址地层进行的GPS-CORS系统卫星定位海拔高程测量、AMS^{14}C测年以及海相微体古生物鉴定分析,发现其在13~7 ka B.P.地层均存在海相微体古生物化石层位,但在7 ka B.P.以来的地层样品鉴定中未发现海相有孔虫证据,表明长三角10~7 ka B.P.应是高海面时期,7~4 ka B.P.应是低海面时期,并论证了长三角沿海区域预防海啸的重要性。

(9)首次将新石器时代文化遗产的开发利用与博物馆及文化旅游节点规划相结合,以问题为导向,提出了充分挖掘区域文化旅游资源潜力、振兴旅游经济、推动经济社会可持续发展的方略。

12.3 对今后的展望

(1)在研究方法上重视地理信息系统技术、对地观测技术的应用。古中江河道所处地理位置现已被人类活动进行了大规模改造或被第四纪松散沉积物所掩埋,经过新技术、新方法提取的信息可以从一定程度上恢复古河道或水系的流向。传统的研究方法寻找已被掩埋的古河道不仅耗费大量的人力、物力,其研究精度也远不及地理信息系统技术。利用地理信息系统技术还可以提取古代人类活动的空间分布信息。同时还要加强新环境代用指标的运用,本书采用的环境代用指标都已相对较为成熟,用新的方法挖掘其中的环境演变信息的能力有待加强,可基于此深入研究古中江流域古人类活动与地貌、水系变迁的耦合关系。

(2)加强环境演变与考古学的联系。在本书的写作过程中,通过对大量资料的搜集和到相关遗址及博物馆的参观学习发现,古中江流域环境考古还有许多工作要做,其中对于环境演变分析与考古遗址的结合程度需进一步深入,将考古发掘所出土的器物进行详细、系统的对比分析,揭示古中江流域人地关系的演变过程。

(3)拓宽研究视野。人类活动与环境演变是全球性的热点问题,要从更大的区域、更宽的视野对比分析不同区域及国家的气候气象、土壤、植被等自然地理要素的差异,要从中认识到人类社会在发展变化中的一致性。通过研究和学习国外先进的研究手段和方法,有针对性地将其运用到国内的环境考古研究中,丰富环境考古学的方法论，促进环境考古学进一步发展。

（4）芜申运河是长江中下游重要的人工水系，其前身是春秋战国时期伍子胥主持修建的胥溪河，是地区经济发展和人类文明演进的重要支柱。本书主要利用遥感定量分析技术和环境考古学方法，系统分析芜申运河西段水域变迁及其背后的影响机理，进而通过区域内的人类遗存推测芜申运河西段古丹阳大泽新石器时代的水域面积，解决人类历史的遗留问题。

（5）芜申运河西段新石器时代以来水域变迁的气候问题。自然环境变迁尤其是气候变动与水域范围波动息息相关，大量环境考古学者采用孢粉、磁化率、地球化学元素等气候替代性指标定量重建了新石器时代以来我国诸多地区的气温和降水曲线，并且结合史前文化发展和传播进行深入分析，发现史前人类生存和发展受到地理环境尤其是气候环境的限制。本书仅借鉴周边其他地区气候替代性指标重建的气温和降水数据进行讨论，未就芜申运河西段区域新石器时代以来的气候变迁进行定量分析，缺乏实地钻孔和采样数据。

（6）新石器时代以来不同文化时期的人地关系问题。本书为今后研究该区文化发展传播与地理环境变动之间的关系提供水环境背景，也为未来该区人地关系协调发展和社会经济稳健提高提供了指导和借鉴经验。本书缺乏足够的野外调查尤其是钻孔及精确遗址博物馆资料对芜申运河西段的岩性、水域、文化演变做进一步科学论证，尤其是古丹阳大泽的具体位置需要大量精确定年的钻孔数据作为支撑，不足之处尚待今后改进提高。本书证实了古丹阳大泽与古中江在存在性方面有一定的耦合关系，为确定古中江走向提供了佐证。

（7）本书的最大特点是其跨学科性，而且研究内容与技术方法较复杂，与国家自然科学基金资助项目的预定目标相比仍有差距。今后将开展更深层次的研究，应优先解决以下重要问题：一，芜申运河沿线地区从新石器时代重点遗址中出土的文物到底有多少，这些珍贵文物的收藏、保存和研究现状如何？芜申运河所在的长三角地区，既是我国现代化建设的龙头和深化改革的前沿阵地，也是我国城镇化发展速度最快、经济总量规模最大、最有发展潜力的地区之一，如何应对海啸和海面变化是值得关注的重要问题。二，博物馆是保存文化遗产的理想场所，以往普遍存在展示形式单调的问题，今后将如何改进？什么样的展示形式更有利于揭示新石器时代文化遗产的内涵，并有助于实现优秀文化遗产的高效传承？防洪抗旱和保护好文物是该流域今后值得关注的重要核心问题。三，前期调查发现，原址博物馆在传播新石器时代文化方面具有无可替代的作用，但对于芜申运河所在长三角南部地区来讲，未来十年到底应建设多少座此类博物馆才能满足消费市场对文化旅游发展的需求？这一问题值得重视。

12.4 芜申运河流域今后可持续发展值得关注的问题

目前芜申运河流域也是长三角地区城镇化发展的重要区域，城镇化发展和全球气候变化的关系非常复杂（朱诚 等，2017）。在全球气候变化的背景下，城市直接或间接地影响温室气体的汇和源。例如，城市是人类燃烧化石燃料时排放二氧化碳的主要来源地，超过90%的二氧化碳排放来自城市（中国社会科学院，中国气象局，2013）。城镇化既是一种社会现象也是景观的一种物理转变——是人类作用于地球上的一种强大而不可逆转的影响因素，许多与全球变化有关的最重要、最明显的改变往往发生在城镇地区。世界上超过一半的人口居住在城镇地区，人口的快速增长和人口主要集中于城镇区的现状对人类的长远发展具有重要影响。由于背负着与经济增长、城镇面积扩张等相关的许多问题，城镇也面临着越来越剧烈的危机。上述问题反映了城镇化和全球环境变化之间复杂的相互作用。

12.4.1 国外相关研究进展

国外的部分学者在城镇化对全球变化的响应方面开展了深入研究。Seto 在国际上诸多知名期刊发表了多篇与本书密切相关的论文（Seto，2011；Pandey et al.，2015；Seto et al.，2016）。Solecki 等（2013）发表了《当前是城市化科学发展的时代》论文。Trusilova 等（2009）研究发现，在过去20年欧洲很多地方植被用地向城市用地的转变，导致不透水地表面积增加，植被覆盖面积减少，人工热源增加，最终导致气候变化——城市用地每扩张40%，将导致某些地区热效应指数增加至原来的两倍。Kishtawal 等（2010）研究了城市化发展对印度季风区降水量的影响，发现在季风季节印度城市地区的暴雨出现频率呈日益增加趋势，极端暴雨事件在城市和乡村地区的降水量均呈上升趋势，而在城市地区这种上升趋势更加明显。Misra（2011）研究发现，恒河地区潜水面正在以平均每年0.2 m 的速度下降，气候变化可能导致温度上升2~6℃，使得降水量减少高达16%，降水量的减少也导致地下水供给量减少为原来的50%。

德国学者构建快速城镇化进程中城乡社会系统应对全球变化的响应模式，提出适应全球变化的城镇化可持续发展策略，Roberto（2005）曾从四个方面研究全球变化与城镇化发展的关系：一，研究的基本框架是以城镇系统导致全球环境变化的过程开始；二，研究全球环境变化是通过哪些具体途径影响到城镇系统；三，一旦上述途径和交叉点被查明，该框架则揭示了城镇化与城镇系统产生的相互影响及其响应；四，该框架集中于城镇系统和全球环境变化相互作用的后果或反馈过程。这四个方面从全方位的角度认知和揭示了城镇系统和全球环境变化过程之间的动态化、多元化的复杂相互作用关系。这个基本框架从不同层次的基本流程到过程的相互作用和联系可描述如下：一，城镇区域和全球环境变化（社会、文化、经济、政治和生物物理）层面之间的相互作用；二，跨时间和跨空间尺度的方法；三，跨区域和跨时间的并行计算和比较研究；四，不同参与者和城镇地区基于复杂动力学网络的相互作用。

12.4.2 全球变化背景下长三角地区城镇化发展进程中应重点研究的几个问题

长三角地区是世界公认的六大城市群之一，是中国接驳世界经济体系的首位门户区，是我国现代化建设的龙头和深化改革的前沿阵地。2020年11月14日，习近平总书记在南京主持召开全面推动长江经济带发展座谈会并发表重要讲话，强调"要把长江文化保护好、传承好、弘扬好，延续历史文脉，坚定文化自信。要保护好长江文物和文化遗产，深入研究长江文化内涵，推动优秀传统文化创造性转化、创新性发展"。长三角人口密集，财力雄厚，城镇广布，文教昌明，是我国唯一一个从古代到现代持续不断保持高水平发展的地区，也是中国目前城镇化发展速度最快、经济总量规模最大、最具有发展潜力的地区之一。统计数据显示（中华人民共和国国家统计局，2013），2012年我国国内生产总值（GDP）为51.947万亿元人民币，而江浙沪三省市面积21万 km^2，人口1.3亿，GDP为10.8845万亿元，以占全国2%的陆地面积、10%的人口，创造了21%的GDP，平均每平方公里GDP产值0.52亿元。2015年全国人均GDP为7500美元，江苏省人均GDP已达13200美元。在这片富庶的土地上，目前世界500强企业已有400多家在这一地区落户，集中了近半数的全国经济百强县，也是海港建设最多、最快的地区。长三角地区既是我国经济发达区，又是自然与人类活动相互作用的强烈区，面临着气候变化和人类活动相互作用引起的各类环境生态问题。根据多年研究，本书认为在全球变化背景下，长三角地区城镇化发展进程在今后应注重以下几方面。

（1）海面上升。从 IPCC（2013）公布的全球海面上升速率看，与我国其他地区相比，长三角地区海面上升最为显著（1978~2007 年为 78~115 mm）。

（2）极端气候事件。长三角现代极端灾害事件显著。2013 年 10 月，受台风"菲特"的影响，浙江余姚 70% 城区被淹，全市 79 个降雨量监测点中有 39 个超过 500 mm，24 小时降雨量和姚江水位当时均创新中国成立以来最高纪录。2016 年 6 月 23 日江苏阜宁龙卷风导致 98 人遇难，引起国内外关注。

（3）道路拥挤交通事故增多。城市化是伴随工业化进程发展的，同时也产生一系列复杂问题。如交通堵塞和交通事故增多，仅 2015 年 1~7 月，江苏省公安交警部门吊销肇事者驾驶证并禁驾 10909 人，其中 73 人被禁驾 10 年，387 人被终身禁驾。

（4）人口剧增。上海市政府 2016 年 6 月份已正式公布其城市户口将控制在 2500 万人，目前拥有上海市户口的人员已达 2420 万人，最多还能容纳 80 万人。

（5）造陆作用减弱和海水倒灌。同济大学李从先（2004）就长江输沙量减少及其危害性问题进行讨论，他提出在三峡大坝蓄水前，长江多年平均输沙量约 5 亿吨，蓄水后 2006 年宜昌站的输沙量只有 0.64 亿吨，大坝下游的含沙量只有以前的两成。来沙量减少，一是使下游长江三角洲原来的沉积造陆作用减弱，水土流失和海水倒灌现象显现；二是造成沿江岸坡的冲刷，堤防崩岸频繁发生，仅荆江河段近几年发生的崩岸就有 48 处。

（6）地面沉降。从地面沉降看，长三角地区内三分之一范围累积沉降已超 200 mm，面积近 10000 km^2（IPCC，2013）。20 世纪 70 年代上海地区地面沉降率曾高达 37.6 mm/ 年，80 年代进行地下水人工回灌后沉降有所减缓，但近年来因受高层建筑数量猛增的影响，沉降又有加剧趋势。

（7）环境污染。长三角地区快速城镇化发展中大量侵占农业、生态用地，致使环境污染不断增加，2011 年太湖流域劣 V 类水体已占 40.6%，江苏每年因污染造成的损失高达 429 亿元（孙贵艳 等，2011）。

（8）雾霾和 PM2.5 加剧。长三角境内热电厂对 PM2.5 的影响值得重视（图 12-1），2013 年 7 月 17 日美国国家环保通讯表示全球每年约 210 万人死于空气污染。

（9）核电站隐患。在当前日本福岛核电站核废水排入太平洋的情况下，江苏连云港田湾核电站、浙江嘉兴秦山核电站和江西彭泽核电站是否会对长江下游和华东地区构成核污染和核辐射隐患，值得高度重视。

a. 上海某区热电厂现场照片（朱诚摄于 2016 年 2 月 25 日）　b. 宜兴某热电厂现场照片（朱诚摄于 2016 年 5 月 20 日）

图 12-1　长三角地区部分热电厂烟囱与冷却塔现场照片

（10）化工安全隐患。苯被国际癌症研究中心确认为高度致癌物质，主要影响造血系统、神经系统，对皮肤也有刺激作用。甲苯和二甲苯对人体的危害主要是影响中枢神经系统、对呼吸道和皮肤产生刺激作用。二甲苯也是一种麻醉剂，长期接触可使神经系统功能紊乱。2016 年 10 月 9 日在南京市栖霞区的南京炼油厂发生爆燃引起全国关注，但目前该厂还在生产二甲苯，其管道很多露天分布，如果发生二甲苯爆燃事故将危及人类生命安全。

1. 气候变化与城镇化发展的演变关系

要了解全球变化对长三角城镇化的影响，首先需要摸清不同时间尺度周期性气候变化和灾变事件对该区人居环境的影响，其次是要厘清改革开放 40 余年来人类活动和快速城镇化进程对气候变化和全球变化的响应。长三角地区城镇形成过程中曾受到气候引起的海面变化和极端灾害事件的影响。国内外学者在气候变化对人居环境影响方面做过许多研究，就长三角地区而言，前期研究发现在新石器时代，因当时人口少，本区城镇格局尚未形成，仅以聚落形式分布，人类对自然界影响较小（孙顺才 等，1993；施雅风 等，2000），当时主要是自然界气候—海面变化和气候—水文过程对陆表格局变化和人类生存产生的影响。有关新石器时代气候突变对人类生存影响的研究，国际上认为有 3 次显著变冷的事件对人类文明演进影响较大，即：8.2 ka B.P. 前后的降温事件，亦被称为全球寒冷（Global Chill）事件（Perry et al.，2000）；5 ka B.P. 前后的榆树衰败（Elm Decline）事件（Perry et al.，1987）；4 ka B.P. 前后的降温事件，也被称为全新世事件 3（Holocene Event 3）事件（Bond et al.，1997）。Weiss 等（2001）认为 8.2 ka B.P. 前后的降温事件对当时技术尚原始的农业社会来说是一次毁灭性打击。杭州湾以北约 10

万平方公里的江苏境内迄今极少发现 7 ka B.P. 以前新石器时代遗址的原因，除与可能的高海面经历有关外（朱诚 等，2003），是否与 8.2 ka B.P. 前后的寒冷事件有关值得继续研究。西北欧地区全新世中期 5 ka B.P. 前后的榆树衰败事件是一次显著的环境灾变事件，在湖泊、沼泽沉积物花粉谱上，虽然它主要表现为榆树花粉的减少以及小麦、大麦等谷物花粉的出现，但其内涵却是与气候恶化、土壤退化、植物病虫害、新石器时代土地利用、砍伐或烧毁森林等人地关系问题密切相关。宁绍平原的河姆渡文化在 7 ka B.P. 前后诞生，却在 5 ka B.P. 前后消失（朱诚 等，2003）。朱诚等（2016）根据对苏州澄湖湖底 62 处古水井和 102 处灰坑顶底部 GPS-CORS 系统的测量和出土文物的测年与鉴定也发现，崧泽文化、良渚文化、夏商周和战国时期，水井井口和灰坑顶部多在 1985 黄海高程 $-2 \sim 0$ m，井底和灰坑底部多在 -3 m 左右；六朝和宋代水井的井口和灰坑顶部曾低于 -1 m，水井井底和灰坑底部曾低于 -4 m，表明澄湖是宋代以后才逐渐演变为湖泊的。太湖地区的崧泽文化在 5.8 ka B.P. 前后出现，却在 5 ka B.P. 前后转为良渚文化。上述现象是否与 5 ka B.P. 前后的气候突变事件有关亦值得深入探讨。发生在 4 ka B.P. 前后的降温事件被认为是新仙女木事件以来最为寒冷的一次全球性降温过程（许靖华，2014），标志着许多地区气候最适宜期的结束和晚全新世的开始（Wu et al., 2014）。受其影响，西亚地区进入寒冷干旱期，非洲撒哈拉沙漠中的淡水湖全部干涸（Gasse et al., 1994）。在中国，这次气候事件总体上导致了南涝北旱的环境格局（吴文祥 等，2004）。这一时期的长三角地区，在中国新石器玉器文化史上占有辉煌一页的良渚文化在 4 ka B.P. 前后突然消失的原因，至今仍是中华文明探源研究的核心问题之一。4 ka B.P. 前后的冷事件和古洪水事件发生在长三角地区人类文明发展史上的低潮时期，表现在该时期人类遗址聚落数量相对较少，在考古地层学上呈现为文化断层（或文化间歇层）现象（朱诚 等，1996）。Jian 等（2000）根据东海大陆架沉积物中海相微体古生物组合特征的鉴定结果，发现在 4 ka B.P. 前后黑潮暖流向东偏离了约 100 km，这是否对良渚文化带来了灾变性的气候—海面变化事件影响还有待在今后研究中证实。

过去的研究表明（朱诚 等，2003，2016），长三角地区全新世存在过显著的气候—海面变化。Wang 等（2005）对贵州董哥洞石笋高分辨率的研究表明，我国全新世存在显著的千年周期冷暖波动事件，这种千年周期的冷暖波动是否会引起未来气候—海面变化并进一步影响长三角地区城镇化过程，值得在以后的研究中进一步深入探讨。从中长尺度海面变化研究看，英国学者 Smith 等（2011）、

Turney 和 Brown（2007）认为 8.7~8.1 ka B.P. 北美劳伦泰冰架的崩溃和淡水的注入，使温盐环流减弱，由此造成海面上升 1.4 m，使得北大西洋沿岸新石器时代部落灭绝或迁徙。Tjallingii 等（2010）通过对越南东南部大陆架沉积物的研究，发现在 9.5~8.5 ka B.P. 越南和柬埔寨海岸带发生过广泛而快速的海侵和海面上升，上升速率平均每年约为 10 mm。上述观点与朱诚等（2003）过去的研究结果虽具有某些一致性，但对高海面出现的确切时代（究竟是 9.5~8.5 ka B.P.、8.7~8.1 ka B.P. 还是 7 ka B.P. 前后）说法不一，也需要在今后进一步研究证实。本书作者过去多年从事对长三角地区环境演变和环境考古的研究，曾通过新石器时代以来人类遗址时空分布变化和地层记录研究，揭示该区全新世高海面大致出现在 7 ka B.P. 前的全新世早期，但对高海面确切时代及其对人类遗址聚落从无到有分布的影响以及海面变化对当前和未来快速城镇化发展的影响尚未探究。根据近年的研究，气候变化对中国现代总体的影响是以南涝北旱为主。有必要对该区过去—现在—未来的气候变化问题做综合集成研究，有必要从气候—海面变化和气候引起的极端事件（干旱、洪水、风暴潮、极端高温和冷事件）等角度厘清气候变化对未来城镇化发展的影响。

对于长三角两千年来的情况，朱诚等（2001）曾根据对陈高庸等（1939）《中国历代天灾人祸表》的纪实性史料统计，对照两千年来中国东部气候变化、海面升降与长江口河道变迁，通过对水灾生成频率和强度的分析，提出两晋、南北朝、南宋、元、明和清时期本区经历过多个水灾频发期，并用非线性方法分析后认为，在本区水灾生成事件中旱涝灾害的准 60 年、准 35 年和准 11 年的长周期变化与地球自转速度、地极移动和太阳黑子活动的三个周期变化基本一致（朱诚 等，2001）。但在水旱灾害对长三角地区城镇化发展的影响过程方面未做结合研究，在地面沉降对本区城镇化发展的影响方面亦较少涉及，值得后续深入探讨。

对长三角地区近百年来的气候变化研究，聂安琪等（2011）曾利用国家基本、基准站 1951~2009 年的气候数据分析了京津冀、长三角和珠三角三个城市群的城市气候特征，结果表明长三角地区的城市化气候效应最强。Shi 等（2010）曾利用树轮记录重建了长江下游 160 年来冬季气温的变化过程。但在极端气候事件对长三角地区城镇化影响方面研究不够，值得继续深入探究。

2. 全球变暖与极端气候对长三角地区城镇化发展的制约

国务院发布的《国家中长期科学和技术发展规划纲要（2006—2020 年）》中，

将"人类活动对地球系统的影响机制""全球变化与区域响应"和"复杂系统、灾变形成及其预测控制"列为面向国家重大战略需求的基础研究内容。IPCC2007 年发布的《第四次气候变化评估报告》指出，近 50 年来全球海面逐渐上升，特别是从 1993 年以来，平均速率为每年 3.1 mm，冰川和极地冰盖加速融化，海面与全球变暖同步上升。报告指出，如果全球年平均温度升高 3℃以上，全球 30% 海岸带湿地将消失。报告认为，由于气候变暖和海面上升，到 21 世纪 80 年代，亚洲人口稠密的大河三角洲受海洋和洪涝灾害影响的人口将比目前多数百万。据 IPCC（2015）公布的《第五次气候变化评估报告》，近 10 年全球能量收支的计算表明，导致全球变暖的温室效应不但没减弱，而且继续在增加。1993~2010 年间海面上升速率为每年 3.2 mm，21 世纪全球海面将持续上升（图 12-2）。根据中国社会科学院和中国气象局（2013）发表的《气候变化绿皮书：应对气候变化报告（2013）》，以及杜碧兰等（1997）和王伟光等（2013）的研究可知，气候变化对中国主要城市群影响巨大，1978~2007 年上海沿海海面上升 115 mm、浙江沿海海面上升 98 mm、江苏沿海海面上升 78 mm；与我国其他地区相比，长三角地区海面上升速度最为显著，气候—海面变化对长三角地区城镇化发展的影响正在加大。

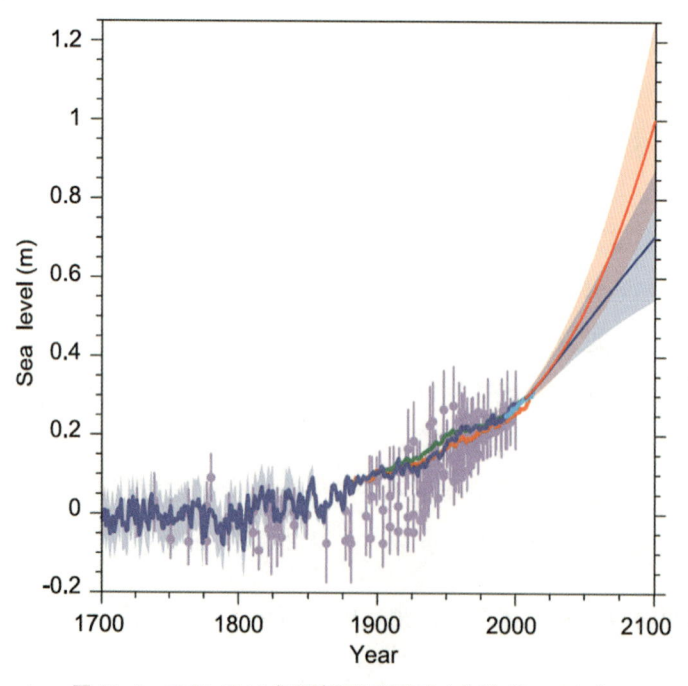

图 12-2　1993~2010 年间海面上升速率（朱诚 等，2017）

作为我国经济最发达地区之一，长三角地区位于我国地势第三级阶梯的海岸带，东部为广阔的大陆架，面临太平洋，海陆交互作用显著，受海面变化、台风、风暴潮、地震和海啸等灾变事件的影响和风险较大。例如，2013 年 10 月 8 日，受台风"菲特"带来的强降雨影响，浙江 11 个市 75 个县 914 个乡 707.3 万人受灾，因灾死亡 6 人，因洪涝灾害造成的直接经济损失达 124.05 亿元。浙江省防汛抗旱指挥部报道：2013 年 10 月 8 日余姚市遭遇新中国成立以来最严重水灾，70% 以上城区受淹，24 小时降雨量和余姚水位均创新中国成立以来最高纪录，2013 年 10 月 8 日晚 8 时余姚全市 79 个监测点中有 39 个降水量超过 500 mm，其中最大张公岭站 809 mm，受灾人口 832870 人，房屋受损严重的 25650 间，转移人口 61665 人，山区道路交通全部中断。另据《2010 中国统计年鉴》（中华人民共和国国家统计局，2011）可知，2010 年江苏洪涝灾害受灾 527.8 万公顷，绝收 10.0 万公顷，旱灾受灾 70.4 万公顷，绝收 3.6 万公顷；浙江洪涝灾害受灾 245.2 万公顷，绝收 12.6 万公顷。2010 年长三角地区受自然灾害的人口及直接经济损失为：江苏受灾人口 743.7 万人，死亡 11 人，直接经济损失 54.5 亿元；浙江受灾人口 611.6 万人，死亡 25 人，直接经济损失 75.4 亿元。在全球变化和快速城镇化背景下，极端气候事件及其灾害风险不断加剧（Wang et al., 2012），这是长三角地区城镇化与可持续发展亟待解决的重要问题之一。

3. 气候变化和人类活动相互作用制约长三角地区的发展

自长江上游三峡工程建坝后来沙量减少（Chen et al., 2008），长三角地区沉积造陆作用减弱，加上地下水开采强度不断增长，地面沉降加剧。全球气候变暖更加剧了海岸侵蚀和海面上升对沿海城市的影响。全球变化引起海面变化和极端气候事件以及因人类活动相互作用有关的生态退化已经成为制约长三角地区可持续发展的重要瓶颈。

从气候变化和人类活动相互作用角度分析，长三角地区快速城镇化发展已带来一系列生态环境问题，城镇空间与产业空间蔓延，大量侵占农业、生态用地，致使土地后备资源短缺，区域生态安全面临威胁。作为我国人类活动高度密集区和快速城镇化地区，长三角地区的环境污染和生态破坏问题日益严重，水质性缺水问题日益突出，区域性大气污染严重，土壤污染形势严峻，生态脆弱性不断增加。在全球变化背景下，长三角地区的城镇格局如何应对气候变化和环境污染的影响，对该问题的回答是我国城镇化发展必须考虑的难题，而该问题的解决将直接决定我国城镇化可持续发展事业的成败。

长三角地区以太湖为中心的碟形洼地地势低洼,自改革开放以来本区由于城市化进程加快,城市建设和工农业生产中过量抽取地下水和三废排放问题,加剧了地面沉降、水体污染、洪涝灾害和土地利用的矛盾。尤其改革开放以来集体与私营工业企业的快速发展对城镇化格局和农业生态产生重大影响（Zhong et al., 2011）。过去对本区近百年来城镇化过程与气象水文连续观测记录的气候变化之间的关系研究还不够。据《中国环境状况公报》（2011）显示,2010年长三角地区国家重点监测的湖泊（太湖、洪泽湖等）水体污染严重,太湖流域劣V类水体已占40.6%。仅江苏每年因污染造成的损失高达429亿元（谭晶荣 等, 2010）。前人研究表明,在长三角地区典型县级市的农田土壤中对人体健康影响较突出的Pb、Hg、Cr、Cd、As等重金属元素总体上呈显著增加趋势,综合污染指数已达0.93,属警戒等级（马成玲 等, 2006; 徐明星 等, 2010）。

近40年来,工业、农业、城镇化过程和人口压力对陆表格局和生态系统的影响倍增。孙贵艳等（2011）、王磊等（2010）在研究中已发现,改革开放过程中大量农村人口向长三角地区城镇集中,人口流动不仅改变了长三角地区城镇人口空间格局的分布,也对长三角地区人居生态环境产生了重要影响。乡村聚落向城镇化发展,城镇体系的层级、空间结构以及物质流特征改变了乡村与城镇体系的地貌、交通和生态植被、水体等边际条件。长三角苏南模式的集体经济和温州模式的个体经济发展,一方面极大地促进了本区社会经济发展,另一方面快速城镇化和地面沉降对陆表格局和生态系统也产生了深刻影响。工业和农业三废的排放,对水、土、气的污染也全面加剧,周生路等（2008）和袁增伟等（2010）过去的研究证实了这一点。从城镇格局看,长三角城镇体系日渐完善,超大城市、特大城市数量较为稳定,中等城市数量显著增加,小城市得到较快发展,大量小城市提升为中等城市,城镇体系等级结构由原先显著的两极分化的格局逐渐趋于合理,并朝着多极化的方向发展,城镇化进入较为高级的发展阶段。从城镇化发展阶段看,20世纪80年代,长三角地区城镇发展集中于苏南地区,中小城市发展迅速,苏南成为长三角地区城镇体系演化的动力中心,浙北发展缓慢;20世纪90年代浙北中小城市发展开始起步,长三角地区城镇体系演化的动力重心向南部转移;2000年以来,随着核心城市吸引力不断提升,迎来大城市、特大城市建设高峰。当前,都市圈一体化、高密度组团式的城市群建设已成为城镇化发展的重点。随着高铁时代的到来,未来长三角区域融合的趋势将更加明显,城镇网络化发展的空间格局将进一步完善（陶松龄 等，2002；蒲英霞 等，2009）。从城镇化快速发展带来的生态问题看，长三角地区特别是在上海和苏南等地，城镇与工业用地密集布局，城镇空间与产业空间蔓延，大量侵占农业、生态用地，致使土地后备资源短缺，区域生态安全格局面临威胁（Yuan et al., 2010；靳诚 等，2010；Guo et al., 2011a；Guo et al., 2011b；沈惊宏，2013）。此外，由于人口大量集聚，不断加剧资源、环境和生态问题：水环境污染严重，区域内水质全面下降，可供饮用的清洁水源越来越少，部分城市水质性缺水严重；工业和生活废弃物排放强度大，带来大气、土壤等方面的环境污染，不仅造成严重的经济损失，而且危及市民的身体健康；地下水开采强度不断增长，导致地面沉降塌陷，造成土地渍害、沿海城市海水全面入侵，使水质进一步恶化；环境污染和生态退化已经成为制约长三角地区发展的重要瓶颈。

4. 人文与经济地理学视角下长三角地区可持续城镇化研究

从史料考证研究看，长三角地区自唐代中叶以来逐渐成为我国经济、文化最发达之所在。该区拥有数千年文明史，而且拥有世界一流的历史文献及考证资料（陈高庸 等，1939；中国地理学会历史地理专业委员会，1981；谭其骧，1987；宋正海，1992；孙顺才 等，1993；葛剑雄 等，1997；Haug et al., 2003；胡阿祥，2006，2008；满志敏，2009）。由于该区的独特魅力和深厚的文化底蕴，对该区历史地理的研究，近年来更是吸引了包括日本、美国在内的多国学者共同参与。将自然科学方法与历史地理的文献资料考证相结合将是了解长三角地区历史时期环境演变和人类活动对陆表格局关键要素影响的重要途径。

就百年来本区陆表格局及陆表关键要素变化而言，随着工业化兴起，人口增多，陆表格局和生态系统受到的影响逐渐加大。这百年来也是长三角地区开始有气象、水文连续观测记录的时代。尤其上海开埠后，在租界扩展的推动下，长三角地区由传统的水道纵横、农田纷杂的乡村景观，跃变为近代化城市群的集中区。在近百年的陆表格局变化中，本区最显著的地理特征就是城市和城镇化的空间变化。陆表格局最直观的变化是城市物理空间向周边乡村覆盖和渗透，一条条宽阔的马路逐渐替代了传统的乡村小道，滨海湿地被人为改造成了以水田为主的人工湿地。城市化导致了长三角地区陆表格局在地貌、水系、湖泊系统、气候、土地覆盖和土地利用等方面全方位的变化。

12.4.3 对今后研究的设想

根据上述长三角地区的现状,本书作者今后拟侧重对长三角地区主要地区(重点对上海、南京、杭州、合肥、苏州、无锡、常州、温州、宁波、绍兴、南通、芜湖、宣城、扬州、徐州、盐城、连云港、嘉兴)开展历史数据、遥感 GIS 数据、观测台站数据、水土气和孢粉等采样数据的研究。对历史时期的研究拟结合史料的收集和考证,对工业革命(18 世纪 60 年代)以来的环境演变,对本区气象站、水文站、验潮站连续 30 年来观测的数据,对 1995 年以来陆续建成的地面沉降观测点数据,对连云港田湾核电站和嘉兴秦山核电站进行供电和冷却安全性调查。

作者认为,今后应研究该区的指标数据包括城镇规划与发展变化、GDP、人口分布、服务设施、碳排放、PM2.5、土壤重金属、气温降水、水文水质、海面变化、地面沉降、孢粉记录等。通过对这些资料和数据的分析,获取长三角地区城镇化和土地利用变化过程信息,利用 GIS 技术获取影响土地利用变化的地理要素,运用元胞自动机模型预测长三角的空间格局与演变过程。在研究方法上主要采用成熟的研究方案,如对历史数据、遥感 GIS 数据、水土气和孢粉等采样数据及原始数据、指标数据的过程恢复和建模以及预测与对策研究。此外,集地球空间信息存储、处理、传输和分析于一体的面向大数据时代的"数字地球""数字城市"等理念,数据模型、夜间灯光数据、地计算分析、景观生态学等分析手段的不断丰富(陈明星,2015;陈明星 等,2016),也将使我们对全球变化背景下长三角地区城镇化发展状态、格局、过程及趋势等问题开展系统的综合性研究成为可能。

12.4.4 研究长三角地区城镇化发展对全球变化响应的意义

著名地理学家任美锷曾呼吁(任美锷,2014),应以长三角地区作为研究地理科学系统理论的试验区,其理由便是该区过去单项要素研究程度较高,但多学科交叉研究不够。中国拥有数千年的文明史,长三角地区拥有丰富的考古、沉积地层、气象站、水文站、验潮站、历史考证资料记录和齐全的遥感数据以及丰富的城镇化发展资料等。以此进行个案研究,有利于厘清长三角地区环境演变与聚落和城镇形成发展的历史过程,有利于探讨城镇化发展在全球变化背景下的可持续发展对策,其学术和社会意义都十分重大。

全球变化已经成为不可逆转的事实,本书中所述众多研究成果也表明减缓性方案对气候变化的贡献十分有限。在这种情况下,开展自然地理学、人文地理学和地质学等交叉学科综合集成研究，是在全球变化背景下探讨我国城镇化可持续发展的重要手段。尤其是针对全球变化可能给人类带来的重大不利影响，从提高人类自身抗影响力和主动适应环境变化两个方面提出人类适应气候变化的模式将有十分重要的意义。一方面，结合快速城镇化进程的预期和经济社会发展的需求，从发展目标、指导思想、总体方案、行动策略等方面制定长三角地区城镇化可持续发展方案；另一方面，基于气候变暖可能对长三角地区城镇化发展的影响，通过对城镇化发展空间的优化调整，将最大限度降低气候变化尤其是全球变暖给长三角地区城镇化发展带来的不利影响。

12.4.5 结论

芜申运河流域目前也是我国城镇化发展的重要区域，城镇化是我国实现现代化的必由之路和实现经济可持续发展的长期国策。在全球变化背景下，如何科学评估并预测气候变化对城镇化发展的影响，阐释快速城镇化进程中应对气候变化的响应机制和适应模式，进而提出适应全球变化的城镇化可持续发展策略，是我国城镇化发展亟待解决的科学问题。长三角地区位于我国地势第三级阶梯的海岸带，海陆交互作用显著，是全球变化和人类活动剧烈相互作用的典型区域。长三角地区的城市化气候效应最强，水旱灾害、地面沉降、海面上升、极端气候事件对长三角地区城镇化发展的影响目前尚未作深入研究。气候变化和人类活动相互作用制约长三角地区的发展，长三角地区的城镇格局将如何应对气候变化和环境污染的影响，对该问题的回答是我国城镇化发展必须解决的难题，这将直接决定我国城镇化可持续发展事业的成败。开展长三角地区城镇化发展对全球变化的响应和适应对策研究，可为国家制定快速城镇化策略、应对气候变化提供理论方法和科学决策依据。

参考文献

[1] Abe C, Leipe C, Tarasov P E, et al. Spatio-temporal distribution of hunter-gatherer archaeological sites in the Hokkaido region (northern Japan): An overview[J]. Quaternary International, 2016, 26 (10): 1627-1645.

[2] Alley R B, Mayewski P A, Sowers T. Holocene climatic instability: A prominent widespread event 8200 yr ago[J]. Geology, 1997, 25: 483-486.

[3] An Z S, Porber S C. Millennial-scale climatic oscillations during the last interglation in central China[J]. Geology, 1997, 25: 603-606.

[4] An Z S, Porter S C, Kutzbach J E, Wu X H, Wang S M, Liu X D, Li X Q, Zhou W J. Asynchronous Holocene optimum of the East Asian monsoon[J]. Quaternary Science Review, 2000, 19: 743-762.

[5] Anderson D E. A reconstruction of Holocene climate changes from peat bogs in north westScotland[J]. Boreas, 1998, 27: 208-224.

[6] Arz W, Lamy F, Patzold J. A pronounced dry event recorded around 4.2 ka in brine sediments from the northern Red Sea[J]. Quaternary Research, 2006, 66: 432-441.

[7] Barber D C, Dyke A, Hillaire-Marcel C, Jennings A E, Andrews J T, Kerwin M W, Bilodeau G, Mcneely R, Southon J, Morehead M D, Gagnon J M. Forcing of the cold event of 8200 years ago by catastrophic drainage of Laurentide lakes[J]. Nature, 1999, 400: 344-348.

[8] Barron J A, Anderson L. Enhanced Late Holocene ENSO/PDO expression along the margins of the eastern North Pacific[J]. Quaternary International, 2011, 235: 3-12.

[9] Battarbee R W, Grytnes J A, Thompson R, Appleby P G, Catalan J, Korhola A, Birks H J B, Heegaard E, Lami A. Comparing palaeolimnological and instrumental evidence of climate change for remote mountain lakes over the last 200 years[J]. Journal of Paleolimnology, 2002, 28: 161-179.

[10] Bird M I. Fire, prehistoric humanity and the environment[J]. Interdisciplinary Science Review, 1955, 20: 131–154.

[11] Bird M I, Cai J A. A million-year record of fire in sub-saharan Africa[J]. Nature, 1998, 394: 767–769.

[12] Blackford J J, Chambers F M. Proxy climate record for the last 1000 years from Irish blanket peat and a possible link to solar variability[J]. Earth and Planetary Science Letters, 1995, 133 (1): 145–150.

[13] Blundell A, Charman D J, Barber K. Multiproxy late Holocene peat records from Ireland: towards a regional palaeoclimate curve[J]. Journal of Quaternary Science, 2008, 23: 59–71.

[14] Bond G, Broecker W, Johnsen S, Mcmanus J, Labeyrie L, Jouzel J, Bonani G. Correlations between climate records from North Atlantic sediments and Greenland ice. Nature, 1993, 365: 143–147.

[15] Bond G, Showers W, Cheseby M, et al. A pervasive millennial-scale cycle in North Atlantic Holocene and glacial Climates. Science, 1997, 278(14): 1257–1266.

[16] Booth R K, Jackson S T, Forman S L, Kutzbach J E, Kreig J, Wright D K. A severe centennical-scale drought in mid- continental North America 4200 years ago and apparent global linkages[J]. The Holocene, 2005, 15: 321–328.

[17] Borgmark A, Schoning K. A comparativestudy of peat proxies from two eastern central Swedish bogs and their relation to meterological data[J]. Journal of Quaternary Science, 2006, 21: 109–114.

[18] Boyle E A. Is ocean thermohaline circulation linked to abrupt stadia/interstadial transitions[J]. Quaternary Science Review, 2000, 19: 255–272.

[19] Boyle J F A. Comparision of two methods for estimating the organic matter contemt of sediments[J]. Journal of Paleolimnology, 2004, 31(1): 125–127.

[20] Brauer A, Mingram J, Frank U, Gunter C, Schettler G, Wulf S, Zolitschka B, Negendank J F W. Abrupts environmental oscillations during the earth Weichselian recorded at Lago Granda di Mouticchio, southern Italy[J].Quaternary International, 2000, 73: 79–90.

[21] Burchard I. Anthropogenic impact on the climate since man began to hunt[J]. Palaeogeography, Palaeoclimatology, Palaeoecology, 1998, 139: 1–14.

[22] Carroll F A, Hunt C O, Schembri P J, Bonanno A. Holocene climate change, vegetation history and human impact in the Central Mediterranean: evidence from the Maltese Island[J]. Quaternary Science Review, 2012, 52: 24-40.

[23] Caseldine C J, Baker A, Charman D J, Hendon D. A comparative study of optical properties of NaOH extracts: implications for humification studies[J]. The Holocene, 2000, 10(5): 649-658.

[24] Chambers F M, Barber K E, Maddy D, Brew J. A 5500-year proxy-climate and vegetation record from blanket mire at Talla Moss, Borders, Scotland[J]. The Holocene, 1997, 7: 391-399.

[25] Chen J, Chen Y, Liu L W, Ji J F, Balsam W, Sun Y B, Lu H Y. Zr/Rb ration in the Chinese loess sequences and its implication for changes in the East Asian winter monsoon strength[J]. Geochimica et Cosmochimica Acta, 2006, 70(6): 1471-1482.

[26] Chen J, Li G J. Geochemical studies on the source region of Asian dust[J]. Science China Earth Sciences, 2011, 54: 1279-1301.

[27] Chen J, Li G J, Yang J D, Rao W B, Lu H Y, Balsam W, Sun Y B, Ji J F. Nd and Sr isotopic characteristics of Chinese deserts: Implications for the provenances of Asian dust[J]. Geochimica et Cosmochimica Acta, 2007, 71: 3904-3914.

[28] Chen J, Wang Z H, Li X, Chen Z Y. Provenance of Picea and Abies pollens in Late Quaternary Sediments of the Yangtze River delta[J]. Quaternary Sciences, 2014, 29: 290-298.

[29] Chen J H, Chen F H, Feng S. Hydroclimate changes in China and surroundings During the Medieval Climate Anomaly and Little Ice Age: spatial patterns and possible mechanisms[J]. Quaternary Science Review, 2015, 107: 98-111.

[30] Chen X Q, Yan Y X, Fu R S, et al. Sediment transport from the Yangtze River, China, into the sea over the Post-Three Gorge Dam Period: A discussion[J]. Quaternary International, 2008, 186(1): 55-64.

[31] Chen X M, Chen F H, Zhou A F, Huang X Z, Tang L Y, Wu D, Zhang X J, Yu J Q. Vegetation history, climate changes and Indian summer monsoon evolution during the last glaciation (36,400-13,400 Cal a BP) documented by sediments from Xingyun Lake, Yunnan, China[J]. Palaeogeogr, Palaeoclimatol, Palaeoecol, 2014, 410(5): 179-189.

[32] Chen Y, Ni J, Herzschuh U. Quantifying modern biomes based on surface pollen data in China[J]. Global and Planetary Change, 2010, 74: 114–131.

[33] Chiang J C F, Fang Y, Chang P. Interhemispheric thermal gradient and tropical Pacificclimate[J]. Geophysical Research Letters, 2008, 35: 137–149.

[34] Clark J S, Royall P D. Particle-Size Evidence for Source Areas of Charcoal AccumulationIn Late Holocene Sediments of Eastern North American Lakes[J]. Quaternary Research, 1995, 43: 80–89.

[35] Clark J S. Particle motion and the theory of charcoal analysis: Source area, transport, deposition, and sampling[J]. Quaternary Research, 1988, 30: 67–80.

[36] COHMAP Members. Climate changes of the last 1800 years: Observation and model simulation[J]. Science, 1988, 241: 1043–1052.

[37] Cosford J, Qing H R, Mattey D, et al. Climatic and local effects on stalagmite $\delta^{13}C$ values at Lianhua Cave, China[J]. Palaeogeography, Palaeoclimatology, Palaeoecology, 2009, 280: 235–244.

[38] Dansgaard W, Johnsen S J, Clausen H B, Dahl-Jensen D, Gundestrup N S, Hammer C U, Hvidberg C S, Steffensen J P, Sveinbjornsdottir A E, Jouzel J, Bond G. Evidence forgeneral instability of past climate from a 250-ka ice-core record[J]. Nature, 1993, 364: 218–220.

[39] Dean W E. Determination of carbonate and organic matter in calcareous sediments and sedimentary rocks by loss on ignition: comparison with other methods[J]. Journal of Sedimentary Research, 1974, 44: 242–248.

[40] Dodson J R, Mcrae V M, Molloy K, Roberts F, Smith J D. Late Holocene human impact on two coastal environmentals in new south Wales, Australia: a comparison of aboriginal and European impacts[J]. Veget, hist, Archaeobot, 1993, 2: 89–100.

[41] Dodson J R, Ranrath A. An Upper Pliocene lacustrine environmental record from south western Australia preliminary results[J]. Palaeogeography, Palaeoclimatology, Palaeoecology, 2001, 167: 309–320.

[42] Dong J G, Wang Y J, Cheng H, et al. A high-resolution stalagmite record of the Holocene East Asian monsoon from Mt Shennongjia, central China[J]. The Holocene, 2010, 20(2): 257–264.

[43] Duro D C, Franklin S E, Dube M G.A Comparison of Pixel-based and Object-based Image Analysis with Selected Machine Learning Algorithms for the Classification of Agricultural Landscapes Using Spot-5 Hrg Imagery[J]. Remote Sensing of Environment, 2012, 118: 259-272.

[44] Dykosi C A, Edwards R L, Cheng H, Yuan D X, Cai Y J, Zhang M L, Lin Y S, Qing J M, An Z S, Revenaugh J. A high-resolution, absolute-dated Holocene and deglacial Asian monsoon record from Dongge Cave, China[J]. Earth and Planetary Science Letters, 2005, 233: 71-86.

[45] Eddy J A. The PAGES Project: Proposed implementation plans for research activities, IGBP Report No. 19[R]. Stockholm: IGBP, 1992: 112.

[46] Fan J W, Xiao J L, Wen R. L, Zhang S R, Wang X, Cui L L, Li H, Xue D S, Yamagata H. Droughts in the East Asian summer monsoon margin during the last 6 kyrs: Link to the North Atlantic cooling events[J]. Quaternary Science Review, 2016, 151: 88-99.

[47] Fleitmann D, Burns S J, Mudelsee M, Neff U, Kramers J, Mangini A, Matter, A. Holocene Forcing of the Indian Monsoon Recorded in a stalagmite from Southern Oman[J]. Science, 2003, 300: 1737-1739.

[48] Folk R L, Ward W C. Brazos River bar: A study in the significance of grain size parameters[J]. Journal of sedimentary Petrology, 1957, 27: 3-26.

[49] Forray F L, Onac B P, Tantau I, Wynn J G, Tamas T, Coroiu L, Giurgiu A M. A Late Holocene environmental history of a bat guano deposit from Romania: an isotopic, pollen and microcharcoal study[J]. Quaternary Science Review, 2015, 127: 141-154.

[50] Frazier P S, Page K J. Water body detection and delineation with Landsate TM data[J]. Photogrammertric Engineering and Remote Sensing, 2000, (66): 1467-2467.

[51] Gasse F, Caliipo E V. Abrupt post-glacial climate events in West Asia and North Africa monsoon domains[J]. Earth and Planetary Science Letters, 1994, 126: 435-456.

[52] Gottmann J. Megalopolis: the Urbanized Northeastern Seaboard of the United States[M]. New York: the Twentieth Century Fund, 1961.

[53] Gotanda K, Nakagawa T, Tarasov P E, Yasuda Y. Disturbed vegetayion reconstruction using the biomization method from Japanese pollen data: Modern and

Late Quaternary samples[J]. Quaternary international, 2008, 184: 56–74.

[54] Guo P, Wang C Y, Tian X J, et al. Mixed inorganic and organic nitrogen addition enhanced extracellular enzymatic activities in a subtropical forest soil in East China[J]. Water, Air, & Soil Pollution, 2011, 216: 229–237.

[55] Guo P, Wang C Y, Jia Y, et al. Responses of soil microbial biomass and enzymatic activities to fertilizations of mixed inorganic and organic nitrogen at a subtropical forest in East China[J]. Plant and Soil, 2011, 338: 355–366.

[56] Hardt B, Rowe H D, Springer G S, Cheng H, Edwards R L. The seasonality of east central North American precipitation based on three coeval Holocene speleothems from southern West Virginia[J]. Earth and Planetary Science Letters, 2010, 259: 342–348.

[57] Hendy I L, Minckley T A, Whitlock C. Eastern tropical Pacific vegetation response to rapid climate change sea level sire: A new pollen record from the Gulf of Tehuantepec, southern Mexico[J]. Quaternary Science Review, 2016, 145: 152–160.

[58] Hong, Y. T., Hong, B., Lin, Q. H., Shibata, Y., Hirota, M., Zhu, Y. X., Leng, X. T., Wang, Y., Wang, H., Yi, L., 2005. Inverse phase oscillations between the East Asian and Indian Ocean summer monsoons during the last 12000 years and paleo–El Nino[J]. Earth and Planetary Science Letters, 2005, 231, : 337–346.

[59] Houghton J T, Jenkins G J, Ephraums J J (eds). Climate Change: The Intergovernmental Panel on Climate Change[M]. Cambridge: Cambridge University Press, 1990.

[60] Hu C Y, Henderson G M, Huang J H, et al. Quantification of Holocene Asian monsoon rainfall from spatially separated cave records[J]. Earth and Planetary Science Letters, 2008, 266: 221–232.

[61] Huang C C, Pang J L, Zha X C, Zhou Y L, Su H X, Li Y Q. Extraordinary floods of 4100–4000 a BP recorded at the late Neolithic ruins in the Jinghe river gorges, middle reach of the Yellow River, China[J]. Palaeogeography, Palaeoclimatology, Palaeoecology, 2010, 289: 1–9.

[62] Haug G H, Günther D, Peterson L C, et al. Climate and the Collapse of Maya Civilization. Science, 2003, 299: 1731–1735.

[63] Huang C C, Pang J L, Zha X C, Zhou Y L, Su H X, Zhang Y Z, Wang H

S, Gu H L. Holocene palaeoflood events recorded by slackwater deposits along the lower Jinghe River valley, middle Yellow River basin, China[J]. Journal of Quaternary Science, 2012, 27: 485-493.

[64] Huang X Z, Chen F H, Fan X Y, Yang M L. Dry late-glacial and early Holocene climate in arid central Asia indicated by lithological and palynological evidence from Bosten Lake, China[J]. Quaternary International, 2009, 194: 19-27.

[65] IPCC. Climate Change 2007: Synthesis Report[R]. Geneva: Intergovernmental Panel on Climate Change, 2007.

[66] IPCC. Climate Change 2013: The Physical Science Basis[M]. Cambridge: Cambridge University Press, 2014.

[67] IPCC. Climate Change 2014: Synthesis Report[R]. Geneva: Intergovernmental Panel on Climate Change, 2015.

[68] Jian Z M, Wang P X, Saito Y, et al. Holocene variability of the Kuroshio Current in the Okinawa Trough, northwestern Pacific Ocean[J]. Earth and Planetary Science Letters, 2000, 184: 305-319.

[69] Jiang D B, Lang X M, Tian Z P, Ju L X. Mid-Holocene East Asian summer monsoon Strengthening: insights from Paleoclimate Modeling Intercomparison Project (PMIP) simulations[J]. Palaeogeography, Palaeoclimatology, Palaeoecology, 2013a, 369: 422-429.

[70] Jiang D B, Tian Z P, Lang X M. Mid-Holocene net precipitation changes over China: Model-data comparision[J]. Quaternary Science Review, 2013b, 82: 104-120.

[71] Johnsen S J, Clausen H B, Dansgaard W, Fuhrer K, Gundestrup N, Hammer C U, Iversen P, Jouzel J, Stauffer B, Steffensen J P. Irregular glacial interstadials recorded in a new Greenland ice core[J]. Nature, 1992, 359: 311-313.

[72] Johnson T C, Brown E T, McManus J, Barry S, Barker P, Gasse. A high-resolution paleoclimate record spanning the past 25000 years in Southern East Africa[J]. Science, 2002, 296(5565): 113-132.

[73] Juan I S, Rosa M, Enrigue L, Cristino J, Dabrio M, Blanca R M. Loss on ignition: a qualitative or quantitative method for organic matter and carbonate mineral content in sediments[J]. Journal of Paleolimnology, 2004, 32(3): 287-299.

[74] Jung H C, Alsdorf D. Repeat-pass multitemporal interferometric SAR

coherence variations with Amazon flood-plain and lake habitats[J]. International Journal of Remote Sensing, 2010, 31(4): 881-901.

[75] Kim J W, Lu Z, Jones J W, et al. Monitoring everglades freshwater marsh water level using L-band synthetic aperture radar backscatter[J]. Remote Sensing of Environment, 2014, (150): 66-81.

[76] Kishtawal C M, Niyogi D, Tewari M, et al. Urbanization signature in the observed heavy rainfall climatology over India[J]. International Journal of Climatology, 2010, 30(13): 1908-1916.

[77] Klapyta P, Zasadni J, Pociask-Karteczka J, Gajda A, Franczak P. Late Glacial and Holocene paleoenvironmental recorda in the Tatra Mountains, East-Central Europe, based on lake, peat bog and colluvial sedimentary data: A summary review[J]. Quaterynary Internationa, 2016, l415: 126-144.

[78] Korsman T, Nilsson M B, Landgren K, Renberg I. Spatial variability in surface sediment composition characterize by-infrared reflectance spectrocop[J]. Journal of Paleolimnology, 1999, 21: 61-71.

[79] Kulkarni C, Peteet D, Boger R. Exploring the role of humans and climate over the Balkan landscape: 500 years of vegetational history of Serbis[J]. Quaternary Science Review, 2016, 144: 83-94.

[80] Langdon P G, Barber K E, Hughes P D M. A 7500-year pear-based palaeoclimateic reconstruction and evidence for an 1100-year cyclicity in bog surface wetness from Temple Hill Moss, Pentland Hills, southeast Scotland[J]. Quaternary Science Review, 2003, 22: 259-274.

[81] Li J Y, Dodson J, Yan H, et al. Quantitative Holocene climatic reconstructions for the lower Yangtze region of China[J]. Climatic Dynamic, 2018, 50: 1101-1113.

[82] Li Lan, Zhu Cheng, Jiang Fengqing, et al. Research on the disappearance causes of the Tenghualuo Site in Lianyungang, Jiangsu Province, China[J]. Chinese Science Bulletin, 2008, 53(S1): 161-176.

[83] Li Lan, Zhu Cheng, Lin Liugen, et al. Evidence for marine transgression between 7500-5400BC at the Luotuodun Site in Yixing, Jiangsu Province[J]. Journal of Geographical Sciences, 2009, 19(6): 671-680.

[84] Li Q, Lu H Y, Shen C M, Zhao Y, Ge Q S. Vegetation succession in

response to Holocene climate changes in the centre Tibetan Plateau[J]. Journal of Arid Environments, 2016, 125: 136–144.

[85] Li, Y. P., Ma, C. M., Zhou, B., Cui, A. N., Zhu, C., Huang, R., Zheng, C. G., 2016. Environmental processesderived from peatland geochemistry since the last deglaciation in Dajiuhu, Shennongjia, central China[J]. Boreas, 2016, 45,: 423–438.

[86] Lillesand T, W Kiefer R, Chipman J. Remote Sensing and Image Interpretation(7th)[M]. America: Wiley, 2015.

[87] Ma C M, Zhu C, Zheng C G, Yin Q, Zhao Z P. Climate changes in East China since the Late-glacial inferred from high-resolution moution peat humification records[J]. Science in China Series D: Earth Scienc, 2009, 52: 118–131.

[88] Martel-Cea A, Maldonado A, Grosjean M, Alvial I, Jong R D, Fritz S C, Gunten L V. Late Holocene environmental changes as recorded in the sediments of high Andean Laguna Chepical, Central Chile[J]. Palaeogeography, Palaeoclimatology, Palaeoecology, 2016, 461: 44–54.

[89] Mayewski P A, Rohling E E, Stager J C, Karlén W, Maasch K A, Meeker L D, Meyerson E A, Gasse F, Kreveld S V, Holmgren K, Lee-Thorp J, Rosqvist G, Rack F, Staubwasser M, Schneider R R, Steig E J. Holocene climate variability[J]. Quaternary Research, 2004, 62(3): 243–255.

[90] Mauquoy D, Barber K E. A replicated 3000 yr proxy-climate record from Coom Rigg Moss and Felecia Moss, the Border Mires northern England[J]. Journal of Quaternary Science, 1999, 14: 263–275.

[91] Miao Y F, Jin H L, Liu B, Herrmann M, Sun Z, Wang Y P. Holocene climate change on the Northeasetern Tibetan Plateau inferred from mountain-slope and non-pollen palynomorphs[J]. Review of palaeobotany and palynology, 2015, 221: 22–31.

[92] Michael W B, Alan L K, Brenner M, et al. Climate variation and fall of on Andean Civilization[J]. Quaternary Research, 1997, 47(2): 235–248.

[93] Migliavacca M, Pizzeghello D, Busana M S, Nardi S. Soil chemical analysis supports the identification of ancient breeding structures: the case-study of Cà Tron (Venice, Italy)[J]. Quaternary International, 2012, 275: 128–136.

[94] Mischke, S., Lai, Z. P., Long, H., Tian, F.,2016. Holocene climate and landscape change in the Northeastern Tibetan Plateau foreland inferred from the

Zhuyeze Lake record[J]. The Holocene, 2016, 26, : 643-654.

[95] Misra A K. Impact of urbanization on the hydrology of Ganga Basin (India)[J]. Water Resources Management, 2011, 25(2): 705-719.

[96] Moghaddam M H R, Sedighi A, Fayyazi M A. Applying MNDWI index and linear directional mean analysis for morphological changes in the Zarriné-Rūd River[J]. Arabian Journal of Geosciences, 2015, 8(10): 8419-8428.

[97] Morner N A. The Fennoscandian uplift: geological data and their geodynamical implication[M]//Morner N A. Earth Rheology, Isostasy and Eustasy. Chichester: Wiley, 1980: 251-284.

[98] Ohlwein, C., Wahl, E. R., 2012. Review of probabilistic pollen-climate transfer methods[J]. Quaternary Science Review, 2012, 31: 17-29.

[99] Ouma Y O, Tateishi R A. Water Index for Rapid Mapping of Shoreline Changes of Five East African Rift Valley Lakes: An Empirical Analysis Using Landsat TM and ETM+ data[J]. International Journal of Remote Sensing, 2006, 27(15-16): 3153-3181.

[100] Palmer S C J, Kutser T, Hunter P D, Remote sensing of inland waters: Challenges, poess and future directions[J]. Remote Sensing of Environment. 2015, 157: 1-8.

[101] Pandey B, Seto K C. Urbanization and agricultural land loss in India: Comparing satellite estimates with census data[J]. Journal of Environmental Management, 2015, 148: 53-66.

[102] Perry C A, Hsu K J. Geophysical, archaeological, and historical evidence support a solar- output model for climate change[J]. Proceedings of the National Academy of Sciences, 2000, 97(23): 12433-12438.

[103] Perry I, Moore P D. Dutch elm disease as an analogue of Neolithic elm decline[J]. Nature, 1987, 326: 72-73.

[104] Prentice I C, Guiot J, Huntley B, Jolly D, Cheddadi R. Reconstructing Biomes from palaeoecological data: a general method and its application to European pollen data at 0 to 6 ka[J]. Climate Dynamics, 1996, 12: 185-194.

[105] Qin J G, Taylor D, Atahan P. Neolithic agriculture, freshwater resources and rapid environmental changes on the lower Yangtze, China[J]. Quaternary Research,

2011, 75: 55-65.

[106] Qu W C, Xue B, Dickman M D, Wang S M, Fan C X, Wu R J, Zhang P Z, Chen J F, Wu Y H. A 14000-year record of paleoenvironmental change in the western basin of China's third largest lake, Lake Taihu[J]. Hydrobiologia, 2000, 432: 113-120.

[107] Ramos-Roman M J, Jimenez-Moreno G, Anderson R S. Centennial-scale vegetation and North Atlantic Oscillation changes during the Late Holocene in the southern Iberia[J]. Quaternary Science Review, 2016, 143: 84-95.

[108] Ramrath A, Zolitschka B, Wulf S, Negendank J F W. Late Pleistocene climate variations as recorded in two Ilalian maar lakes (Lago di mezzano, Lago Grande di Monticchio)[J]. Quaternary Science Review, 1999, 18: 977-992.

[109] Rawat S, Gupta A K, Sangode S J, Srivastava P, Nainwal H C. Late Pleistocene Holocene vegetation and summer monsoon record from the Lahaul, Northwest Limalaya, India[J]. Quaternary Science Review, 2015, 114: 167-181.

[110] Rhodes A N. A method for the precipitation and quantification of microscopic charcoal from terrestrial and lacustrine sediment cores[J]. The Holocene, 1998, 8: 113-117.

[111] Roberto S R. Science Plan: Urbanization and global environmental change[R]. Bonn: IHDP, 2005, 15: 5-49.

[112] Roos-Barraclough F, et al. A Late-glacial and Holocene record of climate change from a Swiss peat humification profile[J]. The Holocene, 2004, 14(1): 17-19.

[113] Seto K C. Exploring the Dynamics of Migration to Mega-Delta Cities in Asia and Africa: Contemporary Drivers and Future Scenarios[J]. Global Environmental Change, 2011, 21: 94-107.

[114] Seto K C, Ramankutty N. Hidden linkages between urbanization and food systems[J]. Science, 2016, 352: 943-945.

[115] Shao X H, Wang Y J, Cheng H, et al. Long-term trend and abrupt events of the Holocene Asian monsoon inferred from a stalagmite $\delta^{18}O$ record from Shennongjia in Central China[J]. Chinese Science Bulletin, 2006, 51(2): 221-228.

[116] Shakun J D, Carlson A E. A global perspective on Last glacial Maximum to Holocene Climate change[J]. Quaternary Science Reviews, 2010, 29: 1801-1816.

[117] Shi J F, Cook E R, Lu H Y, et al. Tree-ring based winter temperature

reconstruction for the lower reaches of the Yangtze River in southeast China[J]. Climate Research, 2010, 41(2): 169–175.

[118] Shi Z G. Response of Asian summer monsoon during to orbitar forcing under glacial andinterglacial conditions: Implication for precipitation variability in geological records[J]. QuaternaryScience Review, 2016, 139: 30–42.

[119] Smith D E, Harrison S, Firth C R, et al. The early Holocene sea level rise[J]. Quaternary Science Reviews, 2011, 30: 1846–1860.

[120] Smith L C. Satellite remote sensing of river inundation area, stage, and discharge: A review[J]. Hydrological Processes, 1997, 11(10): 1427–1439.

[121] Solanki S K, Fligge M. A reconstruction of total solar irradiance since 1700[J]. Geophysical Research Letters, 1999, 26: 2465–2468.

[122] Solecki W D, Seto K C, Marcotullio P. It's time for an urbanization science[J]. Environment, 2013, 55(1): 12–17.

[123] Street-Perrott F A, Perrott R A. Abrupt climate fluctuations in the tropics: The influence of Atlantic Ocean circulation[J]. Nature, 1990, 343: 607–609.

[124] Stuart G S L, Walker E G. Pollen and charcoal studies at the Wolf Willow site, Wanuskewin Heritage Park, Saskatoon, Canada[J]. Vegetation history and archaeobotany, 2018, 27(3): 507–525.

[125] Stuiver M, Brauzanias T F. Atmospheric 14C and centuryscale solar oscillations[J]. Nature, 1989, 338: 405–408.

[126] TerBraak C J F, Smilauer P. CANOCO Reference Manual and CanoDraw for Windows User's Guide: Software for Canonical Community Ordination (Version 4.5)[R]. Ithaca: Microcomputer Power, 2002.

[127] Thompson R, Oldfleld F. Environmental Magnetism[M]. London: Allen & Unwin, 1986.

[128] Thompson R, Stober J C, Turner G M, et al. Environmental applications of magnetic measurements[J]. Science, 1980, 207: 481–486.

[129] Tian X S, Zhu C, Sun Z B, Shui T. An evaluation of heavy metal pollution within historic cultural strata at a specialized salt production site at Zhongba in the Three Gorges Reservoir region of the Yangtze River, China[J]. Environmental Earth Sciences, 2013, 69: 2129–2138.

[130] Tian X S, Zhu C, Sun Z B, Shui T, Huang Y P, Kimon F R, Li Y M. Carbon and nitrogen stable isotope analyses of mammal bone fossils from the Zhongba site in the Three Gorges Reservoir region of the Yangtze River, China[J]. Chinese Science Bulletin, 2011, 56: 169-178.

[131] Tjallingii R, Stattegger K, Wetzel A, et al. Infilling and flooding of the Mekong River incised valley during deglacial sea-level rise[J]. Quaternary Science Reviews, 2010, 29: 1432-1444.

[132] Trusilova K, Jung M, Churkina G. On Climate Impacts of a Potential Expansion of Urban Land in Europe[J]. Journal of Applied Meteorology and Climatology, 2009, 48(9): 1971-1980.

[133] Turney C S M, Brown H. Catastrophic early Holocene sea level rise, human migration and the Neolithic transition in Europe[J]. Quaternary Science Reviews, 2007, 26: 2036-2041.

[134] Vehaar P M, Biron P M, Ferguson R I, Hoey T B. A modified morphodynamic model for investigating the response of rivers to short-term climate change[J]. Geomorphology, 2008, 101: 674-682.

[135] Wang J, Gao W, Xu S Y, et al. Evaluation of the combined risk of sea level rise, land subsidence, and storm surges on the coastal areas of Shanghai, China[J]. Climatic Change, 2012, 115(3): 537-558.

[136] Wang J, Zhou S Z, Xu LB. Progress of Research on 8.2ka BP Cold Event[J]. Journal of Glaciology and Geocryology, 2005, 27: 520-527.

[137] Wang Y J, Cheng H, Edwards R L, et al. The Holocene Asian monsoon: links to solar changes and North Atlantic climate[J]. Science, 2005, 308: 854-857.

[138] Wang J Q, Liu J L. Amino Acids and Stable Carbon Isotope Distributions in Taihu Lake, China, Over the Last 15000 Years, and Their Paleoecological Implications[J]. Quaternary Research, 2000, 53(2): 223-228.

[139] Wang T, Wang H J, Jiang D B. Mid-holocene East summer climate as simulated by the PMIP2 models[J]. Palaeogeography, Palaeoclimatology, Palaeoecology, 2010, 288: 93-102.

[140] Wang Y J, Cheng H, Edwards R L, An Z S, Wu J Y, Shen C C, Dorale J A. A High-Resolution Absolute-Dated Late Pleistocene Monsoon Record from Hulu Cave,

China[J]. Science, 2001, 294: 2345-2348.

[141] Wang Y J, Cheng H, Edwards R L, He Y Q, Kong X G, An Z S, Wu J Y, Kelly M J, Dykoski C A, Li X D. The Holocene Asian Monsoon: links to Solar Changes and North Atlantic Climate[J]. Science, 2005, 308: 854-857.

[142] Weiss H, Bradley R S. What drives societal collapses?[J]. Science, 2001, 291: 609-610.

[143] Wu L, Zhu C, Zheng C G, Li F, Wang X H, Li L, Sun W. Holocene environmental change and its impacts on human settlement in the Shanghai Area, East China[J]. Catena, 2014a, 114: 78-89.

[144] Wu W X, Liu T S. Possible role of the "Holocene Event 3" on the collapse of Neolithic Cultures around the Central Plainn of China[J]. Quatemary International, 2004, 117: 153-166.

[145] Wünnemann B, Demske D, Tarasov P, Kotlia B S, Reinhardt C, Bloemendal J, Diekmann B, Krois J, Riedel F, Arya N. Hydrological evolution during the last 15 kyr in the Tso Kar lake basin (Ladakh, India), derived from geomorphological, sedimentological and palynological records[J]. Quaternary Science Review, 2010, 29: 1138-1155.

[146] Wünnemann B, Mischke S, Chen F H. A Holocene sedimentary record from Bosten Lake, China[J]. Palaeogeography, Palaeoclimatolory, Palaeoecology, 2006, 234: 223-238.

[147] Xie S C, Evershed R P, Huang X Y, Zhu Z M, Pancost R D, Meyers P A, Gong L F, Hu C Y, Huang J H, Zhang S H, Gu Y S, Zhu J Y. Concordant monsoon-driven postglacial hydrological changes in peat and stalagmite records and their impacts on prehistoric cultures in central China[J]. Geology, 2013, 41(8): 827-830.

[148] Xu Q H, Chen F H, Zhang S R, Cao X Y, Li J Y, Li Y C, Chen J H, Liu J B, Wang Z L. Vegetation succession and East Asian Summer Monsoon Changes since the last deglaciation inferred from high-resolution pollen record in Gonghai Lake Shanxi province, China[J]. The Holocene, 2016, 1-12.

[149] Xu Q H, Wu C. Palaeochannels on the north China plain: stagedivision and palae-envirronments[J]. Geomorphology, 1996, 18(1): 15-26.

[150] Yancheva G, Nowaczyk N R, Mingram J, Dulski P, Schettler G, Negendank

J F W, Liu J Q, Sigman D M, Peterson L C, Haug G H. Influence of the intertropocal convergence zone on the East Asian momsoon[J]. Nature, 2007, 445: 74-77.

[151] Yang D Y, Yu G, Xie Y B, Li Z J. Sedimentary records of large Holocene floods from the middle reaches of the Yellow River, China[J]. Geomorphology, 2000, 33: 73-88.

[152] Yao F L, Ma C M, Zhu C, et al. Holocene climate change in the western part of Taihu Lake region, East China[J]. Palaeogeography, Palaeoclimatology, Palaeoecology, 2017, 485: 963-973.

[153] Yu J Q, Kelts K. Abrupt changes in climatic conditions across the late-glacial/Holocene transition On the N. E. Tibet-Qinghai Palteau: evidence from Lake Qinghai, China[J]. Journal of Paleolimnology, 2002, 28: 195-206.

[154] Yuan Z W, Jiang W L, Bi J J. Cost-effectiveness of two operational models at industrial wastewater treatment plants in China: A case study in Shengze Town, Suzhou City[J]. Journal of Environmental Management, 2010, 91(10): 2038-2044.

[155] Yuan Z W, Zhang L, Bi J. Which is more cost-effective? A comparison of two wastewater treatment models in China-Singapore Suzhou Industrial park, China[J]. Journal of Cleaner Production, 2010, 18(13): 1270-1275.

[156] Zhang P Z, Cheng H, Edwards R L, et al. A test of climate, sun, and culture relationships from an 1810-year Chinese cave record[J]. Science, 2008, 322: 940-942.

[157] Zhang Q, Zhu C, Jiang T. Mid-Pleistocene environmental reconstruction based on Xiashu Loess deposits in the Yangtze Delta, China[J]. Quaternary International, 2005, 135: 131-137.

[158] Zhao Y, Yu Z C, Zhao W W. Holocene vegetation and climate histories in the Tibetan Plateau: controls by insolation-driven temperature or monsoon-derived precipitation changes?[J]. Quaternary Science Reviews, 2011, 30: 1173-1184.

[159] Zhong X L, Zhou S L, Zhu Q, et al. Fraction distribution and bioavailability of soil heavy metals in the Yangtze River Delta - A case study of Kunshan City in Jiangsu Province, China[J]. Journal of Hazardous Materials, 2011, 198: 13-21.

[160] Zhou Z, Li S. Peanut planting area change monitoring from remote sensing images based on deep learning[C]//The Proceedings of 4th International Conference on Systems and Informatics (ICSAI). Hangzhou: IEEE, 2017: 1358-1362.

[161] Zhou W J, Yu X F, Jull A J, Burr G, Xiao J Y, Lu X F, Xian F. High-resolution evidence from southern China of an early Holocene optimum and a mid-Holocene dry event during the past 18000 years[J]. QuaternaryResearch, 2004, 62: 39-48.

[162] Zhou S L, Liao F Q, Wu S H, et al. Heavy metals content in soil profiles of Yixing typical agricultural lands. Chinese Science Bulletin, 2008, 53(Supp. I): 177–187.

[163] Zhou X, Sun L G, Zhan T, Huang W, Zhou X Y, Hao Q Z, Wang Y H, He X Q, Zhao C, Zhang J, Qiao Y S, Ge J Y, Yan P, Yan Q, Shao D, Chu Z D, Yang W Q, Smol J P. Time-transgressive onset of the Holocene Optimum in the East Asian monsoon region[J]. Earth and Planetary Science Letters, 2016, 456: 39–46.

[164] Zhu C, Ma C M, Xu W F, Bai L J, Zheng C G, Zhu G Y, Wang H L, Chen Y, Lu X F. Characteristics of paleoflood deposits archived in unit T0403 of Yuxi Site in the Three Gorges reservoir areas, China[J]. Chinese Science Bulletin, 2008, 53: 1–17.

[165] Zhu C, Wu L, Zhu T X, Li F, Zhang Y, Li L. Lichenometric dating and the nature of the excavation of the Huashan Grottoes, East China[J]. Journal of Archaeological Science, 2013, 40: 2485–2492.

[166] Zielinski G A. Use of paleo-records in determining variability within the volcanism-climate System[J]. Quaternary Science Review, 2000, 19: 417–438.

[167] Zong Y, Chen Z, Innes J B, Chen C, Wang Z, Wang H. Fire and flood management of coastal swamp enabled first rice paddy cultivation in east China[J]. Nature, 2007, 449: 459–462.

[168] 安徽省地方志编纂委员会. 安徽省志 [M]. 北京：方志出版社, 1999.

[169] 安徽省文物考古研究所. 凌家滩——田野考古发掘报告之一 [M]. 北京：文物出版社, 2006: 278-279.

[170] 《安徽水利年鉴》编辑委员会. 安徽水利年鉴 [M]. 合肥：合肥工业大学出版社, 2014.

[171] 安徽省宣州市地方志编纂委员会. 宣城县志 [M]. 北京：方志出版社, 1996.

[172] 安芷生, 符淙斌. 全球变化科学的进展 [J]. 地球科学进展, 2001, 16(5): 671-680.

[173] 蔡颖, 钟巍, 薛积彬, 等. 干旱区湖泊沉积物腐殖化度的古气候指示意

义——以新疆巴里坤湖为例 [J]. 湖泊科学, 2009, 21(1): 69–76.

[174] 草鞋山水田考古队. 草鞋山遗址 1992-1995 年发掘概要 [M]// 日本文化财科学会. 稻作起源探讨. 东京: 日本文化财科学会, 1996: 5–30.

[175] 畅莉. 苏州澄湖全新世环境变化的沉积记录 [D]. 上海: 华东师范大学, 2008.

[176] 陈高庸, 杜佐周, 郑振铎. 中国历代天灾人祸表 [M]. 上海: 上海书店, 1939.

[177] 陈国庆, 许鹏飞. 浅析宁镇地区北阴阳营文化和薛城文化遗存 [J]. 边疆考古研究, 2014, (2): 83–90.

[178] 陈明星. 城市化领域的研究进展和科学问题 [J]. 地理研究, 2015, 34(4): 614–630.

[179] 陈明星, 龙花楼, 王成金, 等. 我国人文与经济地理学发展回顾与展望——变化背景下我国人文与经济地理学发展高层论坛综述 [J]. 地理学报, 2016, 71(8): 1456–1471.

[180] 陈吉余, 虞志英, 恽才兴. 长江三角洲的地貌发育 [J]. 地理学报, 1959, 25(3): 201–220.

[181] 陈杰, 吴建民. 太湖地区良渚文化时期的古环境 [M]// 徐湖平. 东方文明之光——良渚文化发现 60 周年纪念文集（1936-1996）. 海口: 海南国际新闻出版中心, 1996.

[182] 陈杰. 崧泽文化的形成 [J]. 东南文化, 2015, 1: 57–65.

[183] 陈丽华, 彭辉. 圩墩遗址发掘四十周年的回顾与思索 [J]. 东南文化, 2012, (5): 31–35.

[184] 陈元甫. 土墩墓与吴越文化 [J]. 东南文化, 1992, (6): 11–21.

[185] 程宇铮. 胥溪五堰兴废及其社会经济影响研究 [D]. 苏州: 苏州大学, 2013.

[186] 成都地质学院陕北队. 沉积岩（物）粒度分析及其应用 [M]. 北京: 地质出版社, 1976: 44–54.

[187] 戴锦芳, 赵锐. 遥感技术在古丹阳湖演变研究中的应用 [J]. 湖泊科学, 2002, 4(2): 67–72.

[188] 丁文江. 扬子江下游之地理 [J]. 太湖流域水利季刊, 1926, 1(3).

[189] 丁越峰. 近 10000 年来太湖气候与环境变迁的沉积记录 [D] 上海: 华东

师范大学, 2004.

[190] 窦鸿身, 汪宪梓. 固城湖的成因与历史演变 [J]. 地理文集, 1983, (7): 1-9.

[191] 当涂县志编纂委员会. 当涂县志 [M]. 北京: 中华书局, 1996.

[192] Discovery Communications. 海啸 [Z]. 北京: 北京京文唱片有限公司, 2000.

[193] 杜碧兰, 田素珍, 吕春花. 海面上升对中国沿海主要脆弱区的影响及对策 [M]. 北京: 海洋出版社, 1997.

[194] 杜佳佳, 王根富. 土墩墓研究中的几个问题 [J]. 南方文物, 2010, (4): 120-142.

[195] 杜佳佳. 凌家滩玉器的考古学研究 [D]. 南京: 南京师范大学, 2011.

[196] 范斌. 植硅体记录的巢湖流域环境变化及其灾害事件响应 [D]. 上海: 华东师范大学, 2006.

[197] 樊育蓓. 太湖流域史前稻作农业发展研究 [D]. 南京: 南京农业大学, 2011.

[198] 方向明. 马家浜－良渚文化若干问题的探讨 [G]// 浙江省文物考古研究所. 纪念浙江省文物考古研究所建所 20 周年论文集. 杭州: 西泠印社, 1999: 33-48.

[199] 方向明. 崧泽文化玉器及其相关问题的研究 [J]. 东南文化, 2010, 6: 87-97.

[200] 房迎三. 江苏南部旧石器调查报告 [J]. 东南文化, 2002, (1): 17-25.

[201] 冯景海, 陈文汉, 李泽. 雷达技术综述及发展展望 [C]// 四川省通信学会. 四川省通信学会会议论文集. 成都: 2006.

[202] 甘恢元. 凌家滩新石器时代遗存研究 [D]. 合肥: 安徽大学, 2009.

[203] 高淳区文物保护与文博研究濮阳康京工作室. 高淳文脉探幽 [M]. 南京: 南京出版社, 2015.

[204] 高淳县地方志编纂委员会. 高淳县志 (1986-2005)[M]. 北京: 中国方志出版社, 2010.

[205] 高淳县地方志编纂委员会. 高淳县志 [M]. 南京: 江苏古籍出版社, 2018.

[206] 高淳县水利志编纂委员会. 高淳县水利志 [M]. 南京: 江苏古籍出版社, 2002.

[207] 葛剑雄, 等. 中国移民史 [M]. 福州: 福建人民出版社, 1997.

[208] 龚良, 吴晓林, 刘谨胜, 等. 重构与解读——江苏六十年考古成就 [M]. 南京: 南京大学出版社, 2009.

[209] 顾冬红, 董俊卿, 李青会, 等. 良渚文化时期玉器的特征与文明发展的关系 [J]. 广西民族大学学报, 2009, 15(4): 18-30.

[210] 官子和. 中国常见水生维管束植物孢粉形态 [M]. 北京: 科学出版社, 2011.

[211] 郭明. 试论崧泽文化分期 [J]. 东方博物, 2004, (02): 39-49.

[212] 国家文物局. 中国文物地图集·江苏分册(上下集)[M]. 北京: 中国地图出版社, 2008.

[213] 国家文物局. 中国文物地图集·浙江分册(上下集)[M]. 北京: 中国地图出版社, 2013.

[214] 国家文物局. 中国文物地图集·安徽分册(上下集)[M]. 北京: 中国地图出版社, 2014.

[215] 国家文物局. 中国文物地图集·上海分册 [M]. 北京: 中国地图出版社, 2017.

[216] 郝明华. 苏皖江北地区的崧泽文化因素 [J]. 东南文化, 2001, (5): 18-23.

[217] 胡阿祥. 江南社会经济研究·六朝隋唐卷 [M]. 北京: 中国农业出版社, 2006.

[218] 胡阿祥. 东晋南朝侨州郡县与侨流人口研究 [M]. 南京: 江苏教育出版社, 2008.

[219] 胡焕庸, 任美锷, 李旭旦. 东坝考察记 [J]. 方志月刊, 1933, 6(2).

[220] 胡连英, 徐学思. 江苏溧阳地震孕育和发生的地质因素剖析 [J]. 江苏地质, 2001, 25(1): 11-16.

[221] 黄润, 朱诚, 王升堂. 天堂寨泥炭地层的磁化率、Rb/Sr 值及其反映的古气候意义 [J]. 地理科学, 2007, 27(3): 385-389.

[222] 黄文浩. 崧泽文化研究 [D]. 南京: 南京师范大学, 2008.

[223] 黄宣佩. 略论崧泽文化的分期 [C]// 中国考古学会. 中国考古学会第三次年会论文集. 北京: 文物出版社, 1984: 28-31.

[224] 黄苑. 凌家滩遗址出土玉器研究 [D]. 济南: 山东大学, 2011.

[225] 黄宁生. 文化遗址叠置系数及其环境意义 [J]. 大自然探索, 1996, (02): 51-53.

[226] 靳诚, 陆玉麒. 1978 年来长江三角洲经济格局空间演变研究 [J]. 人文地理, 2012, 27(2): 113-118.

[227] 嘉兴市文化局. 马家浜文化 [M]. 浙江: 浙江摄影出版社, 2004.

[228] 贾天骄. 成都平原中晚全新世古洪水事件环境考古研究 [D]. 南京: 南京大学, 2016.

[229] 贾铁飞, 戴雪荣, 张卫国, 等. 全新世巢湖沉积记录及其环境变化意义 [J]. 地理科学, 2006, 26(6): 706-711.

[230] 贾海林, 刘苍字, 张卫国, 等. 崇明岛 CY 孔沉积物的磁性特征及其环境意义 [J]. 沉积学报, 2004, 22(1): 117-123.

[231] 江苏省地质工程勘察院. 南京市高淳区生活垃圾焚烧发电项目岩土工程勘察报告 [R]. 2015.

[232] 江苏省文物工作队. 江苏连云港市二涧村遗址第二次发掘 [J]. 考古, 1962, (3): 111-116.

[233] 江苏省文物管理委员会. 江苏高淳出土春秋铜兵器 [J]. 文物, 1966, (2): 62-65.

[234] 蒋庆丰, 沈吉, 刘兴起, 等. 西风区全新世以来湖泊沉积记录的高分辨率古气候演化 [J]. 科学通报, 2007, 52(9): 1042-1049.

[235] 蒋庆丰, 季峻峰, 沈吉, 等. 赛里木湖孢粉记录的亚洲内陆西风区全新世植被与气候变化 [J]. 中国科学: 地球科学, 2013, 43(2): 243-255.

[236] 蒋素华. 北阴阳营——凌家滩玉器的分析 [J]. 东南文化, 2002, (5): 63-65.

[237] 蒋小芳. 新石器中期以来芜申运河西段的水域范围反演及驱动力分析 [D]. 南京: 南京大学, 2019.

[238] 吉磊, 王苏民, 郑长苏, 等. 浅钻岩芯揭示的固城湖 4000 年来环境演化 [J]. 湖泊科学, 1993, 4: 317-323.

[239] 吉云平, 夏正楷. 不同类型沉积物磁化率的比较研究和初步解释 [J]. 地球学报, 2007, 28(6): 541-549.

[240] 金家年. 丹阳湖的历史变化与水阳江流域的农田开发 [J]. 安徽大学学报, 1988, (2): 81-86.

[241] 景存义. 太湖地区全新世以来古地理环境的演变 [J]. 地理科学, 1985, 5(8): 227-234.

[242] 景存义. 太湖的形成与演变 [J]. 地理科学, 1989, 9(4): 378-387.

[243] 李冰. 太湖东部平原平望孔全新世环境演变底层研究 [D]. 南京：南京大学, 2014.

[244] 李从先, 杨守业, 范代读, 等. 三峡大坝建成后长江输沙量的减少及其对长江三角洲的影响 [J]. 第四纪研究, 2004, 24(5): 495-498.

[245] 李枫, 吴立, 朱诚, 等. 江汉平原 12.76ka B.P. 以来环境干湿变化的高分辨率研究 [J]. 地理科学, 2012, 32(7): 878-884.

[246] 李开封. 苏北陶庄和青墩遗址全新世海退记录研究 [D]. 南京：南京大学, 2014.

[247] 李兰, 朱诚, 林留根, 等. 江苏宜兴骆驼墩遗址地层 7500~5400BC 的海侵事件记录 [J]. 地理学报, 2008, 63(11): 1189-1197.

[248] 李兰, 朱诚, 林留根, 等. 江苏宜兴骆驼墩遗址地层全新世沉积环境研究 [J]. 第四纪研究, 2010, 30(2), 393-401.

[249] 李新伟. 中国史前玉器反映的宇宙观——兼论中国东部史前复杂社会的上层交流网 [J]. 东南文化, 2004, (3): 66-72.

[250] 李学勤. 论含山凌家滩玉龟、玉版 [M]// 安徽省文物考古研究所. 凌家滩文化研究. 北京：文物出版社, 2006: 32-27.

[251] 李灼华. 长江三角洲上游地区的古地理环境问题 [J]. 地震学刊. 1989, (3): 54-59.

[252] 溧水县地方志编纂委员会. 溧水县志 [M]. 南京：江苏人民出版社, 1988.

[253] 辽宁省文物考古研究所. 辽宁牛河梁红山文化"女神庙"与积石冢群发掘简报 [J]. 文物, 1986, (8), 1-17.

[254] 林留根. 关于绰墩遗址良渚文化遗存的几个问题 [J]. 东南文化（增刊）, 2003.

[255] 林留根, 田名利, 徐建清. 江苏宜兴市骆驼墩新石器时代遗址发掘 [J]. 考古, 2003, 7: 3-8.

[256] 林留根. 江苏句容及金坛市周代土墩墓 [J]. 考古, 2006, (7): 22-30.

[257] 林留根. 骆驼墩文化初论 [J]. 东南文化, 2009, (5): 63-71.

[258] 林留根, 郭伟民, 王巍, 等. 骆驼墩文化遗存与太湖西部史前文化（上）[J]. 东南文化, 2011, (6): 6-15.

[259] 刘斌. 崧泽文化的分期及与良渚文化的关系 [G]// 吉林大学边疆考古研

究中心. 庆祝张忠培先生七十岁论文集. 北京：科学出版社, 1996: 271–288.

[260] 刘士林, 刘新静. 中国城市群发展报告 2014[M]. 上海：东方出版中心, 2014.

[261] 刘松林, 颜张奕. 凌家滩文化陶器制作工艺、流程及时代背景试析——以韦岗遗址为例 [J]. 巢湖学院学报, 2016, 18(1): 7–13.

[262] 刘浴辉, 孙霞, 郭彩青. 中国全新世 4.2ka B.P. 气候事件及其对古文明的影响 [J]. 地质科技情报, 2013, 32(1): 99–106.

[263] 刘年平, 胡慧慧. 基于 CART 算法的煤与瓦斯突出判别分析 [J]. 中国矿业, 2015, 24(6): 128–131.

[264] 刘万青. 芜申运河沿线新石器时代文化遗产及开发利用研究 [D]. 南京：南京大学, 2020.

[265] 陆福志, 朱诚, 马春梅, 等. 太湖地区西部 8.2ka B.P. 以来的高分辨率孢粉记录 [J]. 地层学杂志, 2015, 39(1): 116–123.

[266] 陆应诚, 王心源, 高超. 基于遥感技术的圩田时空特征分析——以皖东南及其相邻地域为例 [J]. 长江流域资源与环境, 2006, 15(1): 61–65.

[267] 卢佳. 北阴阳营、薛家岗、鼓山史前文化关系之研究 [D]. 南京：南京师范大学, 2008.

[268] 卢连战, 史正涛. 沉积物粒度参数内涵及计算方法的解析 [J]. 环境科学与管理, 2010, 35(6): 54–60.

[269] 栾丰实. 良渚文化的分期与年代 [J]. 中原文物, 1992, (3): 79–87.

[270] 栾丰实. 崧泽文化向北方地区的扩散 [J]. 东南文化, 2015, (1): 79–87.

[271] 马成玲, 王火焰, 周健民, 等. 长江三角洲典型县级市农田土壤重金属污染状况调查与评价 [J]. 农业环境科学学报, 2006, 25(3): 751–755.

[272] 马春梅, 朱诚, 郑朝贵, 等. 中国东部山地泥炭高分辨率腐殖化度记录的晚冰期以来气候变化 [J]. 中国科学, 2008, 38(9): 1078–1091.

[273] 马春梅, 田名利. 江苏溧阳神墩遗址地层的孢粉记录研究 [J]. 微体古生物学报, 2010, 27(1): 67–76.

[274] 满志敏. 中国历史时期气候变化 [M]. 济南：山东教育出版社, 2009.

[275] 孟玉婷, 王伟铭, 李保华, 等. 长江三角洲锦溪地区全新世气候适宜期孢粉组合及其环境意义 [J]. 古生物学报, 2014, 53(2): 201–209.

[276] 牟永抗, 魏正瑾. 马家浜文化和良渚文化——太湖流域原始文化的分期

问题 [J]. 文物, 1978, (4): 67–73.

[277] 南京博物院. 北阴阳营——新石器时代及商周时期遗址发掘报告 [M]. 北京：文物出版社, 1993: 3–5.

[278] 南京博物院, 宜兴市文物管理委员会. 宜兴西溪遗址试掘简报 [J]. 东南文化, 2002, (11): 6–10.

[279] 南京博物院, 无锡市博物馆, 锡山区文物管理委员会. 江苏无锡锡山彭祖墩遗址发掘报告 [J]. 考古学报, 2006, (4): 473–508.

[280] 南京博物院, 常州博物馆, 溧阳市文化局. 江苏溧阳神墩遗址发掘简报 [J]. 东南文化, 2009a (5): 45–58.

[281] 南京博物院, 宜兴市文物管理委员会. 江苏宜兴骆驼墩遗址发掘报告 [J]. 东南文化, 2009b, (5): 26–44.

[282] 南京市溧水区地方志编纂委员会办公室. 溧水年鉴 [M]. 北京：中国文史出版社, 2015.

[283] 聂安祺, 陈星, 冯志刚. 中国三大城市带城市化气候效应的检测与对比 [J]. 气象科学, 2011, 31(4): 372–383.

[284] 潘凤英, 周春林. 苏南中江争论之原委与新认识 [J]. 南京师大学报, 1993, 6(3): 79–85.

[285] 彭镇华, 等. 绿色江苏现代林业发展 [M]. 北京：中国林业出版社, 2007: 369.

[286] 彭亚君. 太湖地区 4.0ka B.P. 前后气候变化及对良渚文明衰落的影响 [D]. 上海：华东师范大学, 2013.

[287] 蒲英霞, 马荣华, 马晓冬, 等. 长江三角洲地区城市规模分布的时空演变特征 [J]. 地理研究, 2009, 28(1): 161–172.

[288] 任美锷, 胡焕庸, 李旭旦. 东坝考察记 [J]. 方志月刊, 1933, 3: 2.

[289] 任美锷. 地理科学研究的理论和实践——以长江三角洲为例 [J]. 地球科学进展, 2004, 19(2): 169–172.

[290] 任少芳, 郑祥民, 艾东升, 等. 不同前处理方法对下蜀黄土粒度测量的影响 [J]. 海洋地质与第四纪地质, 2014, 34(3): 185–194.

[291] 上海市文物管理委员会. 上海市松江汤庙村遗址 [J]. 考古, 1985, (7): 584–594.

[292] 邵虚生. 江苏金坛全新世海侵沉积层的研究 [M]// 严钦尚, 许世远. 长江

三角洲现代沉积研究. 上海：华东师范大学出版社, 1987: 116-128.

[293] 申洪源, 朱诚, 贾玉连. 太湖流域地貌与环境变迁对新石器文化传承的影响[J]. 地理科学, 2004, 24(5): 580-585.

[294] 申洪源, 朱诚. 盐城地区东汉至明代古水井变化与海面波动[J]. 海洋地质动态, 2004, 20(3): 25-29.

[295] 沈惊宏. 改革开放以来泛长江三角洲空间结构演变研究[D]. 南京：南京师范大学, 2013.

[296] 施雅风, 孔昭宸, 王苏民, 等. 中国全新世大暖期鼎盛阶段的气候与环境[J]. 中国科学（B辑）. 1993, 23(8): 865-873.

[297] 施雅风. 中国全新世大暖期气候与环境[M]. 北京：海洋出版社, 1992.

[298] 施雅风, 朱季文, 谢志仁, 等. 长江三角洲及毗连地区海面上升影响预测与防治对策[J]. 中国科学：地球科学, 2000, 30(3): 225-232.

[299] 史威, 朱诚, 徐伟峰, 等. 重庆中坝遗址剖面磁化率异常与人类活动的关系[J]. 地理学报, 2007, 62(3): 257-267.

[300] 史威, 马春梅, 朱诚, 李世杰. 太湖地质多剖面地层学分析与良渚期环境事件[J]. 地理研究, 2008, 27(5): 1129-1138.

[301] 宋正海. 中国古代重大自然灾害和异常年表总集[M]. 广州：广东教育出版社, 1992: 393-398.

[302] 舒军武, 王伟铭, 陈炜. 太湖平原西北部全新世以来植被与环境变化[J]. 微体古生物学报, 2007, 24(2): 210-221.

[303] 舒军武, 王伟铭, 陈晔. 太湖平原西北部全新世古河道沉积物特征及环境演变[J]. 地层学杂志, 2008, 32(2): 146-152.

[304] 朔知. 安徽新石器时代考古概述[J]. 华夏考古, 1998, 3: 62-69.

[305] 朔知. 良渚文化的初步分析[J]. 考古学报, 2000, (4): 421-450.

[306] 朔知. 初识薛家岗与良渚文化的交流——兼论皖江通道与太湖南道问题[C]// 浙江省文物考古研究所. 浙江省文物考古研究所学刊（第八辑）——纪念良渚遗址发现七十周年学术研讨会文集. 北京：科学出版社, 2006.

[307] 朔知. 崧泽时代皖江两岸的聚落与文化[J]. 东南文化, 2015, (1): 66-78.

[308] 苏秉琦. 太湖流域考古问题[J]. 东南文化, 1987, (1): 22-25.

[309] 苏州博物馆. 苏州文物考古新发现[M]. 苏州：古吴轩出版社, 2007: 50-150.

[310] 孙贵艳, 王传胜, 肖磊, 等. 长江三角洲城市群城镇体系演化时空特征 [J]. 长江流域资源与环境, 2011, 20(6): 641-649.

[311] 孙顺才, 黄漪平. 太湖 [M]. 北京: 海洋出版社, 1993.

[312] 孙业君, 黄耕, 江昊琳, 等. 茅山断裂带及邻区地震震源机制解计算及应力场反演 [J]. 中国地震, 2015, 31(4): 605-615.

[313] 孙伟. 安徽新石器时代遗址文化通道与地理环境的关系 [D]. 南京: 南京大学, 2013.

[314] 索秀芬, 李少兵. 红山文化研究 [J]. 考古学报, 2011, (3): 301-325.

[315] 谭晶荣, 温怀德. 长三角地区环境污染在经济增长中所处阶段的研究 [J]. 财贸经济, 2010, (5): 123-129.

[316] 谭亮成, 安芷生, 蔡演军, 等. 4.2ka B.P. 气候事件在中国的降雨表现及其全球联系 [J]. 地址评论, 2008, 54(1): 94-104.

[317] 谭其骧. 中国历史地图集 [M]. 北京: 中国地图出版社, 1987.

[318] 谭其骧. 中国历史地图集 [M]. 北京: 中国地图出版社, 1996.

[319] 唐锦铁. 下扬子地区新构造运动与地震活动的关系及其潜在震源区 [J]. 地震学刊, 1989, 3: 22-27.

[320] 陶松龄, 甄富春. 长江三角洲城镇空间演化与上海大都市增长 [J]. 城市规划, 2002, 26(2): 43-48.

[321] 腾龙, 邸兵叶, 张俊. 江苏茅山断裂带中段重力异常多尺度分析及其构造识别 [J]. 资源调查与环境, 2015, 36(1): 49-56.

[322] 田名利. 凌家滩墓地玉器渊源探寻 [J]. 东南文化, 1999, (5): 18-29.

[323] 田名利. 略论环太湖西部马家浜文化的变迁 [J]. 东南文化, 2010, (6): 67-74.

[324] 王磊, 段学军. 长江三角洲地区城市空间扩展研究 [J]. 地理科学, 2010, 30(5): 702-709.

[325] 王伏雄, 钱南芬, 张玉龙, 等. 中国植物花粉形态 [M]. 北京: 科学出版社, 1995.

[326] 王富葆. 海州湾西岸埋藏贝壳堤与晚更新世以来的海面变化 [C]// 中国第四纪研究委员会. 中国第四纪海岸线学术讨论会论文集. 北京: 海洋出版社, 1982, 146-151.

[327] 王华, 洪业汤, 朱咏煊, 等. 红原泥炭腐殖化度记录的全新世气候变化 [J].

地质地球化学, 2003, 31(2): 51-56.

[328] 王建革. 从三江到三江口:娄江与东江的附会及其影响 [J]. 社会科学研究, 2007, 5: 162-168.

[329] 王坤华. 江苏胥溪河下坝段 12.7ka B.P. 以来沉积环境演变研究 [D]. 南京:南京大学, 2015.

[330] 王仁湘. 崧泽文化初论 [M]// 考古编辑部. 考古学集刊. 北京:中国社会科学出版社, 1984: 22-55.

[331] 王仁湘. 史前玉器的"双子琮"兼说良渚文化玉器上的兽面冠饰 [J]. 文物, 2008, (6): 73-81.

[332] 王绍武. 全新世大暖期 [J]. 气候变化研究进展, 2011, 7(5): 383-384.

[333] 王苏民, 羊向东, 马燕, 等. 江苏固城湖 15ka 来的环境变迁与古季风关系探讨 [J]. 中国科学 (D 辑), 1996, 26(2): 137-141.

[334] 王俊达. 第四纪沉积物的古地磁研究 [J]. 第四纪研究, 1992, 13(1): 39-44.

[335] 王心源, 吴立, 张广胜, 等, 安徽巢湖全新世湖泊沉积物磁化率与粒度组合的变化特征及其环境意义 [J]. 地理科学, 2008, 28(4): 548-553.

[336] 王心源, 郭华东. 空间考古学:对象、性质、方法及任务 [J]. 中国科学院院刊, 2015, 30(3): 360-367.

[337] 王益友, 郭文莹, 张国栋. 几种地化标志在金湖凹陷阜宁群沉积环境中的应用 [J]. 同济大学学报, 1979, 7(2): 51-60.

[338] 王益友, 吴萍. 江浙海岸带沉积物的地球化学标志 [J]. 同济大学学报, 1983, (4): 79-87.

[339] 王中波, 杨守业, 李平, 等. 长江水系沉积物碎屑矿物组成及其示踪意义 [J]. 沉积学报, 2006, 24(4): 570-578.

[340] 王伟光, 郑国光. 应对气候变化报告 (2013)——聚集低碳城镇化 [M]. 北京:社会科学文献出版社, 2013.

[341] 汪遵国. 太湖地区原始文化的分析 [C]// 中国考古学会. 中国考古学会第一次年会论文集——1979. 北京:文物出版社, 1980: 111-123.

[342] 魏嵩山. 胥溪运河形成的历史过程 [J]. 复旦学报 (社会科学版), 1980, S1: 53-58.

[342] 魏兴涛. 豫西晋南和关中地区仰韶文化初期遗存研究 [J]. 考古学报,

2014, (4): 443-480.

[343] William Y B Chang, 刘金陵. 11000年以来太湖的形成与演变[J]. 古生物学报, 1996, 35(2): 129-135.

[344] 吴山菁. 略论青莲岗文化[J]. 文物, 1973, (6): 45-61.

[345] 吴文祥, 刘东生. 5500a B.P.气候事件在三大文明古国古文明和古文化演化中的作用[J]. 地质前缘, 2002, 9(6): 155-162.

[346] 吴文祥, 刘东生. 4000a B.P.前后东亚季风变迁与中原周围地区新石器文化的衰落[J]. 第四纪研究, 2004, 24(3): 278-284.

[347] 吴永红, 郑祥民, 周立旻. 太湖8000年来沉积物元素变化特征及古环境指示[J]. 盐湖研究, 2015, 23(1): 16-21.

[348] 吴汝祚, 牟永抗. 玉器时代说[G]// 徐湖平. 东方文明之光——良渚文化发现60周年纪念文集（1936-1996）. 海口: 海南国际新闻出版中心, 1996: 166-175.

[349] 吴科军, 于苗. 水阳江南漪湖水生态环境问题的思考[J]. 安徽农学通报, 2009, 15(9): 94-117.

[350] 吴文渊, 沈晓华, 邹乐君, 等. 基于Landsat ETM+影像的水体信息综合提取方法[J]. 科技通报, 2008, 24(2): 252-259.

[351] 芜湖市地方志编纂委员会. 芜湖市志[M]. 北京: 方志出版社, 2009.

[352] 席以珍, 宁建长. 中国干旱半干旱地区孢粉形态研究[J]. 玉山生物学报, 1994, (11): 119-191.

[353] 夏鼐. 长江流域考古问题[J]. 考古, 1960, (2): 1-3.

[354] 夏鼐. 碳-14测定年代和中国史前考古学[J]. 考古, 1977, (4): 217-232.

[355] 夏颖. 凌家滩文化和良渚文化的玉器比较研究[J]. 安徽工业大学学报, 2011, 28(3): 37-39.

[356] 夏浙新. 凌家滩遗址新石器时代文化因素分析[D]. 上海: 历史研究所, 2014.

[357] 肖河, 黄庭, 程胜高, 等. 东北哈尼泥炭腐殖化度记录的全新世气候变化[J]. 地质科技情报. 2015, 34(1): 67-71.

[358] 肖阳. 环太湖流域新石器时期遗址的空间分布及影响因素[D]. 杭州: 浙江师范大学, 2019.

[359] 徐峰. 三位一体: 凌家滩玉鹰的文化阐释[J]. 四川文物, 2013, (6): 22-

27.

[360] 徐明星, 周生路, 王晓瑞, 等. 长江三角洲典型区社会经济发展对土壤重金属累积的影响 [J]. 地理科学, 2010, 30(6): 880-885.

[361] 徐凤芹. 凌家滩遗址出土玉璜及其相关问题的研究 [D]. 南京: 南京大学, 2011.

[362] 徐近之, 陈志明, 孙顺才. 中江问题深讨与宜兴鼓丘的发现, 1963.

[363] 徐煒君.《禹贡》三江综述 [J]. 传统中国研究集刊, 2012, 3: 75-86.

[364] 徐馨. 长江中下游网纹层问题的讨论 [C]// 中国地质学会第四纪冰川与第四纪地质专业委员会. 第四纪冰川和第四纪地质论文集. 北京: 地质出版社, 1984: 104-112.

[365] 徐馨, 何才华, 沈志达, 等. 第四纪环境研究方法 [M]. 贵阳: 贵州科技出版社, 1992.

[366] 徐宁, 李园园. 遥感图像融合方法综述 [J]. 科技信息, 2010, (15): 34-36.

[367] 薛滨, 瞿文川, 吴艳宏, 王苏民, 吴瑞金. 太湖晚冰期—全新世气候环境变化的沉积记录 [J] 湖泊科学, 1998, 10(2): 30-36.

[368] 许汉奎. 解读南京猿人 [J]. 大众科学, 2003: 5.

[369] 许靖华. 气候创造历史 [M]. 北京: 生活·读书·新知三联书店, 2014.

[370] 许鹏飞. 宁镇地区及环太湖地区新石器时代考古学文化研究 [D]. 长春: 吉林大学, 2015.

[371] 许新良, 庄大方, 贾绍凤. GIS 环境下基于 DEM 的中国流域自动提取方法 [J]. 长江流域资源与环境, 2004, 13(4): 343-348.

[372] 许雪珉, William Y.B.Chang, 刘金陵. 1100 年以来太湖地区的植被与气候变化 [J]. 古生物学报, 1996, 35(2): 175-186.

[373] 严钦尚, 许世远, 陈友飞, 等. 苏北平原全新世沉积与地貌研究 [M]. 上海: 上海科学技术出版社, 1993: 33-71.

[374] 严文明. 序 [M]// 安徽省文物考古研究所. 凌家滩——田野考古发掘报告之一. 北京: 文物出版社, 2006.

[375] 严钦尚, 洪雪晴. 长江三角洲南部平原全新世海侵问题 [J]. 海洋学报, 1987a, 9(6): 744-752.

[376] 严钦尚, 许世远. 长江三角洲现代沉积研究 [M]. 上海: 华东师范大学出版社, 1987b: 116-128.

[377] 严庠生. 皖南青弋江、水阳江地区地貌与新构造运动 [J]. 南京师范专科学院学报, 1999, 15(4): 118–124.

[378] 杨达源. 长江研究 [M]. 南京：河海大学出版社, 2004.

[379] 杨怀仁, 谢志仁. 中国东部 20000 年来的气候波动与海面升降运动 [J]. 海洋与湖沼, 1984, (1): 1–13.

[380] 杨怀仁, 谢志仁, 杨达源. 全新世海面变化与太湖形成和演变 [C]// 杨怀仁. 第四纪冰川与第四纪地质论文集. 北京：地质出版社, 1985: 49–64.

[381] 杨艳龙. 唐宋时期皖东南地区湖泊变迁初探 [J]. 泉州师范学院学报（自然科学）, 2001, 20(4): 52–55.

[382] 杨晶. 苏皖平原地区史前玉器的研究 [M]. 北京：紫禁城出版社, 2006: 421–422.

[383] 杨晶. 关于凌家滩墓地的分期与年代问题 [J]. 文物研究, 2007, (15): 37–45.

[374] 杨志红, 姚檀栋, 皇翠兰, 等. 古里雅冰芯中的新仙女木期事件记录 [J]. Chinese Science Bulletin, 1997, 42(18): 1975–1978.

[385] 羊向东, 王苏民, 吉磊, 等. 固城湖晚全新世以来的孢粉组合及环境变迁 [J]. 湖泊科学, 1994, 6(3): 233–239.

[386] 羊向东, 王苏民, 童国榜. 江苏固城湖区一万多年来的孢粉植物群及古季风气候变迁 [J]. 植物学报, 1996, 38(7): 576–581.

[387] 姚檀栋, L.G. Thompson. 敦德冰芯记录与过去 5ka 温度变化 [J]. 中国科学 (B 辑), 1992, (10):1089–1093.

[388] 姚付龙. 芜申运河所经古中江流域全新世环境考古研究 [D]. 南京：南京大学, 2017.

[389] 姚书春, 王小林, 薛滨. 全新世以来江苏固城湖沉积模式初探 [J]. 第四纪研究, 2007, 27(3): 365–370.

[390] 宜兴市文物管理委员会. 宜兴文物 [M]. 北京：文物出版社, 2010

[391] 尹焕章、张正祥. 洪泽湖周围的考古调查 [J]. 考古, 1964, (5): 220–226.

[392] 尹茜, 朱诚, 马春梅, 等. 天目山千亩田泥炭腐殖化度记录的中全新世气候变化 [J]. 海洋地质与第四纪地质, 2006, 26(6): 117–122.

[393] 殷志强. 红山、良渚文化玉器的比较研究 [J]. 北方文物, 1988, (1): 8–12.

[394] 俞嘉馨. 环太湖流域史前陶釜研究 [D]. 上海：复旦大学, 2008.

[395] 于世永, 朱诚, 王富葆, 等. 太湖流域全新世气候——海平面短期震荡事件及其对新石器文化的影响 [J]. 地理科学, 2000, 20(8): 331–336.

[396] 余同元. 楚水漫漫 吴波漾漾——由汉志三江沿革看皖南与长三角历史地理相关性 [J]. 池州学院学报, 2011, 25(1): 1–7.

[397] 袁靖, 宋建. 上海市马桥遗址出土动物骨骼的初步鉴定 [J]. 考古学报, 1997, (2): 225–231.

[398] 虞志英. 长江三角洲新构造运动 [M]. 上海：上海科学技术出版社, 1988: 19–30.

[399] 张继勇. 石臼湖水利枢纽工程建设研究 [J]. 安徽工业大学学报(社会科学版), 2014, 31(2): 22–24.

[400] 张敬国. 安徽含山凌家滩新石器时代墓地发掘简报 [J]. 文物, 1989, (4): 1–9.

[401] 张敬国. 安徽含山县凌家滩遗址第三次发掘简报 [J]. 考古, 1999, (11): 1–12.

[402] 张敬国. 凌家滩玉器与良渚玉器研究 [C]// 浙江省文物考古研究所. 浙江省文物考古研究所学刊（第八辑）——纪念良渚遗址发现七十周年学术研讨会论文集. 北京：科学出版社, 2006.

[403] 张敬国. 凌家滩玉器工艺技术浅谈 [J]. 收藏家, 2008, (12): 87–91.

[404] 张梅坤. 桐乡罗家角遗址考古略谈 [J]. 嘉兴师专学报, 1981, (2): 96–98.

[405] 张美良, 程海, 林玉石, 等. 贵州荔波 1.5 万年以来石笋高分辨率古气候环境记录 [J]. 地球科学, 2004, 33(1): 65–74.

[406] 张敏. 吴国都城初探 [J]. 南方文物. 2009, 2: 55–61.

[407] 张敏. 鸠兹新证——兼论西周春秋时期吴国都城的性质 [J]. 东南文化, 2014, 5: 80–88.

[408] 张强, 朱诚, 姜逢清, 等. 重庆巫山张家湾遗址 2000 年来的环境考古 [J]. 地理学报, 2001, 56 (3): 353–362.

[409] 张强, 朱诚, 刘春玲, 等. 长江三角洲 7000 年来的环境变迁 [J]. 地理学报, 2004, 59(4): 534–542.

[410] 张芸, 朱诚, 于世永. 长江三峡大宁河流域 3000 年来的环境演变与人类活动 [J]. 地理科学, 2001, 21 (3): 267–271.

[411] 张芸, 朱诚, 张强, 等. 长江三峡大宁河流域的沉积环境与古洪水研究 [J].

中国历史文物, 2004, (2): 83-88.

[412] 张裕, 杨海涛, 袁春慧. 遥感图像分类方法综述 [J]. 兵器装备工程学报, 2018, 39(08): 108-112.

[413] 张卫国, 戴雪荣, 张福瑞, 俞立中. 近 7000 年巢湖沉积物环境磁学特征及其指示的亚洲季风变化 [J]. 第四纪研究, 2007, 27(6): 1053-1062.

[414] 张翔宇. 中原地区大汶口文化因素浅析 [J]. 华夏考古, 2003, (4): 39-45.

[415] 张照根. 关于马家浜文化的类型问题 [J]. 农业考古, 1999, (3): 48-56.

[416] 张之恒. 中国新石器时代文化 [M]. 南京: 南京大学出版社, 1988: 212-213.

[417] 张之恒. 中国考古学通论 [M]. 南京: 南京大学出版社, 1995.

[418] 张忠培. 窥探凌家滩墓地 [J]. 文物, 2000, 9: 55-63.

[419] 赵宝成, 王张华, 陈中原, 等. 太湖平原碟形洼地沉积物记录的距今 8000 年以来植被、气候与地貌演变 [J]. 古地理学报, 2007, 9(3): 321-330.

[420] 赵宏伟. 长江中下游史前玉人的比较 [J]. 东南文化, 2002, (4): 52-57.

[421] 赵辉. 崧泽墓地随葬陶器的编年研究 [J]. 东南文化, 2000, (3): 11-24.

[422] 赵庆英, 杨世伦, 刘守祺. 长江三角洲的形成和演变 [J]. 上海地质, 2002, 4: 25-30.

[423] 赵希涛, 王绍鸿. 江苏阜宁西园全新世风暴沉积与海岸沙丘的发现及其意义 [J]. 中国科学 (B 辑), 1992, 37(9): 994-1001.

[424] 赵希涛, 王绍鸿. 中国全新世海面变化及其与气候变化和海岸演化的关系 [M]\\ 施雅风, 孔昭宸. 中国全新世大暖期气候与环境. 北京: 海洋出版社, 1992: 111-120.

[425] 赵希涛, 唐领余. 江苏建湖庆丰剖面全新世气候变迁和海面变化 [J]. 海洋学报, 1994, (1): 78-88.

[426] 赵强, 王乃昂, 程弘毅, 等. 青土湖沉积物粒度特征及其古环境意义 [J]. 干旱区地理, 2003, 26(1): 1-5.

[427] 郑朝贵, 朱诚, 钟宜顺, 等. 重庆库区旧石器时代至唐宋时期考古遗址时空分布与自然环境的关系 [J]. 科学通报, 2008, (S1): 93-111.

[428] 郑建明, 陈淳. 马家浜文化研究的回顾与展望 [J]. 东南文化, 2005, (4): 16-25.

[429] 郑建明. 环太湖地区与宁绍平原史前文化演变轨迹的比较研究 [D]. 上

海：复旦大学, 2007.

[430] 郑鸿瑞, 徐志刚, 甘乐, 等. 合成孔径雷达遥感地质应用综述 [J]. 国土资源遥感, 2018, 30(02): 12–20.

[431] 中国地理学会历史地理专业委员会. 历史地理 [M]. 上海：上海人民出版社, 1981.

[432] 中国科学院植物研究所古植物室孢粉组, 中国科学院华南植物研究所形态研究室. 中国热带亚热带被子植物花粉形态 [M]. 北京：科学出版社, 1982.

[433] 中华人民共和国国务院. 国务院关于进一步推进长江三角洲地区改革开放和经济社会发展的指导意见 [Z]. 北京：国务院国发 (2008)30 号文件, 2008.

[434] 中华人民共和国国家统计局. 2010 中国统计年鉴 [M]. 北京：中国统计出版社, 2011.

[435] 中华人民共和国国家统计局.《2013 年统计公报》评读 [EB/OL]. (2014–02–24)[]. http://www.stats.gov.cn/tjsj/sjjd/201402/t20140224_514990.html.

[436] 中交水运规划设计院有限公司. 芜申线航道整治工程岩土工程勘察报告 [R]. 2007

[437] 仲召兵. 北阴阳营新石器时代墓地分析与探讨 [J]. 东南文化, 2007, (2): 16–20.

[438] 周裕兴, 王志高, 张金喜. 江苏高淳县薛城新石器时代遗址发掘简报 [J]. 考古, 2000, (5): 1–20.

[439] 周厚芳. 流域边界提取方法研究综述 [J]. 人民长江, 2011, 42(S2): 28–31.

[440] 朱诚. 对庐山东麓第四纪沉积物物源及新构造运动的新认识 [J]. 地理学报, 1995, 50(1): 41–50.

[441] 朱诚, 程鹏, 卢春成, 等. 长江三角洲及苏北沿海地区 7000 年来海岸线演变规律分析 [J]. 地理科学, 1996a, 16: 207–213.

[442] 朱诚, 宋健, 尤坤元, 等. 上海马桥遗址文化断层成因研究 [J]. 科学通报, 1996b, 41(2): 148–152.

[443] 朱诚, 蒋赞初, 周裕兴, 等. 南京薛城遗址古环境重建与长江摆动问题 [J]. 南京师范大学学报, 2000, 23(2): 290–296.

[444] 朱诚, 郑平建, 史威, 等. 长江三角洲及其附近地区两千年来的水灾研究 [J]. 自然灾害学报, 2001, 10(4): 8–14.

[445] 朱诚, 郑朝贵, 马春梅, 等. 对长江三角洲和宁绍平原一万年来高海面问

题的新认识 [J]. 科学通报 , 2003, 48(23): 2428-2438.

[446] 朱诚 , 林承坤 , 马春梅 , 等 . 对江苏胥溪河成因及其开发利用的新探讨 [J]. 地理学报 , 2005a, 60(4): 673-679.

[447] 朱诚 , 郑朝贵 , 马春梅 , 等 . 长江三峡库区中坝遗址地层古洪水沉积判别研究 [J]. 科学通报 , 2005b, 50(20): 2240-2250.

[448] 朱诚 , 马春梅 , 张文卿 , 等 . 神农架大九湖 15.753ka B.P. 以来的孢粉记录和环境演变 [J]. 第四纪研究 , 2006, 26(5): 814-826.

[449] 朱诚 , 陈星 , 马春梅 , 等 . 神农架大九湖孢粉气候因子转换函数与古气候重建 [J]. 科学通报 (增刊), 2008, 53: 38-44.

[450] 朱诚 , 马春梅 , 李兰 , 等 . 长江三峡库区全新世环境考古研究进展 [J]. 地学前缘 , 2010, 17(13): 222-232.

[451] 朱诚 , 李兰 , 刘万青 , 等 . 环境考古概论 [M]. 北京 : 科学出版社 , 2013.

[452] 朱诚 , 吴立 , 李兰 , 等 . 长江流域全新世环境考古研究进展 [J]. 地理学报 , 2014, 69(4): 1268-1283.

[453] 朱诚 , 郑朝贵 , 吴立 , 等 . 长江流域新石器时代以来环境考古 [M]. 北京 : 科学出版社 , 2015.

[454] 朱诚 , 吴立 , 李兰 , 等 . 对江苏新石器时代海面变化问题的再认识 [J]. 科学通报 , 2016, 61(3): 374-387.

[455] 朱诚 , 姜逢清 , 吴立 , 等 . 对全球变化背景下长三角地区城镇化发展科学问题的思考 [J]. 地理学报 , 2017, 72(4): 633-645.

[456] 朱景郊 . 网纹红土的成因及其研究意义 [J]. 地理研究 , 1988, 7(4): 12-19.

[457] 朱青 . 太湖地区 7ka B.P. 以来的古水井及其环境意义 [D]. 南京 : 南京大学 , 2009.

[458] 竺可桢 . 中国近五千年来气候变迁的初步研究 [J]. 中国科学 , 1973, 2: 168-169.

[459] 邹厚本 , 吴建民 , 谷建祥 , 等 . 江苏考古五十年 [M]. 南京 : 南京出版社 , 2000.

附录1 高淳剖面部分孢粉类型照片

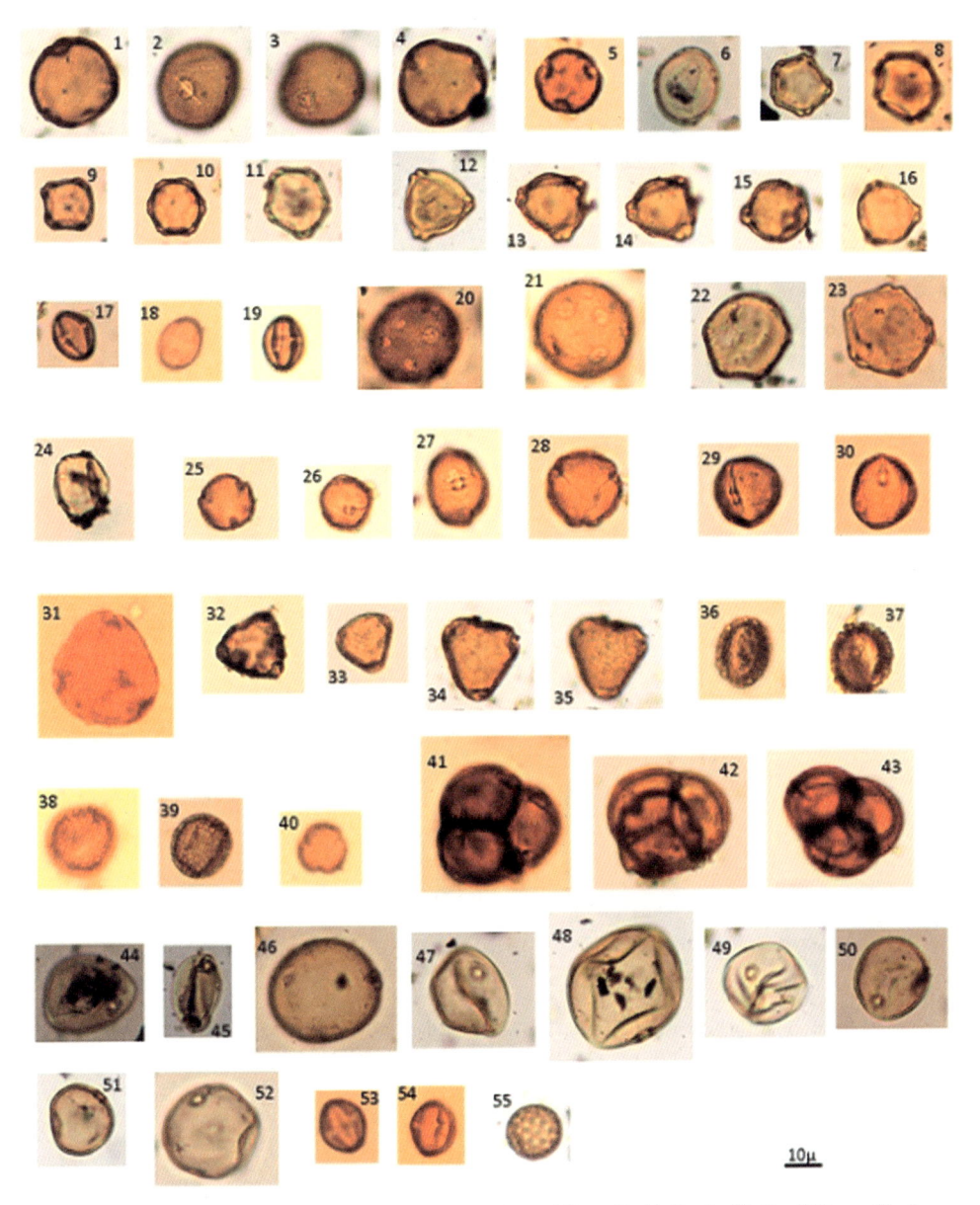

1–4. *Fagus*; 5. Rosaceae; 6. Uimaceae/*Pteroceltis*; 7–11. Betulaceae/*Alnus*; 12–16. *Betula*; 17. Caprifoliaceae/*Sambucus*; 18–19. *Viburnum*; 20–21. Hamamelidaceae/*Liquidambar*; 22–23. *Pterocarya*; 24. *Engelhardia*; 25–28. Sapindaceae; 29–30. Rhamnus; 31–35. Symplocaceae; 36–37. Aquifoliaceae; 37–39. Osmanthus; 44–52. Poaceae; 53–54. Rutaceae; 55. Chenopodiaceae。

附图1-1 高淳剖面部分孢粉类型（a）

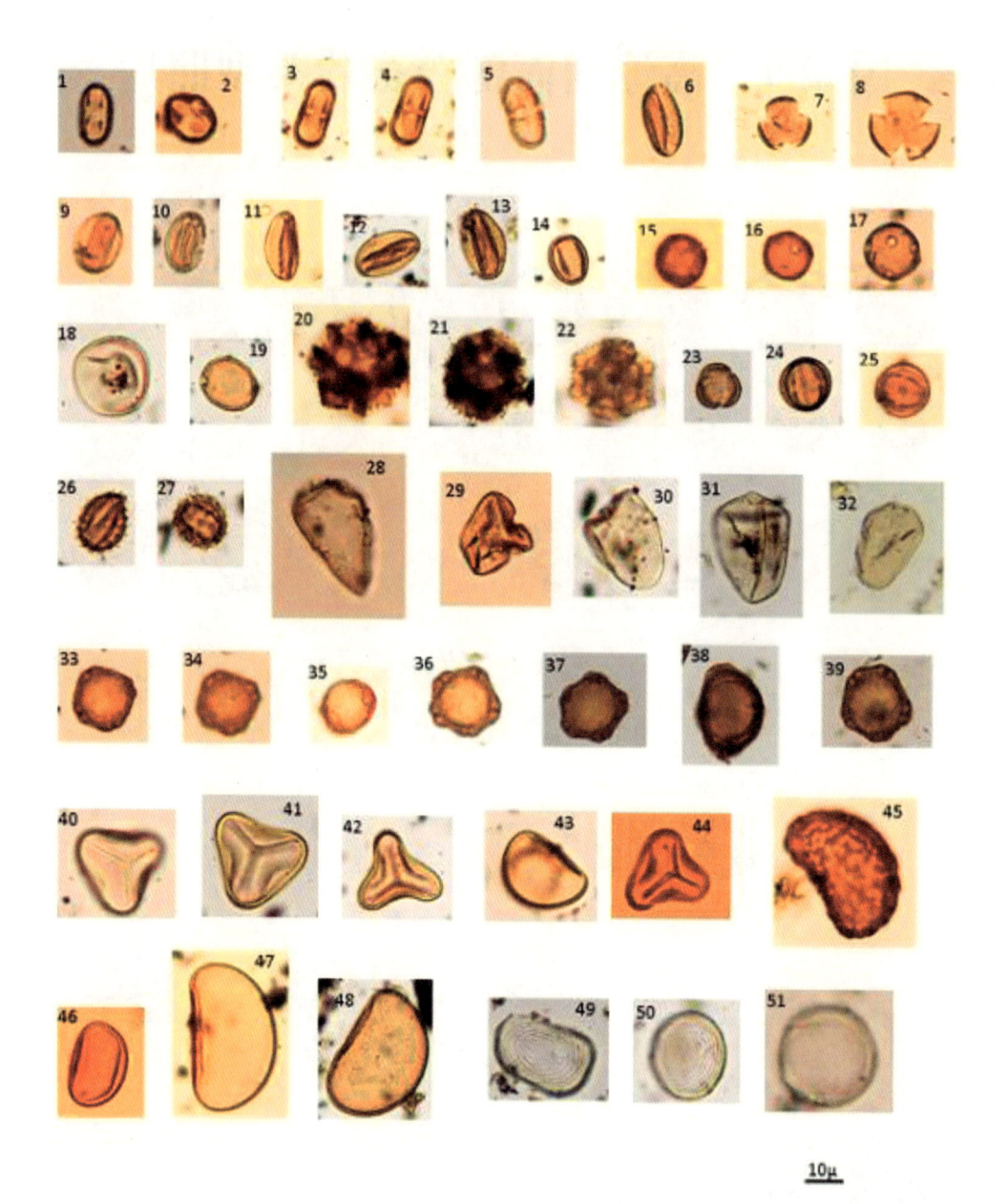

1-2. Leguminosae; 3-5. Umbelliferae; 6. Liliaceae; 7-8. Labiatae; 9-14. Ranunculaceae; 15-17. *Thalictrum*; 18. Typhaceae; 19. *Humulus*; 20-22. *Taraxacum*; 23-25. *Artemisia*; 26-27. *Aster*; 28-32. Cyperaceae; 33-39. *Myriophyllum*; 40-44. Gleicheniaceae; 45-48. Polypodiaceae; 49-51. *Concentricystes*。

附图 1-2　高淳剖面部分孢粉类型（b）

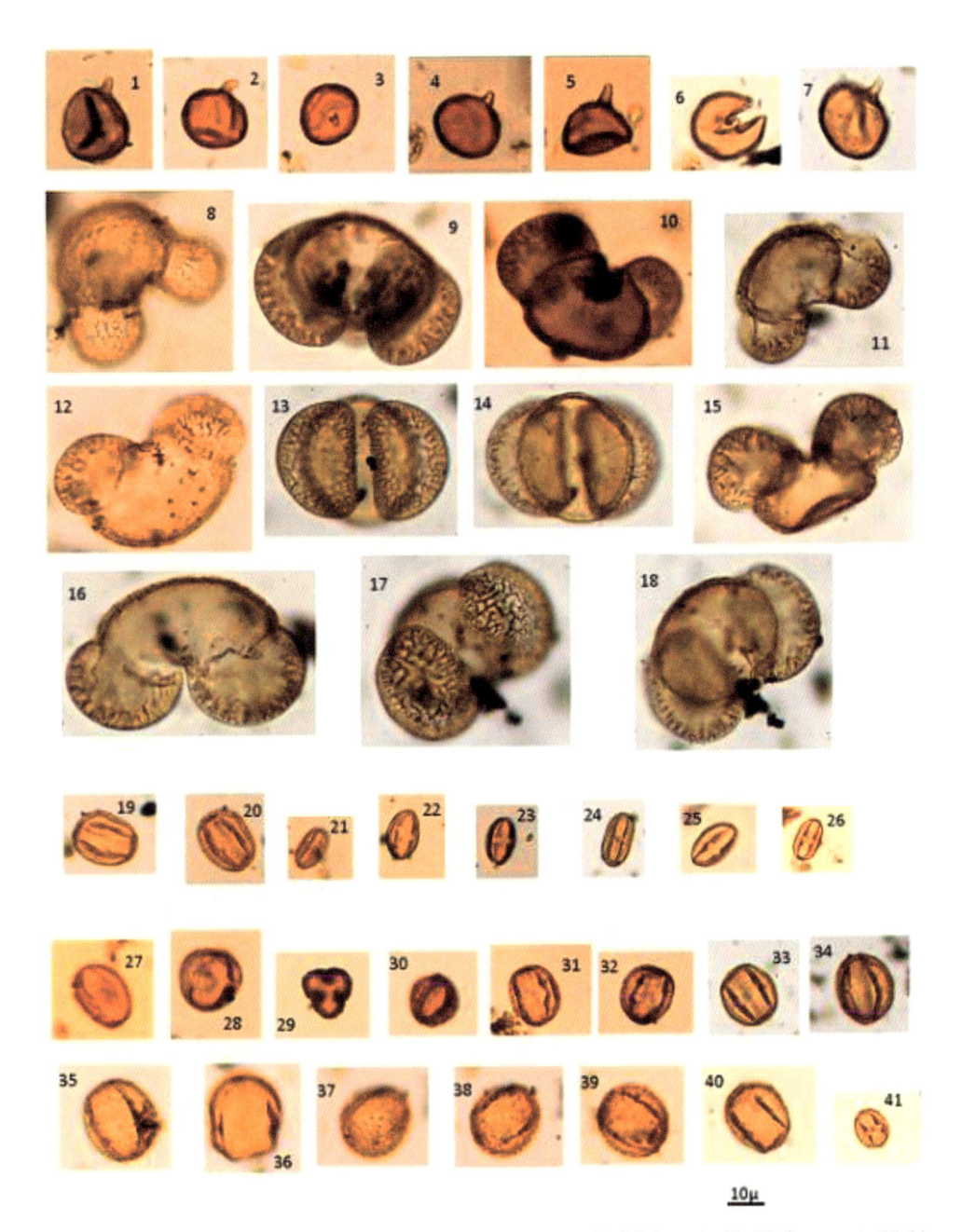

1–7. Taxodiaceae/*Cunninghamia*; 8–18. Pinaceae/*Pinus*; 19–20. Fagaceae/Cyclobalanopsis; 21–26. *Castanopsis*; 27–34. *Quercus*(E); 35–40. *Quercus*(D); 41. *Castanea*。

附图 1-3　高淳剖面部分孢粉类型（c）

附录2 长江三角洲南部地区海侵、海退模拟图

（根据现代地形数字高程模型模拟生成）

1. 海侵模拟组图

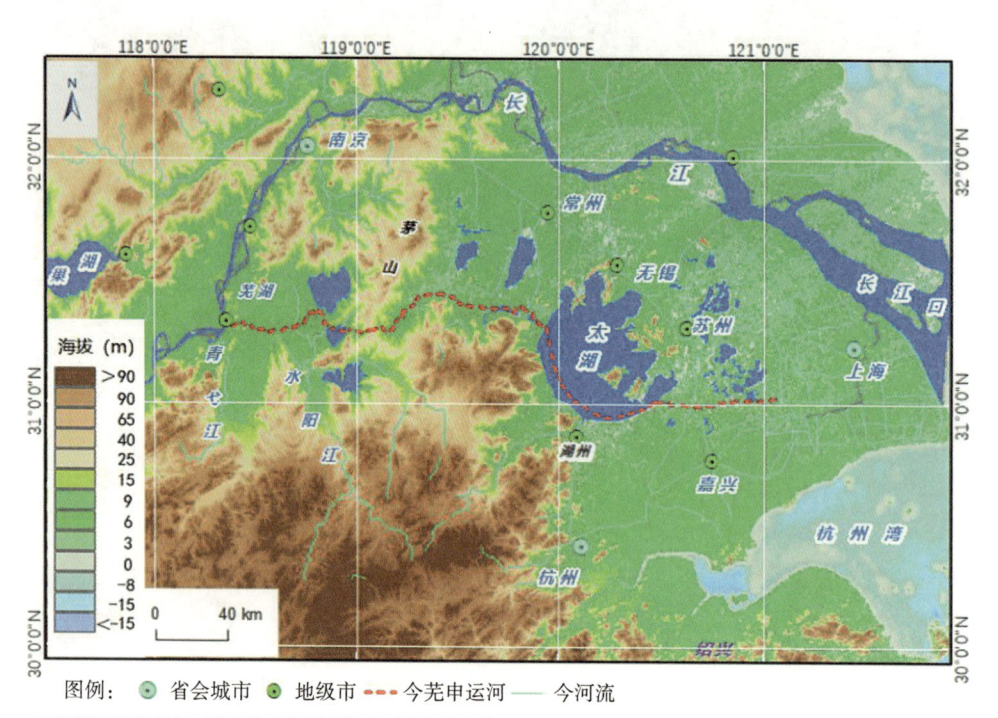

a. 海面保持当前状态，即未发生海侵或海退时的海陆分布状态。

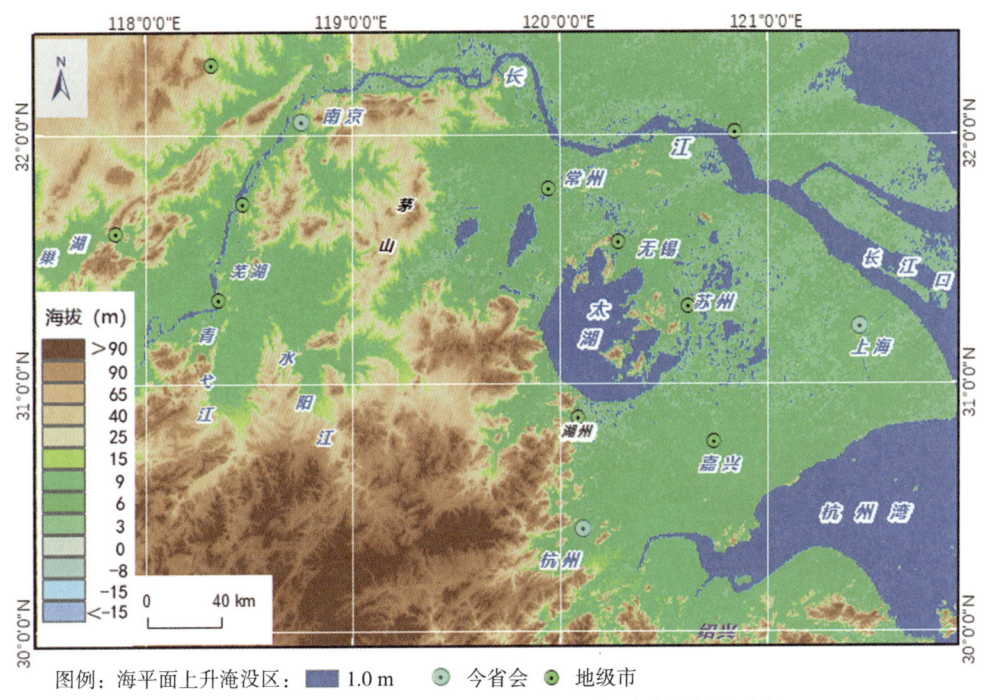

图例：海平面上升淹没区： 1.0 m　　今省会　　地级市

b. 当海面升高 1.0 m，侵蚀基准面升高，河水外排受阻，地下水位上升，启东沿海发生海侵。

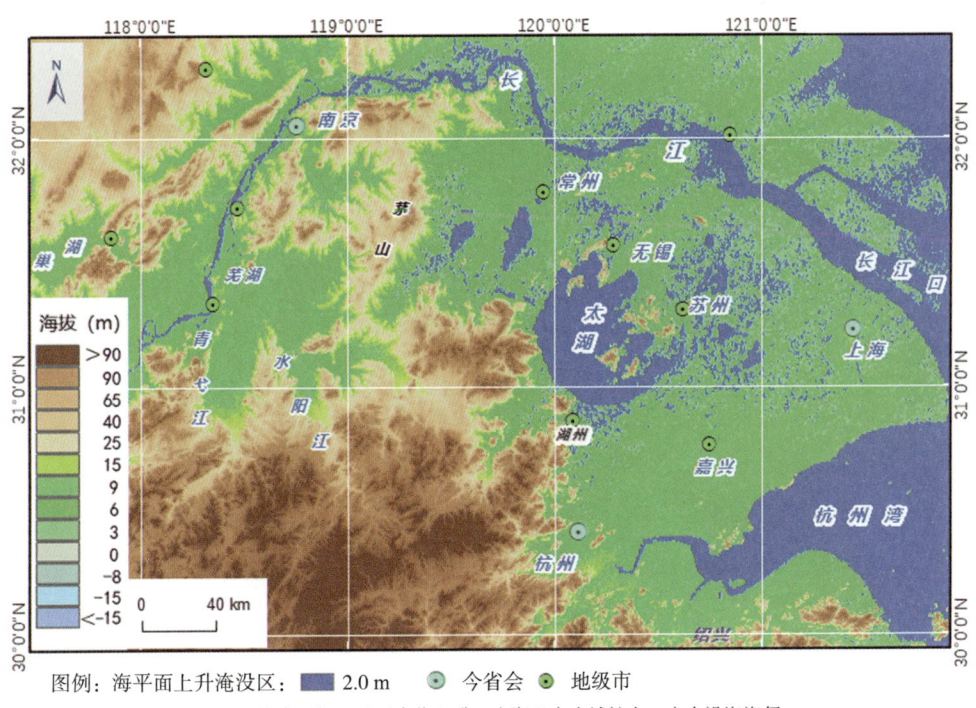

图例：海平面上升淹没区： 2.0 m　　今省会　　地级市

c. 当海面升高 2.0 m 时，河流排水不畅，地下水位上升，太湖以东水域扩大，启东沿海海侵。

● 芜申运河所经古中江流域环境考古研究

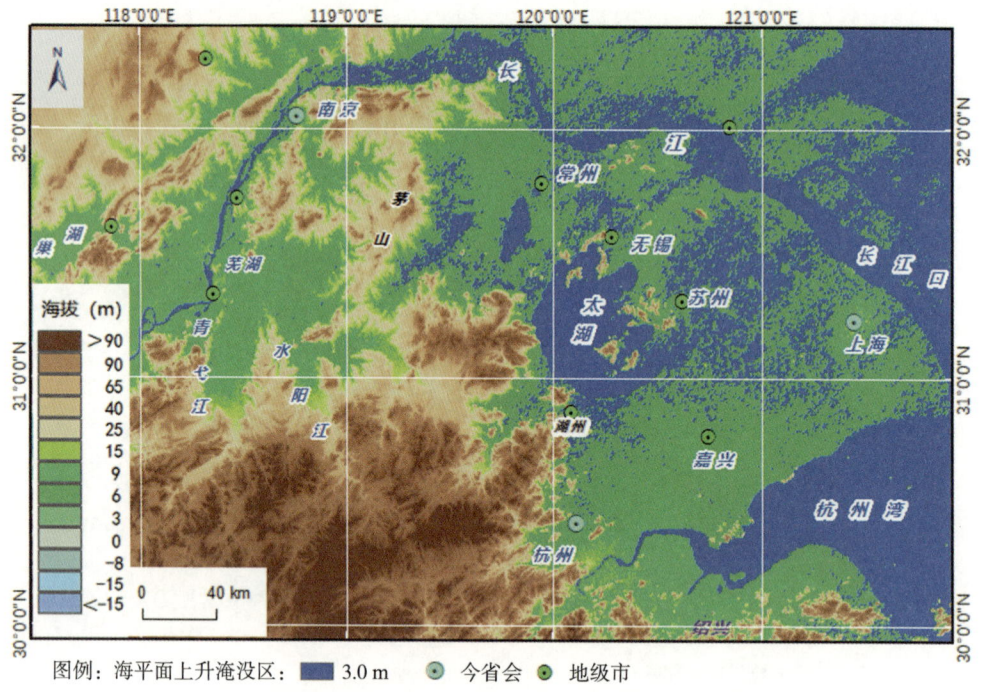

图例：海平面上升淹没区： ■ 3.0 m　⊙ 今省会　⊙ 地级市

d. 当海面升高 3.0 m 时，海水沿长江及沿岸河流内侵，太湖以东以北、启东沿海发生海侵。

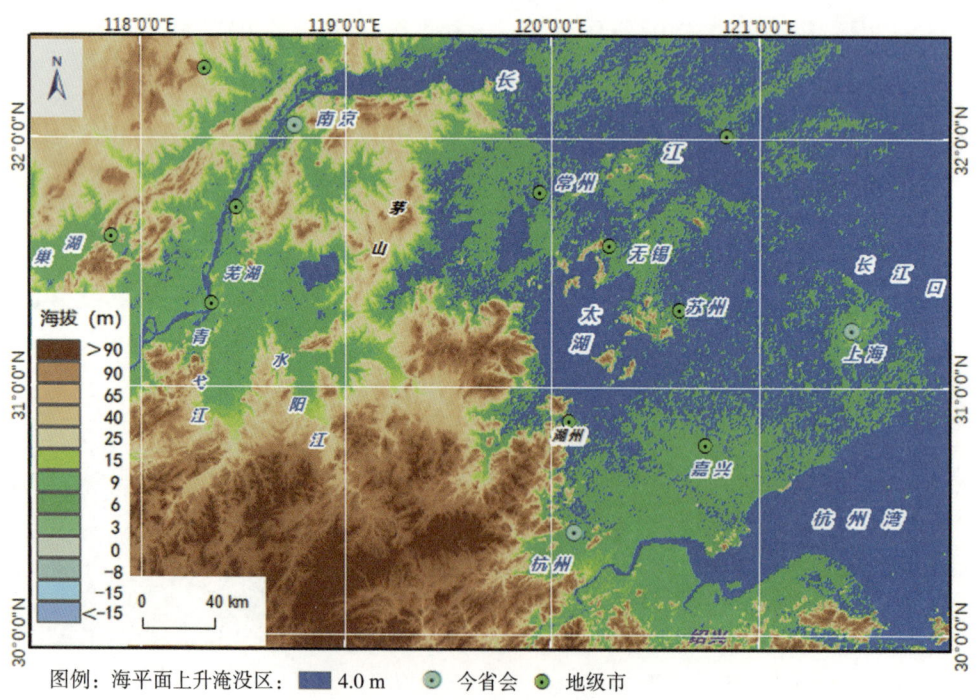

图例：海平面上升淹没区： ■ 4.0 m　⊙ 今省会　⊙ 地级市

e. 当海面升高 4.0 m 时，太湖以东、以北、以西，江北扬州以东普遍发生海侵。

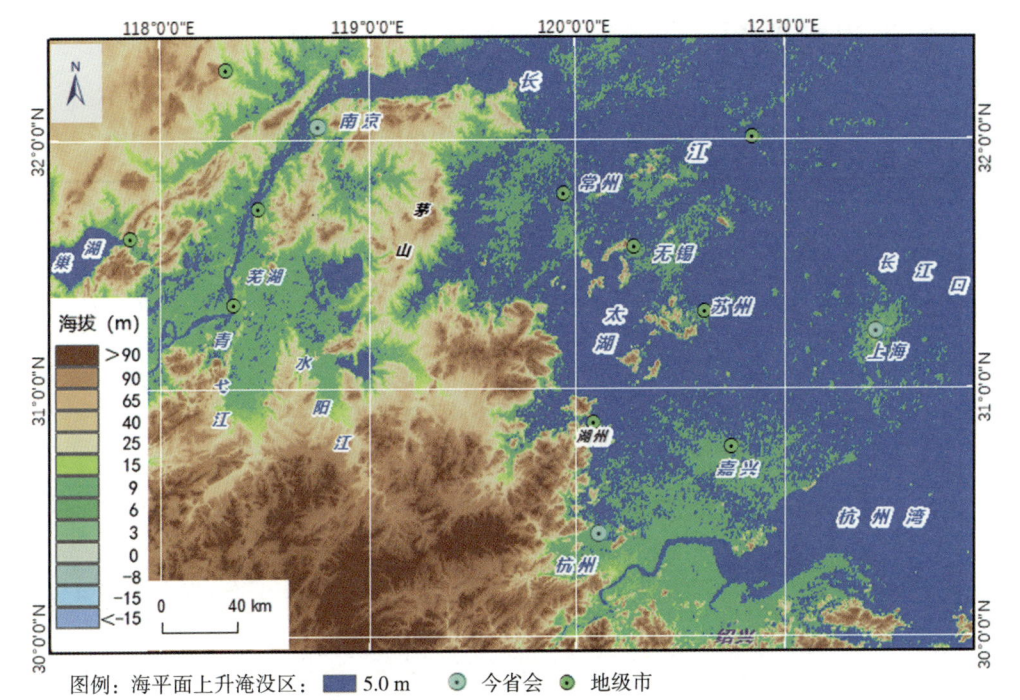

f. 当海面升高 5.0 m 时，长江三角洲南部地区东部全部为海水所淹没，最大海侵范围可达茅山—宜溧山地—天目山山麓一带，杭嘉湖平原仅存南部部分地区。

附图 2-1 海侵模拟组图

2. 海退模拟图

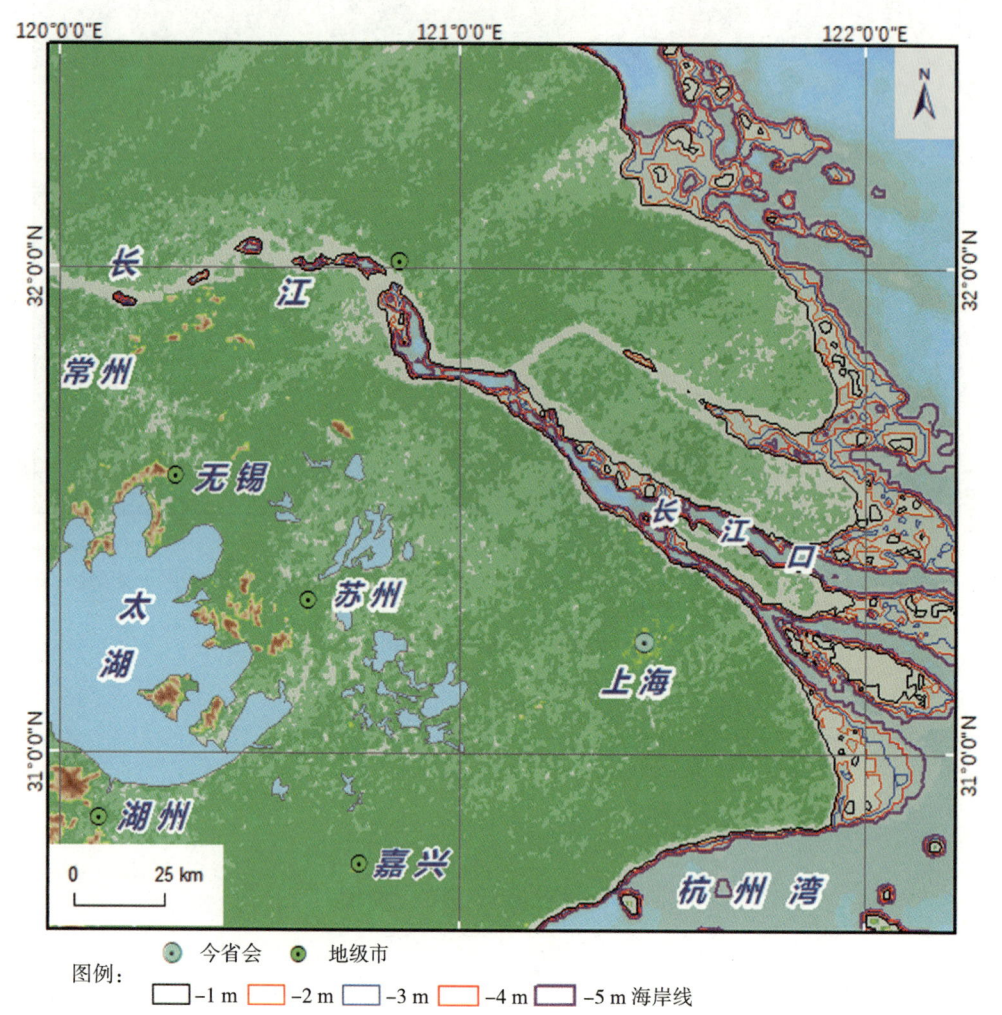

图例： ▢ -1 m ▢ -2 m ▢ -3 m ▢ -4 m ▢ -5 m 海岸线

当模拟海面高度依次下降 1 m、2 m、3 m、4 m 和 5 m 时，长江口外海岸线则逐步向东推移，海岸线外沙洲及大陆架部分出露，陆地范围扩大。当海面模拟下降 5 m 时，今浦东海岸线可向东扩展 25 km，启东、崇明岛、长兴岛海岸线向东扩张幅度更大。

附图 2-2　长江三角洲南部海退范围模拟图

附录3　芜申运河沿线新石器时代遗址分布图及遗址统计表

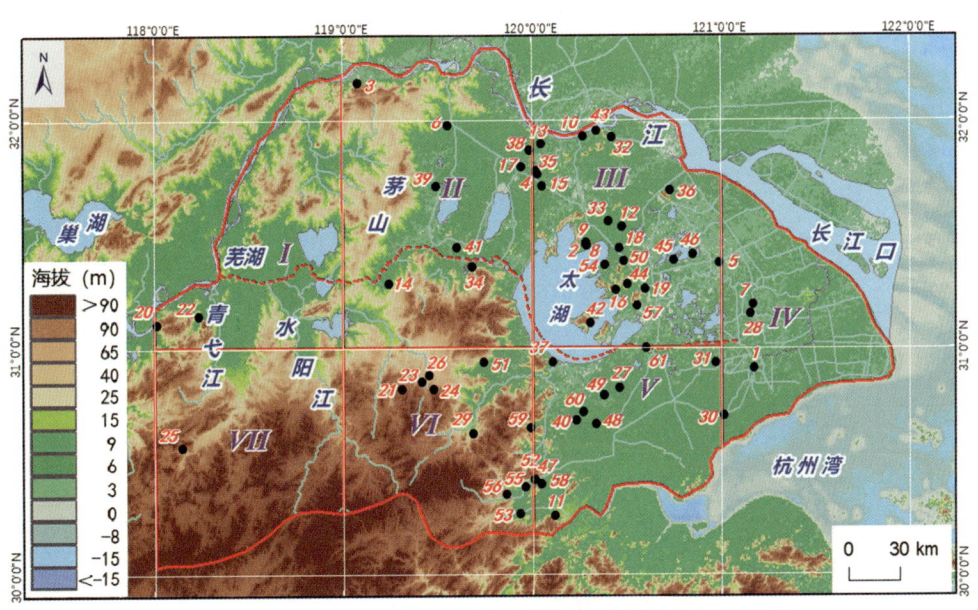

图例：● 马家浜文化遗址（7.0~5.8 ka B.P.）　--- 今芜申运河　— 今河流　☐ 分区边界

附图 3-1　马家浜文化遗址分布图

附表 3-1　马家浜文化遗址统计表

序号	遗址名称	省份	经度	纬度	海拔（m）
1	查山	上海	121°10′21.48″	30°54′39.51″	4
2	赤马嘴	江苏	120°17′09.86″	31°27′23.40″	4
3	丁沙地	江苏	119°04′54.05″	32°09′45.54″	127
4	丁堰	江苏	120°01′33.01″	31°45′43.31″	5
5	东河	江苏	120°59′11.38″	31°22′20.65″	2
6	凤凰山	江苏	119°33′13.09″	31°58′36.20″	7
7	福泉山	上海	121°10′10.66″	31°11′19.72″	3
8	葛埭桥	江苏	120°16′57.96″	31°27′48.73″	5
9	洪口墩	江苏	120°17′21.76″	31°27′03.15″	4
10	健康	江苏	120°16′13.32″	31°55′39.12″	8
11	老和山	浙江	120°07′05.31″	30°15′27.70″	23
12	彭祖墩	江苏	120°28′28.28″	31°31′51.71″	6
13	前栗山	江苏	120°02′52.91″	31°53′52.63″	4
14	神墩	江苏	119°14′27.30″	31°17′06.12″	11
15	圩墩	江苏	120°03′11.53″	31°42′38.31″	4
16	乌龟墩	江苏	120°26′29.26″	31°15′17.85″	18
17	新岗	江苏	119°56′26.96″	31°47′42.49″	5
18	杨柳墩	江苏	120°27′43.64″	31°26′17.04″	4
19	越城	江苏	120°35′48.65″	31°15′40.66″	6
20	洞山	安徽	118°01′03.01″	31°06′26.43″	29
21	粮长	安徽	119°18′26.57″	30°49′04.33″	100
22	缪墩	安徽	118°14′23.64″	31°08′36.84″	6
23	磨盘山	安徽	119°24′48.83″	30°51′09.79″	70
24	莫村	安徽	119°28′35.01″	30°49′08.69″	227
25	四鼓墩	安徽	118°08′56.64″	30°33′37.37″	67
26	周家	安徽	119°27′15.38″	30°52′51.59″	45
27	广福	江苏	120°27′42.52″	30°49′24.63″	4
28	崧泽	上海	121°09′14.53″	31°08′55.54″	3
29	安乐	浙江	119°41′02.49″	30°37′28.73″	22
30	大坟塘	浙江	121°00′43.63″	30°42′08.46″	9
31	大往	浙江	120°58′08.27″	30°55′59.10″	4

续 表

序号	遗址名称	省份	经度	纬度	海拔（m）
32	东山村	江苏	120°25′12.20″	31°55′32.25″	7
33	东亭	江苏	120°24′06.43″	31°33′17.91″	4
34	骆驼墩	江苏	119°40′57.73″	31°21′20.40″	6
35	潘家塘	江苏	120°00′57.37″	31°46′49.12″	2
36	钱底巷	江苏	120°44′00.24″	31°41′29.17″	4
37	邱城	浙江	120°06′22.63″	30°56′24.97″	4
38	箬帽顶	江苏	119°59′02.08″	31°51′58.63″	4
39	三星村	江苏	119°29′18.20″	31°42′37.59″	4
40	塔地	浙江	120°13′52.38″	30°40′50.74″	5
41	西溪	江苏	119°35′57.20″	31°26′39.86″	7
42	俞家渡	江苏	120°18′24.25″	31°06′38.09″	3
43	长山	江苏	120°20′26.24″	31°57′10.39″	3
44	笔架山	江苏	120°30′12.42″	31°16′44.05″	4
45	草鞋山	江苏	120°45′02.10″	31°23′09.42″	5
46	绰墩	江苏	120°50′58.82″	31°24′41.52″	3
47	官庄	浙江	120°00′39.81″	30°25′03.36″	7
48	含山	浙江	120°20′12.42″	30°39′50.25″	48
49	洪城	浙江	120°22′43.45″	30°47′21.94″	4
50	华山	江苏	120°29′01.01″	31°22′56.74″	6
51	江家山	浙江	119°44′36.57″	30°56′11.89″	5
52	梅园里	浙江	120°00′36.45″	30°25′02.05″	8
53	南湖	浙江	119°55′51.08″	30°16′01.12″	12
54	平江山	江苏	120°22′57.99″	31°21′50.82″	5
55	吴家埠	浙江	119°57′32.05″	30°23′06.30″	7
56	小古城	浙江	119°51′32.39″	30°21′18.16″	13
57	徐巷	江苏	120°33′13.92″	31°11′16.98″	3
58	荀山	浙江	120°02′50.98″	30°23′48.38″	7
59	营盘山	浙江	119°59′26.07″	30°38′53.16″	12
60	渔林村	浙江	120°16′16.76″	30°43′07.12″	3
61	袁家埭	江苏	120°36′04.60″	30°59′54.65″	4

● 芜申运河所经古中江流域环境考古研究

附图 3-2　崧泽文化遗址分布图

附表 3-2 崧泽文化遗址统计表

序号	遗址名称	省份	经度	纬度	海拔（m）
1	北渚荡	江苏	119°35′39.71″	31°46′29.45″	4
2	滨江	江苏	120°17′45.56″	31°56′19.69″	2
3	蔡墩	江苏	120°39′49.03″	31°49′44.71″	3
4	城山头	江苏	119°11′53.05″	31°58′37.21″	24
5	程家坟	江苏	120°47′12.98″	31°46′05.93″	4
6	福泉山	上海	121°10′10.66″	31°11′19.72″	3
7	郭新河	江苏	120°41′15.96″	31°14′44.88″	1
8	后巷	江苏	120°42′00.59″	31°21′58.43″	4
9	机山	上海	121°08′47.25″	31°04′47.05″	5
10	嘉兴双桥	浙江	120°41′40.66″	30°51′09.28″	5
11	金鸡墩	江苏	120°35′12.94″	31°17′32.22″	7
12	金山坟	上海	121°01′30.41″	30°58′39.12″	4
13	九里村	江苏	119°25′18.83″	31°54′06.61″	6
14	龙墩	江苏	120°46′26.26″	31°44′31.47″	4
15	龙爪墩	江苏	120°24′18.33″	31°52′39.11″	5
16	骆驼墩	江苏	119°40′57.73″	31°21′20.40″	6
17	磨盘墩	江苏	119°27′55.21″	32°11′44.87″	7
18	磨盘墩	江苏	120°02′29.61″	31°34′36.74″	4
19	南楼	江苏	120°16′22.25″	31°46′51.76″	6
20	平江山	江苏	120°22′57.99″	31°21′50.82″	5
21	秦望山	江苏	120°11′27.68″	31°50′14.59″	7
22	戎家山	江苏	119°40′02.88″	32°01′39.83″	15
23	三城巷	江苏	119°37′49.35″	32°00′15.83″	8
24	寺前	上海	121°06′04.45″	31°11′03.85″	4
25	崧泽	上海	121°09′13.86″	31°08′54.14″	3
26	崧泽村北	上海	121°06′57.83″	31°08′46.14″	7
27	汤庙村	上海	121°08′32.54″	31°02′21.78″	4
28	乌墩	江苏	120°03′49.26″	31°48′15.94″	2
29	西张	江苏	120°35′58.29″	31°47′13.09″	4
30	锡山	江苏	120°16′43.08″	31°34′21.25″	6
31	徐家湾	江苏	120°38′14.73″	31°49′58.34″	3

续 表

序号	遗址名称	省份	经度	纬度	海拔（m）
32	姚家圈	上海	121°12′12.23″	31°00′14.94″	4
33	昝庙	江苏	118°48′04.50″	31°47′34.35″	9
34	张村青墩	江苏	120°08′28.06″	31°42′15.32″	0
35	安吉窑墩	浙江	119°41′20.81″	30°43′02.43″	13
36	海宁	浙江	120°42′19.74″	30°32′43.06″	4
37	龙潭港	浙江	120°47′05.23″	30°33′36.00″	5
38	西塘桥王坟	浙江	120°58′46.75″	30°36′13.14″	6
39	仙坛庙	浙江	120°45′45.28″	30°33′10.45″	5
40	吴兴	浙江	120°06′30.09″	30°56′35.22″	5
41	南河浜	浙江	120°47′25.43″	30°43′38.60″	6
42	大坟	浙江	120°38′33.46″	30°45′25.24″	7
43	姚庄	浙江	120°57′14.51″	30°55′16.49″	5
44	普安桥	浙江	120°38′04.90″	30°34′22.46″	5
45	吴兴北	浙江	120°08′40.84″	30°56′20.73″	2
46	钱山漾	浙江	120°07′20.63″	30°50′37.92″	6
47	荀山东坡	浙江	120°02′40.27″	30°23′18.30″	8
48	吴家埠	浙江	119°55′28.54″	30°24′29.41″	21
49	左湖	江苏	119°28′03.87″	32°11′23.79″	10
50	洞山	安徽	118°01′03.01″	31°06′26.43″	29
51	粮长	安徽	119°18′26.57″	30°49′04.33″	100
52	缪墩	安徽	118°14′23.64″	31°08′36.84″	6
53	磨盘山	安徽	119°24′48.83″	30°51′09.79″	70
54	莫村	安徽	119°28′35.01″	30°49′08.69″	227
55	四鼓墩	安徽	118°08′56.64″	30°33′37.37″	67
56	周家	安徽	119°27′15.38″	30°52′51.59″	45
57	安乐	浙江	119°41′02.49″	30°37′28.73″	22
58	曹墩	浙江	120°46′21.94″	30°38′40.72″	6
59	草鞋山	江苏	120°45′02.10″	31°23′09.42″	5
60	绰墩	江苏	120°50′58.82″	31°24′41.52″	3
61	朝墩头	江苏	118°59′31.15″	31°18′36.04″	15
62	澄湖	江苏	120°47′07.07″	31°13′46.57″	4

续 表

序号	遗址名称	省份	经度	纬度	海拔（m）
63	大坟	浙江	120°51′28.40″	30°45′17.22″	5
64	大坟塘	浙江	121°00′43.63″	30°42′08.46″	9
65	大往	浙江	120°58′08.27″	30°55′59.10″	4
66	东河	江苏	120°59′11.38″	31°22′20.65″	2
67	东山村	江苏	120°25′12.20″	31°55′32.25″	7
68	东亭	江苏	120°24′06.43″	31°33′17.91″	4
69	独墅湖	江苏	120°43′47.71″	31°17′57.57″	4
70	枫杨树	江苏	120°41′14.76″	31°44′38.10″	4
71	高门楼	浙江	119°44′44.87″	30°52′12.52″	42
72	红峰村	江苏	120°58′49.96″	31°21′57.45″	5
73	虎山	江苏	120°22′13.36″	31°18′05.18″	2
74	姬山	江苏	119°47′28.23″	31°40′22.85″	6
75	金家浜	浙江	120°36′29.02″	30°33′54.80″	5
76	九里	江苏	120°43′04.65″	31°10′52.79″	0
77	蠡泽村	江苏	120°28′28.46″	30°54′08.70″	5
78	刘家墩	浙江	120°50′31.17″	30°41′04.77″	6
79	马腰	浙江	120°22′20.21″	30°46′50.53″	4
80	南河浜	浙江	120°51′26.56″	30°44′58.49″	6
81	南湖	浙江	119°55′51.08″	30°16′01.12″	12
82	潘家塘	江苏	120°00′57.37″	31°46′49.12″	2
83	普安桥	浙江	120°36′24.68″	30°33′58.47″	5
84	钱底巷	江苏	120°44′00.24″	31°41′29.17″	4
85	邱城	浙江	120°06′22.63″	30°56′24.97″	4
86	雀墓桥	浙江	120°50′38.55″	30°46′31.85″	5
87	箬帽顶	江苏	119°59′02.08″	31°51′58.63″	4
88	三星村	江苏	119°29′18.20″	31°42′37.59″	4
89	少卿山	江苏	121°00′21.47″	31°15′59.47″	4
90	石圹头	浙江	120°49′41.33″	30°39′53.32″	6
91	寺墩	江苏	120°06′30.67″	31°49′36.27″	3
92	塔地	浙江	120°13′52.38″	30°40′50.74″	5
93	陶墩	浙江	120°51′57.94″	30°44′18.86″	6

续 表

序号	遗址名称	省份	经度	纬度	海拔（m）
94	图泽	浙江	121°00′30.16″	30°40′09.34″	5
95	王坟	浙江	120°58′31.79″	30°36′38.74″	5
96	乌石岩	浙江	119°40′05.65″	30°37′54.61″	17
97	西溪	江苏	119°35′57.20″	31°26′39.86″	7
98	仙蠡墩	江苏	120°17′51.51″	31°33′33.13″	9
99	小六旺	浙江	120°36′21.58″	30°33′44.79″	6
100	徐巷	江苏	120°33′13.92″	31°11′16.98″	3
101	杨家车	浙江	120°36′11.98″	30°33′47.60″	6
102	窑墩	浙江	120°43′59.37″	30°33′46.12″	5
103	俞家渡	江苏	120°18′24.25″	31°06′38.09″	3
104	张陵山	江苏	120°51′58.67″	31°14′37.28″	3
105	长山	江苏	120°20′26.24″	31°57′10.39″	3
106	赵陵山	江苏	120°55′31.38″	31°16′14.39″	3
107	枕头山	江苏	119°37′51.66″	32°00′56.85″	11
108	朱家兜	浙江	120°32′21.64″	30°28′02.44″	7
109	独市	浙江	120°11′09.74″	30°48′13.75″	3
110	漂母墩	浙江	120°47′53.98″	30°29′57.73″	5
111	清明山	浙江	119°55′07.22″	30°59′39.26″	6
112	仙坛庙	浙江	120°44′40.47″	30°31′53.72″	5

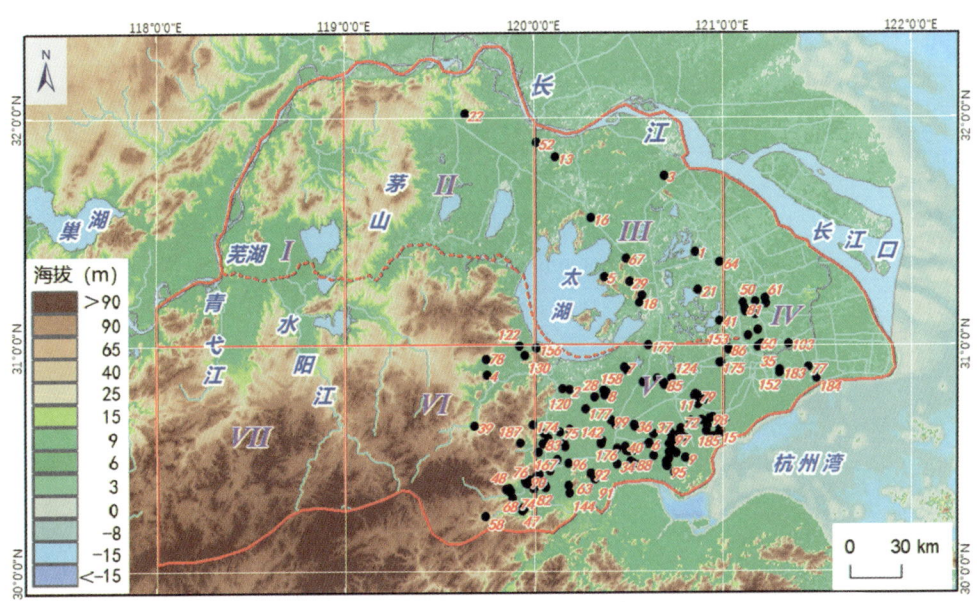

附图3-3 良渚文化遗址分布图

附表 3-3　良渚文化遗址统计表

序号	遗址名称	省份	经度	纬度	海拔（m）
1	绰墩	江苏	120°50′58.82″	31°24′41.52″	3
2	独市	浙江	120°11′09.74″	30°48′13.75″	3
3	枫杨树	江苏	120°41′14.76″	31°44′38.10″	4
4	高门楼	浙江	119°44′44.87″	30°52′12.52″	42
5	虎山	江苏	120°22′13.36″	31°18′05.18″	2
6	金家浜	浙江	120°36′29.02″	30°33′54.80″	5
7	蠡泽村	江苏	120°28′28.46″	30°54′08.70″	5
8	马腰	浙江	120°22′20.21″	30°46′50.53″	4
9	漂母墩	浙江	120°47′53.98″	30°29′57.73″	5
10	普安桥	浙江	120°36′24.68″	30°33′58.47″	5
11	雀墓桥	浙江	120°50′38.55″	30°46′31.85″	5
12	石圹头	浙江	120°49′41.33″	30°39′53.32″	6
13	寺墩	江苏	120°06′30.67″	31°49′36.27″	3
14	陶墩	浙江	120°51′57.94″	30°44′18.86″	6
15	王坟	浙江	120°58′31.79″	30°36′38.74″	5
16	仙蠡墩	江苏	120°17′51.51″	31°33′33.13″	9
17	小六旺	浙江	120°36′21.58″	30°33′44.79″	6
18	徐巷	江苏	120°33′13.92″	31°11′16.98″	3
19	杨家车	浙江	120°36′11.98″	30°33′47.60″	6
20	窑墩	浙江	120°43′59.37″	30°33′46.12″	5
21	张陵山	江苏	120°51′58.67″	31°14′37.28″	3
22	枕头山	江苏	119°37′51.66″	32°00′56.85″	11
23	朱家兜	浙江	120°32′21.64″	30°28′02.44″	7
24	白坟墩	浙江	120°52′57.02″	30°40′02.85″	6
25	百亩山	浙江	120°00′28.52″	30°24′57.84″	9
26	柏士庙	浙江	120°41′59.33″	30°28′02.22″	6
27	柏树庙	浙江	119°58′29.10″	30°23′05.49″	8
28	宝塔漾	浙江	120°19′07.70″	30°46′12.58″	3
29	笔架山	江苏	120°30′12.42″	31°16′44.05″	4
30	扁担山	浙江	119°59′40.59″	30°22′00.53″	32
31	卞家舍	浙江	119°58′44.65″	30°23′09.72″	10
32	钵衣山	浙江	120°00′41.95″	30°25′05.73″	7

续 表

序号	遗址名称	省份	经度	纬度	海拔（m）
33	步云	浙江	120°53′57.94″	30°45′26.75″	6
34	蔡家坟	浙江	120°29′59.92″	30°31′40.49″	7
35	查山	上海	121°10′59.83″	30°59′29.16″	3
36	陈家门	浙江	120°31′35.95″	30°38′47.91″	6
37	大墩岗	浙江	120°37′57.14″	30°36′29.68″	5
38	大山	浙江	119°59′42.52″	30°22′02.64″	38
39	大树墩	浙江	119°40′50.87″	30°38′32.87″	14
40	店街塘	浙江	120°28′47.43″	30°33′03.48″	6
41	淀山湖底	上海	120°58′41.65″	31°06′24.70″	0
42	东涉村	上海	121°06′57.83″	31°08′46.14″	7
43	董家墩	浙江	120°09′13.69″	30°33′41.30″	6
44	都家	浙江	120°42′52.27″	30°29′42.66″	6
45	反山	浙江	119°59′41.79″	30°22′02.14″	38
46	丰泉桥	浙江	120°46′53.35″	30°35′48.60″	6
47	凤凰山	浙江	119°55′26.67″	30°16′46.96″	9
48	凤凰山	浙江	119°50′47.24″	30°21′42.38″	20
49	凤溪	上海	121°13′36.56″	31°10′58.93″	3
50	福泉山	上海	121°10′10.66″	31°11′19.72″	3
51	高北山	浙江	119°59′42.29″	30°22′03.53″	38
52	高城墩	江苏	120°00′33.06″	31°53′32.35″	4
53	高墩	浙江	120°49′41.33″	30°39′33.10″	6
54	高家汇	浙江	120°34′25.38″	30°50′16.30″	5
55	高坎地	浙江	119°59′40.00″	30°22′03.37″	41
56	高山	浙江	119°59′41.68″	30°22′03.78″	38
57	葛家村	浙江	120°00′29.13″	30°24′48.37″	10
58	观音山	浙江	119°44′15.72″	30°14′33.68″	28
59	官庄	浙江	120°00′39.81″	30°25′03.36″	7
60	广富林	上海	121°11′05.00″	31°03′52.20″	5
61	果园村	上海	121°13′12.48″	31°12′29.52″	3
62	河石	浙江	120°32′47.44″	30°28′03.90″	7
63	横山	浙江	120°17′49.64″	30°25′53.33″	9
64	红峰村	江苏	120°58′49.96″	31°21′57.45″	5

续 表

序号	遗址名称	省份	经度	纬度	海拔（m）
65	洪城	浙江	120°22′43.45″	30°47′21.94″	4
66	后头山	浙江	119°59′50.14″	30°22′10.15″	29
67	华山	江苏	120°29′01.01″	31°22′56.74″	6
68	化城	浙江	119°52′15.10″	30°21′15.00″	11
69	黄板桥	浙江	120°44′23.59″	30°26′11.47″	6
70	黄道湖	浙江	120°44′58.75″	30°31′16.22″	5
71	黄墩庙	浙江	120°42′16.53″	30°27′47.10″	6
72	黄姑庵	浙江	120°46′29.33″	30°37′54.24″	6
73	黄泥口	浙江	119°59′40.02″	30°22′00.89″	29
74	黄泥山	浙江	119°59′39.18″	30°22′00.73″	29
75	辉山	浙江	120°08′03.98″	30°37′00.36″	6
76	汇观山	浙江	119°57′39.98″	30°23′16.83″	7
77	江海	上海	121°26′53.76″	30°54′01.29″	6
78	江家山	浙江	119°44′36.57″	30°56′11.89″	5
79	蒋庵	浙江	120°51′28.40″	30°46′43.25″	5
80	蒋家山	浙江	120°37′48.53″	30°30′30.99″	6
81	解新村	上海	121°06′37.10″	31°09′38.93″	6
82	金地上	浙江	119°59′39.98″	30°22′00.40″	29
83	金鹅山	浙江	120°02′23.77″	30°33′49.15″	5
84	金鸡山	浙江	120°02′43.21″	30°23′51.40″	7
85	金桥	浙江	120°41′22.28″	30°49′30.80″	5
86	金山坟	上海	121°01′29.02″	30°58′59.88″	4
87	郎嘉桥	浙江	120°39′03.31″	30°51′12.22″	5
88	李园	浙江	120°31′35.32″	30°28′26.65″	7
89	里山	浙江	119°58′44.86″	30°23′20.03″	11
90	良渚	浙江	119°57′32.64″	30°24′02.69″	34
91	凉亭下	浙江	120°19′12.19″	30°24′20.55″	6
92	临平山	浙江	120°17′50.28″	30°25′54.66″	9
93	刘家浜	江苏	120°29′27.53″	30°53′18.07″	5
94	刘家坟	浙江	120°56′29.32″	30°40′52.06″	6
95	刘家亭	浙江	120°47′55.64″	30°30′09.17″	5
96	六墓里	浙江	120°10′40.61″	30°28′36.83″	6

续 表

序号	遗址名称	省份	经度	纬度	海拔（m）
97	龙潭港	浙江	120°43′34.04″	30°35′00.65″	5
98	陆家坟	浙江	120°55′39.48″	30°40′36.19″	6
99	陆家庄	浙江	120°24′06.14″	30°40′08.31″	5
100	罗村	浙江	120°00′28.52″	30°24′55.21″	9
101	马金口	浙江	119°59′41.05″	30°22′02.85″	38
102	马厩庙	浙江	120°58′21.28″	30°38′38.00″	6
103	马桥	上海	121°20′33.53″	31°00′14.17″	3
104	馒头山	浙江	119°59′39.29″	30°22′00.89″	29
105	毛竹山	浙江	119°59′41.76″	30°22′02.43″	38
106	茅山	浙江	120°17′50.74″	30°25′54.58″	9
107	梅园	浙江	120°54′31.17″	30°37′08.19″	6
108	梅园里	浙江	120°00′36.45″	30°25′02.05″	8
109	庙前	浙江	120°02′41.99″	30°23′41.17″	6
110	磨子山	浙江	119°56′00.84″	30°16′47.49″	11
111	莫家桥	浙江	120°30′33.11″	30°28′58.68″	7
112	南村汇	浙江	120°56′23.90″	30°35′37.54″	6
113	南高岗	浙江	120°48′15.57″	30°35′09.24″	7
114	南湖	浙江	119°55′51.08″	30°16′01.12″	12
115	南庄	浙江	120°03′08.58″	30°36′20.40″	6
116	念亩圩	浙江	120°01′26.94″	30°25′36.48″	9
117	千步村	上海	121°10′03.78″	31°07′55.33″	3
118	前山	浙江	120°03′16.76″	30°22′25.97″	7
119	钱家浜	浙江	120°45′51.90″	30°36′24.33″	6
120	钱山漾	浙江	120°08′50.33″	30°48′32.88″	3
121	清凉	浙江	120°59′05.27″	30°55′24.54″	4
122	清明山	浙江	119°55′07.22″	30°59′39.26″	6
123	三号桥	浙江	120°17′50.28″	30°25′54.42″	9
124	三水湾	浙江	120°43′31.97″	30°51′04.26″	5
125	桑树头	浙江	119°59′39.75″	30°22′02.08″	41
126	沙岭头	浙江	120°01′00.79″	30°31′30.03″	26
127	上湖村	浙江	119°56′22.80″	30°16′29.58″	11
128	上林庵	浙江	120°31′16.79″	30°27′53.24″	7

续 表

序号	遗址名称	省份	经度	纬度	海拔（m）
129	上山头	浙江	120°02′51.98″	30°36′41.81″	6
130	邵家浜	浙江	119°56′53.43″	30°57′20.91″	4
131	邵家村	浙江	120°32′01.36″	30°38′30.32″	6
132	邵母桥	浙江	119°52′44.38″	30°19′22.40″	13
133	沈家埭	浙江	120°31′24.06″	30°28′35.30″	7
134	沈家石桥	浙江	120°31′48.88″	30°28′03.07″	7
135	沈家塘	浙江	120°10′41.84″	30°22′33.21″	22
136	审塘	浙江	120°11′04.88″	30°37′44.59″	5
137	圣堂	浙江	119°56′47.21″	30°23′59.17″	13
138	师姑山	浙江	119°58′44.62″	30°23′14.25″	11
139	石安畈	浙江	119°59′44.65″	30°22′00.80″	45
140	石臼山	浙江	120°04′09.98″	30°35′14.77″	59
141	石前圩	浙江	120°03′30.18″	30°22′16.50″	6
142	石头山	浙江	120°20′58.41″	30°33′46.00″	6
143	双桥	浙江	120°41′01.10″	30°49′51.43″	5
144	水田畈	浙江	120°10′57.78″	30°20′48.76″	7
145	寺前	上海	121°06′03.73″	31°11′05.26″	4
146	崧泽	上海	121°09′13.86″	31°08′54.14″	3
147	苏家村	浙江	120°03′03.34″	30°22′20.71″	7
148	台山	浙江	119°52′01.68″	30°21′16.05″	13
149	汤庙村	上海	121°12′11.01″	31°00′14.17″	4
150	桃子村	浙江	120°31′58.88″	30°31′55.63″	6
151	陶春桥	浙江	119°51′40.93″	30°21′55.01″	9
152	亭林	上海	121°17′48.83″	30°53′26.21″	4
153	涂山墩	上海	121°01′31.29″	30°58′38.42″	4
154	湾里村	浙江	120°29′06.64″	30°31′57.69″	6
155	王家庄	浙江	120°00′29.13″	30°24′47.05″	10
156	卫角头	浙江	120°00′25.86″	30°59′10.00″	2
157	乌龟坟	浙江	120°58′38.44″	30°36′26.77″	5
158	五林	浙江	120°21′56.98″	30°47′59.57″	4
159	小古城	浙江	119°51′32.39″	30°21′18.16″	13
160	小黄山	浙江	120°42′47.64″	30°33′39.16″	5

续 表

序号	遗址名称	省份	经度	纬度	海拔（m）
161	小竹园	浙江	120°00′45.60″	30°24′55.99″	7
162	新安	浙江	120°09′38.58″	30°32′54.21″	6
163	秀才桥	浙江	120°25′37.84″	30°38′51.60″	5
164	徐家桥	浙江	120°43′58.44″	30°32′40.47″	5
165	许家兜	浙江	120°02′39.09″	30°23′51.80″	7
166	堰马	浙江	120°04′44.31″	30°26′43.45″	9
167	杨墩	浙江	120°06′59.26″	30°29′40.17″	5
168	杨家大桥	浙江	120°21′00.89″	30°34′07.34″	6
169	杨梅湾	浙江	120°26′11.30″	30°32′37.25″	7
170	姚家簖	浙江	120°26′05.77″	30°28′24.46″	6
171	姚家墩	浙江	120°00′41.34″	30°24′47.05″	9
172	姚家圈	上海	121°07′47.95″	31°02′25.69″	31
173	伊家桥	浙江	120°41′56.68″	30°28′59.64″	6
174	营盘山	浙江	119°59′26.07″	30°38′53.16″	12
175	应家港	浙江	120°58′37.23″	30°55′15.74″	4
176	鱼船埭	浙江	120°21′16.38″	30°34′45.07″	8
177	渔林村	浙江	120°16′16.76″	30°43′07.12″	3
178	元子汇	浙江	120°43′22.71″	30°36′37.67″	6
179	袁家埭	江苏	120°36′04.60″	30°59′54.65″	4
180	赞山	浙江	120°42′42.34″	30°31′24.64″	6
181	张墓村	江苏	120°34′07.49″	31°13′11.07″	6
182	张堰	浙江	119°56′58.19″	30°23′24.96″	8
183	张堰口	上海	121°17′56.11″	30°52′44.70″	3
184	柘林	上海	121°29′33.38″	30°51′15.02″	5
185	支家桥	浙江	120°54′38.56″	30°38′33.93″	6
186	雉山垓	浙江	119°58′22.90″	30°24′01.75″	9
187	仲家村	浙江	119°55′28.87″	30°34′06.27″	26
188	周家湾	浙江	120°51′00.71″	30°47′05.19″	5
189	朱村坟	浙江	119°59′41.91″	30°22′03.53″	38
190	朱皇庙	浙江	121°00′19.62″	30°40′05.16″	5

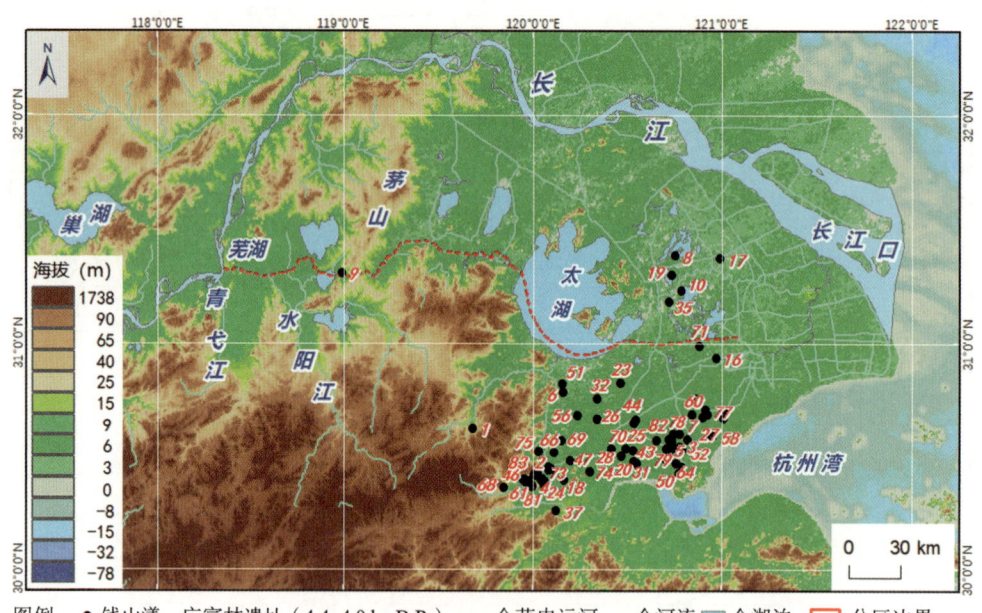

● 芜申运河所经古中江流域环境考古研究

图例：● 钱山漾—广富林遗址（4.4~4.0 ka B.P.）　----今芜申运河　——今河流　■今湖泊　□分区边界

附图 3-4　钱山漾—广富林文化遗址分布图

附表 3-4　钱山漾—广富林文化遗址统计表

序号	遗址名称	经度	纬度	海拔（m）
1	安乐	119°41′02.49″	30°37′28.73″	22
2	白虎山	120°00′29.29″	30°25′04.60″	10
3	白墙里	120°46′19.30″	30°35′52.17″	6
4	白元畈	119°59′41.77″	30°22′02.27″	38
5	北亚山	120°42′18.03″	30°31′56.83″	6
6	蔡家斗	120°09′21.86″	30°46′56.80″	9
7	曹墩	120°46′21.94″	30°38′40.72″	6
8	草鞋山	120°45′02.10″	31°23′09.42″	5
9	朝墩头	118°59′31.15″	31°18′36.04″	15
10	澄湖	120°47′07.07″	31°13′46.57″	4
11	崔家场	120°43′25.36″	30°32′49.47″	5
12	达泽庙	120°41′56.02″	30°29′24.64″	6
13	大坟	120°51′28.40″	30°45′17.22″	5
14	大坟塘	121°00′43.63″	30°42′08.46″	9
15	大庙村	120°56′33.86″	30°35′08.24″	6
16	大往	120°58′08.27″	30°55′59.10″	4
17	东河	120°59′11.38″	31°22′20.65″	2
18	独山	120°09′31.06″	30°23′39.53″	5
19	独墅湖	120°43′47.71″	31°17′57.57″	4
20	凤凰基	120°28′02.90″	30°30′03.78″	7
21	高地	120°47′12.33″	30°27′13.06″	6
22	郜家岭	120°42′25.64″	30°31′52.42″	5
23	广福	120°27′42.52″	30°49′24.63″	4
24	横圩里	120°03′17.37″	30°23′27.49″	7
25	果园桥	120°31′57.02″	30°38′56.80″	6
26	含山	120°20′12.42″	30°39′50.25″	48
27	韩家浜	120°53′57.94″	30°40′28.65″	6
28	何城庙	120°24′42.08″	30°31′57.27″	6
29	河池头	119°59′40.92″	30°22′01.59″	38
30	河石	120°32′47.44″	30°28′03.90″	7
31	荷叶地	120°32′01.78″	30°28′39.86″	7

续 表

序号	遗址名称	经度	纬度	海拔（m）
32	花城	120°20′05.78″	30°45′18.36″	4
33	金家墩	120°04′44.92″	30°26′16.62″	7
34	九虎庙	120°42′31.09″	30°29′48.37″	6
35	九里	120°43′04.65″	31°10′52.79″	0
36	老坟头	120°44′31.34″	30°36′01.81″	6
37	老和山	120°07′05.31″	30°15′27.70″	26
38	刘家墩	120°50′31.17″	30°41′04.77″	6
39	龙尾山	120°46′18.07″	30°25′23.86″	6
40	甪窦湾	120°00′28.83″	30°24′53.43″	9
41	罗秋浜	120°39′08.60″	30°34′06.36″	5
42	洛阳村	120°04′55.29″	30°27′05.03″	9
43	落晚	120°31′32.86″	30°31′26.75″	6
44	毛家渡	120°32′21.18″	30°39′44.64″	5
45	茅庵里	120°03′14.32″	30°23′29.33″	7
46	莫角山	119°57′29.53″	30°23′47.75″	4
47	南扒山	120°11′35.52″	30°28′47.35″	5
48	泥塘镇	120°46′34.25″	30°32′31.39″	6
49	棋盘坟	120°02′37.86″	30°23′46.54″	6
50	三官墩	120°45′13.22″	30°27′59.84″	5
51	上塔圩	120°09′00.29″	30°49′16.88″	3
52	烧箕浜	120°48′59.59″	30°34′31.41″	7
53	沈家村	119°59′41.99″	30°22′03.88″	38
54	盛家村	119°59′42.46″	30°22′00.35″	32
55	石塘桥	120°03′21.64″	30°22′19.66″	5
56	塔地	120°13′52.38″	30°40′50.74″	5
57	图泽	121°00′30.16″	30°40′09.34″	5
58	魏家村	120°57′08.74″	30°35′25.75″	6
59	闻家山	119°59′43.45″	30°22′01.68″	45
60	倭坟墩	120°55′19.17″	30°41′00.40″	6
61	吴家埠	119°57′32.05″	30°23′06.30″	7
62	五郎堰	120°47′24.08″	30°31′43.60″	5

续 表

序号	遗址名称	经度	纬度	海拔（m）
63	西安寺	119°56′52.09″	30°23′57.07″	13
64	西汇	120°43′06.83″	30°29′24.40″	6
65	西南山	120°05′36.17″	30°26′36.09″	6
66	下高桥	120°06′22.75″	30°31′04.35″	4
67	仙坛庙	120°44′40.47″	30°31′53.72″	5
68	香下桥	119°50′41.14″	30°21′33.95″	15
69	新村	120°08′43.81″	30°34′19.11″	5
70	新地里	120°29′12.83″	30°32′04.75″	6
71	新港	120°52′37.42″	30°59′16.37″	3
72	荀山	120°02′50.98″	30°23′48.38″	7
73	严家桥	120°01′29.07″	30°25′31.45″	7
74	羊年	120°17′50.67″	30°25′54.38″	9
75	羊尾巴山	120°01′35.64″	30°31′12.91″	62
76	姚坟	120°03′02.88″	30°23′27.07″	7
77	姚家村	120°54′49.63″	30°42′16.59″	6
78	姚家汇	120°43′00.21″	30°34′29.88″	5
79	窑墩	120°43′59.37″	30°33′46.12″	5
80	瑶山	120°00′18.76″	30°25′02.84″	12
81	钟家村	119°58′36.72″	30°23′20.25″	14
82	周家浜	120°43′53.97″	30°34′38.49″	5
83	朱村兜	120°02′45.49″	30°23′48.05″	7

后 记

《芜申运河所经古中江流域环境考古研究》一书得以出版,既离不开项目组成员在承担该项目研究中那种刻苦拼搏的钻研精神,亦与作者所在的南京大学地理与海洋科学学院领导和同事,以及五位院士、导师、部队领导和战友的关心支持密不可分。

2014年9月17日下午,在承担科技部专项重点项目丹霞地貌科研过程中,本人上班途中在斑马线上遭遇车祸,在住院抢救治疗期间,我夫人的两个哥哥轮流在医院照顾我,单位领导和同事杨得志、章锦河、张立峰、鹿化煜、王腊春、黄贤金、李满春、胡志燕、马春梅、张振克、高超、李徐生、李升峰、张兴奇、贾鑫、朱明、陈逸、任黎秀、张勤、杨晓轩、庞宝鑫老师,南大生命科学学院田兴军老师夫妇,地球科学与工程学院孔庆友老师,中科院南京地理与湖泊研究所张虎才研究员,中科院南京地质与古生物研究所王伟铭研究员,我指导的已毕业研究生郑朝贵、姜逢清、申洪源、高华中、李中轩、张芸、张强、张广胜、王鹏岭、李开封、孙伟、朱青,我指导的在读研究生蔡天赦、王坤华、谭艳、徐佳佳、贾天骄、杨昊坤、张娜、郭天虹、朱笑虹、刘万青、张鑫,已出站多年的博士后李德文、贾玉连,高访学者朱光耀,本人大学本科同班同学曹有挥、阚智、许纯武、武士元、付先兰、黄新南、赵延海、董学会、李萍、刘丽萍、左晓辉、张宝璐、郑平建、徐继鸣,我担任其辅导员的1980级本科生叶玲、焦华富、胡细银等,都专程到南京军区总医院看望我。出院后我的导师许世远教授等老师和许多同学,以及我的师兄弟熊黑钢、易朝路、高全洲、郑祥民、彭华、章小明、陆林等也来看望我。此事令我终生难忘!因为正是你们对我的看望和问候,鼓舞了我继续坚强生存下去的勇气,这也是我出院后能坚定信心完成教学和科研任务的主要动力所在。2012年以来我主讲的南大全校通识课"全球变化与人类活动"还有幸能邀请到傅伯杰、丁一汇、郭华东、陈发虎、崔鹏五位中科院院士,导师崔之久教授,以及1979年参加过祖国边疆保卫战的部队领导云南省军区怒江军分区原司令员庄宏华、陆军第50军149师原师长刘正刚、陆军第50军作训处原处长梁欣、陆军第 50 军战勤处原处长魏敬林、步兵第 449 团炮兵股原股长简世忠，参加过 1974 年西沙群岛保卫战的南海舰队 396 号扫雷舰炮手和教员秦春生战友在百忙之中来南大为我校师生讲课，在此特向以上各位领导、院士、导师、同事、战友、同学们表示最衷心的感谢！

2021 年 11 月 30 日